Bevölkerung - Entwicklung - Umwelt

Hans Thomas (Hg)

Bauer • Birg • Chesnais • Dumont • Estanislao • Geinoz • Gireesan
Rothenberger • Schmidt • Simon • Steinmann • Thomas • Tricot

Bevölkerung, Entwicklung, Umwelt

Hans Thomas (Hg)

Lindenthal-Institut
Köln 1995

Busse Seewald Herford

Der vorliegende Band wurde erarbeitet auf der Grundlage von Beiträgen zu zwei internationalen interdisziplinären Colloquien des Kölner Lindenthal-Instituts (vgl. S.350) im September 1994. Die Vorarbeiten, die Colloquien, und die Bearbeitung des des Buches wurden gefördert durch die Alfried Krupp von Bohlen und Halbach Stiftung in Essen, die Rhein-Donau-Stiftung e.V. in München sowie privater Förderer und Helfer. Ihnen allen wissen sich das Lindenthal-Institut und der Herausgeber dankbar verpflichtet.

CIP-Titelaufnahme der Deutschen Bibliothek

Bevölkerung, Entwicklung, Umwelt /
Lindenthal-Institut, Köln. Bauer ... Hans Thomas (Hg). –
Herford; Stuttgart; Hamburg : Busse Seewald, 1995
ISBN 3-512-03153-6
NE: Bauer, Peter T.; Thomas, Hans (Hrsg.);
Lindenthal-Institut

Verlag Busse + Seewald GmbH, Herford 1995
Umschlag: I. Brosa
Fotos: Hartmut Vogler (Umschlagbild u. Porträt Chesnais: privat)
Gesamtherstellung: Busse Druck, Herford
Printed in Germany

ISBN 3-512-03153-6

Inhaltsverzeichnis

Zur Einführung

"Facing Facts on Population" (Die Fakten zur Bevölkerung erfassen)[1] heißt eine Videokassette für den Schulgebrauch in England. Sie beginnt mit einer typischen Schulsituation: Der Lehrer befragt die Schüler nach ihrer Meinung über den Zusammenhang zwischen Bevölkerungsdichte und Wohlstand. Und die Schüler antworten reihum: Je mehr Menschen, um so ärmer das Land, um so belasteter die Umwelt, um so geringer die Aussicht auf menschenwürdige Entwicklung.

Er habe drei konkrete Länder im Sinn, sagt der Lehrer. Im ersten lebten je km^2 etwa 20 Menschen, das Land habe fruchtbare Böden und reichlich Bodenschätze. Das zweite Land bewohnten rund 150 Menschen je km^2, das Land sei gebirgig, habe entsprechend weniger landwirtschaftlich bestellbare Flächen und so gut wie keine Bodenschätze. Im dritten Land drängten sich pro km^2 mehr als 5.000 Menschen, Platz für Landwirtschaft gebe es eigentlich nicht, auch keine Bodenschätze, und das Wasser sei knapp. Die Schüler sprechen recht entschlossen dem ersten Land Wohlstand, dem letzten Massenarmut, dem zweiten eine Mittelstellung zu.

Der Lehrer nennt die Länder:

1. Tansania: 24 Menschen je km^2; mittlere Lebenserwartung 52 Jahre, Sozialprodukt pro Kopf jährlich 240 US-Dollar.
2. Schweiz: 158 Menschen je km^2; mittlere Lebenserwartung 77 Jahre, Sozialprodukt pro Kopf jährlich 17.840 US-Dollar.
3. Hongkong: 5.294 Menschen je km^2; mittlere Lebenserwartung 76 Jahre, Sozialprodukt pro Kopf jährlich 6.720 US-Dollar.

[1] Abbey Video Production, März 1989, im Auftrag v. Family and Youth Concern, 322 Woodstock Road, Oxford OX2 7BS; Autor Robert Whelan, Comittee for Population and Economy, Richmond/Surrey.

Große Überraschung bei den Schülern. Eilfertig kehren sie ihre ursprüngliche Meinung um und sehen nun hohe Bevölkerungsdichte als eine Bedingung für Wohlstand und Entwicklung an. Als Begründung nennen sie unter anderem günstigere Voraussetzung für Arbeitsteiligkeit, Leistungsaustausch, Handel, und bessere Infrastruktur, die bei mehr Menschen pro Kopf billiger sei.

So einfach, erklärt der Lehrer, sei es nun auch wieder nicht. Aus bloßen Bevölkerungszahlen lasse sich nicht auf Wohlstand und Entwicklung schließen. Sie hingen in erster Linie von anderen Faktoren ab.

Von welcher Art die Zusammenhänge zwischen Bevölkerung, Wohlstand, Entwicklung und Umwelt sind, dieser Frage geht dieses Buch nach.

Vor zwanzig Jahren hat das Lindenthal-Institut das Thema schon einmal zur Sprache gebracht.[2] Damals war wie heute auch allenthalben die Rede von einer Bevölkerungsexplosion zumal in den Entwicklungsländern und von einer - zumindest drohenden - Überbevölkerung. Als Grund für diese Befürchtung wurde die bevorstehende Erschöpfung von Ressourcen angegeben. Rohstoffe würden knapp, und bald würden Hungersnöte hereinbrechen. In den 80er Jahren waren es unabsehbare globale Umweltbelastungen, die als Hauptgrund für die Angst vor einer Überbevölkerung angeführt wurden. Und von der Weltbevölkerungskonferenz in Kairo hörte man 1994, es sei die Diskriminierung der Frauen, die vor allem schuld sei an der drohenden Überbevölkerung der Erde.

In zwanzig Jahren drei verschiedene Argumente für die gleiche Angst - das war uns aufgefallen. Das ist der Anlaß, das Thema wieder aufzugreifen.

Nach dem Zweiten Weltkrieg wuchsen in den Entwicklungsländern die Bevölkerungen immer schneller. Von Jahr zu Jahr nahmen auch die Wachstumsraten zu. Bis 1968, wie wir heute

[2] Colin CLARK, *Natur, Bevölkerung und Wirtschaftswachstum,* in: Lindenthal-Institut; Globale Gesellschaft und Zivilisation, Köln 1975, 65-112. Ders., *Der Mythos von der Überbevölkerung,* Köln 1975 (Adamas-Verlag).

wissen. Seitdem nehmen sie wieder ab. Noch mehr als heute Bangladesh galt 1975 Indien als das Land der kaum zu lösenden Probleme. In seinem Bestseller “The Population Bomb”[3] (Die Bevölkerungsbombe), das 1968 erschienen war, betrachtete Paul Ehrlich Indien als ein Land, das vor dem Hungertod schon gar nicht mehr zu retten sei. Im gleichen Jahr 1968 hatte Robert McNamara, der vielleicht bekannteste US-Verteidigungsminister, vom Pentagon an die Spitze der Weltbank gewechselt, zu deren Engagement seitdem eine weltweite Bevölkerungspolitik gehört. 1972 hatte der Club of Rome den Bericht “Die Grenzen des Wachstums” in Millionenauflage weltweit verbreitet. Damals gegenwärtige Ressourcen-, besonders Rohstoffprobleme, waren darin per Computer in die Zukunft hochgerechnet worden - bis zum Termin der Katastrophe.

Zehn Jahre später waren die Katastrophen allesamt nicht eingetreten, Indien hatte angefangen, Nahrungsmittel zu exportieren, und von Ressourcenmangel war immer weniger die Rede. Dafür um so mehr von ökologischen Problemen, deren globale Ausmaße erst wenige Jahre zuvor in das öffentliche Bewußtsein getreten waren, und die ja auch tatsächlich eine ernste Herausforderung darstellen. Aber das ökologische Argument erwies sich als besonders untauglich, um die Entwicklungsländer in die bevölkerungspolitische Pflicht zu nehmen. Spätestens der Umweltgipfel in Rio de Janeiro 1992 machte allen klar, daß 80 Prozent der Umweltbelastungen wie übrigens auch des Ressourcenverbrauchs auf das Konto der Industrieländer gehen. Und hier beginnen die Bevölkerungen zu schrumpfen. Für die Weltbevölkerungskonferenz in Kairo wurde dann die Förderung der Frauen in den Vordergrund gestellt.

Förderung der Frauen: ein wahrhaft wünschenswertes und in der Entwicklungspolitik längst überfälliges Ziel. Selbst unabhängig von der Bevölkerungsfrage wäre es doch schön gewesen, wenn Kairo zu einem wirklich weltweiten Aufbruch zu mehr Anerkennung der Würde und Eigenart der Frau und ihrer Bedeutung für die Entwicklung geblasen hätte, zu ihrer rechtli-

[3] Paul EHRLICH, *The Population Bomb*, New York 1968 (Ballantine).

chen Gleichstellung überall, zu mehr Zugang der Frauen zu Bildung, Ausbildung und Gesundheitsfür- und -vorsorge.

Von alledem war dann zwar auch in Kairo die Rede, das Schlagwort aber lautete: "empowerment of women" (Ermächtigung der Frauen). Darin lag ein feministisches Mehr, das über weite Strecken für die Konferenz bestimmend wurde. Die Internationale Konferenz über Bevölkerung und Entwicklung diskutierte kaum über Bevölkerung, wenig über Entwicklung, viel dagegen über Familienplanung und Verhütungsstrategien, am meisten über Abtreibung. Es ging ganz konkret um weltweit 17 Milliarden Dollar, die ab dem Jahr 2000 jährlich nicht in die Entwicklung, sondern - zusätzlich und ergänzend - in bevölkerungspolitische Familienplanungsprogramme fließen sollen.

Kairo war eine politische Versammlung und kein wissenschaftlicher Kongreß. Es ist daher nicht außergewöhnlich, daß dort neuere Erkenntnisse der Demographie und Entwicklungsökonomie so gut wie nicht behandelt wurden. In nahezu allen Industrieländern herrscht der Trend zu schrumpfender Bevölkerung, während in Entwicklungsländern die Bevölkerungen weiter wachsen. Aber auch hier ist die Fruchtbarkeit auffallend stark zurückgegangen: von 6-7 Kindern je Frau im Durchschnitt der Entwicklungsländer 1968 auf heute rund 3,6. Das sind in 27 Jahren 70 Prozent des Weges zu einem Fruchbarkeitsniveau, das langfristig gerade den Bevölkerungsbestand erhält.

Über das Bevölkerungswachstum machten sich schon Platon und Aristoteles Sorgen. Das Stichwort steht auch auf der Tagesordnung der Moderne. Mit durchaus wechselnden Vorzeichen übrigens. Malthus sieht 1798 England im Elend versinken, sollten sich die damals zehn Millionen Engländer noch weiter vermehren. 1920 redet man vom "weißen Tod" und "versteht darunter", schreibt J. Klug[4], "das langsame Hinsterben der Völker infolge des fortgesetzten Rückganges der Geburtenziffer." Ein halbes Jahrhundert später geht wieder die Angst vor der Überbevölkerung um, und Illustrationen zeigen die Erde als überfüllten

[4] J. KLUG, *Lebensbeherrschung und Lebensdienst, Bd. II: Das Leben,* Paderborn 1920, 278.

Sportplatz oder als Sardinendose. Die Medien malen wahrhaft apokalyptische Zukunftsszenarien aus, und die Politik ruft auf zur Geburtenbeschränkung bei den Ärmsten der Welt. Wäre es auch denkbar, daß schon in wenigen Jahrzehnten dieser Ruf auf allgemeines Unverständnis stößt?

Bevölkerung, Entwicklung, Umwelt: Für die einen droht die Apokalypse. Andere winken ab und geben zu bedenken, daß die Dritte Welt nur die Entwicklung nachvollzieht, die wir seit 1750 erlebten. Auch solche "Revisionisten" kommen in diesem Buch zu Wort.

Hans Thomas
(Lindenthal-Institut)

Lord Peter T. Bauer

Bevölkerung, Wohlstand, Entwicklung: Ende der Verdunkelung

Das Fazit meiner Ausführungen läßt sich in wenigen Sätzen vorwegnehmen: Die Armut in der Dritten Welt wird nicht durch Bevölkerungsdruck oder -wachstum verursacht. Die wirtschaftliche Leistung und der Fortschritt von Gesellschaften hängt vom Verhalten der Menschen ab, nicht von ihrer Zahl. Es ist ein Irrtum anzunehmen, das Bevölkerungswachstum in der Dritten Welt bedeute eine größere Bedrohung ihrer Wohlstandsentwicklung. In der Politik geht es nur darum, ob die Frage, wieviele Kinder die Leute bekommen, von den Eltern, von Staatsbeamten oder internationalen Agenturen entschieden werden soll. Alle übrige Diskussion ist Schaumschlägerei und Vernebelung.

Die Sorge und ihre Grundlagen

Seit dem Zweiten Weltkrieg hat sich die verbreitete Vorstellung entwickelt, Bevölkerungswachstum sei ein erhebliches, vielleicht das entscheidende Hindernis für den wirtschaftlichen Fortschritt und für soziale Verbesserungen in der unterentwickelten Welt, des Großteils der Menschheit also. Robert S. McNamara, ehemaliger Weltbankpräsident, schrieb 1973: "Auf eine einfache Formel gebracht: das größte Einzelhindernis für das wirtschaftliche und soziale Vorankommen der meisten Völker in der unterentwickelten Welt ist das ungezügelte Bevölkerungswachstum.... Die Bedrohung, die von nichtsteuerbarem Bevölkerungsdruck ausgeht, ähnelt geradezu der Bedrohung durch einen Atomkrieg...".[1] Ähnliche Äußerungen könnte ich in beliebiger Zahl vortragen.

Solche Auffassungen gehen hauptsächlich von drei Annahmen aus: Erstens, daß der Pro-Kopf-Anteil am Volkseinkommen (nach üblicher Ermittlung) der geeignete Maßstab für wirtschaftlichen Wohlstand ist. Zweitens, daß wirtschaftliche Leistung und Fortschritt maßgeblich bestimmt werden von Grund und Boden sowie vom Kapitaleinsatz pro Kopf. Drittens, daß die Menschen in der Dritten Welt keine Ahnung von Geburtenplanung haben, in Sachen Familiengröße unbekümmert sind und ohne Rücksicht auf Folgen Kinder zeugen. Hinzu kommt noch eine weitere Annahme, die das Bild vervollständigt: daß sich nämlich Trends der Bevölkerungsentwicklung in der Dritten Welt auf Jahrzehnte hinaus für die Zukunft präzise prognostizieren lassen.

Hinter diesen Annahmen und erst recht hinter den Debatten um Bevölkerung verbirgt sich ein handfester Streit um unterschiedliche Menschenbilder. Nach der einen Sicht sind Menschen Personen, die in Sachen Familiengröße sehr wohl besonnene Entscheidungen treffen. Nach der anderen Sicht sind sie Spielball unbeherrschbarer Sexualtriebe und ihre Zahl wird nur durch Mächte außerhalb ihrer selbst begrenzt, ob es sich nun um das Zuschlagen der Natur wie bei Malthus handelt oder um die Macht einer höheren Autorität. Allerdings kommen Vertreter beider Ansichten darin überein, daß die Regierungen von Entwicklungsländern, von Industrieländern dazu gedrängt, die Menschen zu kleineren Familien animieren oder, wenn nötig, zwingen sollten. Der Einsatz behördlicher Zwangsmaßnahmen erscheint dabei im Zeitalter der Medien vielleicht eher verzichtbar.

[1] Robert S. McNamara, *One Hundred Countries, Two Billion People: The Dimension of Development*, London 1973, 31.

In der Regel gilt das Volkseinkommen pro Kopf als Index für wirtschaftlichen Wohlstand oder für Wohlstand schlechthin. Nehmen wir einmal an, daß eine Bevölkerungszunahme das Pro-Kopf-Einkommen vermindert hat. Eine solche Minderung muß noch nicht bedeuten, daß damit auch das Wohl der Familie oder der weiteren Gemeinschaft gemindert worden ist.

Dieser Index wirft erhebliche Probleme auf. Dazu gehört die Abgrenzung von Inputs und Outputs sowohl bei der Produktion wie beim Konsum, so etwa der Kosten für die Fahrten zur Arbeit oder zu Einkaufszentren. Ein anderes Problem betrifft die Erfassung der Alterszusammensetzung. Und so weiter.

In der Bevölkerungsökonomie versagt das Pro-Kopf-Einkommen als Maß für Wohlstand völlig. So erfaßt es in keiner Weise das Wohlbefinden, welches Menschen daher beziehen, daß sie Kinder haben oder länger leben. Unmittelbar mindert die Geburt eines Kindes das Pro-Kopf-Einkommen in der Familie und damit auch für das ganze Land. Der Tod des gleichen Kindes hat den umgekehrten Effekt. Dennoch ist für die meisten Menschen das erstere Ereignis ein Segen und das letztere eine Tragödie. Es entbehrt daher nicht der Ironie, wenn man die Geburt eines Kindes als Minderung des Sozialprodukts pro Kopf, die Geburt eines Kalbs aber als eine Steigerung verbucht.

In der Menschheit hat sich der Wunsch nach Kindern über Jahrhunderte quer durch die Kulturen durchgesetzt. Augenfälliger Beweis dafür ist das Überleben der Spezies Mensch. Die meisten Menschen waren also bereit, die Kosten für die Aufzucht von zwei oder mehr Kindern zu tragen. Die allgemeinen Vorstellungen spiegeln den Nutzen, den Eltern davon erwarten, Kinder zu haben, und erkennen den Vorteil an. Die biblische Aufforderung lautet: "Seid fruchtbar und mehret euch". Im Westen weniger bekannt ist die traditionelle indische Redeweise zur Begrüßung einer Braut: "Mögest du die Mutter von acht Söhnen sein."

Die überall negative Besetzung des Begriffs *unfruchtbar* entspringt diesem Wertempfinden. Auch die Adoptionspraxis und die Nachfrage nach künstlicher Befruchtung sprechen für den Kinderwunsch. Dies alles steht quer zum rationalen Kalkül, daß Kinder bloß ein Kostenfaktor und eine Last seien.

Nicht selten wurde damit argumentiert, daß hohe Geburtenraten in Entwicklungsländern, zumal unter den Ärmsten dort, ein derart erbärmliches Leben zur Folge haben, daß es nicht lebenswert sei. Ein Übermaß an Leiden oder die Tatsache unnütz zu sein, könne jeden Nutzen derart überschreiten, daß es den Sinn des Lebens einer Person fragwürdig mache. Wenn das so wäre, würden weniger solcher Leben die Gesamtsumme des Glücks steigern. Eine solche Perspektive setzt allerdings voraus, daß unbeteiligte Beobachter imstande sind, über die Freuden und Leiden anderer verbindliche Urteile abzugeben. Sie unterstellt, daß das Leben und Überleben für die Betroffenen nicht von Wert ist. Eine solche Sichtweise wirft weitreichende ethische Fragen auf. Für die meisten Menschen dürfte sie moralisch unannehmbar sein, erst recht als Grundlage für Zwangsmaßnahmen oder Druck zur Beschränkung von Geburten. Man muß nur daran denken, wie verbreitet vor zwei Generationen diese Auffassung mit Blick auf die Armen im Westen noch vertreten wurde. Sie widerspricht dem Augenschein. Offenkundig ziehen auch sehr arme Leute es vor zu leben statt nicht zu leben, wie man ihrem Kampf, am Leben zu bleiben, leicht entnehmen kann. Sie suchen etwa durchaus medizinische Hilfe in der Hoffnung, so länger zu leben.

Diese Betrachtungen mögen genügen, um klarzustellen, daß die vielbeklagte Bevölkerungsexplosion der letzten Jahrzehnte weit eher und zutreffender als ein Segen denn als eine Katastrophe angesehen wird, ist sie doch Ausdruck eines Sterblichkeitsrückgangs, der seinerseits ein Fortschritt für das Wohl der Menschen ist.

Wessen Kinderwunsch?

Manches Plädoyer für staatsfinanzierte Geburtenbeschränkung geht implizit von der Annahme aus, daß die Menschen in Entwicklungsländern mit hoher Fruchtbarkeit nichts von Verhütungsmitteln wissen, und daß sie auf jeden Fall ohne Rücksicht auf Langzeit-Folgen ihres Verhaltens handeln. Die meisten Menschen in der Dritten Welt verstehen durchaus etwas von Geburtenkontrolle und praktizieren sie auch. In der Dritten Welt liegt überall die Fruchtbarkeit erheblich unter dem Fruchtbarkeitspotential. Mit anderen Worten: Die Zahl der tatsächlichen Geburten liegt erheblich unter der Zahl der biologisch möglichen Geburten. Überlieferte Methoden der Geburtenkontrolle gibt es und sind in Gesellschaften verbreitet, die weit rückständiger sind als unsere heutigen Entwicklungsländer mit hohen Geburtenraten.

In fast allen Entwicklungsländern springen einem seit Jahrzehnten westliche Billig-Konsumgüter in die Augen, während Kondome, Spiralen und Pille, obwohl stark subventioniert, sich nur sehr langsam verbreitet haben. Das spricht für eine geringe Nachfrage nach modernen Kontrazeptiva, sei es, weil die Leute keine kleinen Familien wollen, sei es, weil sie andere Methoden bevorzugen.

Die Kinder sind also in der Regel von den Eltern gewollt. Natürlich ist es auch wahr, daß - zumal in katholischen oder islamischen Gesellschaften - die Frau unter Umständen nicht viele Kinder will, sich hier aber den Wünschen ihres Mannes beugen muß. Aber jeder Versuch, in solchen Gesellschaften die Sitten mit Gewalt zu ändern, wirft Fragen auf, denen ich hier unmöglich nachgehen kann. Im übrigen spielt dieser Aspekt für mein Thema keine Rolle.

Gewiß sind Kinder vermeidbar. Und die Menschen in Entwicklungsländern sind in der Regel keineswegs unbekümmert, was die Langzeit-Folgen ihres Tuns angeht. Es ist vielmehr so, daß junge Frauen oft sagen, sie wollten mehr Kinder und Enkel, die dann im Alter für sie sorgen. Diese Fähigkeit, langfristig zu denken, zeigt sich auch in anderen Entscheidungen. Die Leute pflanzen langsam wachsende Bäume oder sie begeben sich auf weite Wanderungen.

Aufmerksamkeit verlangen eine Reihe von Fragen, bei denen es um sogenannte Externalitäten geht, wie die Wirtschaftswissenschaftler sagen. Die erste Frage ist, ob die Eltern die ganzen Kosten tragen, die Kinder und deren Aufzucht verursachen. Würden sie nicht alle Kosten tragen müssen, hätten sie mehr Kinder als sie haben würden, wenn sie die Kosten trügen. Nach den geläufigen sozialwirtschaftlichen Annahmen wäre der Wohlfahrtsgewinn der Eltern durch die zusätzlichen Kinder geringer als die von anderen zu tragenden Lasten.

Oft wird unterstellt, daß Eltern in Entwicklungsländern nicht die vollen Kosten des Kinderhabens tragen, insbesondere nicht die Kosten für Gesundheitsdienste und Schulbildung, und daß in Wirklichkeit diese Kosten in erheblichem Umfang vom Steuerzahler aufgebracht werden. Diese Kosten dürften aber in Entwicklungsländern nicht sehr hoch sein, jedenfalls im Verhältnis zum Volkseinkommen geringer als in Industrieländern. Schulen sind beispielsweise oft sehr einfache Billigbauten. Gesundheitsdienstliche Grundversorgung wird aus sozialen Gründen und weil es an qualifizierteren Einrichtungen fehlt, weithin von medizinischen Hilfskräften und Krankenschwestern und nicht von ausgebildeten Ärzten geleistet.

Wie auch immer, wenn die nachteiligen externen Kosten zum Problem würden, das nach einer Lösung ruft, dann sollte diese Lösung durch Änderungen des Umfangs, der Ausrichtung und der Finanzierung der betreffenden öffentlichen Ausgaben herbeigeführt werden, nicht aber durch Druck auf die Familiengröße.

Ein weiteres Beispiel für die Fremdbelastung mit solch negativ externen Kosten findet sich in der Großfamilie selbst. Eltern mögen mehr Kinder haben, wenn sie wissen, daß ein Teil der Kosten von anderen Mitgliedern der Großfamilie aufgefangen wird. Allerdings dürfte, wie gesagt, die anderen übertragene Last gering sein. Außerdem ist die Großfamilie eingebettet in die in weiten Teilen der noch nicht entwickelten Welt vorherrschenden eigenen Traditionen. Deren Auswirkungen auf den Erhalt der Großfamilie werden in dem Maße abnehmen und schließlich verschwinden, in dem das System der Großfamilie mit der Modernisierung konfrontiert wird. Hiervon wird noch am Schluß die Rede sein.

Mitunter werden die Menschenballungen in den Städten der Entwicklungsländer als nachteilige externe Effekte angeführt, die ihre Ursache im Bevölkerungswachstum haben. Aber das schnelle Wachstum dieser Städte ist bloßer Ausdruck ihrer Anziehungskraft. Das gilt besonders für die Hauptstädte. Dies wiederum spiegelt die armseligen Bedingungen, die das Leben auf dem Land vielen Menschen bietet. Sie fühlen sich abgeschnitten von den höheren Einkommen und anderen Vorteilen, die sie in der Stadt finden oder zu finden hoffen. Die Einkommensunterschiede verschärfen sich noch, wenn die Politik die städtische Bevölkerung privilegiert und damit die Einkommen auf dem Land zusätzlich drückt.

Das Wachsen der Großstädte ist Ergebnis solcher Einflüsse. Das kann man an den Ballungsgebieten in solchen Entwicklungsländern ablesen, die im übrigen so dünn besiedelt sind wie Brasilien und Zaire. Die Stadtbevölkerungen wachsen in den Entwicklungsländern ganz allgemein schneller als die Bevölkerung des Landes insgesamt. Jedenfalls hat die unerwünschte Slumbildung in und um die Großstädte kaum etwas mit der Größe und dem Wachstum der Städte an sich zu tun und noch weniger mit dem Bevölkerungswachstum im Land. Es ist die unausweichliche Folge der Wohnungspreise und Transportkosten, die zur Knappheit dieser Ressourcen in keinem Verhältnis stehen.

Ähnliche Aufmerksamkeit verlangen andere sogenannte nachteilige externe Effekte des Bevölkerungswachstums, etwa auf die Umwelt. Hierhin gehören Abholzung von Wäldern, Bodenerosion und Übernutzung der Fischgründe. Die Nutzungsraten dieser Lebensgrundlagen lassen sich durch Preise und Zuweisung von Eigentumsrechten steuern.

Insgesamt dürfte es höchst unwahrscheinlich sein, daß Bevölkerungswachstum größere nachteilige Externalitäten herbeiführt, ganz zu schweigen von solchen, die einen Druck auf die Menschen rechtfertigen, weniger Kinder zu bekommen.

Die Fixierung auf die Sorge vor möglicherweise nachteiligen Externalitäten des Bevölkerungswachstums ist nicht gerechtfertigt. Das Wachsen der Bevölkerung hat oft vorteilhafte externe Effekte. Es kann eine leistungsfähigere Arbeitsteilung erleichtern und damit die Realeinkommen steigern. Tatsächlich behindert in weiten Teilen Südasiens, Afrikas und Lateinamerikas die dünne Besiedlung den wirtschaftlichen Fortschritt. Die Entwicklung der Transport- und Kommunikationsnetze bleibt zurück. Das bremst den Personen- und Güterverkehr wie den Austausch und die Ausbreitung neuer Ideen und Methoden. Solche Hürden für unternehmerische Initiativen und wirtschaftlichen Fortschritt sind besonders schwer zu überwinden.

Faßt man ein fortgeschritteneres Entwicklungsstadium ins Auge, drängen sich positive externe Effekte größerer Bevölkerungsdichte immer mehr auf, besonders was die Arbeitsteiligkeit im Wirtschaftsgeschehen, in der Wissenschaft, Technologie, allgemein der Forschung anlangt.

Wie noch zu zeigen ist, wären, selbst wenn die negativen Effekte des Bevölkerungswachstums die positiven überwiegen würden, ganz andere politische Maßnahmen angezeigt als ein Druck auf Eltern, weniger Kinder zu haben.

Schließlich bedürfen noch die Folgen des Bevölkerungswachstums für die Einkommensverteilung einer näheren Beleuchtung.

Das schnelle Bevölkerungswachstum in den Entwicklungsländern in den vergangenen Jahren wird oft verantwortlich gemacht für ein zunehmendes Gefälle zwischen dem ermittelten Pro-Kopf-Einkommen in Industrieländern und dem in Entwicklungsländern. Ähnliche Veränderungen seien auch, sagt man, innerhalb bestimmter Länder zwischen reicheren und ärmeren Bevölkerungsgruppen eingetreten. Und diese Ergebnisse werden oft beklagt als Verschlechterung der Einkommensverteilung. Diejenigen, die so klagen, sind nicht die Eltern der Kinder, sondern außenstehende Beobachter, in der Regel aus dem Westen. Bevölkerungswachstum ist das Ergebnis des elterlichen Verhaltens und des Überlebens ihrer Kinder. Und das nach klassischen Maßstäben ermittelte Einkommen erfaßt nicht, wie wir gesehen haben, jenes Mehr an Lebenserfüllung durch Kinder und längeres Leben. Für diejenigen, die nicht gestorben sind und deren Kinder länger leben, bedeutet ebendies eine beachtliche Wohlstandszunahme.

Nachdem deutlich geworden sein dürfte, daß Bevölkerungswachstum nicht den Wohlstand mindert, sollten wir nun einen Blick auf die Frage werfen, ob es das nach üblichen Maßstäben ermittelte Pro-Kopf-Einkommen mindert.

Auf den ersten Blick scheint es dem gesunden Menschenverstand zu entsprechen, daß Wohlstand von natürlichen Ressourcen abhängig ist, insbesondere von Grund und Boden und von Mineralrohstoffen, ferner vom verfügbaren Kapital. Und daß von all dem bei wachsender Bevölkerung pro Kopf weniger da ist und infolgedessen auch weniger Einkommen. In der Tat, wenn nichts anderes sich ändert, muß eine Zunahme der Bevölkerung das Pro-Kopf-Einkommen senken. Daß das sehr kurzfristig betrachtet der Fall ist, daran führt kein Weg vorbei. Allerdings sagt diese Grundfeststellung nichts über längerfristige Entwicklungen.

Andere Einflüsse kommen hinzu, die die Produktivität spürbar erhöhen. Sie werden durch Zunahme der Bevölkerung ausgelöst oder verstärkt. Dazu gehören Verbreitung von Wissen, Arbeitsteiligkeit, Änderungen der Haltungen und Einstellungen, Erschließung neuer Ressourcen, technischer Wandel. Kurz: Die wirtschaftliche Analyse findet keinen Anhaltspunkt dafür, daß auf längere Dauer Bevölkerungszunahme eine Minderung des Pro-Kopf-Einkommens bedingt.

Es ist hinreichend erwiesen, daß selbst schnelles Bevölkerungswachstum den wirtschaftlichen Fortschritt tatsächlich nicht verhindert hat, weder in der westlichen noch in der heutigen Dritten Welt. Seit Mitte des 18. Jahrhunderts hat sich die Bevölkerung der heutigen westlichen Industrieländer mehr als vervierfacht. Das Realeinkommen pro Kopf hat sich nach Schätzungen mindestens verfünffacht. Die Einkommenszuwächse fallen großteils in Zeiten, zu denen die Bevölkerung ähnlich schnell wuchs wie heute in den meisten Entwicklungsländern, wenn nicht schneller.

Ähnlich wuchs auch die Bevölkerung in der Dritten Welt oft Hand in Hand mit schnellem materiellem Wachstum. In den 90er Jahren des vergangenen Jahrhunderts war Malaya ein mit kleinen Dörfchen und Fischersiedlungen dünn besetztes Gebiet. In den 30er Jahren war es zu einem Land mit großen Städten, ausgedehntem Handel, extensiver Plantagenwirtschaft und Bergbau geworden. Die Gesamtbevölkerung war durch natürliches Wachstum und Einwanderung von rund eineinhalb Millionen auf um sechs Millionen angewachsen, darunter die Malayen selbst von etwa einer auf rund zweieinhalb Millionen. Die weit größere Bevölkerung lebte bei wesentlich höheren materiellen Standards viel länger als die wenigen Menschen vor Ende des 19. Jahrhunderts.

Seit dem Zweiten Weltkrieg haben eine ganze Reihe von Entwicklungsländern über Jahrzehnte ein schnelles Bevölkerungswachstum mit einem schnellen, sogar spektakulären Wirtschaftswachstum verbunden. Taiwan, Hongkong, Malaysia, Kenia, Elfenbeinküste, Mexiko, Kolumbien und Brasilien mögen als Beispiele genügen.

Das Ressourcenproblem

Manch eingefahrene Ansicht über das Bevölkerungswachstum geht von der Annahme aus, daß die Ausstattung mit Grund und Boden und anderen natürlichen Ressourcen entscheidend ist, um wirtschaftlich erfolgreich zu sein. Wie schon gesagt, ist diese Annahme widerlegt, sowohl durch Erfahrungen in zurückliegenden Zeiten wie solchen der jüngeren Geschichte. Und viele ergänzende Daten weisen in die gleiche Richtung. Mit all ihrem grenzenlosen Land waren die amerikanischen Indianer vor Kolumbus weit rückständiger als zur gleichen Zeit der Großteil Europas mit weit weniger Land. Im 16. und 17. Jahrhundert gab es in Europa ein mit Wohlstand gesegnetes Holland, das zum Teil dem Meer abgerungen war. Und Venedig, eine reiche Weltmacht, war auf ein paar Schlickflächen erbaut. In der Dritten Welt leben heute viele Millionen bitterarmer Leute inmitten riesiger landwirtschaftlich nutzbarer Flächen. In einem Großteil Südostasiens, in Zentralafrika und im Inneren Lateinamerikas ist Grund und Boden schlicht ein freies Gut. Im Gegensatz dazu ist jetzt Grund und Boden besonders teuer in Hongkong und Singapore, den vermutlich dichtest bevölkerten Ländern der Welt mit ursprünglich sogar besonders unfruchtbarem Land. Hongkong etwa bestand in den 1840er Jahren im wesentlichen aus erodierten Berghängen, und Singapore war im 19. Jahrhundert nicht viel mehr als leeres Marschland. Beide Länder sind heute hochindustrialisiert und blühende Gemeinwesen. Die Geschichte anderer Länder im Osten wie im Westen weist in die gleiche Richtung. Zu den offenkundigen Beispielen gehören Japan und Taiwan, die Bundesrepublik Deutschland und die Schweiz. Alles, was man dazu sagen kann, unterstreicht nur, was ohnehin zutage liegt: die wirtschaftliche Bedeutung qualifizierter Menschen und der richtigen Politik ihrer Regierungen.

Ebenso ist festzuhalten, daß die Produktivität des Bodens, ob in reichen oder armen Ländern, wenig zu tun hat mit den vielgerühmten "ursprünglichen und unzerstörbaren Kräften der Scholle", anders ausgedrückt: mit der Rolle, die Grund und Boden in einem völlig unelastischen Versorgungssystem einmal spielte. Die Produktivität von Grund und Boden ist im wesentlichen Ergebnis menschlicher Anstrengung, von Arbeit, Kapitaleinsatz, Wissenschaft und Technologie. Außerdem macht der Faktor Bodenpreis einschließlich zu erwirtschaftender Investitionen in den meisten Ländern nur einen geringen Teil des nationalen Einkommens aus. Und dieser Anteil tendierte in den westlichen Ländern, für die einigermaßen verläßliche statistische Daten vorliegen, stets eher nach unten als nach oben. Das wäre nicht so, wenn Grund und Boden im Vergleich zu anderen Produktionsfaktoren wirklich knapp wäre.

Auch die großen Unterschiede in der wirtschaftlichen Leistung wie des Wohlstands zwischen einzelnen und Gruppen innerhalb ein und desselben Landes, mit Zugang zu den gleichen natürlichen Ressourcen, sind ein Hinweis darauf, daß die Verfügbarkeit natürlicher Ressourcen nicht entscheidend sein kann für den wirtschaftlichen Erfolg. Solche Unterschiede hat es weltweit und jederzeit gegeben und gibt es auch heute. Hervorstechende Beispiele für Gruppenunterschiede im gleichen Land liefern in Malaysia die Chinesen, Inder und Malayen. Überall sonst in Südostasien heben sich die Chinesen von allen anderen ab. In Indien springen Unterschiede zwischen Parsen, Dschainas, Marwaren und anderen Ethnien in die Augen; auf Zypern zwischen Griechen und Türken; in Ost- und Zentralafrika zwischen Asiaten und Afrikanern; in Nigeria zwischen den Ibos und anderen Stämmen; in der Karibik schließlich zwischen Chinesen, Libanesen und Indios. Auch die Geschichte der Hugenotten, Juden und sonstigen Nonkonformisten in den Ländern des Westens räumt jeden Zweifel daran aus dem Weg, daß die natürlichen Ressourcen nicht entscheidend sind für den wirtschaftlichen Erfolg. Über lange Epochen war Eigentum an Grund und Boden diesen wohlhabenden Gruppen verboten, mindestens war ihnen der Erwerb sehr erschwert.

Mineralrohstoffe waren oft der große Glücksfall für diejenigen, die sie entdeckt und nutzbar gemacht oder die eigentlichen Eigentümer enteignet haben. Als Beispiele für Wohlstand aufgrund von natürlichen Ressourcen werden gern das Gold und Silber Lateinamerikas im 16. Jahrhundert und die Reichtümer der heutigen Erdölförderländer genannt. Aber die Edelmetalle Amerikas beförderten weder einen wirtschaftlichen Fortschritt im präkolumbianischen Amerika noch sicherte ihre Aneignung Spanien einen nachhaltigen Aufschwung. Die Erdöllager des Mittleren Ostens und sonstwo waren solange wertlos, wie sie nicht vom Westen entdeckt und ausgebeutet wurden, und es ist noch längst nicht ausgemacht, ob sie eigentlich zu einem nachhaltigen wirtschaftlichen Aufschwung führen.

Ebenso begegnet man häufig dem Argument, Bevölkerungswachstum behindere die Kapitalbildung und damit die Zunahme des Pro-Kopf-Einkommens. Dies sei so, heißt es dann, weil die Ressourcen in den Unterhalt von mehr Kindern umgelenkt würden. Dennoch kommen die Untersuchungen der namhaftesten Gelehrten zu dem Ergebnis, daß auch die Kapitalbildung kein so wichtiger Faktor in der langfristigen Entwicklung ist. Wie schon erwähnt, haben sich andere Faktoren als weit wichtiger erwiesen.

Bevölkerungswachstum kann durchaus von sich aus zu Veränderungen im Wirtschaften führen, die die Kapitalbildung fördern. Die Eltern größerer Familien können sich veranlaßt sehen, mit Blick auf die Zukunft der Familie härter zu arbeiten und mehr zu sparen. In Entwicklungsländern sparen und investieren arme Leute ebenso wie in Industrieländern. Sie opfern zum Beispiel ihre Freizeit, um mehr zu arbeiten oder suchen ihre Arbeit und ihren Grund und Boden gewinnbringend einzusetzen, etwa indem sie von der Subsistenzwirtschaft übergehen zum Anbau von Produkten für den Markt. Als Händler haben Arme, die nicht einmal lesen und schreiben können, durch Mehrarbeit und Erschließung örtlicher Märkte oft beachtliches Kapital angesammelt.

Nicht selten verbinden sich mit dem Bevölkerungswachstum Vorstellungen von Hungersnöten, Erschöpfung von Rohstoffen, Massenarbeitslosigkeit und ähnlichen Problemen.

Es gibt keine Gefahr der Unterernährung oder gar des Hungers, weil es durch das Bevölkerungswachstum an Grund und Boden mangelt. Heute entstehen Hungersnöte und Nahrungsmangel meistens in dünn besiedelten Gebieten mit Subsistenzwirtschaft wie in Äthiopien, der Sahelzone, Tansania, Uganda und Zaire. In diesen Ländern gibt es Grund und Boden in Hülle und Fülle und ist mancherorts freies Gut. Wiederholter Nahrungsmangel, gar Hungersnot in diesen oder anderen Entwicklungsländern sind Ausdruck von Subsistenz- oder Quasi-Subsistenzwirtschaften, wie sie mit Nomadenleben, häufigem Bodenwechsel, mangelnder Verkehrserschließung und Lagerproblemen einhergehen. Solche Bedingungen verschlimmern sich, wenn die öffentliche Sicherheit zu wünschen übrig läßt, die Handlungsfreiheit der Händler, der Transport von Nahrungsmitteln und der Import von Konsumgütern und Zulieferungen für die Landwirtschaft beschränkt werden. Mangel kann ferner Folge von Besitzverhältnissen an Grund und Boden sein, die die Produktivität beeinträchtigen, so etwa bei Landvergabe zum Anbau durch den Stamm. Schließlich können die ganz Armen plötzlich in akute Not geraten, wenn widrige von außen einbrechende Ereignisse von heute auf morgen ihr verfügbares Einkommen aufzehren. Derartige tatsächliche oder mögliche widrige Umstände haben allesamt nichts mit Bevölkerungswachstum oder Bevölkerungsdruck zu tun. Von Hungersnöten in so dicht besiedelten Gegenden wie Taiwan, Hongkong, Singapore, Westmalaysia oder den westafrikanischen Gebieten mit Plantagenwirtschaft hört man nichts. Tatsächlich endet die Subsistenzwirtschaft überall dort, wo in dünn besiedelten Ländern Bevölkerungsverdichtungen entstehen und mit ihnen bessere Verkehrswege und erhöhte öffentliche Sicherheit.

Mit Ausnahme fossiler Brennstoffe sind mineralische Rohstoffe keine erschöpfbaren Ressourcen. Die Entdeckung und Ausbeutung mineralischer Rohstofflager oder weniger leicht wiederverwertbarer Mineralien hängen vom Preis, von den Aufwendungen, von der Technologie und von der Politik der Regierung ab. Minerale werden durch den Gebrauch nicht verbraucht. Sie können weitgehend wiedergewonnen werden, und zwar durch Verfahren, die den gleichen Bestimmungsfaktoren unterliegen wie Entdeckung und Erstgewinnung. Fossiler Brennstoff ist die einzige Ausnahme, weil er nach Gebrauch nicht mehr da ist. Gleichwohl ist Bevölkerungswachstum oder Bevölkerungsdruck keine Bedrohung für die langfristige Energieversorgung. Erhebliche dauerhafte Erhöhungen der Realkosten fossiler Brennstoffe würden sowohl den Übergang zu anderen Energiequellen fördern als auch allerhand energiesparenden Verfahren zum Durchbruch verhelfen. Außerdem werden fossile Brennstoffe in Asien und Afrika als Energiequelle nicht extensiv in Anspruch genommen, so daß Bevölkerungswachstum dort kaum als preistreibender Faktor für fossile Brennstoffe in Frage kommt.

Es gibt keinen Grund, warum Bevölkerungswachstum zu Arbeitslosigkeit führen sollte. Eine große Bevölkerung bedeutet sowohl mehr Konsumenten wie mehr Produzenten. Der große Bevölkerungszuwachs in den westlichen Industrieländern während der letzten zwei Jahrhunderte hat keine dauerhafte Massenarbeitslosigkeit gebracht. Erhebliche Arbeitslosigkeit entstand im 20. Jahrhundert, als das Bevölkerungswachstum bereits deutlich langsamer war als im 19. Jahrhundert. Und als in den 30er und 40er Jahren weithin bereits ein Bevölkerungsrückgang angekündigt wurde, nahm man allgemein an, daß dies zu mehr Arbeitslosigkeit führen werde, weil eine Abnahme der Bevölkerung die Mobilität und Anpassungsbereitschaft der Arbeitskräfte herabsetzen und zusätzlich die Investitionsbereitschaft lähmen werde.

Die heutige Erfahrung in der weniger entwickelten Welt bestätigt, daß schnelle Bevölkerungszunahme nicht Arbeitslosigkeit mit sich bringt, und erst recht lehrt sie, daß dieses Thema nicht einfach auf der Basis von Menschenzahlen und physischen Ressourcen abgehandelt werden kann. Bis vor kurzem wuchs die Bevölkerung geradezu stürmisch im bereits dicht bevölkerten Hongkong und Singapore, ohne daß es Arbeitslosigkeit gegeben hätte. Es gibt viel weniger Grund und Boden pro Kopf in Singapore als im benachbarten Malaysia; dennoch bewegen sich viele Leute von Malaysia nach Singapore auf der Suche nach Arbeit und höherem Lohn, sowohl als Pendler wie um sich dort dauerhaft niederzulassen. Sie stellen einen beachtlichen Anteil an der Arbeitskraft Singapores, machen aber auch einen keineswegs übersehbaren Teil der Arbeitskraft Malaysias aus.

Der Gedanke, daß Bevölkerungswachstum Arbeitslosigkeit erzeugt, unterstellt, daß Arbeit in besonderen Tätigkeitsbereichen nicht an die Stelle von Grund und Boden oder Kapital treten kann; ferner, daß sich Ressourcen nicht von weniger arbeitsintensiven zu arbeitsintensiveren Tätigkeitsfeldern lenken lassen. In technischer Sprache unterstellt der Gedanke, daß die Elastizität wechselseitiger Substitution von Arbeit und anderen Ressourcen sowohl in der Produktion wie beim Verbrauch gleich Null ist. Daß das nicht so ist, zeigt die Entwicklung intensiverer Formen der Landwirtschaft in vielen Entwicklungsländern, einschließlich des Übergangs zu zwei oder drei Ernten pro Jahr. Beim Verbrauch wird die Substitution in häufig wechselnden Konsumpaletten offenkundig.

Zweifelhafte Voraussagen

In Bevölkerungsprognosen über dramatisch lange Zeiträume wird oft ein großes Vertrauen gesetzt. Ein solches Vertrauen ist nicht gerechtfertigt. Manchmal ist es heilsam, sich die Bevölkerungsprognosen der 30er und 40er Jahre in Erinnerung zu rufen. Damals wurde ein erheblicher Bevölkerungsrückgang vor allem in den Industrieländern, aber durchaus auch weltweit, ziemlich übereinstimmend vorausgesagt. Prominente Akademievertreter publizierten Artikel mit Titeln wie "Das Ende des Experiments Mensch" und "Der Selbstmord der Menschheit".[2]

Binnen weniger als einer Generation hat das Bevölkerungsproblem seine Richtung um 180 Grad gegenüber damals gewendet. Der frühere Alarm, die Bevölkerung schwinde dahin, ist ersetzt worden durch den Alarm, die Bevölkerung explodiere, zumal in den Entwicklungsländern. Was geblieben ist, ist der Alarm. Nur das Vorzeichen hat sich geändert von Minus in Plus.

Genau wie in den 30er und 40er Jahren werden die so treuherzig in die Zukunft greifenden Voraussagen von ebenso

[2] In seinem 1920 in Paderborn erschienenen Buch "Lebensbeherrschung und Lebensdienst" widmet der Verf. Dr. J. KLUG ein Kapitel (Bd. II, 278 ff) dem "weißen Tod", den er dem "roten Tod" (Krieg) und "schwarzen Tod" (Pest) gegenüberstellt. "Aber man redet noch von einem 'weißen Tod' und versteht darunter das langsame Hinsterben der Völker infolge des fortgesetzten Rückganges der Geburtenziffer!" (S. 278).
Besorgt über den Rückgang der Geburtenraten in England berief König Georg VI. am 3. März 1944 eine Royal Commission on Population [Anm. d. Hrsg.].

weitreichenden Vorschlägen zur Lösung des angenommenen Problems begleitet. In Wirklichkeit sind nur sehr grobe Bevölkerungstrends in der Dritten Welt prognostizierbar. Das Eis, auf dem sich vertrauenswürdige Prognosen für die Dritte Welt oder gar einzelne Entwicklungsländer bewegen, ist noch viel dünner als jenes, das die Projektionen der Langzeittrends für die Bevölkerung im Westen in den 30er und 40er Jahren trug, die sich als so unzutreffend erwiesen haben.

In einem Großteil der Dritten Welt gibt es keine Personenstandsregister, die die Geburten und Todesfälle verzeichnen, und wo es so etwas gibt, sind die Daten unvollständig. Bevölkerungsschätzungen in afrikanischen Ländern gehen um 30 Prozent oder mehr daneben. Für große Länder wie Nigeria sind das Dutzende Millionen von Menschen. Auch Schätzungen der Bevölkerung der Volksrepublik China, des bevölkerungsreichsten Landes der Welt, liegen erheblich neben der Realität.

In den kommenden Jahrzehnten werden die politischen, kulturellen und wirtschaftlichen Verhältnisse in der Dritten Welt großen Veränderungen unterliegen. Diese Veränderungen sind nicht voraussehbar, und das gleiche gilt für die Reaktionen der Menschen auf die Veränderungen. So hat - entgegen allen Erwartungen - der wirtschaftliche Aufschwung der letzten Jahrzehnte in einigen Ländern der Dritten Welt zu einer höheren Fruchtbarkeit geführt und nicht zu einer niedrigeren. Ähnlich war die Senkung der Mortalität in vielen Entwicklungsländern nicht gekoppelt mit einer Senkung der Fruchtbarkeit, wie weithin angenommen wurde, weil man glaubte, die Leute hätten viele Kinder, nur um die hohe Kindersterblichkeit zu kompensieren. Außerdem ist in manchen dieser Länder die Fruchtbarkeit der städtischen Bevölkerung fast gleich derjenigen der ländlichen Bevölkerung, während beide in anderen Ländern ganz verschieden sind. Auch ist die Staffelung der Fruchtbarkeit nach sozialen Schichten und nach Art der Beschäftigung in der Dritten Welt weit bunter als im Westen.

Das alles sollte man vor Augen haben, wenn man mit so allgemein akzeptierten und offiziell gestützten Gepflogenheiten konfrontiert ist, wie es Voraussagen für die nächste Milliarde der Weltbevölkerung um das Jahr 2000 oder darüber hinaus sind.

Motive für kleinere Familien

Es gibt einen demographischen Zusammenhang, der für die Trends der Bevölkerungsentwicklung in der Dritten Welt ziemlich allgemein gilt. Der führende australische Demograph Caldwell[3] stellte fest, daß eine systematische Beschränkung der Familiengröße in der Dritten Welt vor allem von Frauen betrieben wird, die sich eine westliche Einstellung zum Kinderkriegen und -aufziehen zu eigen gemacht haben, von Frauen, die eine westliche Erziehung und Bildung genossen haben, westliche Medien konsumieren und westliche Kontakte pflegen. Ihre Haltung zur Geburtenkontrolle hat mit dem Einkommen, dem sozialen Status oder der Tatsache, daß sie in der Stadt leben, nichts zu tun, hingegen alles mit ihrer Verwestlichung. In diesem Zusammenhang bedeutet Verwestlichung die Bereitschaft von Eltern, auf Verbesserung des Familieneinkommens durch Arbeitsverdienste der Kinder zu verzichten und stattdessen mehr für deren Bildung aufzuwenden: Ausdruck einer größeren Sorge um das materielle Wohl ihrer Kinder.

Caldwells Deutung ist plausibler und besser belegt als die verbreitete Auffassung, mit höherem Einkommen sinke die Fruchtbarkeit. Zwar trifft es zu, daß in den stärker verwestlichten Entwicklungsländern höhere Einkommen und niedrigere Fruchtbarkeit oft, wenngleich längst nicht immer, zusammengehen. Es trifft aber nicht zu, daß höhere Einkommen und niedrigere Fruchtbarkeit Ausdruck eines größeren Wohlstandsstrebens der Eltern für sich selbst und die Familie sind. Beides ist Ausdruck eines Motivationswandels. Denn wenn ohne einen solchen Einstellungswandel das elterliche Einkommen, etwa

[3] John C. CALDWELL, *Towards a Restatement of Demographic Transition Theory,* in: Population and Development Review, 2.9.1976.

durch soziale Förderung oder glückliche Zufallstreffer steigt, neigen sie eher zu mehr als zu weniger Kindern. Letzterer Gesichtspunkt mag auch als Kommentar zu manchen Vorschlägen westlicher Planer gelten, die, ohne den Widerspruch wahrzunehmen, gleichzeitig für Bevölkerungskontrolle und mehr Hilfe für arme, kinderreiche Familien plädieren.

Einige grobe, allgemeine Voraussagen über Bevölkerungsentwicklungen in der Dritten Welt dürften erlaubt sein. Obwohl Geschwindigkeit und Umfang der Verwestlichung ungewiß sind, dürfte dieser Prozeß vorangehen. Ergebnis wäre ein Rückgang der Fruchtbarkeit. Gleichwohl werden der große Anteil junger Menschen und die noch vorherrschenden Fruchtbarkeitsziffern in den Hauptregionen der Dritten Welt in den bevorstehenden Jahrzehnten noch für einen bemerkenswerten Bevölkerungszuwachs sorgen, wobei das Bevölkerungswachstum in der Dritten Welt insgesamt kaum weit unter 2 Prozent fallen und noch einige Jahre bei den 2,5 Prozent bleiben dürfte, die für die frühen und mittleren 80er Jahre ermittelt wurden. Es wird gewiß weiterhin deutlich höher sein als im Westen, in Japan und Australien.

Bevölkerungspolitik

Hält die unterschiedliche Bevölkerungsentwicklung an, wird die Bevölkerung der westlichen Länder, Japans und Australiens mittelfristig im Verhältnis zu den Bevölkerungen Asiens, Afrikas und Lateinamerikas erheblich abnehmen. Das wird umfangreiche politische und kulturelle Folgen haben, denen ich im Rahmen eines Beitrags zum Zusammenhang zwischen Bevölkerungswachstum, wirtschaftlicher Entwicklung und Wohlstand unmöglich nachgehen kann. Die ethnische, rassische und politische Zusammensetzung der Menschheit ist ein anderes Thema.

Es ist, wie gesagt, höchst unwahrscheinlich, daß das Bevölkerungswachstum in der Dritten Welt die Wohlfahrt der Familien und Gesellschaften gefährdet. Gesetzt den Fall aber, aus irgendeinem Grund würde diese Wohlfahrt durch das Bevölkerungswachstum tatsächlich doch ernsthaft in Frage gestellt, dann würde sich das Reproduktionsverhalten - und zwar ohne Druck von oben - eben ändern. Deshalb gibt es keinen Grund für das Bemühen, die Leute zu weniger Kindern zu zwingen als sie selbst haben möchten. Erst recht fragwürdig wird ein solches Bemühen, wenn es von außerhalb des engeren Kulturkreises kommt. Dann ist es durchaus geeignet, ganz allgemein Widerstände gegen die Modernisierung zu provozieren.

Es bleibt also dabei, daß alle Bevölkerungspolitik um ihre Kernfrage kreist, ob die Zahl der Kinder, die die Menschen haben dürfen, von diesen, den einzelnen oder Familien selbst entschieden werden soll oder von Politikern und nationalen oder internationalen Beamten.

Die Anwälte öffentlich finanzierter Bevölkerungspolitik sagen oft, Vorschläge für Zwangsmaßnahmen lägen ihnen fern. Sie wollten nur für größere Wahlmöglichkeiten der Menschen sorgen und deshalb zur Verbreitung von Verhütungswissen beitragen. Ich habe schon darauf hingewiesen, daß die Menschen in Entwicklungsländern in der Regel sowohl über traditionelle als auch modernere Methoden der Geburtenkontrolle ganz gut Bescheid wissen. Im übrigen geht in vielen Dritte-Welt-Ländern, zumal in Asien und Afrika, offizielle Information, Beratung und Überredung in der Praxis oft fließend in Zwang über. In diesen Gesellschaften sind die Menschen meist autoritätshöriger als im Westen. Gerade in den letzten Jahren sind die Einkommenslage und die Berufsaussichten vieler Menschen immer abhängiger geworden von öffentlichen Wohltaten. In Indien beispielsweise sind Beamtenbeförderung, das Ausstellen von Führerscheinen oder Kraftfahrzeugzulassungen, der Zugang zu zinsbegünstigten Darlehen, Sozialwohnungen und anderen sozialen Vorteilen allesamt zeitweise schon an die Bedingung Kleinfamilie geknüpft gewesen. Insofern sind Zwangssterilisierungsprogramme, wie sie in Indien in den 70er Jahren aufgelegt wurden, und die Zwangsmaßnahmen des Einkindfamilienprogramms in der Volksrepublik China nur Extremfälle in einem breiten Spektrum, das von bloßer Werbung bis zum handfesten Druck reicht.

Politischer und behördlicher Druck auf die Menschen, weniger Kinder zu bekommen, provoziert Angst und Konflikte, diese wiederum ernsthafte moralische und politische Probleme. Wo solche Politik konzipiert wird, breitet sich unter den Menschen leicht Depression, Initiativlosigkeit, Desinteresse am sozialen und wirtschaftlichen Fortschritt aus, und infolgedessen auch eine Unfähigkeit, an diesem mitzuwirken. Derartige Reaktionen sind oft beschrieben worden, wenn die Menschen zum Handeln gegen ihre Sitten und Gewohnheiten gezwungen wurden.

Für die Politik gibt es wohl nur einen Weg, der zur Verlangsamung des Bevölkerungswachstums und zur Erweiterung persönlicher Entscheidungsspielräume hinführt, der auch am ehesten zu Einstellungen und Sitten führt, die dem Wohlstand in der Bevölkerung und wirtschaftlichen Aufschwung förderlich sind: eine Politik, die die Außenhandelsbeziehungen fördert, besonders die mit dem Westen. Diese Art Austausch hat bisher die freiwillige Änderung von Einstellungen und Gewohnheiten stark befördert und zumal solche zurückgedrängt, die wirtschaftlichem Vorankommen im Wege stehen. Quer durch die Dritte Welt sind die Länder und Gebiete die erfolgreichsten, die auch die dichtesten Außenhandelsbeziehungen unterhalten. Ausweitung der Handelsbeziehungen und Öffnung der Entscheidungsspielräume für die Menschen fördern sowohl den wirtschaftlichen Aufschwung als auch den Rückgang der Geburtenraten ohne die schädlichen Wirkungen behördlichen Drucks auf die Menschen in deren privatesten und lebensunmittelbarsten Belangen. Allerdings bestimmt diese Art Politik nicht die Tagesordnung derjenigen, die die Notwendigkeit von weniger Kindern in den Entwicklungsländern verfechten.

Es gibt weithin Einvernehmen darüber, daß der Westen seine Standards, Sitten und Einstellungen den Menschen und Regierungen in der Dritten Welt nicht aufdrängen soll. Es entbehrt nicht einer gewissen Ironie, daß, sobald es um Bevölkerungskontrolle geht, die einflußreichsten Stimmen das genaue Gegenteil verlangen.

Aussprache (Lord Bauer)

Leitung: Martin Reufels

Thierry Bayet: Ihr Optimismus, Lord Bauer, was die wirtschaftliche Entwicklung trotz Bevölkerungswachstum angeht, in Ehren, aber ist die Kopflastigkeit vieler Entwicklungsländer mit ihren Megacities, mit riesigen Großstädten und rundum gewaltigen Slums, nicht doch ein handfestes Entwicklungshindernis?

Lord Bauer: Die Entwicklung von Slums hat manche Ursachen. Der Anblick solcher Elendsviertel widerstrebt uns Europäern, vor allem den Angehörigen des Mittelstandes. Es stört uns. Soviel ist aber gewiß: die Slumbewohner sind dort nicht aus Gründen einer Überbevölkerung. Unter den Ursachen ist die wichtigste die Anziehungskraft der Städte. Diese Leute ziehen in die Stadt, weil dort die Aussichten besser sind, weil das Leben der Stadt mehr Möglichkeiten bietet. In Kinshasa/Zaire gibt es fürchterliche Slums, obwohl in Zaire auf dem Land Grund und Boden ein freies Gut ist. Man bekommt Grund und Boden kostenlos.

Ich kenne zwar die Slums von Kinshasa nicht persönlich, wohl aber die von Lagos. Die Leute ziehen dahin, weil ihnen in der Stadt das Leben mehr Chancen verspricht. Zudem spielt sich hier die Politik ab, und die politisch Mächtigen privilegieren die Stadtbewohner. Das spielt eine gewisse Rolle, hat aber nichts mit Überbevölkerung zu tun. Das Leben der meisten Menschen in den Slums ist tatsächlich immer noch besser als auf dem Land. Nicht alle, aber viele Menschen in diesen Slums bilden sogar recht stabile Gemeinwesen.

Während der industriellen Revolution im 19. Jahrhundert gab es auch in England Slums. Zahlreiche Menschen zogen vom Land und aus Irland dorthin. Es bedeutete eine Verbesserung ihrer Lebensbedingungen. In den Augen des Mittelstandes war es etwas Gräßliches. Die Verbesserung fand ihren ersten Ausdruck in einem Rückgang der Sterblichkeit, insbesondere der Kindersterblichkeit. Das hat noch nichts mit einer Chance wirtschaftlichen Vorankommens zu tun. Riesige Slums gab es um die Jahrhundertwende auch in Nordamerika mit seinen Millionen von Einwanderern aus Polen, Rußland, Süditalien, ja aus ganz Europa. Dort lebten sie zunächst unter entsetzlichen Bedingungen. Aber irgendwie arbeiteten sie und kamen irgendwann voran.

Im Hintergrund Ihrer Frage nagt aber vermutlich ein Zweifel daran, ob die Menschen in Entwicklungsländern jemals vorankommen. Ihr Verdacht ist: Nein. Und zwar wegen des Bevölkerungswachstums.

Natürlich können weder Sie noch ich die Wirtschaftsentwicklung von Ländern in der Dritten Welt wirklich voraussagen. Ich für meinen Teil bin mir aber sicher, daß sie letztlich von den Menschen in diesen Ländern abhängt, von ihrer Einstellung und vom Verhalten ihrer Regierungen. Und beides kann nicht sicher vorausgesagt werden. Um nur zwei handfeste Beispiele zu nennen: In British-Westafrika (Nigeria/Ghana) gab es 1890 keinen einzigen Kakaobaum. 1920 gab es Tausende und Abertausende Hektar davon im Eigentum von Eingeborenen. Sie hatten die Bäume sämtlich selbst gepflanzt und bewirtschafteten sie. Ein Kakaobaum trägt erst nach sechs Jahren. Wer einen Kakaobaum pflanzt, kann also sechs Jahre vorausschauen und -planen. Das hätte 1880 niemand geglaubt. Das gleiche gilt für Kautschuk in Südostasien. Die meisten Kautschukplantagen dort gehören nicht Europäern, sondern Malaien, Chinesen und Indonesiern. Auch ein Kautschukbaum braucht sechs Jahre, ehe er etwas einbringt. Und auch hier hat man es den Leuten nicht zugetraut. Und so etwas ist auch nicht voraussehbar. Ich bin aber davon überzeugt, daß ein sehr großer Teil der Menschen in Afrika, Süd- und Südostasien auf übliche wirtschaftliche Anreize ansprechen.

Der ländlichen Bevölkerung in Asien widerstrebt es weithin, das Leben von Tieren zu opfern, Tiere zu schlachten. Das ist noch heute so. Die sogenannte heilige Kuh ist nur der Extremfall. Das behindert den wirtschaftlichen Fortschritt. Wie lange wird das so sein? Ob es sich einmal ändern wird? Ich weiß es nicht, niemand weiß es. Aber mit Überbevölkerung hat das nichts zu tun.

Wie die Menschen in solchen Ländern reagieren und wie sich Regierungen verhalten und wie sie es sollten - das sind gewiß interessante, aber reichlich spekulative Fragen. Im Wirtschaften gibt es gewaltige Verhaltens- und Leistungsunterschiede. Wie kann man sich die erklären? Mit Afrikanern kann ich viel offener darüber sprechen als mit Europäern. Ich erinnere mich an den Aufsatz eines schwarzen Bischofs von Burundi, den übrigens die Neue Zürcher Zeitung in einer zusammenfassenden Übersetzung veröffentlicht hat. Kein Europäer könnte es wagen auszusprechen, was dieser Bischof schrieb. Nun gehöre ich schon zu den wenigen Europäern, die hier und da ein Wort riskieren. Aber das ist jedesmal ein Abenteuer. Mit Afrikanern komme ich da recht gut zurecht. Ich rede mit ihnen von gleich zu gleich. Nicht von oben herab, allerdings auch nicht von unten herauf. Sondern: gleiche Ebene! Die mögen das.

Dr. Winfried Kluth: In der ökonomischen Diskussion ist immer wieder die Rede davon, daß die Technisierung der Wirtschaft Arbeitsplätze wegrationalisiert. In arbeitsintensiven Bereichen der landwirtschaftlichen und industriellen Produktion nehmen die Arbeitsmöglichkeiten ab. In Deutschland haben wir die spezielle Situation, daß durch Auslagerung arbeitsintensiver Produktionsprozesse in Billiglohnländern und durch Roboterisierung der Produktion bei uns zwar die wirtschaftliche Produktion steigt, aber die Zahl der Arbeitsplätze zurückgeht.

Nun fehlt es nicht an Autoren, die der Meinung sind, daß diese Problematik sich früher oder später auch in den Entwicklungsländern, etwa auf den Philippinen, einstellen wird. Sehen Sie eine solche Entwicklung zu zunehmender Arbeitslosigkeit auch dort als sozusagen schicksalhaft an, oder sind Sie der Meinung, daß politische Entscheidungen einer wachsenden Massenarbeitslosigkeit vorbeugen können? Ich denke an Verbot oder Erschwerung bestimmter Technisierungen in der Landwirtschaft und Industrie.

Lord Bauer: Unser Begriff von Arbeitslosigkeit ist so nicht allgemein auf die Entwicklungsländer übertragbar. Dort sind viele Leute unterbeschäftigt. Aber es gibt nicht, noch nicht, eine umfassende standardisierte Arbeitsorganisation wie hier. Wer hier aus diesem System herausfällt, gilt, selbst wenn er etwas tut, als arbeitslos. Sehr zugespitzt, könnte ich einen Vorschlag machen, wie sich innerhalb von 24 Stunden die gesamte Arbeitslosigkeit im Westen abschaffen ließe. Durch Abschaffung des Arbeitslosengeldes. Jetzt tut es mir fast leid, das gesagt zu haben. Denn mit Sicherheit werde ich mißverstanden. Und es würde den Rahmen sprengen, dies hinreichend zu erläutern. In Singapore gibt es keine Arbeitslosigkeit. Es gibt auch keine Arbeitslosenversicherung. Deshalb gibt es in unserem Sinne keine Arbeitslosigkeit. Das westliche Arbeitslosigkeitsproblem hat damit zu tun, daß wir Unterschiede und Ungleichheiten nicht ertragen können. Auch Unterschiede in der Leistung und Ungleichheiten ihrer Vergütung nicht. Obwohl es diese Unterschiede gibt, haben wir uns für Gleichbehandlung entschieden. Darauf ruht unser System.

Im Rahmen unseres Themas genügt es festzuhalten, daß Bevölkerungswachstum in der Dritten Welt kein Grund für dortige Massenarbeitslosigkeit ist. Allerdings müssen die Regierungen eine entsprechende Politik verfolgen. Immer wieder: Es ist nicht eine Frage der Zahlen, sondern des Verhaltens der Menschen und der Regierungen, nicht die Frage nach irgendwelchen Ressourcen außer einer: der Menschen selbst und ihrer Intelligenz und ihres Leistungswillens. Aber zu sagen, daß es unterschiedliche Leistungsfähigkeit gibt, ist tabu. Die Leute wollen das einfach nicht wahrhaben.

Ich frage mich ständig, wie man solche Unterschiede hinnehmbar, gesellschaftsfähig machen kann. Was ist der Grund für Unterschiede zwischen einzelnen und ganzen Gesellchaften, was die faktische wirtschaftliche Leistung angeht? So interessant die Frage ist, es ist nicht erlaubt, sie zu stellen - wegen der fehlgedeuteten Idee, that "all men are created equal" (daß alle gleich geschaffen sind). Deshalb, so glaubt man, bedeuten Leistungsunterschiede eine Störung des Weltenlaufs. Wie kommt es, daß die Chinesen in Malaia so viel produktiver sind als die Malaien, oder daß die Ibos in Nigeria ehrgeiziger sind als die Haussa?

Solche Fragen unterliegen einem Sprechverbot. Dennoch: Sie finden im gleichen Land und mit gleichem Zugang zu den gleichen natürlichen Ressourcen Volksgruppen und einzelne mit gewaltigen wirtschaftlichen Leistungsunterschieden. Ich bleibe dabei: es liegt an der Einstellung und am Verhalten, und hängt nicht von Zahlen ab.

Michel Tricot

Fruchtbarkeit als Hauptfaktor demographischer Entwicklung

Ohne Zweifel ist die Fruchtbarkeit heute die demographische Größe, die die Geschicke der Menschheit am stärksten bestimmt. Deshalb rückt sie in den Mittelpunkt unserer kleinen tour d'horizon durch die wichtigsten Grundlagen der Demographie. Zuerst darf ich aber einige demographische Grundbegriffe rund um die Fruchtbarkeit in Erinnerung rufen. Für das Wachstum einer Bevölkerung ist außer der Fruchtbarkeit die mittlere Lebenserwartung, also die Sterblichkeit, von großem Belang, aber zunehmend auch die Zuwanderung. Dann stelle ich einige wesentliche Ergebnisse vor, die sich aus den offiziellen Statistiken ableiten lassen. Meine Ausführungen stützen sich vor allem auf die offiziellen, von verschiedenen internationalen Institutionen erstellten Statistiken und auf wissenschaftliche Veröffentlichungen der französischen Schule der Demographie.

Meine Aufgabe ist, eine kurze Übersicht zu geben über die demographischen Grundbegriffe, mit denen die Fruchtbarkeit in einer Bevölkerung erfaßt und gemessen wird, und über damit zusammenhängende unstreitige theoretische Ansätze. Dabei geht es um die Definition und Interpretation demographischer Hauptindikatoren der Fruchtbarkeit, aber auch um die Bedeutung des demographischen Diskurses überhaupt.

Der demographische Diskurs

Im Vergleich zu anderen Disziplinen spielt in der öffentlichen Meinungsbildung in Europa der demographische Diskurs kaum eine Rolle, wie ein kürzlich vom Europarat erstellter Bericht feststellt, und auch an der Universität wird er stiefmütterlich behandelt.[1] Das ist nicht verwunderlich insofern, als Demographie Statistik ist, eine Welt der Zahlen und der Mathematik. Gleichwohl gehört sie zu den im wörtlichen Sinne lebenswichtigen Diskursen der Wissenschaft.

Es gibt drei elementare Größen, die jeder Art von Reichtum auf diesem Planeten zugrunde liegen: die Menschen, die Information und die Materie. Information ist hier im Sinne der Informationstheorie zu verstehen als das Gesamt menschlichen Wissens. Veranschaulichen läßt sich die Trias am Beispiel eines Hauses. Um das Haus zu bauen, braucht man Materie, nämlich Steine, Holz, Elektrizität, braucht man Information, nämlich Wissen, wie man ein Haus baut, und braucht man jemanden, der es baut und darin wohnt. Wirtschaftlicher Wohlstand definiert sich durch diese drei Faktoren. Der demographische Diskurs handelt vom wichtigsten Faktor, von den Menschen.

Da wir sonst an meist kurzfristige Entwicklungen gewöhnt sind, ist noch hinzuzufügen, daß ein Demograph langfristig denken muß. Die wichtigste demographische Zeiteinheit beträgt 30 Jahre. So lange dauert es im Schnitt, bis ein Neugeborenes auf der Höhe seiner Arbeitskraft und seiner Reproduktionsfähigkeit anlangt, bis - technisch ausgedrückt - eine Einheit Humankapital selbständig und eigenverantwortlich eingesetzt werden kann. Dreißig Jahre, eine Generationsspanne, ist die entscheidende Größenordnung demographischer Zeitmessung. Die demographische Lage, die wir heute erleben, folgt aus Ursachen von vor dreißig Jahren. Unser Verhalten heute wird seine unvermeidlichen Folgen in dreißig Jahren haben.

Indikatoren der Fruchtbarkeit

Zur Messung der Fruchtbarkeit in einem bestimmten Gebiet dienen drei Hauptindikatoren:

[1] Conseil de l'Europe, *Information et éducation en matière de démographie*, Coll. Démographie, Editions du Conseil de l'Europe, 1993.

- Durchschnittliche tatsächliche Kinderzahl je Frau (Geburten pro Frau)
- Gesamtfruchtbarkeitsziffer (GF)[2]
- Geburtenrate.

Kurz folgendes zur Definition und Leistungsfähigkeit dieser Indikatoren:

Die durchschnittliche tatsächliche Kinderzahl je Frau in einem bestimmten Gebiet meint die durchschnittliche Zahl der Kinder, die die Frauen einer Generation bis zum 50. Lebensjahr geboren haben. So haben etwa die 1930 geborenen Frauen bis zum 50. Lebensjahr in Frankreich durchschnittlich 2,6 Kinder, in der Bundesrepublik Deutschland 2,4 Kinder geboren.[3] Dieser Index eignet sich vor allem, um zu beurteilen, ob eine Folgegeneration die Elterngeneration ersetzt oder größer oder kleiner ist. Es gibt also bei diesem Index ein Ersatzniveau: Bewegt sich langfristig der Index um dieses Ersatzniveau, bleibt die Bevölkerung zahlenmäßig gleich. Liegt der Index über dem Ersatzniveau, wächst die Bevölkerung, und zwar theoretisch exponentiell. Sinkt der Index unter das Ersatzniveau, schrumpft die Bevölkerung, und zwar theoretisch exponentiell.

In einem Land mit hohen medizinischen Standards liegt das Ersatzniveau bei etwas über 2,1 Kindern je Frau. Aus folgendem Grund: Im Prinzip braucht ein Paar zwei Kinder, um sich zu ersetzen. Da aber geringfügig mehr Jungen als Mädchen geboren werden und einige Kinder vor Eintritt ins Reproduktionsalter sterben, sind etwas mehr als zwei Kinder nötig zum Ersatz der Generation. In Ländern mit weniger entwickelten Gesundheitsdiensten und daher höherer Kindersterblichkeit liegt das Ersatzniveau des Index höher.

[2] Engl.: Total Fertility Rate (TFR); frz.: Indice conjoncturel de fécondité oder auch Indice synthétique de la fécondité (ISF). Statt von "Gesamtfruchtbarkeitsziffer" ist auch von Gesamtfruchtbarkeit oder vereinfachend auch von Fruchtbarkeit oder Fertilität die Rede [Anm. d. Hrsg.].

[3] TRICOT M., *Concepts fondamentaux de Démographie*, in: Geinoz F., de Siebenthal F., Suarez A., Tricot M. (Hrsg): *Europe, l'hiver démographique*, Lausanne 1989, 21-43. (Editions L'Age d'Homme).

Der Nachteil dieses Index ist, daß er für eine Generation erst genau zu ermitteln ist, wenn diese 50 Jahre alt ist. Wir können also heute gerade erst die mittlere tatsächliche Kinderzahl je Frau für die Frauen der Geburtsjahrgänge 1940-45 feststellen. Für Erhebungen über die Vergangenheit ist der Index geeignet. Nun können aber in wesentlich kürzeren Fristen erhebliche Veränderungen der Fruchtbarkeit eintreten. Um solche Trends rechtzeitig zu erfassen, bedarf es anderer Indikatoren.

In der Regel bedient man sich der - mathematisch berechneten - Gesamtfruchtbarkeitsziffer. Ihr liegt eine altersspezifisch ermittelte durchschnittliche Fruchtbarkeit aller Frauen eines Geburtsjahrgangs ("Kohorte") in einem bestimmten Jahr zugrunde, die sich aus der Anzahl von Kindern ergibt, die sämtliche Frauen dieses Jahrgangs in dem betreffenden Jahr geboren haben. Aus der Addition aller durchschnittlichen Fruchtbarkeitsziffern der einzelnen Kohorten (Jahrgangsstufen aller gebärfähigen Frauen) ergibt sich die Gesamtfruchtbarkeit. Der Indikator liefert unmittelbar den Jahreswert, zeigt also kurzfristige Trendänderungen an. Seine Bedeutung liegt wie bei der durchschnittlichen tatsächlichen Kinderzahl je Frau darin, Abweichungen vom Ersatzniveau zu erfassen.[4] Die Gesamtfruchtbarkeit der französischen Frauen betrug im Jahr 1900 rund 3,0[5], im Jahr 1991 1,77 Kinder je Frau.[6]

Im Jahr 1991 lagen fast alle europäischen Länder mit der Gesamtfruchtbarkeit erheblich unter dem Ersatzniveau. Eine Übersicht über die Gesamtfruchtbarkeit verschiedener europäischer Länder verdeutlicht dies:

[4] Außer durch das Ersatzniveau der Fruchtbarkeit wird die Bestandserhaltung einer Bevölkerung auch durch die *Reproduktionsrate* angezeigt. Die *Brutto-Reproduktionsrate* gibt die Zahl der geborenen Mädchen je Frau wieder. Sie wird ermittelt, indem die Gesamtfruchtbarkeit durch 2,06 dividiert wird (von 206 Kindern sind i.d.R. 106 Jungen und 100 Mädchen). Bereinigt um die Sterblichkeit der Frauen ergibt sich die *Netto-Reproduktionsrate*. Netto-Reproduktionsrate = 1 entspricht dem Ersatzniveau der Fruchtbarkeit, d.h. der Bestandserhaltung der Bevölkerung. [Anm. d. Hrsg.].

[5] S. Anm.3, ebd.

[6] Conseil de l'Europe, *Evolution démographique récente en Europe et en Amérique du Nord,* Editions du Conseil de l'Europe, 1992.

Land	GF 1991	Defizit
Schweiz	1,61	- 23%
Frankreich	1,77	- 15%
Deutschland	1,40	- 33%
Italien	1,26	- 40%
Spanien	1,28	- 39%
Großbritannien	1,84	- 12%

Tab. 1: Gesamtfruchtbarkeit (GF) verschiedener europäischer Länder 1991. Das "Defizit" gibt die Abweichung vom Erhaltungsniveau an.

Der Indikator GF (Gesamtfruchtbarkeit) hat zwei Vorteile: Er erlaubt den Augenblickszustand der Fruchtbarkeit eines Landes wiederzugeben. Er beruht - wohlgemerkt - auf einer mathematischen Modellrechnung und mißt die Fruchtbarkeit nicht unmittelbar. Deshalb kann die Gesamtfruchtbarkeitsziffer schon steigen, während die tatsächliche Fruchtbarkeit noch sinkt bzw. tiefer liegt. Dieses Phänomen kann etwa in einem Land auftreten, in dem ein hohes Gebäralter der Frauen zu sinken beginnt (Fall Schweden). Man muß hinzufügen, daß dieser Indikator sehr gute demographische Informationsquellen im betreffenden Land voraussetzt. Für jedes Beobachtungsjahr muß die Zahl der Geburten und das jeweilige Alter der Mütter bekannt sein. Hinreichend verläßliche Daten dieser Art sind allenfalls in Industrieländern zu erwarten, die reich genug sind, sich ein solch aufwendiges Statistikwesen zu leisten.

Der Indikator Gesamtfruchtbarkeit reagiert auch empfindlich auf ein sonst oft nicht meßbares Phänomen: die Existenz von kleinen, sehr fruchtbaren Minderheiten im Ermittlungsgebiet, die sich kulturell von der übrigen Bevölkerung deutlich absetzen. Meist handelt es sich um Einwanderer oder erst jüngst integrierte Gruppen. Dieser Sachverhalt macht Schätzungen der Fruchtbarkeit der mehrheitlichen einheimischen Bevölkerung oft problematisch. Das Problem gibt es beispielsweise in Frankreich, in Schweden und in den Vereinigten Staaten.

Gibt es keine hinreichend verläßlichen Daten, um die Fruchtbarkeit altersspezifisch zu ermitteln, arbeitet man mit der *Geburtenrate*. Sie gibt die Zahl der Geburten pro tausend Einwohner und Jahr in einem bestimmten Gebiet an. Tab. 2 gibt eine Übersicht über die Geburtenraten verschiedener Länder nach UNO-Angaben für 1992.

Land	1950	1990	Rückgang 1950/1990	2025	Rückgang 1950/2025
Europa	19,8	12,1	- 36%	8,7	- 56%
Asien	42,9	25,5	- 39%	13,1	- 69%
Afrika	48,9	41,5	- 14%	25,6	- 47%
Lateinamerika	42,5	24,6	- 36%	16,1	- 62%
Vereinigte Staaten	24,3	15,1	- 40%	10,2	- 48%
Schweiz	17,3	11,9	- 34%	8,4	- 51%
Frankreich	19,5	12,9	- 29%	8,9	- 54%
Deutschland (West)	15,8	10,8	- 34%	7,8	- 50%
Algerien	51,0	39,0	- 33%	14,5	- 71%
Zaire	47,3	44,7	- 5%	29,4	- 37%
China	43,6	19,6	- 55%	9,9	- 73%

Tab. 2: Übersicht über die Gesamtgeburtenraten 1992 (Geburten je 1.000 Einwohner) versch. Länder lt. UNO-Angaben.[7]

Das Szenario 2025 ist rechnerisch projiziert unter Zugrundelegung folgender Annahmen hinsichtlich der Fruchtbarkeitsentwicklung:

- daß die Entwicklungsländer nach und nach, wenn auch langsam, das gegenwärtige Fruchtbarkeitsniveau der Industrieländer (1,6 Kinder je Frau) erreichen,
- daß sich in den Industrieländern die Fruchtbarkeitsrate bei 1,5 Kinder je Frau stabilisiert.

[7] UNO, *World Population Prospects, The 1992 Revision*, Population studies No. 135, New York 1993.

Eine solche Perspektive ist als eher optimistisch anzusehen, denn:

- In den Industrieländern ist die Fruchtbarkeit sehr schnell, nämlich innerhalb von 10 Jahren, von 1965 bis 1975, tief unter das Erhaltungsniveau gesunken. Mit der hohen Zunahme der Kommunikationsdichte zu den und in den Entwicklungsländern ist die Hypothese durchaus plausibel, daß auch dort die Fruchtbarkeit in absehbarer Zukunft ähnlich schnell abfällt.
- In Wirklichkeit ist die Fruchtbarkeit der einheimischen Bevölkerungen in den Industrieländern noch niedriger als hier angegeben, weil die Statistiken die Fruchtbarkeit zahlreicher und noch zunehmender Einwanderer der ersten Generation enthalten, die ihre Gewöhnung an Kinderreichtum aus Afrika, Asien und Lateinamerika mitgebracht haben.
- Nicht ausgeschlossen ist ferner eine durchaus denkbare zweite deutliche Fruchtbarkeitsabnahme in den Industrieländern während der kommenden Jahre auf Grund einer wirtschaftlichen oder sozialen Krise.[8]
- Die Projektion für 2025 unterstellt für die Industrieländer bereits eine gewisse Zunahme der Einwanderung und allgemein eine steigende mittlere Lebenserwartung.

Die Geburtenrate hat gegenüber der Gesamtfruchtbarkeit den Vorteil, daß sie sehr leicht zu ermitteln und daher für alle Länder der Welt verhältnismäßig zuverlässig ist. Die erforderliche Information ist nicht so teuer. Allerdings liefert sie keinen genaueren Anhaltspunkt für den Generationenersatz, denn sie hängt sehr ab von der Altersstruktur der Bevölkerung. Wie man der Tabelle entnehmen kann, liegt bei Bevölkerungen mit einer Fruchtbarkeit unter dem Erhaltungsniveau die Geburtenrate im Bereich von 15-20 Promille.

Werfen wir jetzt einen Blick auf die gegenwärtige demographische Lage der Industrieländer.

[8] Von 1989-1994 fiel in den östlichen Bundesländern die GF von 1,57 auf 0,77 Kinder je Frau [Anm. d. Hrsg.].

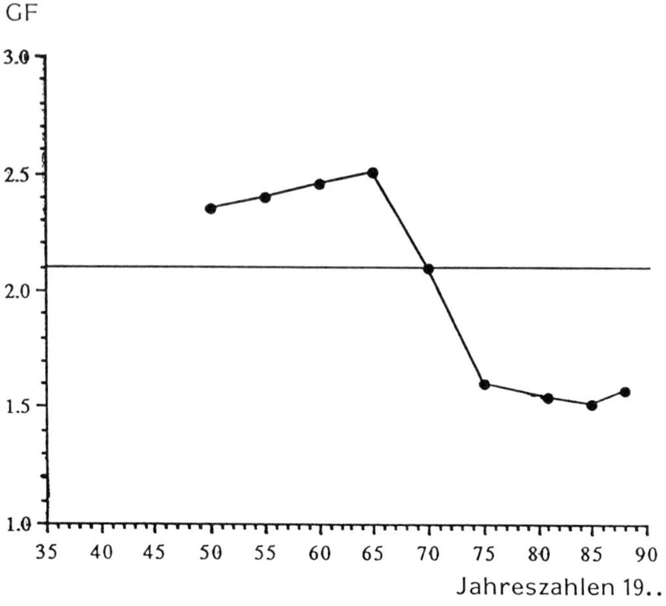

Grafik 1: Schweiz - Gesamtfruchtbarkeitsentwicklung zwischen 150 und 1990.

Zwischen 1965 und 1975 ist in den Industrieländern ein spektakulärer Abfall der Fruchtbarkeit unter das Ersatzniveau zu verzeichnen. Die in Grafik 1 skizzierte gegenwärtige demographische Lage einiger wichtiger europäischer Länder spiegelt die Situation der Industrieländer insgesamt. Unter Bilanzgesichtspunkten eines Wirtschaftsunternehmens würde man das Geburtendefizit als Verlust interpretieren, der sich - gegenüber reinem Generationenersatz - auf 13 Millionen (nichtgeborene) Menschen in 10 Jahren beläuft. Grafik 1 läßt sich ergänzen um einige weitere Übersichten:

Land	GF
Schweiz	- 35%
Frankreich	- 35%
Bundesrepublik	- 37%
Italien	- 46%
Spanien	- 55%
Großbritannien	- 33%

Tab. 3: Rückgang der Gesamtfruchtbarkeit von 1960 bis 1990.

Der Fruchtbarkeitsrückgang ist in der Schweiz, in Frankreich, in der Bundesrepublik Deutschland und in Großbritannien nahezu gleich, während er in den beiden Mittelmeerländern deutlich größer ist.

Land	Drittes Kind	vier und mehr Kinder
Schweiz	- 33%	- 75%
Frankreich	- 31%	- 74%
Deutschland/West	- 41%	- 72%
Italien	- 52%	- 87%
Spanien	- 61%	- 79%
Großbritannien	- 35%	- 66%

Tab. 4: Rückgang der Zahl der Frauen mit drei und mit vier oder mehr Kindern (1960-1990)[9]

Die entscheidende Aussage dieser Übersicht ist die beachtliche Abnahme der Zahl kinderreicher Familien in Europa.

Land	GF
Schweiz	- 38%
Frankreich	- 37%
Bundesrepublik	- 42%
Italien	- 40%
Spanien	- 48%
Großbritannien	- 37%

Tab. 5: Rückgang der Geburtenzahl je 1.000 Frauen der Altersgruppe 20-29 Jahre

[9] S. Anm. 6.

Frauen der Altersgruppe der 20-29jährigen fallen bei Fruchtbarkeitsuntersuchungen besonders ins Gewicht. Sie stellen nur 30 Prozent der Frauen im gebärfähigen Alter, auf die aber in der Regel 60 Prozent der Geburten entfallen.

Alterung in den Industrieländern

Von großem Interesse sind die Veränderungstrends in der Altersstruktur der Bevölkerungen. Für die beschriebene Ländergruppe liegen UNO-Zahlen[10] vor, die den Rückgang des Bevölkerungsanteils an Kindern und Jugendlichen zwischen 1970 und 2025 und die Zunahme alter Menschen zwischen 1950 und 2025 schätzen. Die Annahmen, die der Projektion bis 2025 zugrundeliegen, sind die bereits zu Tab. 2 genannten.

Land	
Schweiz	- 36%
Frankreich	- 35%
Bundesrepublik	- 47%
Italien	- 57%
Spanien	- 53%
Großbritannien	- 36%

Tab. 6: Rückgang der 0-14jährigen zwischen 1970 und 2025

Land	
Schweiz	255%
Frankreich	248%
Bundesrepublik	236%
Italien	292%
Spanien	364%
Großbritannien	204%

Tab. 7: Zunahme der 60jährigen und Älteren zwischen 1950 und 2025

[10] S. Anm. 7.

Aus beiden Übersichten ergibt sich: Im Jahr 2025 gibt es noch halb so viele Unterfünfzehnjährige wie 1970 und dreimal so viele Übersechzigjährige wie 1950. In den Industrienationen betrug das Verhältnis der alten Menschen zu den Erwerbsaktiven 1950 rund 1:6 und wird 2025 bei 1:2 liegen.[11]

Die Altersstruktur von Bevölkerungen wird graphisch in sogenannten Alterspyramiden veranschaulicht. Als Beispiel für eine vergleichsweise junge Bevölkerung mag die Bevölkerungspyramide Frankreichs im Jahr 1740, für eine überalterte Bevölkerung diejenige von Zürich für 1985 wiedergegeben werden:

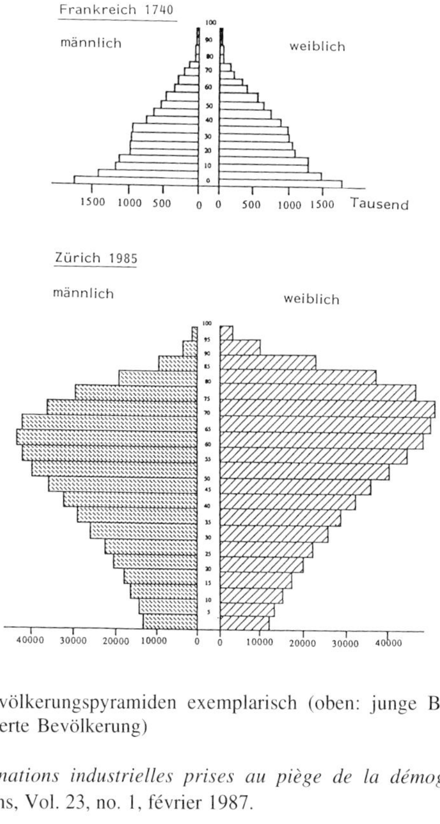

Grafik 2: Bevölkerungspyramiden exemplarisch (oben: junge Bevölkerung; unten: überalterte Bevölkerung)

[11] BIT, *Les nations industrielles prises au piège de la démographie*, in: Informations, Vol. 23, no. 1, février 1987.

Natürlich kann das Fruchtbarkeitsverhalten in den kommenden Jahrzehnten niemand genau voraussehen. Das diesbezügliche Verhalten eines Volkes ist ein Reservat seiner Freiheit, die wissenschaftlich nicht handhabbar ist. Schon bald können besondere Ereignisse das menschliche Reproduktionsverhalten in vielen Ländern grundlegend ändern. Ein Wandel, wie er in den 60-70er Jahren zu beobachten war, kann sich in Zukunft auch in umgekehrter Richtung einstellen. Jedoch ist es wissenswert, welche Konsequenzen bestimmte Verhaltensweisen, die bestimmte Grenzwerte erreichen oder überschreiten, nach sich ziehen. Immerhin könnten solche Erkenntnisse Anlaß zu Weichenstellungen geben.

Jean Bourgeois-Pichat hat - unter zwei besonderen Annahmen - die Bevölkerungsentwicklung der jetzigen Industrieländer in die Zukunft projiziert.[12] Die zugrunde gelegten Annahmen sind, daß erstens keinerlei Einwanderung erfolgt und zweitens die Fruchtbarkeit in allen Industrieländern sich auf die derzeitige Fruchtbarkeit in der Bundesrepublik Deutschland einspielt und dauernd dabei bleibt. Tab. 8 zeigt die unter diesen Bedingungen berechnete langfristige Bevölkerungsentwicklung der heutigen Industrieländer insgesamt.

Jahr	Bevölkerung der dzt.Industrieländer (Mio)
1950	800
1980	1.000
2000	1.200
2025	1.300
2050	1.200
2100	600
2250	0

Tab. 8: Projektion der Gesamtbevölkerung (Mio) der jetzigen Industrieländer unter der Annahme einer generellen und bleibenden GF wie dzt. in der Bundesrepublik Deutschland (1,3 - 1,4 Kinder je Frau).

[12] BOURGEOIS-PICHAT J., *Du XXéme au XXIème siècle: l'Europe et sa population après l'an 2000,* Population, no. 1, janvier-février 1988, p. 9-44.

Bourgeois-Pichats Szenario ist nicht einmal das denkbar pessimistischste. Ein weiteres Absinken der Fruchtbarkeitsraten in den Industrieländern in absehbarer Zukunft ist keineswegs ausgeschlossen. Zwei Einflußfaktoren wären imstande, eine solche Entwicklung zu fördern:

- Der demographische Niedergang dürfte mit den Kosten der Überalterung beachtliche wirtschaftliche Probleme heraufbeschwören. Sie könnten die Mühe des Kinderkriegens noch unpopulärer machen.
- Ähnlich einem mentalen Prozeß zunehmender Arbeitsunlust, wenn niemand mehr, um zu überleben, zu einer beruflichen Arbeit gezwungen wäre, könnte die Abneigung gegen die Mühe, Kinder zu kriegen und aufzuziehen, größer werden. Eine Bevölkerung könnte des Geschmacks an der Aufgabe, sich zu reproduzieren, verlustig gehen und deren Sinn nicht mehr einsehen. Kinderwunsch würde zum Fremdwort.

Seit die Fruchtbarkeitsziffern unter das Erhaltungsniveau gesunken sind, sind wir Zeugen eines sich anbahnenden Bevölkerungsschwunds, der begleitet ist von einer massiven Alterung der Gesellschaften. Wegen des exponentiellen Verlaufs wachsen Bevölkerungen nicht nur, sondern schrumpfen auch schneller als man denkt.

Fruchtbarkeit in den Entwicklungsländern

Bei den Entwicklungsländern springt heute das schnelle Bevölkerungswachstum ins Auge. Es ist unstreitig, daß dieses Wachstum entscheidend mit dem fortschreitenden Eintritt dieser Länder ins Zeitalter ihrer industriellen Revolution zu tun hat. Die Industrieländer haben alle Begleiterscheinungen dieses gesellschaftlichen Umbruchs im 19. Jahrhundert durchgemacht, das rapide Bevölkerungswachstum eingeschlossen. Wenn die Gesellschaften in den Industrieländern ihre Kinderzahlen so reduziert haben, ist es wahrscheinlich, daß auch in den Entwicklungsländern die Menschen, wenn sie den gleichen Lebensstil übernehmen, ähnlich wenige Kinder haben werden.

Tab. 2 zeigt, daß auch in den Entwicklungsländern ein schnellerer Rückgang der Fruchtbarkeit zu beobachten ist. Es ist nicht auszuschließen, daß die Fruchtbarkeit binnen 30 Jahren weltweit unter das Ersatzniveau sinkt. Tab. 9 liefert eine ergänzende Übersicht über die drei großen Entwicklungsregionen der Welt und zeigt die Entwicklung der Zahl 0-4jähriger Kinder in 20-jährigen Abständen zwischen 1955 und 2015.

Land	1955-1975	1975-1995	1995-2015	2015-Zahl der 0-4jähr.
Lateinamerika	+ 51%	+ 11%	- 6%	51 Mio
Asien	+ 41%	+ 11%	- 16%	320 Mio
Afrika	+ 70%	+ 68%	+ 32%	168 Mio

Tab. 9: Entwicklung der Zahl der 0-4jährigen Kinder in den drei großen Entwicklungsregionen.[13]

Der Wachstumsrückgang der Kinderzahl seit 1950 in Lateinamerika und Asien ist eindrucksvoll. Er dürfte in den nächsten 20 Jahren zu einer absoluten Abnahme der Kinderzahl führen.

Was Afrika angeht, sieht es so aus, als ob eine ähnliche Entwicklung um 20 Jahre zeitversetzt in Gang gekommen sei. Dort ist die industrielle Entwicklung nicht so weit, und der Kontinent ist im Vergleich zu den anderen geradezu unterbevölkert. Ferner waren allein in Uganda 11 Prozent der Bevölkerung von Aids betroffen, was noch einmal alle Wachstumsvoraussagen gründlich verändern könnte.

Eine zweite Grenzwert-Projektion

Mit der gleichen mathematischen Genauigkeit, wenn auch mit etwas mehr Aufwand wie bei den Industrieländern, läßt sich, wiederum mit Bourgeois-Pichat, auch für die Entwicklungslän-

[13] S. Anm. 7.

der ein Szenario entwerfen[14], das unter der Annahme prognostiziert wird, daß sich auch die Entwicklungsländer schließlich - gegenüber den Industrieländern um einige Jahre zeitversetzt - die gegenwärtige Fruchtbarkeit in der Bundesrepublik Deutschland zu eigen machen und dabei bleiben:

Jahr	Gesamtbevölkerung Entw.Länder (Mio)
2000	5.000
2050	8.000
2080	8.500
2110	8.000
2200	2.000
2300	500
2400	0

Tab. 10: Projektion der Gesamtbevölkerung der heutigen Entwicklungsländer unter der Annahme eines langfristigen Trends zu einer GFR wie dzt. in der Bundesrepublik Deutschland.

Aus dieser Projektion läßt sich unter der genannten Annahme die Auslöschung der Menschheit in etwa 4 Jahrhunderten ablesen. Besonders eindrucksvoll ist der schnelle Bevölkerungsschwund im 22. Jahrhundert. Ob die Weltbevölkerung, wie in Tab.10 gerechnet, ihren Zenith bei 8.5 Mrd. im Jahre 2080 durchschreitet, oder ob er bei 10-12 Mrd. liegen und etwas später erreicht wird, ändert nicht prinzipiell etwas an der Prognose. Auch bei diesem Szenario wäre die Überalterung der Gesellschaften nicht zu vergessen.

Folgerungen

Demographische Eingriffe auf Grund unzutreffender Einschätzungen oder politischer, ideologischer Interessen und deren womöglich traumatische Folgen können Ergebnisse haben, für die es keinerlei geschichtlichen Vergleich gibt.

[14] S. Anm. 12.

Angesichts der Zahlen scheint ein Begriff wie *Bevölkerungsexplosion* ebenso willkürlich wie für die Werte der Menschheit gefährlich zu sein. Es gibt ein unleugbares Bevölkerungswachstum, das direkt mit dem technischen Fortschritt der Menschheit zusammenhängt. Dieses Wachstum geht, wo es ein solches gibt, ziemlich schnell zurück.

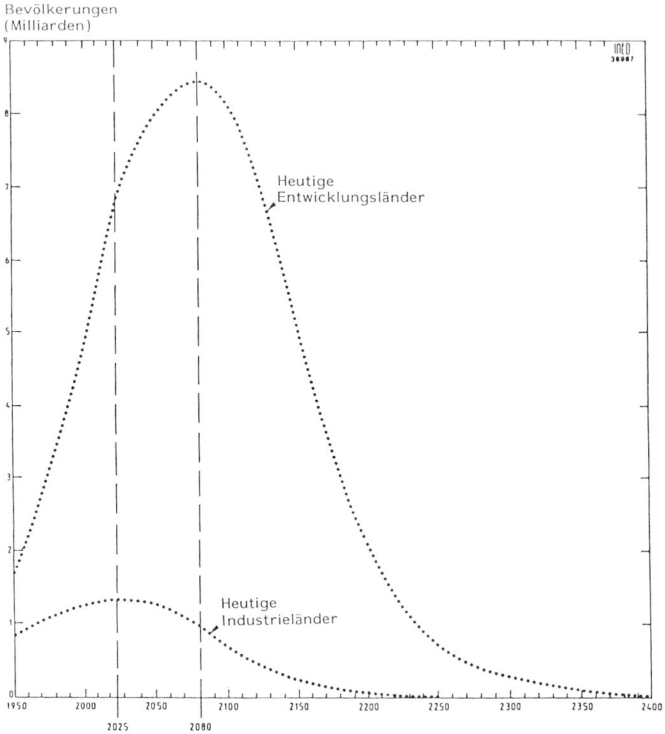

Grafik 3: Weltbevölkerungsentwicklung, wenn in allen Ländern die Fruchtbarkeit auf das gegenwärtige Niveau in Deutschland fällt und dort verbleibt. (Aus J. Bourgeois-Pichat, 1988, s. Anm. 12).

Der erforderliche Zugang aller Nationen zu einem erträglichen Mindestlebensstandard verlangt eine Reflexion und ein Handeln, die sich ganz einer zukunftsverträglichen Entwicklung verschreiben.

Der Mensch sieht sich in seinem täglichen Leben mit zwei Arten von Lebensgemeinschaft konfrontiert: mit einer affektiven Gemeinschaft, besonders in der Familie, und mit einer effektiven Gemeinschaft, die wesentlich das Berufsleben bestimmt. Wenn auf der Ebene einer Nation oder Kultur die eine gegen die andere ausgespielt wird, kommt es zu gefährlichen Ungleichgewichten. Wird die affektive Gemeinschaft privilegiert, kann die soziale Leistungsfähigkeit leiden und dies die Kinderfreundlichkeit mindern. Wird die Leistungsgesellschaft privilegiert, sind Kinderarmut, ja Kinderlosigkeit handgreifliche Folgen. Notwendige Voraussetzung einer zukunftsfähigen, nachhaltigen Entwicklung ist also ein gesellschaftliches Gleichgewicht zwischen beiden Gemeinschaftsformen.

Das gegenwärtige Weltbevölkerungswachstum wirft die Frage nach den grundlegenden materiellen Ressourcen auf, die der Mensch zur Verfügung hat, konkret nach Lebensraum, Ernährung und Energie. Was die ersten beiden angeht, ist festzustellen, daß die Menschen gegenwärtig 1/10.000 des Festlands als Wohnfläche in Anspruch nehmen und gut das Zwei- und Dreifache der Kalorien, die sie zur Ernährung brauchen, an Nahrungsmittel produzieren könnten.

Not tut wohl ein vertieftes Studium der wirtschaftlichen Entwicklung, das auch der wirtschaftlichen Bedeutung der Arbeit gerecht wird, die in die Erziehung von Kindern investiert wird. Denn sie sind die zukünftigen Stützpfeiler der Wirtschaft.

François GEINOZ

François Geinoz

Bevölkerungswachstum oder Überalterung - Fakten und Theorie

Pro Minute werden 286 Babies geboren. Das sind 410.000 am Tage. Die Weltbevölkerungskonferenzen 1974 in Bukarest, 1984 in Mexico und 1994 in Kairo spiegelten die Betroffenheit darüber, daß die Bevölkerungsentwicklung der zweiten Hälfte dieses Jahrhunderts die kühnsten Voraussagen übertroffen hat. Es dauerte immer weniger Jahre, bis unsere Erde eine zusätzliche Milliarde Menschen beherbergte. War die zweite Milliarde noch erst in 130 Jahren zu der ersten hinzugekommen, nämlich von etwa 1800 bis 1930, folgte die dritte in dreißig Jahren, also von 1930-1960, die vierte brauchte nur noch 14 Jahre, bis 1974, die fünfte war in 13 Jahren, 1987, komplett, und die sechste wurde binnen 11 Jahren für das Jahr 1998 vorausgesagt. Gegenwärtig wächst die Weltbevölkerung um 90 Millionen jährlich. Das ist der schnellste Zuwachs in absoluten Zahlen seit jeher: mehr Weltbevölkerungszuwachs als die Bundesrepublik Deutschland Einwohner hat. Gegenwärtig werden jährlich an die 150 Millionen Babies geboren und sterben an die 60 Millionen Menschen.

Bereits im 19. Jahrhundert ist die Weltbevölkerung schneller gewachsen als in den Jahrhunderten zuvor, nämlich um 71 Prozent, von rund 0,9 auf rund 1,6 Milliarden. Im Laufe des 20. Jahrhunderts wird sie um 260 Prozent angestiegen sein auf 6,16 Milliarden im Jahr 2000. Das entspricht einer durchschnittlichen jährlichen Zuwachsrate von 1,06 Prozent pro Jahr. Die Zahl ist gemittelt aus Zuwachsraten von um 3 Prozent etwa in einigen afrikanischen Ländern bis hin zu derzeit -0,2 Prozent in Deutschland.

Die "Internationale Konferenz über Bevölkerung und Entwicklung" (engl. Abkürzung: ICPD) vom 5. bis 13. September 1994 machte auf mich als akkreditiertem Teilnehmer, aber nicht Mitglied einer nationalen Delegation, den Eindruck, als sei die Betroffenheit über solche Zahlen dort und in der öffentlichen Meinung wie in einem Brennglas gebündelt gewesen.

Das Geschehen in Kairo spielte sich an drei Orten ab. In der größten Aula des ansehnlichen Konferenzzentrums, in der Aula Cheops, tagte das Plenum der 182 nationalen Delegationen. Hier hatten Journalisten, aber auch einige Fachberater und Lobbyisten Zugang zur oberen Galerie. Vertreter der nationalen Delegationen, Fachleute und internationale Persönlichkeiten trugen hier ihre - meist zwanzigminütigen - Statements vor. In der Aula Chefren tagte der Hauptausschuß. Es wurde über den Inhalt des in Kairo zu verabschiedenden Schlußdokuments, des sogenannten Aktionsprogramms, debattiert. Hier ging es um das Entscheidende, wenn auch in Cheops die Thematik vielfältiger war.

Im Olympischen Zentrum, gut fünf Minuten zu Fuß vom Kongreßzentrum entfernt, tagten die NGOs (Non-Governmental Organisations, Nichtregierungsorganisationen) mit Tausenden von Vertretern und einer Fülle unterschiedlichster Veranstaltungen.

Der dritte Ort des Geschehens waren die Räume, Flure, Aulen, Restaurants und sonstigen Flächen sowohl des Konferenzzentrums mit Büros zahlreicher UNO- und sonstiger weltweiter Organisationen, der Vertretungen nationaler (je zwei Vertreter) und internationaler (je fünf Vertreter) bei der UNO akkreditierter NGOs, Fernseh-, Rundfunk- und Pressejournalisten, wie auch die Korridore des Olympiazentrums mit zahlreichen Service-Angeboten und rund 120 Ständen unterschiedlichster Organisationen, darunter einiger weniger wissenschaftlich-demographischer Institute, vieler Hilfswerke der Entwicklungszusammenarbeit, einer sogenannten "Pro-Life"-Gruppe, aber einer überwiegenden Mehrheit von Veranstaltern und Förderern von Familienplanungsprogrammen.

Will man so etwas wie eine "Atmosphäre der ICPD" beschreiben, drängt sich - trotz manch thematischer Varietät auch bei den jeweils zehn bis zwanzig parallelen Veranstaltungen des NGO-Forums - am ehesten die einer weltweiten Messe für Familienplaner auf. Allerdings boten Vorträge von Experten aus Entwicklungsländern und Dutzende von persönlichen Gesprächen mit Frauen und Männern aus allen Kontinenten, meist abseits des offiziellen Geschehens, viel Gelegenheit, auch vom Tenor der Konferenz abweichende Meinungen zu hören: daß die "Überbevölkerung" als sekundäres Problem empfunden werde, daß die Hauptprobleme Armut, Unterentwicklung und mangelhafte Ausbildung seien, daß diese eher als mit Geburtenkontrolle und gar Abtreibung mit Entwicklung und Ausbildung, speziell auch der Frauen, gelöst werden sollten.

Die meisten nationalen Delegationen zählten weniger als zwanzig Mitglieder. Einige Länder, so Saudi-Arabien, Libanon und der Sudan, hatten aus Protest gegen den Entwurf des Aktionsprogramms auf eine Teilnahme verzichtet. Die Vereinigten Staaten hatten eine 180-köpfige Delegation geschickt. Auch im NGO-Forum waren die USA stark repräsentiert.

Im NGO-Forum wurde oft angeregt über Entwicklungsarbeit im eigentlichen Sinne diskutiert, über Ausbildungs- und Sozialprogramme oder Infrastrukturentwicklung. Bei der Hauptkonferenz standen diese Themen aber im Hintergrund. Afrikanische Delegierte, die darauf aufmerksam machen wollten, daß ihr Land eigentlich unterbevölkert sei, kamen nicht leicht zu Wort. Es kam nicht zur Sprache, daß in den Industrieländern die Abnahme der Fruchtbarkeit bis auf das Niveau des reinen Generationenersatzes schon vor den 1960er Jahren stattgefunden hat, und daß die kontrazeptiven Maßnahmen, die Kairo in den Entwicklungsländern verbreiten will, bei uns - und zwar unter viel besseren wirtschaftlichen Bedingungen - zu einer nachhaltigen Unterfruchtbarkeit geführt haben.

Auch lokalen wie regionalen Bevölkerungsproblemen, wie etwa der schnellen Ausbreitung der Slums um die Großstädte der Dritten Welt, wurde leider wenig Beachtung geschenkt. Über weite Strecken machte die Internationale Konferenz über Bevölkerung und Entwicklung den Eindruck einer internationalen Konferenz über Familienplanung und Abtreibung.

Ein Drittel der Zeit beherrschte die Abtreibungsfrage die Diskussionen. Der Entwurf des Aktionsprogramms forderte explizit die Abtreibung als ultima ratio der Familienplanung. Implizit war im Entwurf noch mehr von ihr die Rede. Diese Akzentverschiebung war um so bedauerlicher, als das Aktionsprogramm sehr viele unbestreitbar gute Anregungen enthält, die aber in Kairo nicht hinreichend gewürdigt wurden.

Über solche Themen herrschte meist Konsens. Für die Presse waren sie damit uninteressant, und zur Diskussion boten sie wenig Anlaß. Andererseits verriet der Entwurf die einseitige Handschrift der professionellen Bevölkerungs- und Familienplaner.

Nicht nur der veranstaltende Weltbevölkerungsfonds der Vereinten Nationen (UNFPA) war in Kairo allgegenwärtig, sondern auch zahlreiche für ihre Förderung der Geburtenkontrolle bekannten Großorganisationen, insbesondere die International Planned Parenthood Federation (IPPF), die - nach dem Roten Kreuz - zweitgrößte Nichtregierungsorganisation der Welt (deutsche Sektion: Pro Familia), die wiederum mit der UNFPA offenbar reichlich verflochten ist. Die Exekutivdirektorin des Weltbevölkerungsfonds, Frau Dr. Nafis Sadik, Generalsekretärin der ICPD, war zuvor lange Zeit für die IPPF tätig, und der derzeitige Weltvorsitzende der IPPF, Fred Sai, war der Vorsitzende des mit der Redaktion des Aktionsprogramms befaßten Hauptausschusses.

Dem Aktionsprogramm von Kairo geht es vor allem um flächendeckende Familienplanungsprogramme in der Dritten Welt, die die Geburtenraten kurzfristig drastisch reduzieren. Zur Finanzierung solcher Programme sollen bis zum Jahr 2000 weltweit jährlich 17 Milliarden Dollar mobilisiert werden. Diese Strategie ruht auf folgenden drei Prämissen:

1. Die Weltbevölkerung wächst viel zu schnell, um für künftige Generationen katastrophale Ressourcenverknappungen (Nahrung, Rohstoffe, Energie) und Umweltzerstörungen noch abwenden zu können.

2. Die *Bevölkerungsexplosion* ist hauptsächlich auf zu hohe Geburtenraten zurückzuführen.

3. Die Reduzierung der Geburtenraten ist nur mittels moderner Verhütungstechniken zu erreichen. Ohne diese Mittel können die Menschen ihre Sexualität nicht kontrollieren.

Ein Bevölkerungswissenschaftler hat aus diesen Prämissen eine harte Konsequenz gezogen, die uns, wenn auch selten so unverblümt, durchaus in der Presse begegnet. Er schreibt: "Ein geborener Mensch, für den es nicht möglich ist, die Lebensmittel von seinen Eltern zu erhalten, und dessen Arbeit die Gesellschaft nicht braucht, hat kein Recht auf die minimale Ernährung: er ist überflüssig. Am großen Naturmahl ist kein freier Platz für ihn (..); wenn die anderen Gäste doch näher aneinanderrücken und ihm einen Platz bereiten, dann werden sofort noch andere Eindringlinge sich melden. Und Ordnung und Harmonie werden zerstört." Das Zitat stammt nicht aus Kairo, sondern aus Thomas Malthus' 1803 in Paris erschienenem "Essai sur le principe de la population" (Über das Bevölkerungsgesetz).[1]

Neomalthusianismus

Als Beleg für die Richtigkeit der Diagnosen von Kairo und als Vorbild für die Therapie wird - zumal in den Medien - immer noch gern die Stabilisierung der Bevölkerungen in den Industrieländern vorgestellt. Dank dem sogenannten "Pillenknick" der 60er Jahre, so die verbreitete Vorstellung, habe bei uns dem Baby-Boom ein Ende gesetzt werden können mit der Folge eines Wohlstandswachstumsschubs.

Diese Vorstellung ist schlicht falsch. Sie folgt immer noch oder wieder einmal der - neuerdings ökologisch erweiterten - Theorie von Malthus. Malthus sagte, daß die Bevölkerung unentwegt wächst, wenn Hungersnöte, Kriege und Seuchen es

[1] T.R. MALTHUS, *Essai sur le principe de la population*, Paris 1803 (erweiterte Fassung des *Essay on the Principle of Population*, der 1798 in London erschien).

nicht verhindern. Und zwar wachse die Bevölkerung nach der geometrischen Progression (2,4,8,16..), während die Ressourcen (landwirtschaftliche Produktion) allenfalls nach der arithmetischen Progression (2,3,4,5..) zunähmen, so daß - ungebremst - sich innerhalb von dreihundert Jahren das Verhältnis zwischen Bevölkerung und Ressourcen um 4096:13 verändern würde. Weil aber immer nur so viele überlebten, wie gerade noch ernährt werden könnten, sei der Lebensstandard der Überlebenden für immer an die Grenze des Existenzminimums gefesselt. Die Entwicklung Englands hat Malthus schon zu Lebzeiten gründlich widerlegt.

Auch die neomalthusianischen Vorstellungen heute kranken daran, daß sie, wenn auch auf raffiniertere Weise, hinter den Menschenzahlen vor allem zu versorgende Münder, sogenannte "handlose Fresser" sehen. Jeder Mensch hat aber nur einen Mund, um zu essen, dagegen zwei Hände, um zu arbeiten, und ein Gehirn, um zu denken.

Als Beispiel einer verfeinerten Präsentation neomalthusianischer Blindheit dafür, daß Menschen Produzenten und nicht nur "Nachfrager" sind, möge folgendes Zitat aus einem kurz vor Kairo veröffentlichten Textes des Population Reference Bureau und der Weltbank gelten:

"Trotz Komplexität kosten Familienplanungsprogramme nur sehr wenig: jährlich zwischen 10 und 20 $ pro Verwender von Verhütungsmitteln in Entwicklungsländern. Wichtiger noch ist die Tatsache, daß diese Programme Ersparnisse ermöglichen: Kurzfristig können die Ersparnisse der Regierungen bei Programmen des Mutter- und Kinderschutzes doppelt so hoch sein als die Kosten der Familienplanungsprogramme, und die Ersparnisse nehmen um so mehr zu, als dank niedrigerer Fruchtbarkeit der Druck des Schulsystems vermindert wird.

Beispielsweise gibt Simbabwe jährlich 19 $ pro Verwender der Verhütungsmittel aus, 40 $ pro Kunde der Programme für Mutter- und Kinderschutz und 120 $ pro Primarschüler. Wenn die Fruchtbarkeit abnehmen könnte, würde man je nach dieser Abnahme bis zum Jahre 2000 zwischen 36 und 65 Millionen $ und bis 2015 zwischen 121 und 130 Millionen an Gesundheitskosten sparen; die Ersparnisse bei den Schulkosten würden bis 2000 zwischen 37 und 75 Millionen $, bis 2015 zwischen 270 und 340 Millionen erreichen.

Vermehrte Ausgaben für die Familienplanung sind demnach eine langfristig wirksame Investition. Die Ausgaben pro Kopf in diesen Bereichen nicht zu erhöhen, mag kurzfristig als lohnend scheinen; wenn man aber die Reichweite und Qualität dieser Programme nicht verbessert, wird man später immer mehr Fonds zur Bereitstellung von Gesundheitsdiensten und des Schulangebots für eine immerfort wachsende Anzahl Nachfrager benötigen."[2]

Gerade die tatsächliche Entwicklung in den Industrieländern ist geeignet, das düstere Panorama, das oft mit Blick auf die Entwicklungsländer verbreitet wird, aufzuhellen. Insbesondere die Deutschen mit ihrer seit den 70er Jahren absolut abnehmenden Zahl sollten diese Art von Alarm mindestens relativieren. Den Trend einer tief unter das Erhaltungsniveau sinkenden Fruchtbarkeit weisen aber praktisch alle Industrieländer auf. Nur gibt es bei allen demographischen Prozessen ein Trägheitsmoment, demzufolge auch bei einer gegenwärtigen Gesamtfruchtbarkeitsziffer unter Erhaltungsniveau die Bevölkerung noch jahrzehntelang wachsen kann. Das hängt mit der Altersstruktur der Bevölkerung zusammen. Eine größere Zahl der vor 20 Jahren Geborenen kommt ins Elternalter. Auch wenn die Paare nun weniger Kinder haben als ihre Eltern hatten, können sie zusammen mehr als diese haben. Einen weiteren Effekt hat eine noch sinkende Sterblichkeit, das heißt: eine noch steigende mittlere Lebenserwartung. Die hohen Zuwachsraten der Weltbevölkerung sind vor allem eine Folge der gesunkenen Sterblichkeit, an die sich das Gebärverhalten noch nicht ganz angepaßt hat.

Die nunmehr seit mehreren Jahrzehnten vorgetragenen neomalthusianischen Befürchtungen, daß die Bevölkerung "exponentiell" weiterwächst, während die Ressourcen nur linear zunehmen können, hat sich bislang nicht bestätigt. Wir können

[2] Population Reference Bureau und Weltbank, *Familienplanung: Ein Erfolg für die Entwicklung*, Mai 1994.

vielmehr feststellen, daß in den letzten zwei Jahrhunderten der Reichtum pro Kopf in der Welt größer geworden ist. Zwar gibt es noch viel Armut. Eine Milliarde Menschen leben in Armut. Aber es waren auch eine Milliarde, als die Weltbevölkerung zwei Milliarden zählte. Jetzt, wo wir 5,7 Milliarden sind, sind es immer noch eine Milliarde Menschen, die in absoluter Armut leben. Prozentual sind es viel weniger. Und damit ist die Aussicht, auch dieses Problems eines Tages Herr zu werden, auf jeden Fall gestiegen.

Vor allem täuscht die verbreitete Befürchtung eines unaufhaltsamen "exponentiellen" Bevölkerungswachstums, das in immer kürzeren Zeitabständen der Weltbevölkerung die nächste Milliarde hinzufügen wird. Die Zuwachsrate der Weltbevölkerung sinkt seit 25 Jahren. Sie hatte 1968 mit jährlich 2,11 Prozent das Maximum erreicht und ist bis heute auf unter 1,6 Prozent zurückgegangen. In Asien handelt es sich um einen Rückgang von 2,5 auf 1,6, in Lateinamerika von 2,9 auf 1,8 Prozent. Inzwischen wird auch in Afrika eine Abnahme der Wachstumsrate sichtbar. Überall ist gegenwärtig die Abnahme der Fruchtbarkeit noch größer, so daß man von einem langfristigen Trend sinkender Zuwachsraten ausgehen kann. Die Rede von der "Bevölkerungsexplosion" sollte man daher inzwischen besser meiden.

Ebenso sollte man den nicht näher qualifizierten Begriff "Überbevölkerung" aus dem Sprachgebrauch verbannen. Denn was heißt Überbevölkerung? Auf einem Dreißigstel der Fläche der Schweiz ließe sich die gesamte heutige Weltbevölkerung zu einer Demonstration versammeln.[3] Überbevölkert ist ein Land oder eine Region, wo die Bevölkerung hinauswächst über die Grenze, jenseits derer auf Dauer ein minimales menschliches Lebensniveau für alle unmöglich ist. Diese Aussage erfordert dann aber genauere Unterscheidungen.

Da wäre dann eine autarke von einer interdependenten und eine absolute von einer relativen Überbevölkerung zu unter-

[3] Bei 4 Menschen je m^2 nehmen 5,7 Mrd. Menschen 1,43 Mrd. m^2 = 1.430 km^2 in Anspruch. [Anm. d. Hrsg.].

scheiden. Autark überbevölkert ist die Schweiz, die mit den eigenen Mitteln - ohne Außenhandel - nicht zurechtkäme. Interdependent überbevölkert wäre ein Land, das trotz entwickelter Außenbeziehungen den Menschen kein Auskommen mehr bietet. Absolut überbevölkert wäre ein Land, wo dies trotz herrschender bestmöglicher politischer, wirtschaftlicher und sozialer Rahmenbedingungen nicht mehr möglich wäre. Solange die Armut großer Bevölkerungsschichten aber vor allem auf ungenügende Infrastruktur, unangemessene Einkommensverteilung, große Chancenungleichheiten, schlechte Politik oder gar Kriege zurückzuführen ist und die dadurch verursachte Armut infolge Bevölkerungszuwachs nur immer mehr Menschen trifft, ist ein Land relativ überbevölkert.

Relative Überbevölkerung ist nicht selten anzutreffen. Von einer absoluten, interdependenten, gar weltweiten Überbevölkerung sind wir aber heute weit entfernt. Relative Überbevölkerung fordert nicht so sehr bevölkerungspolitische Aktivität heraus als Entwicklungsarbeit an der Infrastruktur, im Bildungsbereich und an der Lockerung politischer Bremsen für die Entfaltung privater Initiative in der Wirtschaft. Äthiopien mit 40 Einwohnern je km^2 ist relativ stärker überbevölkert als Hongkong mit 5.300 Menschen je km^2. Das eigentliche Problem vieler armer Länder sind schwache wirtschaftliche und sozialpolitische Strukturen. Durch Kriege oder Bürgerkriege werden die Probleme erheblich verschärft. Die jüngste dramatische Entwicklung in Ruanda ist ein aktuelles Beispiel. Der demographische Zuwachs des Landes hat die Problemsituation verschärft, aber das Bevölkerungswachstum ist nicht die Problemursache.

Das Phänomen "Demographischer Übergang"

Das Sinken der Bevölkerungswachstumsraten in den Entwicklungsländern in den letzten 25 Jahren zeigt, daß sie dem Prozeß folgen, den wir in den Industrieländern seit Malthus durchgemacht haben und den wir als "demographischen Übergang" oder demographische Transition bezeichnen.

Das Phänomen oder Gesetz des demographischen Übergangs meint, kurzgefaßt, folgendes: Infolge besserer gesundheitlicher Bedingungen oder weil ein Krieg zu Ende geht, kommt es, weil weniger Menschen früh sterben, zu einem Bevölkerungszuwachs. Die Zahl der Geburten bleibt zunächst unverändert - abgesehen von kurzfristigen Schwankungen nach oben, nach Ende eines Krieges zum Beispiel. Das nachhaltige Bevölkerungswachstum erzwingt Änderungen der Wirtschaftsweisen, das heißt *Entwicklung*, in deren Verlauf sich nach und nach die Geburtenzahlen mehr und mehr den Sterbezahlen anpassen. Nach einem hohen Bevölkerungswachstum in Deutschland im 19. Jahrhundert waren schon in den 1920er Jahren die Kinderzahlen gleich oder geringer als die Elterngeneration. Die Bevölkerung wuchs aber noch Jahrzehnte weiter, weil die Zahl junger Mütter und Väter noch stieg, die Kindersterblichkeit weiter abnahm und die Alten noch älter wurden. In den 50er-60er Jahren war ein Ausgleich zwischen Geburten- und Sterberaten und damit eine Stabilisierung der Bevölkerung weitgehend erreicht.

Die heute verbreiteten Verhütungstechniken spielten beim demographischen Übergang in den Industrieländern eine geringe Rolle. Die erste "Pille", die sogenannte Pincus-Pille, wurde erst in den 60er Jahren populär. Die damit einsetzende Explosion des Konsums chemischer Antikonzeptiva führte seitdem in den Industrieländern zu einem dramatischen Absinken der Fruchtbarkeit unter das Bevölkerungserhaltungsniveau. Die langfristigen Folgen werden voraussehbar und sind zum Teil schon sichtbar.

Bei niedriger Kindersterblichkeit, das heißt unter entwickelten medizinischen Standards der reichen Länder, sind durchschnittlich ca. 2,1 Kinder je Frau nötig, damit langfristig die Folgegenerationen die vorausgehenden ersetzen. In Entwicklungsländern sind wegen der höheren Kindersterblichkeit - wie früher bei uns - noch bis zu drei Kinder je Frau zum Generationenersatz nötig. Vor 25 Jahren waren dort 6-7 Kinder je Frau noch die Regel. Inzwischen ergibt der Entwicklungsländerdurchschnitt 3,7 Kinder je Frau.

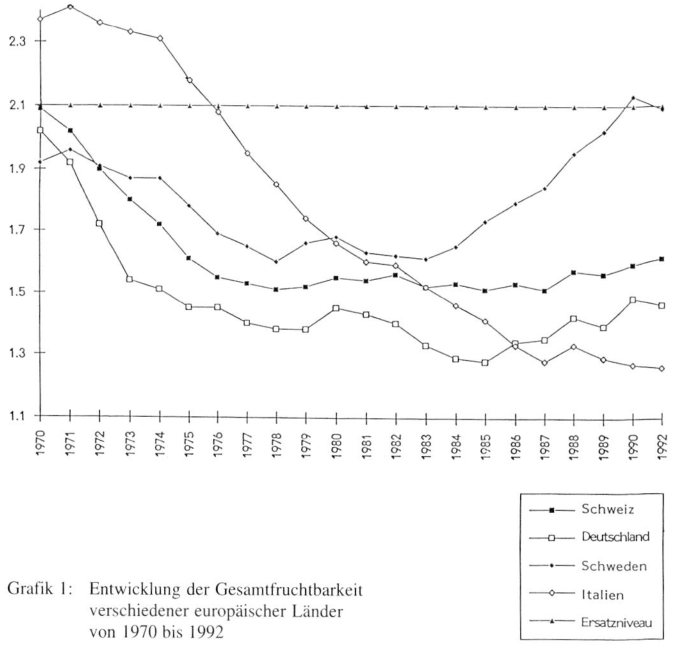

Grafik 1: Entwicklung der Gesamtfruchtbarkeit verschiedener europäischer Länder von 1970 bis 1992

In den Industrieländern senkte, wie Graphik 1 zeigt, der Verhütungsboom die Fruchtbarkeit auf 1,5 Kinder je Frau im westeuropäischen Durchschnitt. Deutschland war lange Zeit Anführer des Trends mit 1,3-1,4, seit kurzem unterboten von Italien und neuerdings Spanien mit rund 1,2 Geburten je Frau. Eine tatsächliche Abnahme der einheimischen Bevölkerung ist aber in Westeuropa bisher nur in der Bundesrepublik Deutschland zu verzeichnen gewesen. Hier betrug das Geburtendefizit von 1975 bis 1986 jährlich 75.000 bis 150.000 und wird bei gleichbleibendem Reproduktionsverhalten "exponentiell" zunehmen, auch wenn in den letzten Jahren - vorübergehend und aus Gründen, auf die wir hier nicht näher eingehen werden -, sogar ein geringer

Geburtenüberschuß festzustellen war.[4] In den vergangenen Jahren wurde der Bevölkerungsschwund durch Zuwanderung ausgeglichen, sogar mehr als ausgeglichen. Das extreme Absinken der Fruchtbarkeit in den neuen Bundesländern nach 1990 auf bis zu 0,8 Geburten je Frau dürfte kurzfristig bedingt und für die Langzeitperspektive nicht sehr von Belang sein. Allerdings gibt es innerhalb der Industrieländer auch sonst regionale Unterschiede. Norditalien und verschiedene - auch deutsche - Großstädte haben derzeit Fruchtbarkeitsraten unter 1 Kind je Frau.

Für die Schweiz, die ich näher bearbeitet habe, läßt sich voraussagen, daß unter der Voraussetzung, daß die gegenwärtige Gesamtfruchtbarkeit sich nicht ändert, daß die mittlere Lebenserwartung noch leicht zunimmt und daß keine weitere Zuwanderung erfolgt, bis zum Jahr 2030 die Bevölkerung von jetzt 7 Millionen auf 5,5 Millionen abnimmt und der Anteil der Überfünfundsechzigjährigen dabei von heute 14,7 Prozent auf 28,3 Prozent steigt. Im Jahr 2100 würde unter der gleichen Voraussetzung die Bevölkerung auf 2,5 Millionen, im Jahre 2200 auf 840.000 geschmolzen sein.

Wir in den Industrieländern haben vom Bevölkerungsschub im 18. und 19. Jahrhundert schließlich und bis heute wirtschaftlich stark profitiert. Die Zahl jüngerer Erwerbstätiger wuchs im Verhältnis zur nicht-aktiven Bevölkerung. Das Verhältnis ist noch günstig. Auf eine Person im Pensionsalter kommen in der Schweiz - ähnlich wie in der Bundesrepublik - etwa vier Personen im erwerbstätigen Alter. Das Verhältnis wird sich bis zum Jahr 2030 - bei Fortgeltung der obengenannten Voraussetzung - auf 1,9 Personen im berufsaktiven Alter je Rentner ändern und sich in den Folgejahrzehnten weiter zugunsten der Alten verschieben. An der Überalterung in den nächsten Jahrzehnten könnte selbst ein Baby-Boom in den nächsten Jahren nur noch erstaunlich wenig ändern. Die 60-80jährigen von 2030 sind heute 25-45 Jahre alt und zahlreich. Es sind die Baby-Boom-

[4] Das hat damit zu tun, daß a) die in den Baby-Boom-Jahren (1950-70) Geborenen jetzt Eltern sind, sowie b) die Zugewanderten mehr Kinder haben bei gesunkener Sterblichkeit.

Jahrgänge von 1950-70. Auch die 35-60jährigen von 2030 sind schon geboren, und zwar in den kinderarmen (Baby-Crash-) Jahren von 1970 bis heute.

Kaum ein Thema war in den letzten zwanzig Jahren so tabuisiert wie das der beginnenden Überalterung unserer entwickelten Gesellschaften. Einen Grund hierfür erläutert Graphik 2, die modellhaft die Entwicklung der Bevölkerungspyramide eines Industrielandes in dieser Zeit und den kommenden fünfzig Jahren veranschaulicht. Stärker als vom Schrumpfen der einheimischen Bevölkerungen werden danach die nächsten Jahrzehnte von der "Vergreisung" unserer Gesellschaften bestimmt sein. Das Problem ist vielseitig und nicht nur eines der Finanzierung "sicherer Renten".

Alle auf dem Umlageprinzip und dem sogenannten Generationenvertrag aufbauenden sozialen Sicherungen, also auch Kranken- und Pflegeversicherung, werden neu berechnet werden müssen. Der Bau von Altersheimen bekommt neue Dimensionen. Die Deckung der "Soziallast" der alten Menschen wird bis zu 50 Prozent der realen Wirtschaftskraft in Anspruch nehmen - gegenüber 20 Prozent heute. Gleichzeitig werden die älteren Menschen in ganz anderem Maße die Wählerschaft prägen. Und vor allem - bei aller Hochachtung vor älteren Menschen - wird in Wirtschaft und Gesellschaft mit weniger Unternehmergeist und Innovationskraft zu rechnen sein. Der Leitartikel eines ostasiatischen Wirtschaftsmagazins zur ICPD in Kairo stellt die sich anbahnenden ökonomischen Probleme des Westens aufgrund des Geburtenrückgangs unverblümt als eigenen Wettbewerbs- und Standortvorteil heraus.[5]

[5] Far Eastern Economic Review, 8.9.1994, S. 5 (Hongkong): "*...Surely this region's unprecedented growth demonstrates that those in undeveloped lands have minds as well as mouths, and that these minds - once unshackled and allowed to realize their potential - are at least as capable of contributing to the world pie as anyone else. The irony today is that Cairo's call to lower birth rates comes at a time when Asia's leading economies are suffering from labour shortages while Europe, with its plummeting birth rates, finds itself plagued by unemployment...*".

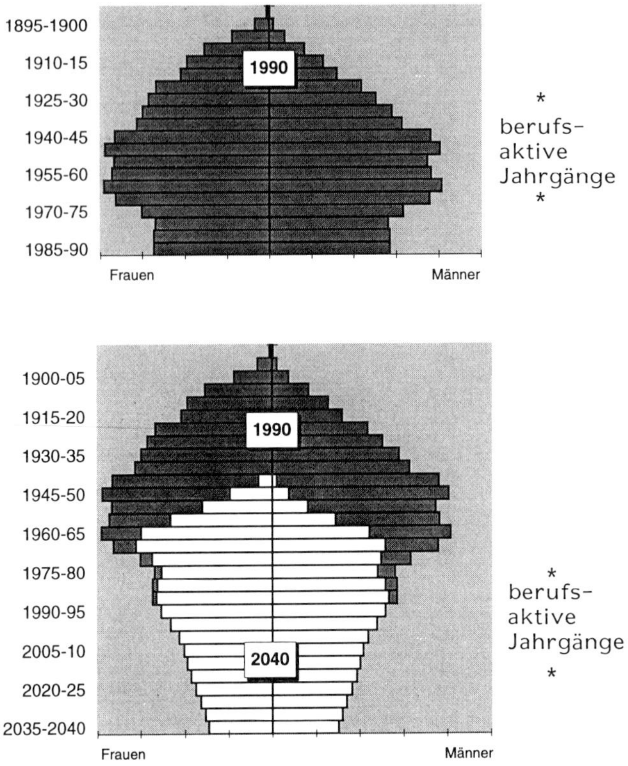

Grafik 2: Entwicklung der Bevölkerungspyramide heutiger Industrieländer - dynamische Darstellung (Annahmen: Gesamtfruchtbarkeit von 1990 gleichbleibend, keine Einwanderung).
Oben: Situation Schweiz 1990. Zwischen den Sternchen rechts die berufsaktiven Geburtsjahrgänge 1970-1925 (20-65jährige).
Unten: Situation 2040. Schwarz: der aus der Pyramide von 1990 verstorbene Bevölkerungsanteil. Weiß: die 2040 lebende Bevölkerung. Zwischen den Sternchen rechts die berufsaktiven Geburtsjahrgänge 2020-1975 (20-65jährige).
Kommentar: Die heute Berufsaktiven leben wirtschaftlich in einer für sie selbst einmalig günstigen Situation. Sie sind selbst sehr viele und haben für sehr wenige Junge und nicht sehr viele Alte zu sorgen. Für die um 2040 Berufsaktiven ist die Situation deutlich verschlechtert. Sie selbst sind weniger und haben zwar für noch weniger Junge, aber für deutlich mehr Alte zu sorgen. Diese Situation wird sich angesichts der immer schmaleren Basis nachrückender Generationen (bei gleichzeitig zu vermutendem höheren Lebensalter) kontinuierlich verschärfen.

Es gibt vier Wege, um diesen Problemen zu begegnen. Keiner ist politisch populär, weder die Senkung der sozialen Leistungen, noch die Erhöhung des Pensionsalters, noch die Erhöhung der Sozialbeiträge; erst recht ist die Entscheidung für eine ständig steigende Zuwanderung junger, arbeitsfähiger Menschen von außen politisch sensibel, obwohl der volkswirtschaftliche Vorteil der Zuwanderung nachgewiesen ist.[6] Und keiner der Wege genügt allein.

In den kommenden Jahrzehnten wird die Wachstumsrate der Weltbevölkerung der Saldo aus dem Bevölkerungswachstum der armen und dem Bevölkerungsschwund der reichen Länder sein. Wer bei dem ersteren von "Explosion" spricht, muß den letzteren "Implosion" nennen.

Die Abnahme der Geburtenrate auch in den Entwicklungsländern in den letzten 25 Jahren deutet daraufhin, daß viele Länder den demographischen Übergang, den wir in Europa vom 18. Jahrhundert bis in die 1960er Jahre erlebt haben, schon weitgehend durchschritten haben. Da die erste Phase des demographischen Übergangs, die Phase der Wachstumsbeschleunigung infolge Senkung der Sterblichkeit - zumal der Kindersterblichkeit - durch Impfung, Seuchenbekämpfung, Ernährungsqualität und Hygiene in den Entwicklungsländern weniger Zeit in Anspruch nahm als in Europa, kann man durchaus auch einen schnelleren Prozeß der Anpassung der Geburtenraten an die gesunkenen Sterberaten erwarten.

Dieser Prozeß soll aber beschleunigt werden, und zwar weiter - wie bisher - durch Entwicklungshilfe, nun aber vor allem auch - und das ist der Beitrag Kairos - durch weltweite massierte Programme zur Senkung der Geburtenraten. Von den 17 Milliarden Dollar jährlich, die die Veranstalter der ICPD ab dem Jahr 2000 hierfür aufwenden möchten, sollen 0,5 Milliarden der

[6] J. SIMON, *Haltlose Einwände gegen Einwanderer. Neue Arbeitsplätze und Nettozuschüsse an die Staatskasse,* in: Neue Zürcher Zeitung, 27. / 28.11.1993, 41 f. Ders. *Allemagne: les immigrés, ça peut rapporter gros,* in: Courrier International, 7.11.1991. Demnach kosteten die Eingewanderten Deutschland ca. 16 Milliarden, brachten der Staatskasse aber Einnahmen von 57 Milliarden.

demographischen Forschung und 1,3 Milliarden der Aids-Prävention gewidmet werden, aber 10,2 Milliarden unmittelbar in Familienplanungsprogramme und 5 Milliarden in den benachbarten, allerdings keineswegs eindeutigen Titel "Reproduktive Gesundheit" fließen.

Die Tatsache, daß die Industrieländer diese oder jene neuen Verhütungsmittel entwickelt haben und sie auf den normalen Märkten in aller Welt anbieten, hat in der Dritten Welt kaum je irgendwo zu Kommentaren geführt, die man nicht auch in Industrieländern hören konnte. Offenbar hat aber Kairo in Entwicklungsländern Stimmen laut werden lassen - und noch lauter in Schwellenländern, die sich von internationaler Hilfe unabhängiger gemacht haben -, denen das Angebot der Industrieländer, den Entwicklungsländern ein neues Reproduktionsverhalten mitzufinanzieren, verdächtig erscheint. Ihr Widerspruch gilt einer vermuteten Absicht des Westens, ihren Kulturen seine Vorstellungen über die ihnen angemessenen Kinderwünsche aufzudrängen oder gar aufzuzwingen. "Wenn die Menschen weniger Kinder wollen und dazu Mittel der Geburtenplanung in Anspruch nehmen", schreibt das schon erwähnte Wirtschaftsmagazin aus Hongkong eine Woche nach Kairo, "dann schön und gut, aber das ist unsere Sache. Weniger schön und gut finden wir es, wenn nun die Leute in den Entwicklungsländern belehrt werden sollen, daß sie zu dauernder Armut verurteilt sind, wenn sie ihre Familiengröße nicht nach den Vorgaben einiger Bürokraten ausrichten..".[7]

[7] Far Eastern Economic Review. 22.9.94, S. 5. (Hongkong): *"The Cairo draft thus takes us further down this statist track. If people want to have fewer children, that's fine by us. What is not fine is when developing peoples find themselves lectured that they are condemned to remain poor if they don't limit the size of their families to some bureaucrat's target, and that their governments may be 'forced' into harsher members (..). We are all for empowerment. But history shows that if we want to empower people and not their governments, the way to do it is with free markets. No better example exists than Asia itself. (..) since Asia began opening its economies, economic growth has far outstripped population growth."*

Von einer zukünftigen Stabilisierung der Weltbevölkerungen gehen aber auch die Prognosen des Weltbevölkerungsfonds der Vereinten Nationen und der Weltbank aus. Der Weltbevölkerungsbericht 1994 der UNFPA unterscheidet drei Varianten: Die obere Prognose leugnet einen "demographischen Übergang". Ihr gemäß würde dann um das Jahr 2100 die Weltbevölkerung die Marke von 18 Milliarden erreichen und weiter steigen. Nach der wahrscheinlicheren mittleren Variante wird sich die Weltbevölkerung bald nach 2100 bei ca. 12,5 Milliarden einpendeln. Nach der unteren, ebenfalls durchaus plausiblen Variante wird um das Jahr 2050 eine Spitze von 7,5 Milliarden erreicht. Danach geht die Weltbevölkerung bis zum Jahr 2100 wieder auf den heutigen Stand zurück.

Ob letzteres im Sinne einer beginnenden weltweiten Implosionsspirale aufzufassen ist, wie sie Herr Tricot im Modell darstellt, wird nicht gesagt.

Aussprache (Geinoz)

Leitung: Martin Reufels

Stefan Andreas Busch: Herr Tricot sagt, man könne nicht von "Bevölkerungsexplosion" sprechen, wenn allenfalls eine Verdoppelung der Weltbevölkerung zur Debatte stehe. Auch Sie, Herr Geinoz, wenden sich gegen den Begriff. Wie definieren denn Experten Ihres Fachgebietes wissenschaftlich den Begriff "Bevölkerungsexplosion"? Gibt es eine einvernehmliche Definition? Wenn nicht, woher kommt der Begriff und wie interpretieren Sie ihn?

François Geinoz: Mit dem Wort "Bevölkerungsexplosion" verbinde ich die Vorstellung, daß eine Bevölkerung immer schneller wächst. Nicht nur wächst die Bevölkerung, was ja der Fall ist, sondern die jährliche Zuwachsrate wächst. Wir Mathematiker sprechen von einer positiven zweiten Ableitung der Wachstumskurve oder von exponentiellem Wachstum. Ob Verdoppelung oder nicht Verdoppelung, für mich ist entscheidend, daß das Wachstum immer schneller wird. Tatsächlich wird das Wachstum aber seit geraumer Zeit immer langsamer, auch wenn in absoluten Zahlen die Zunahme noch nie so groß gewesen ist - vorübergehend. Das Wort "Bevölkerungsexplosion" ist kein wissenschaftlicher Begriff. Es eignet sich mehr für die Medien.

Busch: Sie räumen der Lösung von Entwicklungs - und Umweltfragen den Vorrang vor bevölkerungspolitischen Eingriffen ein. Gibt es nicht einen wesentlichen Direktzusammenhang zwischen Bevölkerungs-, Entwicklungs- und Umweltproblemen, der eine isolierte Betrachtung ungeeignet erscheinen läßt? Muß man nicht alles zusammenhängend und global angehen?

Geinoz: Zur globalen Betrachtung gehört dann aber auch, daß wir, wenn die Alterung der Gesellschaft zunimmt, vielleicht viel weniger von der Umwelt sprechen. Ich fürchte, daß eine Gesellschaft, die zurückschaut in die Vergangenheit, sich für die Zukunft nicht mehr so sehr interessiert. Und die Jüngeren sehen in der Zukunft so viele Lasten des Unterhalts der Alten auf sich zukommen, daß sie für Umweltinvestitionen auch wenig zu begeistern sein könnten. Bei den Umweltinvestitionen geht es um Nachhaltigkeit, also um das Recht zukünftiger Generationen, die aber immer mehr schrumpfen. Das ist dann bereits ein Zeichen dafür, daß das Interesse weniger der Zukunft gilt. Ich glaube schon, daß man versuchen sollte, auch globale Zusammenhänge zu sehen. Das kann aber so komplex werden, daß man nicht mehr durchblickt.

Thierry Bayet: Das Bruttosozialprodukt pro Kopf hat stärker zugenommen als die Bevölkerung, sagen Sie. Für die Industrieländer ist das plausibel. Gilt das denn wirklich auch für die Entwicklungsländer?

Geinoz: Einige Zahlen dazu. Dabei geht es aber um eine Zeitspanne von 35 Jahren. Solche Betrachtungen muß man langfristig ansetzen. Hundert Jahre Laufzeit sind aufschlußreicher als zehn. Schaut man etwa nur die 80er Jahre in Lateinamerika an, vermißt man eine Steigerung des BSP pro Kopf. Deshalb spricht man vom "verlorenen Jahrzehnt". Die Gründe für solch kurz- oder mittelfristige Schwankungen wären je eigens zu untersuchen. Bei längeren Beobachtungszeiträumen über drei, vier Jahrzehnte findet man aber praktisch überall ein schnelleres Wirtschafts- als Bevölkerungswachstum. Zwischen 1950 und 1985 nahm in Indien das Realeinkommen pro Kopf um jährlich +1,6 Prozent zu, in Indonesien um +2,8 Prozent, in Brasilien um +3,5 Prozent (trotz schlechten Abschneidens in den 80er Jahren), in

Pakistan +2,1 Prozent, in Nigeria +1,9 Prozent (wo in den 90er Jahren negative Zahlen zu verzeichnen sind), schließlich auf den Philippinen +2 Prozent. Das sind keineswegs kleine Länder. Hinzufügen muß ich allerdings, daß diese Ergebnisse der Volkswirtschaften den Menschen nicht gleichmäßig zugute kommen. Oft ist die Kluft zwischen reich und arm in Entwicklungsländern viel größer als wir das hier kennen. Die Ärmsten haben also in den 35 Jahren ihr Realeinkommen gewiß nicht verdoppelt, allenfalls ihren Lebensstandard ein wenig verbessert, während eine gewisse Bevölkerungsschicht ihr Einkommen unverhältnismäßig steigern konnte.

Marc Boden: Sie verharmlosen das Problem schon ziemlich, und das macht mich etwas wütend. Sie nennen Beispiele einzelner Staaten, wo die Wohlstandsmehrung mit dem Bevölkerungswachstum gut Schritt hält. Sie sagen zwar auch, man solle versuchen, es global zu sehen, aber Sie sehen es nicht global. Das werde zu komplex, sagten Sie. So sehen Sie die Staaten nur für sich. Gesetzt den Fall, ich würde Deutschland nur für sich sehen, würde ich behaupten, daß wir mit unserem jetzigen Bevölkerungsstand nicht in der Lage sind, uns das Niveau, das wir jetzt haben, zu erhalten. Mit der Lebensmittelversorgung käme es vielleicht gerade noch so hin, das aber nur deswegen, weil wir unseren Wald fast komplett abgeholzt haben. Praktisch zehren wir jetzt ökologisch von den Regenwäldern in Brasilien.

Um überlebensfähig zu sein, müßten wir also, wenn es nur Deutschland gäbe, den ganzen ökologischen Kreislauf hier bei uns wieder in Takt bringen. Wir müßten die Landwirtschaft sehr zurücknehmen, was wiederum unsere Lebensmittelversorgung stark einschränken würde, mit der dann die Bevölkerung, die wir in Deutschland haben, kaum zu erhalten wäre.

Erst recht gilt das für die Dritte Welt, wenn wir die Dritte Welt auf unseren Lebensstandard heben wollen. Lord Bauer sagt, wir müßten denen nicht unseren Lebensstandard aufzwingen. Das läuft darauf hinaus, wir sollten sie lieber unten lassen. Oder sollen wir etwa davon ausgehen, daß diese Länder für immer in Armut leben wollen?

Dr. Ruthard v. Frankenberg: Lord Bauer sagt eigentlich etwas anderes als Sie ihm jetzt unterstellen. Wie ich ihn verstanden habe, warnt er uns, die Industrieländer, davor, uns, zumal politisch, als Beglücker der ganzen Menschheit aufzuführen und den Menschen in den Entwicklungsländern unsere Maßstäbe für Lebensglück aufzudrängen. Dann sagt er noch, wir sollten die Menschen in der Dritten Welt nicht als bloße Objekte unserer Fürsorge ansehen. Sie seien durchaus in der Lage, ihr Geschick in die eigenen Hände zu nehmen, wenn sie daran nicht gehindert würden. Dann sei - auch das sagt Lord Bauer - größtmöglicher internationaler Austausch, besonders auch mit dem Westen, für die Entwicklungsländer eine große Hilfe.

Trotzdem gefällt mir ihr Widerspruch, aber Sie haben Ihre Einwände zu Landwirtschaft und Ökologie und zur regionalen oder globalen Betrachtung nicht so konkretisiert, als erwarteten Sie jetzt konkrete Antworten. Auf diese Themen gehen andere Beiträge spezieller ein, und ich würde mich freuen, wenn Sie bei deren Diskussion mit Ihrem Einspruch nicht hinter dem Berg hielten.

Gérard-François Dumont

Demographische Entwicklung
Zukunftsperspektiven der Kontinente

In den entwickelten Ländern tendiert seit den 1960er Jahren die Wirtschaftsinformation zu makro-ökonomischen Zahlen. Die Medien verbreiten globale Daten, in denen womöglich ganz widersprüchliche Einzelergebnisse aufaddiert sind. So hat zum Beispiel die bloße Angabe des Bruttoinlandprodukts von Saudi-Arabien und Marokko einen höchst begrenzten Aussagewert. Bei Saudi-Arabien ist ein großer Ergebnisanteil aus der Erdölproduktion enthalten, während Marokko ein solcher Energieressourcen-Vorteil fehlt.

Die Grenzen kumulierter demographischer Daten

Der Wunsch, kumulierte Information, sogenannte aggregierte Daten, zu liefern, mag durch das Bemühen gerechtfertigt sein, einem Problem in globalem Maßstab zu Leibe zu rücken. Das ist mindestens der Grund, warum in anderen Sozialwissenschaften kumulierte Daten so häufig sind. So ist es gewiß berechtigt, die Größe der Weltbevölkerung kennen zu wollen, das heißt: die Zahl der zu einem bestimmten Zeitpunkt auf der Welt lebenden Menschen. Aus diesem Grund wird meistens die Weltbevölkerung kumuliert angegeben, als handle es sich um ein Aggregat. Gemäß Definition ist ein Aggregat "eine nach einem Hauptgesichtspunkt vereinheitlichte, homogenisierte Menge". Es trifft auch zu, daß die Weltbevölkerung insofern homogen ist, als jedem Individuum das Menschsein zuzusprechen ist. Insofern ist es Teil der Menge. Aber damit erschöpft sich die Homogenität auch schon. Nun herrscht jedoch häufig eine Neigung, die Weltbevölkerung in ihrer zukünftigen Entwicklung so zu betrachten, als handle es sich auch hier um homogene Zustände, Verhaltensweisen und Dynamiken. Das aber ist absolut nicht der Fall. Anders gewendet: *Die* Weltbevölkerung gibt es in Wirklichkeit nur als Summe der höchst unterschiedlichen Bevölkerungen auf diesem Planeten. Als Studienobjekt, dem man mit einem einheitlichen, gleichen Maßstab zu Leibe rücken könnte, gibt es die Weltbevölkerung gar nicht. Bei allem selbstverständlichen Interesse für die Weltbevölkerung darf man nie vergessen, daß diese Menge höchst verschiedene, und das heißt: durchaus gegenläufige Wirklichkeiten einschließt. Was gibt es, abgesehen davon, daß es sich um Menschen handelt, wirklich an existenzrelevanten Gemeinsamkeiten zwischen den Bevölkerungen von Hongkong und Benin? Zwar haben beide eine vergleichbar große Einwohnerzahl, Hongkong 5,8 und Benin 5,3 Millionen. Alle anderen demographischen Angaben sind aber höchst verschieden:

- Bevölkerungsdichte[1]: 5.906 gegen 47 Einwohner je km^2
- Geburtsrate: 12 gegen 49 pro tausend Einwohner jährlich
- Sterblichkeitsrate: 18 gegen 5 pro tausend Einwohner jährlich
- Kindersterblichkeit: 6,4 gegen 87 pro tausend Kinder im ersten Lebensjahr
- Gesamtfruchtbarkeit: 1,2 gegen 7,1 Kinder je Frau
- Anteil an 65jährigen und Älteren: 9 gegen 3 Prozent
- Anteil an 15jährigen und Jüngeren: 21 gegen 47 Prozent
- Mittlere Lebenserwartung der Neugeborenen: 78 gegen 46 Jahre
- Anteil an städtischer Bevölkerung: in Hongkong fast 100 Prozent, in Benin 38 Prozent.

Das Bruttosozialprodukt pro Kopf beträgt außerdem in Hongkong 15.380 und in Benin 410 US-Dollar jährlich.[2]

[1] Betr. eine exakte Definition der demographischen Begriffe, vgl. Gérard-François DUMONT, *Demographie,* Paris 1992 (Dunod).

[2] Zahlen entnommen aus *World Population Data Sheet 1994*, hrsg. v. Population Reference Bureau, Washington DC, 1994.

Diese Zahlen müssen genügen, um die Unmöglichkeit aufzuzeigen, derart auseinanderklaffende Bevölkerungen sinnvoll zu einem homogenen Ganzen zusammenzufassen. Deshalb muß jede eingehendere Untersuchung zur Weltbevölkerung die einzelnen Bevölkerungen in der Welt unter die Lupe nehmen. Den Plural "Bevölkerungen" hat in Frankreich die Vereinigung für Geographie beherzigt für die Ausschreibung ihrer Preiswettbewerbe 1995 und 1996.

Eine annähernde Erfassung der Weltbevölkerungen im einzelnen nähme Tausende von Seiten in Anspruch. Hier soll bescheiden von Unterschieden zwischen den Kontinenten die Rede sein, wohl wissend, daß auch für diesen Vergleichsmaßstab die genannten Einwände gelten, wenn auch etwas weniger stark als gegenüber einer globalen Vereinheitlichung.

Obwohl mit stark kumulierten Daten gearbeitet wird, zeigen sich im kontinentalen Vergleich bereits hinreichend deutliche Unterschiede, um eine Reflexion über die regionalen demographischen Verhältnisse und Perspektiven in der Welt in Gang zu setzen.

Wenden wir uns also den in Wirklichkeit sechs Erdteilen Afrika, Nordamerika (Vereinigte Staaten und Kanada), Südamerika, Asien, Europa und Ozeanien im Jahr 1994 zu: Zuerst geht es um eine demographische Zustandsbeschreibung hier und jetzt, danach um eine Erfassung der Entwicklungsdynamik der Bevölkerungen. Die Zustandsbeschreibung verlangt Kenntnis der Einwohnerzahlen, der Bevölkerungsdichte, der Altersverteilung in der Bevölkerung, der mittleren Lebenserwartung und der Verstädterungsrate einer Bevölkerung.

Unterschiedliche Kontinente mit unterschiedlichen Besiedelungen

Der bevölkerungsreichste Kontinent ist eindeutig Asien mit 3.392 Millionen Einwohnern. Sie machen 60 Prozent der Weltbevölkerung aus. Mit seiner Ausdehnung von der Türkei bis China ist Asien auch der flächengrößte Kontinent. Europa hat mit seinen Regionen Nord-, West-, Süd- und Osteuropa, zu dem wir ganz Rußland rechnen wollen, so daß auch die Bezeichnung Eurasien trifft, 728 Millionen Einwohner, nur ein Viertel der Bevölkerung Asiens. Afrika zieht mit 700 Millionen derzeit mit Europa gleich. Südamerika liegt, rechnet man Mexico, Zentralamerika und die Karibik hinzu, mit 470 Millionen Einwohnern deutlich vor Nordamerika und ist auch flächenmäßig etwas größer. Ozeanien ist eine Art "Kanada der Südsee", sowohl hinsichtlich seiner Bevölkerung (28 Millionen) wie seiner Flächenausdehnung.

Die Bevölkerungszahlen erlauben nun die Errechnung mittlerer Bevölkerungsdichten. Sogleich springen enorme Unterschiede zwischen Asien, dem mit 68 Menschen je km^2 dichtest bevölkerten Kontinent, und dem wenigst bevölkerten Ozeanien mit 3 Menschen je km^2 in die Augen. Diese Durchschnittszahlen sagen allerdings noch nicht viel aus. In Afrika stehen die Insel Mauritius mit 595 Menschen je km^2 und Ruanda mit einer geschätzten Bevölkerungsdichte von 311 Einwohnern je km^2 vor den Frühjahrsunruhen 1994 mit vielleicht einer Million Toten einem Land wie Namibia mit 2 Menschen je km^2 gegenüber. In Nordamerika ist Kanada mit 3,1 Einwohnern je km^2 noch viel dünner besiedelt als die selbst relativ bevölkerungsarmen Vereinigten Staaten mit 29 Einwohnern je km^2. In Lateinamerika reicht die Spannweite von El Salvador mit 253 bis Surinam mit 3 Einwohnern je km^2. In Europa haben die Niederlande 453 und Rußland 8,4 Einwohner je km^2. Und selbst in Ozeanien gibt es bemerkenswerte Unterschiede zwischen den Fidschi-Inseln mit 47,5 und Australien mit 2,3 Menschen je km^2.

Alle diese Zahlen werfen eher ein Schlaglicht auf die politische Bedeutung einzelner Länder als tatsächlich Licht auf die Bevölkerungsverteilung innerhalb der Kontinente. Diese läßt sich auf drei Ebenen charakterisieren: nach großräumigen und örtlichen Konzentrationen und Freiräumen. Schaut man sich die Verteilung innerhalb nationaler Grenzen an, gibt es ein Dutzend von Ballungsräumen mit großen Bevölkerungskonzentrationen in und um städtische Zentren. Der verbleibende Rest des Planeten, der Großteil des Festlands also, ist ausgesprochen dünn besiedelt, und dies nicht nur in Gebieten mit ungünstigen Siedlungsbedingungen.[3]

Junge Bevölkerungen und Lebenserwartung der Frauen

Auch was die Bevölkerungsstruktur anlangt, gibt es Unterschiede zwischen den Kontinenten. Konkret in drei Regionen haben wir es mit jungen Bevölkerungen zu tun. Ihnen stehen drei Regionen mit gealterten Bevölkerungen gegenüber. Afrika, Südamerika und Asien, oft als "Süden" zusammengefaßt, haben einen Bevölkerungsanteil der Unter-15jährigen von 30 Prozent, in Afrika sogar bis zu 45 Prozent. Der Anteil der Über-65jährigen liegt bei 5 Prozent oder darunter. Diesen jungen Kontinenten steht "der Norden" gegenüber. Außer Europa und Nordamerika zählt dazu auch das geographisch südliche Ozeanien, weil es demographisch nördliche Eigenheiten aufweist. Analysiert man die Bevölkerung des näheren, erweist sich die Rede vom "alten Europa" als durchaus treffend: 13 Prozent der Menschen sind 65 Jahre alt oder älter, nur 20 Prozent sind 15 Jahre alt oder jünger. In Nordamerika fällt der Durchschnitt um ein weniges jünger aus. Der Anteil an 65jährigen und Älteren entspricht zwar dem in Europa, aber der Anteil an 15jährigen und Jüngeren ist mit 22 Prozent etwas höher. Das ist vor allem ein demographischer Beitrag der Einwanderer, vor allem der "Hispanics".

Die jugendliche Struktur ist kein Unterpfand der Langlebigkeit, sondern Ausdruck niedriger mittlerer Lebenserwartung bei Geburt. Der Bevölkerungsanteil an jungen Menschen ist im Großen und Ganzen umgekehrt proportional zur Zahl alter Menschen. Die mittlere Lebenserwartung ist besonders hoch in den Vereinigten Staaten. Sie beträgt dort 76 Jahre, bei einer

[3] G.- F. DUMONT , *La population mondiale au XXème siècle,* in: Défense nationale, vol. 49, no. 4 avril 1993.

bemerkenswerten Differenz zwischen Frauen (79 Jahre) und Männern (72 Jahre). Die Geschlechterdifferenz ist in Europa noch deutlicher. Sie beträgt hier 8 Jahre. Frauen haben eine mittlere Lebenserwartung von 77, Männer von 69 Jahren. Der Gesamtdurchschnitt beträgt 73 Jahre. Daß der europäische Durchschnitt niedriger als der Nordamerikas ist, liegt ausschließlich an den Ländern Osteuropas mit einer mittleren Lebenserwartung von 69 Jahren. In Rußland beträgt sie sogar nur 68 Jahre: Erbschaft eines Systems, das in den 80er Jahren eine leistungsfähige Gesundheitsversorgung nicht mehr gewährleisten konnte.

Die drei anderen europäischen Regionen, der Norden, Westen und Süden, halten mit 76 Jahren das nordamerikanische Niveau. Ozeanien, in der Regel als ranggleich mit Europa eingeschätzt, weist eine mittlere Lebenserwartung von 73 Jahren mit einem geringeren Unterschied zwischen Frauen (74) und Männern (69) auf. Innerhalb Ozeaniens gibt es große Unterschiede. Australien hat für sich genommen eine der höchsten mittleren Lebenserwartungen der Welt: 77 Jahre - nach Macao (79), Japan, Island, Schweden, Schweiz (jeweils 78 Jahre) und gleichauf mit Norwegen, Frankreich, Niederlande, Griechenland, Italien, Spanien. Dagegen bewegt sich Papua-Neuguinea mit 55 Jahren auf dem Niveau Afrikas, dem schwächsten Kontinent.

Lateinamerika liegt mit einer mittleren Lebenserwartung von 68 Jahren bei einer Differenz von 6 Jahren zwischen Frauen (71) und Männern (65) um 5 Jahre unter Europa und Ozeanien. Asien im Ganzen unterbietet mit 64 Jahren noch Südamerika. Die Geschlechterdifferenz ist noch geringer: Frauen 66, Männer 63 Jahre. Naturgemäß ist diese Zahl ein Durchschnitt sehr unterschiedlicher Länder, solcher mit mittlerer Lebenserwartung von 75 Jahren und darüber (Israel, Kuweit, Libanon, Hongkong, Japan, Macao), und solcher mit dem afrikanischen Mittelwert von 55 Jahren und darunter (Jemen 54, Bangladesh 53, Nepal und Laos 51, Bhutan 49, Afghanistan 42 Jahre).

Afrika schließlich mit der kontinental niedrigsten mittleren Lebenserwartung von 55 Jahren (Frauen 56, Männer 53 Jahre), variiert im Inneren weniger als Asien. Nirgendwo erreicht die mittlere Lebenserwartung 70 Jahre, wenn man vom französischen Überseedepartement La Réunion mit 74 Jahren absieht. Mauritius und die Seychellen erreichen 69 Jahre, Tunesien und die Kapverdischen Inseln 68 Jahre. Die niedrigsten Werte bewegen sich um 41 Jahre: Uganda 42, Sierra Leone 43 Jahre. Weil die mittlere Lebenserwartung ein Querschnitt-Index ist, liegt es auf der Hand, daß sich gegenüber den angegebenen 46 Jahren in Ruanda für 1994 ein deutlich niedrigerer Wert ergibt. Aber leider liegen auch die für 1993 angegebenen 46 Jahre - ebenfalls infolge bürgerkriegsähnlicher Unruhen - noch unterhalb der für Liberia angegebenen 53 Jahre.

Von der Genauigkeit dieser Angaben sind - je nach Vertrauenswürdigkeit der Quellen oder Schätzungen - unter Umständen große Abstriche zu machen. Sie lassen gleichwohl die Unterschiedlichkeit regionaler demographischer Entwicklungen erkennen. Für die Lebensspanne des Menschen ist es also keineswegs gleichgültig, wo er geboren ist.

Stadt und Land

Die Zahlen des *Population Reference Bureau* bringen noch einen weiteren Faktor der Bevölkerungsentwicklung zur Geltung: das Maß der Verstädterung. Dieses Maß erfaßt in jedem Land den prozentualen Bevölkerungsanteil, der in städtischen Ballungsgebieten wohnt. Als Stadtbevölkerung gelten im allgemeinen alle Bürger von Gemeinden mit 2.000 Einwohnern und mehr sowie die Bewohner nationaler oder regionaler Hauptstädte. Selbst wenn der Begriff der Verstädterung im einzelnen zu sehr abweichenden Zahlenangaben verleitet[4], liefert er im globalen Maßstab interessante Größenordnungen. Im Norden, aber auch in Südamerika, stehen die städtischen Ballungsgebiete im Vordergrund der Aufmerksamkeit. In Afrika und Asien ist die Bedeutung der Landbevölkerung größer.

[4] G.- F. DUMONT, *Economie urbaine*, Paris 1993 (Litec).

Der Kontinent mit dem höchsten Anteil an Stadtbevölkerung ist Nordamerika. 75 Prozent sind Stadtbewohner. In Kanada sind es sogar 77 Prozent. An zweiter Stelle folgt Europa. Daß Europa Platz zwei einnimmt, liegt an Osteuropa mit schwachen 74 Prozent, die vor allem von Rußland bestimmt werden. Hingegen leben vier Fünftel der Einwohner Islands, Norwegens, Schwedens, Frankreichs und der Schweiz (jeweils 81 Prozent), Belgiens, der Niederlande, Griechenlands, Italiens und Spaniens (jeweils 80 Prozent) in Stadtgebieten.

Obwohl letztere Zahlen ähnlich aussehen, verbergen sich dahinter sehr unähnliche Verhältnisse. So gibt es zum Beispiel große Unterschiede zwischen den städtischen Strukturen Frankreichs - exemplarisch dafür sein Hauptballungsgebiet - und denen der Schweiz, wo es keine Zentralisation gibt, vielmehr ein weitmaschiges Gewebe kleinerer Stadtverdichtungen. Südamerika ist mit 71 Prozent Stadtbevölkerung so stark verstädtert wie Ozeanien (70 Prozent). In Südamerika findet man einerseits Zonen mit einem sehr hohen Grad an Verstädterung: Niederländische Antillen 92 Prozent, Uruguay 89 Prozent, Argentinien 86 Prozent, Chile 85 Prozent, Venezuela 84 Prozent. Andererseits gibt es Länder mit einem Anteil an Stadtbevölkerung wie in Asien und Afrika, insbesondere in der Karibik: Grenada 32 Prozent, Antigua, Barbados und Haiti jeweils 31 Prozent, St. Vincent and the Grenadines 25 Prozent.

Noch größer sind die Unterschiede in Ozeanien. Während in Australien und Neuseeland 85 Prozent der Menschen in Städten leben, tun dies in Vanuatou nur 18 Prozent, in Papua-Neuguinea und auf den Salomon-Inseln nur jeweils 13 Prozent.

In Asien wie in Afrika gelten mehr als zwei Drittel der Einwohner als Landbevölkerung. Auch hier gibt es wieder extreme Gegensätze, beispielsweise zwischen Singapore (100 Prozent Stadtbevölkerung), Macao (97 Prozent), Qatar (91 Prozent) und Israel (90 Prozent) einerseits und Bangladesh (14 Prozent), Buthan und Kambodscha (jeweils 13 Prozent), Oman (12 Prozent) und Nepal (8 Prozent) andererseits. Was die bevölkerungsreichsten Länder der Erde anlangt: In China leben 28 Prozent der Menschen in Städten, in Indien 26 Prozent.

Alle bisherigen Zahlen beschreiben einen *Zustand* von Bevölkerungen, wie er sich hier und jetzt darstellt. Natürlich verändern sie sich, sind im Fluß. Die Entwicklungen werden mit Indikatoren des Ist-Zustandes zu einem gegebenen Zeitpunkt (Bevölkerungszahl, -dichte, Altersstruktur, usw.) - in einer Fotografie sozusagen - nicht erfaßt. Es bedarf - um im Bild zu bleiben - einer Filmkamera, sprich: der Indikatoren für den Veränderungsfluß.

Wenn man Angaben über die Zu- oder Abnahme von Bevölkerungen machen will, gehört zum demographischen Handwerkszeug als erstes die Geburtenrate. Ihre Aussagekraft ist allerdings abhängig von der Altersstruktur. Deshalb sollte sie ergänzt werden durch den differenzierteren Indikator der Gesamtfruchtbarkeit.[5] Die Sterblichkeit (insbesondere die Kindersterblichkeit) begrenzt wiederum die Auswirkung der Geburtenrate. Deshalb läßt sich die natürliche Entwicklung innerhalb eines Beobachtungszeitraums nur mit kombinierten Indikatoren beschreiben.

Die tatsächliche Entwicklung weist von einem Kontinent zum anderen beachtliche Unterschiede auf. Einzelne ähnliche Daten können täuschen. So stimmt etwa die Klassifizierung der Kontinente nach Geburtenraten mit denjenigen nach der Fruchtbarkeit überein. Auf der Strecke bleiben aber unterschiedliche Altersstrukturen mitsamt ihrem Einfluß auf die Geburtenraten, die beim Indikator Fruchtbarkeit nicht recht deutlich werden. “Trotz im übrigen ungleicher Verhältnisse” (unterschiedliche Altersstruktur), könnte man sagen, zeigen sich im kontinentalen Vergleich gleichermaßen abnehmende Geburts- und Fruchtbarkeitsraten in Afrika, Südamerika, Asien, Ozeanien, Nordamerika und Europa.

Afrika erscheint eher homogen, auch wenn der “demographische Übergang” in einigen Ländern deutlich vorangeschrit-

[5] Vorzuziehen wäre noch die Netto-Reproduktionsrate, die aber noch bessere Quellen erfordern würde.

ten ist. So hat Tunesien eine Geburtenrate von 25 pro tausend Einwohner und eine Fruchtbarkeit von 3,3 Kindern je Frau. Ähnlich verschiedene Inselstaaten: so Mauritius (Geburtenrate 21 pro Tausend, Fruchtbarkeit 2,4 Kinder je Frau), La Réunion (23 pro Tausend und 2,3 Kinder je Frau) und die Seychellen (23 pro Tausend und 2,4 Kinder je Frau). Geburtenraten und Fruchtbarkeit liegen hier deutlich unter dem Durchschnitt des afrikanischen Kontinents, der mit jährlich 42 Geburten je tausend Einwohner und einer Fruchtbarkeit von 5,9 Kindern je Frau angegeben wird.

Südamerika und Asien warten bei der Geburtenrate und der Fruchtbarkeit mit veränderten Größenordnungen auf. Hier ist die zweite Phase des demographischen Übergangs sehr deutlich: Die Geburtenrate sinkt. In den meisten Ländern Südamerikas liegt sie unter den niedrigsten im kontinentalen Afrika. Mit Tunesien gleich zieht noch das bevölkerungsreichste Land Brasilien: 25 Geburten pro tausend Einwohner im Jahr. Bedenkt man die oft noch mangelhaften medizinischen Standards, liegt die Geburtenrate in einer Reihe von Ländern Südamerikas ohne Zweifel kaum mehr über der zum Generationenersatz erforderlichen.[6]

Asien liefert wiederum ein besonderes Kontrastprogramm: Hohe Geburtenraten einerseits, so in Gaza 56, in Afghanistan 49, im Jemen 48 pro Tausend, andererseits Geburtenraten wie in Europa: in Hongkong 12 und Japan 10 pro Tausend. Mehrere Länder Ostasiens liegen mit ihrer Fruchtbarkeit unter dem Erhaltungsniveau: China mit 2,0; Taiwan mit 1,7; Südkorea und Macao mit 1,6; Japan mit 1,5; Hongkong mit 1,2 Kindern je Frau. Singapore in Südostasien hat 1,8 Kinder je Frau.

[6] Die Fruchtbarkeitsrate von 2,1 Kinder je Frau genügt zum Generationenersatz in Ländern mit hohem medizinischem Standard; in manchen Ländern mit hohen Sterblichkeitsraten kann dazu eine Rate von 2,5 oder 3, ggf. sogar höher, erforderlich sein.

Afrika hat, was die Sterblichkeit angeht, die ungünstigsten Bedingungen. Staffelt man aber die Kontinente nach diesem Kriterium, kehrt sich - von Afrika abgesehen - die nach Geburtenraten aufgestellte Reihenfolge um. Die verglichen mit Asien günstigere Sterblichkeitsrate Südamerikas erklärt sich aus den besseren medizinischen Standards. Der Grund für die allgemein hohe Sterblichkeit in Europa und Nordamerika liegt in der Altersstruktur der Bevölkerung.

Werfen wir zuerst einen Blick auf die Kindersterblichkeit. Hier gibt es Differenzen von bis zu 1:12. Sie beträgt in Afrika 92 pro Tausend. Fast eines von zehn Neugeborenen stirbt vor Vollendung des ersten Lebensjahres. Darin liegt eine unübersehbare Herausforderung. Dieser Kontinent liegt, was gesundheitsdienstliche Versorgung angeht, hinter dem Rest der Welt noch weit zurück. In Asien beträgt die Kindersterblichkeit mit 63 pro Tausend nur zwei Drittel derjenigen Afrikas. Allerdings verbergen sich hinter dieser Zahl die großen Gegensätze zwischen den neuindustrialisierten asiatischen Ländern mit sehr geringer Kindersterblichkeit und Ländern wie Afghanistan, Bangladesh, Bhutan, Kambodscha, Laos, Pakistan und Jemen, wo die Kindersterblichkeit höher ist als im afrikanischen Durchschnitt.

In Südamerika sieht es mit der Kindersterblichkeit besser aus. Im Durchschnitt sterben 49 von tausend Kindern im ersten Lebensjahr. Die Schwankungen reichen von "europäischen" Raten in Martinique (7 pro Tausend) oder Guadaloupe (10,3 pro Tausend) und "afrikanischen" Raten in Haiti (111 pro Tausend). Ozeanien erreicht mit 27 pro Tausend einen noch niedrigeren Durchschnitt als Südamerika. Die Schwankungen zwischen den einzelnen Ländern sind ähnlich groß wie bei den bereits genannten anderen Indikatoren.

Europa und Nordamerika haben die Kindersterblichkeit auf den tiefsten Stand gedrückt, der je in der Menschheitsgeschichte verzeichnet wurde. Das geographische Europa hält einen Durchschnitt von 11 pro Tausend. Wegen der höheren Kindersterblichkeit in Osteuropa (16 pro Tausend) und Südeuropa (11 pro Tausend) wird Europa auch hier von Nordamerika mit 8 pro Tausend auf den zweiten Platz verwiesen. In Nordeuropa ist die Kindersterblichkeit mit 7 pro Tausend und in Westeuropa mit 6 pro Tausend noch geringer als in Nordamerika.

Die Gesamtsterblichkeit stellt nun diese Reihenfolge der Kontinente geradezu auf den Kopf. Tatsächlich hat Europa nach Afrika (13 pro Tausend) die höchste Gesamtsterblichkeitsrate (11 pro Tausend). Dann folgen Nordamerika (9 pro Tausend), Asien, Ozeanien (je 8 pro Tausend) und Südamerika (7 pro Tausend). Die Nähe zwischen Europa und Afrika hat, wie gesagt, ganz verschiedene Gründe. Die hohe Sterblichkeit in Afrika hängt direkt mit der hohen Kindersterblichkeit zusammen. Auch die Sterblichkeitsrate der Mütter dürfte, selbst wenn keine genauen Daten vorliegen, zweifellos recht hoch sein. In Europa ist die Sterblichkeitsrate hingegen Folge des hohen Anteils alter Menschen in der Bevölkerung. Für die höhere Gesamtsterblichkeitsrate in Osteuropa (12 pro Tausend) sind geringere medizinische Standards verantwortlich. Die niedrigeren Sterblichkeitsraten in den anderen Kontinenten, zumal in Südamerika, entsprechen der verbesserten mittleren Lebenserwartung in vergleichsweise jungen Bevölkerungen.

Negativwachstum

Bei den natürlichen Bevölkerungswachstumsraten ist die Reihenfolge der Kontinente wieder die gleiche wie bei den Geburtenraten und der Fruchtbarkeit. Damit bestätigt sich ein seit jüngerem beobachteter Trend der demographischen Entwicklung, der um das Ende des 20. Jahrhunderts in Gang kommt. Vor Eintritt in den demographischen Übergang war die Bevölkerungsdynamik wesentlich durch die Sterblichkeitsrate bestimmt. Nicht von ungefähr ist dies das Thema des ersten wissenschaftlichen Buches zur Demographie.[7]

[7] John GRAUNT, *Natural and Political Observations Mentioned in a following Index, and made upon the Bill of Mortality,* London 1662. Neudruck INED, Paris 1977 (Observations sur les bulletins de mortalité).

Weltweit gilt, daß die Geburtenrate um so bestimmender wird für die demographische Entwicklung, je weiter in einem Land der Prozeß des demographischen Übergangs fortschreitet. Das gilt noch ausgeprägter für das Stadium nach der Transition. Dann wird die Geburtenrate zum eigentlichen Motor der Entwicklung. Wenn die Folgeprozesse der "ersten demographischen Revolution"[8] abgelaufen sind, bleibt die Sterblichkeit, sieht man von Ausnahmebedingungen in der Bevölkerung ab, auf einem relativ konstanten Niveau.

Dementsprechend ist Afrika der Kontinent mit der höchsten natürlichen Bevölkerungswachstumsrate. Sie wird im Jahr 1994 auf 2,9 Prozent geschätzt. Die Spitzen innerhalb Afrikas belegen Togo mit 3,6 Prozent, Elfenbeinküste und die Comoren mit jeweils 3,5, Libyen, Niger und Tansania mit jeweils 3,4 Prozent.

Die Gesamtwachstumsrate von 2,0 Prozent in Südamerika macht 69 Prozent derjenigen Afrikas aus. Die Asiens ist niedriger und liegt bei 1,7 Prozent, mit großen Unterschieden etwa zwischen Gaza (5,0 Prozent), Oman (4,0 Prozent), Irak und Syrien (jeweils 3,7 Prozent), Iran (3,6 Prozent) einerseits und Hongkong (0,7 Prozent) und Japan (0,3 Prozent) andererseits.

Auch Ozeanien mit einem Durchschnittswachstum von 1,2 Prozent zeigt erhebliche Binnenkontraste. Nordamerika mit 0,7 Prozent und Europa mit 0,1 Prozent liegen am unteren Ende der Wachstumsskala. Innerhalb Europas tauchen erstmals negative Zahlen auf. In mehreren Ländern gibt es ein Negativwachstum, eine Bevölkerungsabnahme. Dort sind die Särge zahlreicher als die Wiegen: In Deutschland, Kroatien, Lettland und Rumänien beträgt gegenwärtig der Bevölkerungsschwund jährlich -0,1 Prozent, in Bulgarien, Rußland und der Ukraine -0,2, in Ungarn -0,3 und in Estland -0,4 Prozent im Jahr. Die beiden größten Länder Europas, nämlich Rußland mit geschätzten 147,8 Millionen und Deutschland mit 81,2 Millionen Einwohnern, weisen also ein Negativwachstum aus, das allerdings durch Zuwanderung ausgeglichen wird.

[8] G.- F. DUMONT, *Le festin de Kronos*, Paris 1991, (Fleurus).

Festland-fläche in km²	Bevölk. 1994 (Mio)	% der Weltbev. 1994	Ein-wohner je km²	Unter 15 J. (%)	Über 65 J. (%)	Mittlere Lebenser-wartung	Stadt-bew. %
Afrika 30.244.000	700	12,5	23	45	3	55	31
Nordam. 18.386.000	290	5,2	16	22	13	76	75
Südam. 20.317.000	470	8,4	23	36	5	68	71
Asien 49.934.000	3.392	60,5	68	33	5	64	32
Europa 22.068.000	728	13,0	33	20	13	73	73
Ozeanien 8.511.00	26	0,4	3	26	10	73	70
Erde insg. 149.460.000	5.606	100,0	38	33	6	65	43

Tab. 1: Bevölkerungen der Kontinente - Zustand (1994)

Festland-fläche in km²	Geb. je 1000 Einw.	Gesamt-frucht-barkeit	Kinder-sterbl. je 1000	Sterbl. je 1000 Einw.	Bevölk. wachst. % jährl.		
Afrika 30.244.000	42	5,9	92	13	2,9		
Nordam. 18.386.000	16	2,0	8	9	0,7		
Südam. 20.317.000	27	3,2	49	7	2,0		
Asien 49.934.000	25	3,1	63	8	1,7		
Europa 22.068.000	12	1,6	11	11	0,1		
Ozeanien 8.511.00	20	2,6	27	8	1,2		
Erde insg. 149.460.000	25	3,2	63	9	1,6		
Veränd.1994 ggü.1960-65	35 - 28 %	5,0 -36 %	118 - 47 %	17 - 47 %	1,8 - 11 %		

Tab. 2: Bevölkerungen der Kontinente - Entwicklungsdynamik (1994)

Allgemeiner Trend zur Abnahme

Alle diese Daten deuten auf globale Entwicklungen hin. Sie laufen weltweit in die gleiche Richtung. Sie folgen dem Prozeß des demographischen Übergangs. Gewiß verläuft der Prozeß je nach Ländergruppen zeitversetzt und verschieden intensiv. Unbestreitbar bewegen sich jedoch sämtliche Zahlen, die die Bewegung wiedergeben, weltweit nach unten.

Die Geburtenrate, die weltweit für die Jahre 1960-65[9] um 35 pro Tausend geschätzt wird, ist 30 Jahre später auf 25 pro Tausend gesunken. Das ist eine Abnahme um -28 Prozent. Das läßt sich für die entwickelten Länder (Rückgang von 20 auf 12 pro Tausend) wie für die Entwicklungsländer (Rückgang von 42 auf 28 pro Tausend) feststellen. Die Gesamtfruchtbarkeitsrate von weltweit 5 Kindern je Frau in den Jahren 1960/65 ist innerhalb von dreißig Jahren auf 3,2 gefallen, also um -36 Prozent. Auch hier gilt die Feststellung sowohl für die entwickelten Länder (Rückgang von 2,8 auf 1,7 Kinder je Frau) wie für die Entwicklungsländer (Rückgang von 6,2 auf 3,6 Kinder je Frau, also um -42 Prozent).

Die Gesamtkindersterblichkeitsrate weltweit lag in den Jahren 1960-65 bei 118 pro Tausend. Dreißig Jahre später liegt sie bei 63 pro Tausend (-47 Prozent). Dieser Rückgang gilt für die entwickelten Länder (von 32 auf 10 pro Tausend) wie für die Entwicklungsländer (von 136 auf 69 pro Tausend).

Auch die Abnahme der Gesamtsterblichkeit ist beachtlich. 1960-65 wurde sie weltweit mit 17 pro Tausend angegeben. Dreißig Jahre später beträgt sie 9 pro Tausend. (Rückgang um -47 Prozent).

Schließlich ist auch unser letzter Indikator, die Bevölkerungswachstumsrate, auf dem Weg nach unten. 1960-65 lag sie weltweit um 1,8 Prozent, erreichte 1968 mit 2,1 Prozent einen Gipfel und fiel danach mit zunehmender Beschleunigung ab. Für 1994 wird sie bei 1,6 Prozent geschätzt.

[9] Daniel NOIN, *Atlas de la population mondiale,* La Documentation Française, Paris 1991.

Diese Abwärtsbewegungen entsprechen, um es zu wiederholen, dem Prozeß des demographischen Übergangs und sind hier als kontinentale Durchschnittszahlen angegeben. Innerhalb der Erdteile sind von einem Land zum anderen erhebliche Abweichungen vom Durchschnitt möglich.

Die Kenntnis der Ausgangslage

Erlauben nun die bis hierher gelieferten Zahlen Zukunftsprojektionen? Ein solches Unternehmen verlangt einerseits eine genaue Kenntnis der Ausgangslage. Sie ist die Grundlage jeder Projektion. Ferner sind die Hypothesen, die ins Spiel gebracht werden und auf die man sich stützen will, klar zu benennen. Aber selbst dann begegnet die Aufstellung demographischer Projektionen für ganze Erdteile noch Schwierigkeiten, die nicht verschwiegen werden dürfen.

Der Kenntnisstand demographischer Situationen in den Ländern der Welt ist in Wirklichkeit reichlich unvollkommen. Das *World Population Data Sheet*, dem man beachtliche Objektivität bescheinigen darf, teilt die Länder der Welt, die in unsere Synthese eingehen, in vier Kategorien:

a) 61 Länder (das sind 31 Prozent) verfügen sowohl über vollständige statistische Personenstandsangaben (Geburten, Todesfälle) wie auch über Ergebnisse von Volkszählungen im Höchstabstand von 10 Jahren oder aber eines Personenstandsfortschreibungsregisters. Die Zahl von 61 Ländern ist eine geographische Angabe. In politischer Hinsicht enthält sie auch Gebiete, die zu einem weiteren politischen Verbund gehören, der eine gute Verwaltung in Sachen Demographie unterhält. Das trifft etwa auf die französischen Departements Guadeloupe und La Réunion zu. Martinique, auch ein französisches Departement, sowie die französischen Überseegebiete Neu-Kaledonien und Französisch-Polynesien sind dagegen eine Klasse tiefer eingestuft, zu der 100 Länder gehören.

Auch dort, wo das demographische Handwerkszeug vorhanden ist, kann man nicht ohne weiteres immer verläßliche Zahlen erwarten. So handelt es sich bei den von China veröffentlichten demographischen Angaben weitgehend um politische Information, die man genauer kontrollieren können müßte. Ebenso dürften die Daten aus dem indischen Staatenbund je nach Landesteil unterschiedlich zuverlässig sein. Ähnliche Vorbehalte muß man wohl auch im Falle Pakistan und Bangladesh machen. Allein diese vier Länder umfassen aber schätzungsweise 42 Prozent der Weltbevölkerung. Insofern sind sie allein bereits imstande, die Aussagekraft der verfügbaren Gesamtdaten zu relativieren.

b) Die Hälfte aller Länder der Welt, genau hundert, hat entweder ein Personenstandsregister oder alle zehn Jahre eine Volkszählung. Um dieser Kategorie von Ländern mit weniger regelmäßigen Daten anzugehören, muß wenigstens entweder alle fünfzehn Jahre eine Volkszählung oder jährlich eine Nacherfassung stattfinden.

c) 26 Länder haben mindestens irgendwann eine Volkszählung, irgendeine Erhebung oder sonstige Erfassung vorgenommen. Zu dieser Kategorie gehört als Land von Bedeutung Zaire, mit 42,5 Millionen Einwohnern das drittgrößte Land Afrikas, was die Bevölkerung anlangt.

d) Für die neun verbleibenden Länder hat es noch nie eine vollständige demographische Information gegeben. Die sie betreffenden Daten stammen aus fragmentarischen Ermittlungen oder aus demographischen Modellrechnungen. In diese Kategorie gehören Afghanistan, Angola, Bhutan, Kambodscha, Nordkorea, Eritrea, Gabun, Westsahara und der Libanon.

Diese Klassifizierung in vier Kategorien gibt zwar Auskunft über die Existenz oder Nichtexistenz demographischer Datensammlungen, nicht aber Anhaltspunkte für die Verläßlichkeit der veröffentlichten Angaben. Innerhalb einer Kategorie kann es erhebliche Unterschiede der Zuverlässigkeit geben.

Festland-fläche in km²	Länder m. regelm. Daten	Länder m. unregelm. Daten	Gele-gentl. Daten	keine Daten	Nicht klassif. Länder	Gesamt-zahl Länder	
Afrika 30.244.000	3	36	13	4	--	56	
Nordam. 18.386.000	2	--	--	--	--	2	
Südam. 20.317.000	14	21	2	--	--	37	
Asien 49.934.000	7	28	10	5	1	51	
Europa 22.068.000	32	7	--	--	1	40	
Ozeanien 8.511.00	3	8	1	--	--	12	
Erde insg. 149.460.000	61	100	26	9	2	198	

Tab. 3: Länder-Klassifizierung nach der Qualität der demographischen Daten (1994)

Festland-fläche in km²	Bevölk. 1994 (Mio)	% der Weltbev. 1994	Bevölk. i. Jahr 2010	% der Weltbev. 2010	Bevölk. i. Jahr 2025	% der Weltbev. 2025	Veränd. 2025 / 1994
Afrika 30.244.000	700	12,5	1.078	15,4	1.538	18,3	+ 5,8
Nordam. 18.386.000	290	5,2	334	4,7	375	4,5	- 0,7
Südam. 20.317.000	470	8,4	584	8,3	679	8,1	- 0,3
Asien 49.934.000	3.392	60,5	4.254	60,6	5.017	59,9	- 0,6
Europa 22.068.000	728	13,0	738	10,5	731	8,7	- 4,3
Ozeanien 8.511.00	28	0,4	34	0,5	39	0,5	+ 0,1
Erde insg. 149.460.000	5.606	100,0	7.022	100,0	8.379	100,0	0

Tab. 4: Projektionen der Bevölkerungsentwicklung nach Kontinenten (gem. Population Reference Bureau)

Vernünftige" Hypothesen

Daß kontinentale demographische Projektionen auf einer nur relativ verläßlichen Ausgangslage basieren, darf man nie aus dem Auge verlieren. Die Ergebnisse solcher Projektionen darf man, will man wissenschaftlich korrekt sein, also nicht weniger relativ verstehen.

Die vom *Population Reference Bureau* veröffentlichten Ergebnisse basieren auf unterschiedlichen Projektionsrechnungen. Entweder greifen sie zurück auf offizielle Projektionen der Staaten oder auf solche der Vereinten Nationen oder der Weltbank, oder - wenn da nichts vorliegt - rechnet das *Population Reference Bureau* selbst. Was die hypothetischen Annahmen anlangt, die zugrunde gelegt werden, soll es sich erklärtermaßen um "vernünftige Hypothesen über die zukünftige Entwicklung der Fruchtbarkeit, der Sterblichkeit und der Migrationsbewegungen (Wanderströme)" handeln. Die genaue Bedeutung des Adjektivs "vernünftig" wird nicht weiter präzisiert. Sehen wir uns, ehe wir sie kommentieren, zuerst die Ergebnisse an.

Gewichtverschiebung der Kontinente

Die gegenwärtigen Zukunftsprojektionen unterstellen von 1994 bis 2010 ein Wachstum der Weltbevölkerung um 25 Prozent (entsprechend einer jährlichen Wachstumsrate von 1,40 Prozent) und zwischen 2010 und 2025 um 17 Prozent (entsprechend einer jährlichen Wachstumsrate von 1,05 Prozent). Von 1975 bis 1994 ist die Weltbevölkerung um 38,8 Prozent gewachsen, nämlich von 4.040 auf 5.606 Millionen (entsprechend einer jährlichen Wachstumsrate von 1,74 Prozent). Die Projektionen rechnen demnach mit einer fortgesetzten Abnahme des Wachstums, übersehen aber auch nicht die Auswirkungen des bisherigen Tempos. Das ist in der Demographie ganz wichtig. Wie bei einem Ozeanriesen ein Drehen am Steuerruder zunächst noch keine Kursänderung bewirkt, hat auch die bisherige Wachstumsdynamik einer Bevölkerung noch Folgewirkungen: Die

Bevölkerung nimmt noch weiter zu. Allerdings verläuft diese Entwicklung, sowohl in absoluten wie relativen Zahlen, auf den verschiedenen Kontinenten sehr unterschiedlich.

In absoluten Zahlen erscheint das Wachstum am größten in Afrika, deutlich vor Asien und Südamerika. Ozeanien fällt unter globalen Gesichtspunkten demographisch kaum ins Gewicht. Das ist aber bei Nordamerika anders. Und Europa stagniert.

Man hat diese rein quantitativen Entwicklungen gelegentlich als "dérive des continents"[10] bezeichnet, als Kurswende, als Gewichtsverschiebung der Kontinente. Das Gewicht Afrikas nimmt zu, wenn sein Anteil an der Weltbevölkerung sich, wie die Voraussagen lauten, binnen 75 Jahren, nämlich von 1950 bis 2025, von 8,9 auf 18,3 Prozent verdoppelt. Von nicht minderem Belang für die Gewichtsverschiebung ist jene andere Voraussicht, daß nämlich die Bevölkerungsentwicklung in Nordamerika fast zum Stillstand kommt. Dies ergibt sich aus dem Geschehen der 80er Jahre. Gemäß der 1994 veröffentlichten Projektion wird Nordamerika 679 Millionen Einwohner im Jahr 2025 haben. Die Projektion von 1987 sprach noch von 865 Millionen. Die jetzige Prognose wurde also um 186 Millionen, das heißt um 27 Prozent, nach unten korrigiert.

Spektakulär ist die Wachstumsabnahme der Bevölkerung Europas. Europas Anteil an der Weltbevölkerung verliert laut Prognose 4,3 Prozentpunkte und sinkt auf 9 Prozent. Wenn diese projizierten Verhältnisse eintreten, gehört kein europäisches Land mehr zu den 15 bevölkerungsstärksten Ländern der Welt. Allenfalls Rußland mit seinen 142 Millionen Einwohnern könnte auf der Liste noch anzutreffen sein.

Probleme der Projektionen

Gerade diese Zahl für Rußland ist ein gutes Beispiel für die Schwierigkeit, Zukunftsprojektionen zu erstellen. Auf der einen Seite wurden - und das ist heute unbestritten - in der Vergangen-

[10] Jean-Marie POURSIN, *L'homme stable*, Paris 1989 (Gallimard).

heit die demographischen Statistiken der UdSSR politischen Zwecken unterworfen und oft gefälscht. "Es ist inzwischen bewiesen", schreibt Alain Blanc, "daß es zwei Versionen der demographischen Statistiken gab, eine zur Veröffentlichung, die andere zu interner Verwendung".[11] So wurden zum Beispiel Ende 1937 alle Verantwortlichen für die Organisation und Auswertung der anstehenden Volkszählung verhaftet.

Eine Rekonstruktion der demographischen Geschichte der UdSSR (also auch Rußlands als einer ihrer Republiken), die auch die Hungersnot von 1933 und die Deportationen spiegelt, ist noch nicht fertiggestellt. Insofern ist auch die Angabe von 147,8 Millionen Einwohnern 1994 nur eine vorläufige Schätzung, die einer neuen objektiven und verläßlichen Volkszählung harrt. Im übrigen prognostiziert die Projektion für Rußland eine Bevölkerungsabnahme. Zugrunde liegt die Entwicklung zu Beginn der 90er Jahre. Ob man diese prognostizierte Abnahme um 5,8 Millionen von 1994 bis 2025 (von 147,8 auf 142 Millionen) für hoch oder niedrig angesetzt hält, hängt von den Ausgangsannahmen ab.

Für eher zu gering dürfte man den Rückgang um 5,8 Millionen halten angesichts der Tatsache, daß allein im Jahr 1993 die russische Bevölkerung um rund 700.000 Menschen abgenommen hat. Im gleichen Jahr fiel die Fruchtbarkeit fast auf einen weltweiten Tiefpunkt, nämlich auf 1,3 Kinder je Frau[12], gegenüber 1,6 im Jahr 1992 und 2,2 im Jahr 1987. Würde es bei diesen Werten bleiben, wären die Auswirkungen auf die Alterspyramide und besonders auf die Zahl der Frauen im gebärfähigen Alter um das Jahr 2015 derart, daß eine weit kräftigere Bevölkerungsabnahme zu erwarten wäre.

Andererseits muß man die derzeit niedrige mittlere Lebenserwartung bei Geburt in Rußland berücksichtigen. Sie wird für Männer mit 59 Jahren, für Frauen mit 72 Jahren geschätzt. Die unverhältnismäßig große Geschlechterdivergenz läßt sich mit

[11] Alain BLANC, *Redécouverte de l'histoire de l'URSS*, in: Population et sociétés, no. 253, janvier 1991.

[12] Le Monde, 12 juillet 1994, p. 20.

der hohen Zahl der Opfer von Gewalt erklären: Unfälle, Selbstmorde, Mord und Totschlag. Eingeschlossen sind nicht zuletzt auch sogenannte "akzidentelle Vergiftungen", besonders durch Alkohol.[13] Wenn Rußland es schafft, demnächst sein Gesundheitssystem zu ordnen und bestimmte Verhaltensweisen zu ändern - vor allem im Umgang mit Alkohol - könnte die mittlere Lebenserwartung dort zu derjenigen in westeuropäischen Ländern wieder aufschließen. Sie würde dann im kommenden Jahrzehnt zunehmen, und mit ihr auch die Einwohnerzahl.

Soviel zur Relativität der Zuverlässigkeit von Projektionsergebnissen. Sie gilt auch für den afrikanischen Kontinent, der wohl am stärksten wachsen wird. In Afrikas jüngster demographischer Geschichte wird manche Entwicklung vorschnell zum Gegenstand von Spekulationen, obwohl sie in Wirklichkeit schwer absehbar ist.

Zu der lange verbreiteten und noch immer gern transportierten Vorstellung, in islamischen Ländern werde die Fruchtbarkeit nicht sinken, liefert das Land mit den meisten Muslimen, nämlich Indonesien, seit den 70er Jahren und mehr noch in der Folge, ein Gegenbeispiel.[14]

Diese Vorstellung wurde dann eingegrenzt auf einen Teil der islamischen Länder. Nun meinte man, in den arabischen Ländern werde die Fruchtbarkeit nie sinken. Allerdings fegte dann das Beispiel Tunesien auch diese Auffassung vom Tisch.

Hier die Daten: Von 1966 bis 1991 sinkt die Fruchtbarkeit in Tunesien von 7,15 auf 3,42 Kinder je Frau (-52 Prozent)[15] und die Geburtenrate von 45 auf 25,2 pro Tausend (-44 Prozent). Im gleichen Zeitraum nimmt auch die Mortalität von 15 pro Tausend 1966 auf 6,2 pro Tausend 1991 (-59 Prozent) ab. Trotz sinkender Sterblichkeit geht die jährliche Bevölkerungswachs-

[13] France MESLÉ, Vladimir CHKOLNIKOV, Jacques VALLIN, *Les morts violentes en Russie*, in: Population, vol. 49, no. 3, Mai-Juni 1994.

[14] G.- F. DUMONT, *La population des pays de l'ASEAN*, in: Aspects du monde tropical et asiatique, Presses de l'Université Paris-Sorbonne, Paris 1991.

[15] Mohamed BOUKHRIS, *La population en Tunisie*, Tunis 1992 (Office National de la Famille et de la Population ONFP).

tumsrate zurück: Sie fällt von 3,0 auf 1,9 Prozent (-37 Prozent). Ähnliches gilt für Algerien, ein anderes arabisches Land.

Die Beispiele zeigen, daß auch Afrika nicht apriori als Versager in Sachen demographischer Übergang gelten kann. Nur hängt dieser Prozeß von sehr unterschiedlichen Faktoren ab. Und zu diesen gehören nicht zuletzt auch die politischen Bedingungen und ihre Entwicklung.[16]

Demographische Auswirkungen anderer Einflußfaktoren lassen sich bei Projektionen meist schwer berücksichtigen. Das gilt vor allem für die Folgen von Bürgerkriegen oder sonstigen politischen Unruhen. Auf diesem Feld stoßen die Demographen endgültig an eine Grenze. Es gibt da auch keine zuverlässigen statistischen Daten, ob wir an den Sudan denken oder an Somalia, an Liberia, Ruanda... Und was dort geschah, kann sich leider morgen in diesem oder jenem anderen Land ähnlich ereignen.

Ein weiterer Unsicherheitsfaktor ist Aids. Aids kann nicht nur durch seine direkten Auswirkungen auf die Sterblichkeit beachtliche Bedeutung gewinnen, sondern auch durch seine mittelbaren Einwirkungen auf die Lebensbedingungen ganzer Bevölkerungen.[17]

Wissensstand oder Würfelspiel?

Geht man die Kontinente durch, wird eine Reihe von Mängeln offenkundig, mit denen die demographischen Angaben behaftet sind. Selbst in entwickelten Ländern sind demographische Daten aus verschiedenen Gründen oft schwer zu vergleichen. Da gibt es unterschiedliche Definitionen dessen, was die Begriffe genau beinhalten, oder die Datensammlungen sind schlicht unvollständig, wie etwa in Frankreich die über Wanderungsbewe-

[16] Yves MONTENAY, *Démographie politique des pays arabes d'Afrique*, Thése de doctorat, Université de Paris-Sorbonne, 28. septembre 1994.

[17] Jeanne-Marie AMAT-ROZE / G.- F. DUMONT, *Le Sida et l'avenir de l'Afrique*, in: Ethique no. 12, 1994. Während etwa die Pest-Epidemien ihre Opfer gleichmäßig in allen Altersschichten der Bevölkerung forderten, trifft Aids vorzugsweise junge Erwachsene und Kleinkinder.

gungen. Das gilt für Binnenwanderungen wie für die internationale Migration. In zahlreichen Ländern des Südens ist selbstverständlich das Statistikwesen noch weniger gut organisiert, auch wenn gelegentliche Teilerhebungen die Mängel möglichst zu beheben suchen.

Wie soll man, wenn der Kenntnisstand über die Wanderungen hier und jetzt so unvollständig bleibt, zukünftige Migrationsbewegungen prognostizieren? Die Bevölkerungswissenschaft liefert Gewißheiten, die über manche Materialträgheit hinwegtäuschen. Demographische Projektionen begeben sich dann mit dieser Vorbelastung in den Freiraum der Langzeituntersuchungen und vertrauen sich dabei bis zu einem gewissen Grad einer der Langfristigkeit eigenen Logik an.

Was die Projektionen kontinentaler Bevölkerungsentwicklungen ziemlich genau messen, ist, was ausgehend von der gegenwärtigen Entwicklungsdynamik und den Regeln des "demographischen Übergangs" - bis zu einem gewissen Grad als ein demographisches Gesetz verstanden - passieren müßte. Alle Einflüsse, die aus menschlichem Verhalten herrühren, bleiben dabei aber ein reines Würfelspiel. Menschliches Verhalten reagiert auf Ereignisse und Veränderungen der Zeit, läßt sich nach Sinn und Umfang daher noch weniger voraussagen als die Bedingungen, auf die es in Zukunft reagieren wird.

Zusammenfassend ist zu sagen, daß die Projektionsergebnisse kontinentaler Bevölkerungen von bescheidener Aussagekraft sind. Nicht zuletzt lehren dies die beiden großen prognostischen Irrtümer des 20. Jahrhunderts: Erstens wurde der Sterblichkeitsrückgang in den Ländern des Südens unterschätzt. Dort ist die erste demographische Revolution in voller Breite durchgeschlagen. Und zweitens wurde der Fruchtbarkeitsrückgang in den Ländern des Nordens unterschätzt. Diese sogenannte zweite demographische Revolution wurde vor allem ausgelöst durch Verbreitung hochwirksamer chemischer Empfängnisverhütungsverfahren und durch die Aufhebung des lange Zeit geltenden Abtreibungsverbots.

Vieles spricht für eine dritte Unterschätzung. In der Welt der Demographie werden wir soeben Zeugen eines epochalen Vorgangs, der unserer Aufmerksamkeit nicht entgehen sollte: des Fruchtbarkeitsrückgangs in den sogenannten Schwellenländern, die sich gerade aus der Dritten Welt verabschiedet haben. Mit dem Start in die wirtschaftliche Leistungsfähigkeit haben diese neuen Industrieländer ihre Fahrt durch die zweite Phase des demographischen Übergangs beschleunigt.

Vielleicht fällt es schwer, diese Veränderung der öffentlichen Wahrnehmung zu vermitteln, weil sie erworbene Gewohnheiten in Frage stellt. Soviel dürfte indessen heute als akzeptiert gelten: Die für das 21. Jahrhundert immer wieder vorausgesagte Bevölkerungsexplosion wird nicht das Hauptthema des kommenden Jahrhunderts sein. Eine "Bevölkerungsexplosion" hat es nicht gegeben und wird es nicht geben, weil eine Explosion etwas Plötzliches und Unerwartetes ist, das Bevölkerungswachstum aber langsam vor sich geht und einer deutlichen Logik folgt, der Logik des Fortschritts der Menschen etwa auf medizinischem Gebiet. Um es statistisch-mathematisch auszudrücken: Die Graphiken in Schulbüchern, Presse und Fernsehen mit den bekannten exponentiellen Kurven müssen eingezogen und ersetzt werden durch sogenannte logistische Kurven, die einem Anpassungsniveau zustreben. Nicht exponentielles Bevölkerungswachstum wird die eigentliche Herausforderung des 21. Jahrhunderts sein, sondern im Gegenteil die Alterung der Bevölkerungsstruktur, die im Norden bereits im vollen Gange ist und sich auf den Süden ausdehnen wird.

Aussprache (Dumont)

Leitung: Winfried Kluth

Dr. Sergio C. Martinez: Obwohl die demographischen Bevölkerungsprognosen von zum Teil abenteuerlichen statistischen Daten ausgehen, haben die Projektionen der Weltbevölkerungsentwicklung, die die Vereinten Nationen 1973 veröffentlicht haben, für 1995-2000 recht genau die Zahlen getroffen, die der Weltbevölkerungsbericht 1994 vorgestellt hat. Ist das ein Zufall? Wenn es aber so ist, daß die Prognosen so exakt sind, weiß man dann nicht schon seit 20 Jahren, wohin die Reise geht?

Dumont: Es gibt immer mehrere Projektionen, die auf je verschiedenen Annahmen beruhen. Diejenige, die dann dem tatsächlichen Ergebnis am nächsten kommt, macht dann Eindruck. Bei der Beurteilung von Projektionen sollten wir Vorsicht walten lassen. Wir befinden uns da in derselben Lage wie die Damen, die in der Kristallkugel lesen. Die sagen auch bestimmte Ereignisse voraus. Treten diese ein, dann heißt es: Ja natürlich, das hat sie vorausgesagt. Treten sie nicht ein, wird ohnehin nicht mehr davon gesprochen.

Das Phänomen des demographischen Übergangs ist seit langem bekannt. Wer wie wir die Dinge aus der Nähe verfolgt, wußte schon vor zwanzig Jahren, daß der Fruchtbarkeitsabfall programmiert war, sowohl in den Industrieländern als auch in den Entwicklungsländern.

Bernadette Marx: Bereits in Kairo lagen neuere Prognosen der UN zur Weltbevölkerungsentwicklung vor. Ich habe die Zahlen in Kairo gehört. Sie sprachen von einem Rückgang der Weltbevölkerung ab dem Jahr 2045. In Europa werde die Bevölkerung zwischen 2000 und 2005 zu schrumpfen beginnen.

Dumont: Die letzten Projektionen sind wie alle anderen zuvor. Die Projektion, von der Sie sprechen, und die mir auch plausibel erscheint, ist aber auch nur eine von vielen Projektionen.

Man muß wissen, was eine Projektion ist. Ich nenne sie eine bedingte Perspektive. Projektionen muß man nach den Hypothesen beurteilen, auf denen sie beruhen. Um nur zwei Beispiele jüngst publizierter Projektionen zu nennen: Die erste gründet auf der Annahme, daß in Europa die Fruchtbarkeit wieder steigen wird. Das ist sicherlich wünschenswert. Heute weist aber auch gar nichts auf einen solchen Anstieg hin, vielmehr sinkt die Fruchtbarkeit in fast allen Ländern weiter, und in den ehemals kommunistischen Staaten Osteuropas sinkt sie sogar erheblich. Die zweite geht für eine ansehnliche Zahl von Ländern von einer Migration aus, die praktisch gleich Null ist. Es wird einfach angenommen, es werde zwischen den Staaten keine Wanderungsbewegung mehr geben. Dazu wäre noch zu sagen, daß die politische Migration immer mehr Menschen in Bewegung gebracht hat als die wirtschaftliche Migration. Ich möchte also noch einmal betonen, daß diese großen Dokumente nicht das Evangelium sind, sondern ein Arbeitsinstrument, das nach den Hypothesen beurteilt werden muß, die darin enthalten sind.

Schlußfolgerung: Das Wichtige ist nicht, demographische Ziffern zu kennen. Wichtig ist zu begreifen, von welcher Art die demographische Logik ist. Hier ist ein Bildungsbedarf. Denn hinter all diesen großen Zahlen stecken bestimmte Mechanismen, deren Abläufe die Demographie aufgeklärt hat. Und diese Mechanismen müssen wir unseren Zeitgenossen nahebringen.

Marie-Luise Schwarz-Schilling: In der Einführung spricht Herr Thomas die Kairo-Konferenz an und weist darauf hin, daß der internationale bevölkerungspolitische Handlungsbedarf unterschiedlich begründet worden ist. Einmal war es der Nahrungsmittelspielraum, dann die Umwelt; in Kairo sei die Befreiung der Frauen das Motto der Konferenz gewesen. Für mich war das gerade interessant. Wie weit sind eigentlich Frauen maßgeblich für das Bevölkerungswachstum? Und da ist, meines Erachtens zum ersten Mal, wenn auch in der Presse mitunter vergröbert, wirklich ganz interessantes Material verbreitet und bekanntgemacht worden, etwa über den Zusammenhang zwischen Analphabetismus der Frau und ihrer Kinderzahl. Solche Zusammenhänge lagen bisher eher im dunkeln. Ich vermute, daß es in Kairo auch Widerstände gegen eine solche Aufklärung gegeben hat. Hier möchte ich nun sowohl Herrn Thomas als auch sie, Herr Dumont, persönlich fragen: Wie ist Ihre Meinung?

Eine Sache ist Bevölkerungspolitik im Sinne eines massiven Eingreifens in den persönlichen Wunsch von Eltern. Eine andere, mit der Ausbildung der Frauen ohne jeden weiteren Regierungseingriff auch eine Wirkung auf das Bevölkerungswachstum zu erreichen. Mir scheint das eine sehr humane Methode zu sein, gleichsam indirekt einzuwirken. So ist es ja auch in Europa gewesen. Hier haben wir auch nicht propagiert, wir müssen weniger werden, und dann eine Methode ersonnen. Ja doch, aber da haben wir allerdings gesagt, wir müssen mehr werden. Ich denke an das Mutterkreuz. Viele wissen gar nicht mehr, daß es so etwas einmal gegeben hat.

Wie noch in vielen Ländern, hatten auch hier früher Frauen bezüglich der Kinderzahl oft wenig Einfluß und standen unter männlichem Druck. Der nimmt ab, wenn die Frauen besser ausgebildet werden und ein Mitspracherecht bekommen. Wie stark dieser Druck sein kann, zeigen ja auch Länder, in denen, seit es die Früherkennung im Mutterleib gibt, viel mehr Jungen als Mädchen geboren werden.

Wenn nun durch Kairo diese Aspekte deutlicher geworden sind, sollte man eigentlich nicht von Feminismus sprechen. Das wird der humanen Dimension des Zusammenhangs zwischen Frauenausbildung und Kinderzahl nicht gerecht. Ich finde das ungerecht.

Hans Thomas: Das habe ich auch nicht Feminismus genannt. Frauenförderung durch Bildung, Ausbildung und mehr Zugang zu Gesundheitsdiensten ist ganz wichtig und in ihrer Bedeutung für die Entwicklung kaum zu überschätzen. Ich bin noch Geschäftsführer einer kleinen Stiftung, wenn ich das als persönliches Bekenntnis anmerken darf, die Bildungsprojekte in der Dritten Welt durchführt. Davon sind achtzig Prozent Frauenbildungsprojekte. Wäre die Frauenbildung in Kairo die Hauptsache gewesen, müßte man allenfalls bedauern, daß es so lange gedauert hat, bis man auf diesen Trichter gekommen ist.

Das Schlagwort in Kairo lautete "empowerment of women" (Ermächtigung der Frauen). Das klingt anders als etwa "promotion of women" (Frauenförderung), und ich habe gesagt, darin liege ein "feministisches Mehr". Tatsächlich wurde in Kairo kaum über Frauenbildung, sondern hauptsächlich über Familienplanung, Verhütungsstrategien und vor allem über Abtreibung diskutiert. "Empowerment of women" klingt nach "Frauen an die Macht" und war oder ist noch die Devise der Altfeministinnen in den USA.

Nichts gegen Familienplanung im Sinne des Rechts der Eltern, selbst frei und verantwortlich über die Zahl und den Abstand der Geburten zu bestimmen, wenn dies wirklich ohne Druck von außen geschieht. Da sollte man aber hinzufügen, daß es sich erstens um ein Recht der Eltern und nicht von Einzelnen oder gar Jugendlichen handelt, und daß zweitens mit Druck von außen nicht unbedingt nur die Polizei gemeint ist. Wirtschaftliche Anreize oder Nachteile, soziale Ächtung, Medienberieselung, Flächenbombardements mit Propaganda liefern ein breites Spektrum subtiler und auch weniger subtiler Druckmöglichkeiten.

Lord Bauer redet der Grenzöffnung für Außenbeziehungen das Wort, wodurch auch westliche Vorstellungen in die Entwicklungsländer dringen. Aber das ist etwas anderes. Die so vermittelten Einflüsse sind keine isolierten Spezialprogramme, sondern eine Gesamtlebenseinstellung, mit der sich Menschen anderer Kultur im Ganzen auseinandersetzen können und müssen.

Offene Grenzen, Frauenbildung, Familienplanung im Sinne echten Elternrechts, das alles ist schon im Begriff *Entwicklung* enthalten. Aber von Entwicklung wurde in Kairo am wenigsten gesprochen. Die Formel lautete "Entwicklung plus Familienplanung" und gesprochen wurde über Familienplanung. Wenn Entwicklung und Familienplanung aber zweierlei sind, dann meint Familienplanung etwas anderes. Und das habe ich "das feministische Mehr" genannt, das übrigens in Kairo auch für manche Verwirrung gesorgt hat. Kaum jemand wußte genau, was mit "sexuellen und reproduktiven Rechten und Gesundheit der Frau" gemeint war, von denen im Aktionsprogrammentwurf der Konferenz unentwegt die Rede war. Aber auch diese merkwürdigen Begriffe gehören schon lange zum Repertoire der US-Altfeministinnen.

Kurz: Ich finde, daß sich unsere Standpunkte berühren. Förderung der Frau durch mehr Bildung, Ausbildung und Gesundheitsfürsorge, auch im Hinblick auf den Zusammenhang zwischen Ausbildung der Frau und ihrer Kinderzahl, ist für mich ein ganz selbstverständliches Anliegen und ganz besonders wichtig für die Entwicklung.

Daß wir uns nicht täuschen: Die Zurücksetzung der Frau in den formalen Bildungsprozessen ist eine Erscheinung der europäischen Moderne, die wir in Europa vorgelebt und in die Entwicklungsländer exportiert haben. Bei uns haben wir mittlerweile den Defekt weitgehend repariert. Jetzt muß dieser unser Irrtum auch dort korrigiert werden, wo unsere Bildungssysteme übernommen wurden.

Steinmann: Zum Zusammenhang von Ausbildung der Frau und deren Kinderzahl gibt es unzählige Studien. Zusammengefaßt: Die beste Familienplanung ist eine Bildungspolitik für die Frau. Allerdings hat die Frau, die nur zwei Jahre zur Schule gegangen ist, mehr Kinder als die ohne jeden Schulbesuch. Warum? Weil die Zahl der Totgeburten und die Säuglingstode zurückgehen. In der winzigen elementaren Schulausbildung lernen die Mädchen bestimmte fundamentale gesundheitliche Regeln. Nach der zweijährigen Schulzeit reduziert dann jedes weitere Schuljahr die Kinderzahl. Das ist ein weltweites Phänomen und gilt in Deutschland genauso.

Warum das so ist, kann der Ökonom begründen. Weil nämlich mit steigender Ausbildung der Frau ihre Erwerbschancen steigen und die Kosten von Kindern zunehmen. Dieser Zusammenhang ist weltweit völlig eindeutig, auch wenn ein paar Demographen die naive Vorstellung haben, Familienplanung sei so etwas wie kostenlose Verteilung von Kondomen.

Dumont: Ihre Befürchtung, Madame, betrifft die Frauen in Ländern anderer Kultur. Ihre Sorge entstammt aber unserer Lebens- und Erfahrungswelt. Diese enthält natürlich auch eine Vorstellung davon, wie es anderswo ist und wie es dort sein sollte. Gerade deshalb müssen wir uns aber auch kritisch bewußt machen, welche unsere eigenen Voraussetzungen sind - zum Beispiel, daß wir in Gesellschaften leben, die insofern zunehmend totalitäre Züge tragen, als sie immer weniger Unterschiede akzeptieren, einschließlich des Unterschieds zwischen den Geschlechtern.

Diese spezielle Überziehung des Gleichheitsideals bei den Geschlechtern erstaunt. Denn im Grunde haben doch heute, radikal betrachtet, die Frauen die Macht. Theoretisch könnten sie zum Beispiel einen gewissen Vorrat an Spermien einfrieren, alle Männer töten und die Gesellschaft unter sich fortsetzen.

Analysiert man die Situation, trifft man auf drei Denkweisen. Die erste trägt den natürlichen Gegebenheiten Rechnung. Ich nenne diese Denkweise im guten Sinne Feminismus und bezeichne mich in diesem Sinne als Feminist, denn ich bin überzeugt, daß Mann und Frau die gleiche Würde besitzen, und daß diese Gleichheit der Würde bestimmte Verpflichtungen auferlegt, die aber in vielen Ländern oder Gesellschaften dieser Erde noch nicht erfüllt sind.

Über diese Denkweise haben sich noch zwei Ideologien gestülpt. Deren erste nenne ich Hyperfeminismus, die zweite Neo-Hyperfeminismus. Der Hyperfeminismus will die Frau auch biologisch mit dem Mann gleichstellen. Die Frau soll genauso leben wie ein Mann, sie soll die gleichen beruflichen

Bedingungen haben und - wohlgemerkt - Kinder, die ihre Berufskarriere beeinträchtigen könnten, ablehnen. Der Hyperfeminismus plädiert mit anderen Worten dafür, daß die Frauen die Männer nachäffen. Dieser Hyperfeminismus hat Europa eine Reihe von abstrusen Publikationen beschert. Zur Zeit sucht Europa ein französisches Gesetz zum Schutz der Frauen vor Nachtarbeit aufzuheben, weil die Frauen den Männern gleichgestellt sein sollen. Das Frauenrecht, nachts um zwei Uhr zu arbeiten, und zwar möglichst genauso hart wie ein Mann, ist Ausdruck des hyperfeministischen Gleichheitsbegriffs.

Weil dieser Hyperfeminismus tatsächlich einige Schwächen zeigt, kam es zum Neo-Hyperfeminismus. Diese Ideologie hat sich in Frankreich seit Mitte der 80er Jahre herausgebildet und mit einer Reihe neuer Publikationen etabliert. Es gehe nicht so sehr darum, so die Einsicht einiger Intellektueller, daß die Frauen biologisch die Männer imitieren, als darum, daß die Männer wie die Frauen werden, bis ins Biologische hinein. Mit entsprechendem medizinischen Fortschritt werde schon dahinzukommen sein, daß auch Männer Kinder haben und Mutterschaftsurlaub bekommen könnten.

Ziel ist eine durchgehend androgyne Gesellschaft, in der Frau und Mann gleich sind und es Geschlechterdifferenzen nicht mehr gibt. Und das ist eine idealtypisch totalitäre Gesellschaft.

Diese Ideologie stand in Kairo im Hintergrund. Man hat dort versucht, den Begriff Familie total zu banalisieren. Man hat die Vorstellung durchzusetzen versucht, daß ein homosexuelles Paar der Familie gleichzustellen ist und die gleichen Rechte genießen soll. Diese Ideologie hat heute einen großen Einfluß.

Dr. Klaus M. Becker: Sie haben zweimal das Wort totalitär benutzt. Einmal zur Kennzeichnung einer Gesellschaft, die keine Unterschiede mehr erträgt. Theoretisch ist das die Ausgangslage jeder Gleichschaltung. Wenn der Hyperfeminismus keine Geschlechterdifferenz anerkennt, schaltet er natürlich Frauen und Männer gleich. Dann haben Sie aber recht konkret eine Gesellschaft totalitär genannt, die homosexuelle Paare und die Familie gleichbewertet. Meinen Sie hier totalitär ganz konkret im Sinne des politischen Totalitarismus?

Dumont: Es geht um den Neo-Hyperfeminismus. Der Hyperfeminismus ist etwas anderes. Den Hyperfeminismus gab es zuerst. Ähnlich wie die Angst vor der Umweltkrise die Angst vor der Hungerkrise ersetzt hat, um die Angst vor der Überbevölkerung zu erklären (die m.E. unbegründet ist, weil sie die wirklichen demographischen Mechanismen verkennt), hat der Neo-Hyperfeminismus den Hyperfeminismus abgelöst.

Der Hyperfeminismus war ein Sproß des Marxismus. Im Kommunistischen Manifest von 1848 fordern Marx und Engels in ein und demselben Satz das Verschwinden des Kapitals und der Familie. Aufhebung des Kapitals heißt Beseitigung der Unternehmen, des unverzichtbaren Herzstücks des Wirtschaftslebens. Aufhebung der Familie heißt Beseitigung des unverzichtbaren Herzstücks des gesellschaftlichen Lebens. So galt die Zerstörung der Familie als ein notwendiger Schritt auf dem Weg zur Etablierung einer totalitären Gesellschaft. In diesem marxistischen Sinne war der Hyperfeminismus anti-Familie.

Der Neo-Hyperfeminismus will natürlich auch die Familie zerstören, aber nicht um einer anti-familialen Gesellschaft willen, sondern um einer a-familialen, familienlosen Gesellschaft willen. Dazu ist es aber nötig, etwas anderes, "andere Familienformen" zu entwickeln, die auf keinen Fall den Gegebenheiten der Natur entsprechen. Ziel ist eine Gesellschaft, in der es nur noch Individuen gibt - ohne jede Zusammengehörigkeit. Und es gibt nichts Leichteres als einen Totalitarismus dort zu etablieren, wo es nur noch Einzelne ohne jede Zusammengehörigkeit gibt.

Ein gutes Beispiel für die Widerständigkeit der Familie gegen den Totalitarismus liefert gerade Rußland. Die Russen haben es geschafft, nach siebzig Jahren Kommunismus die Kultur wiederzufinden, die sie vor 1917 hatten. Sie konnten noch zurückgreifen auf die früheren Namen der Straßen und Städte, sofern sie schon vor 1917 existierten. Siebzig Jahre lang hatten die Partei, die Medien, die Jugendorganisationen, die Gewerkschaften gekämpft, um die Vergangenheit zur tabula rasa zu machen, um alles auszulöschen, was russische Geschichte und Tradition war. Die russischen Familien haben das geschichtliche Erbe weitergetragen, und auch die Religion.

Vor allem die Rolle der Familie zur Wahrung des kulturellen Gedächtnisses und bei der Tradierung der Werte ist der Grund, warum die Zerstörung der Familie die nachhaltige Zerstörung der Kultur einer Gesellschaft bedeutet.

S. GIREESAN

Sankaranarayana Gireesan

Wie versteht ein Hindu die Rede vom Bevölkerungsproblem?

Als Student erlebte ich in Köln einmal die Fronleichnamsprozession. Die Straßenbahn zum Dom war voller Menschen. Jemand fragte den Straßenbahnfahrer, warum denn nicht mehr Straßenbahnen eingesetzt würden. Dieser erwiderte mit typisch kölschem Humor: "Straßebahne hammer jenoch, et jitt zovill Lück" (Straßenbahnen haben wir genug, es gibt zuviele Leute). Ohne Humor trifft der Satz, wie mir scheint, recht genau den Tenor der internationalen Bevölkerungspolitik und der Konferenz von Kairo: Weil man die Mittel nicht erhöhen will, stellt man fest, daß es zuviele Menschen gibt.

Als völliger Laie in der Demographie erfuhr ich in Deutschland, daß man demographisch 2,1 Kinder haben sollte. Ich hatte damals schon zwei Kinder. Bei nur zwei aber würde die Gireesan-Sippe langsam verschwinden. Mehr als 2,1 verschärfe das Bevölkerungsproblem. Zurück in Indien, habe ich zu meiner Frau gesagt: Gebäre mal noch 0,1 Kind, dann sind wir demographisch im Trend. Sie war uneinsichtig und gebar noch ein ganzes Kind. Nun hatten wir einen Jungen und zwei Mädchen. Das war erst recht nicht richtig, denn so würde es zuviele Frauen auf der Welt geben. Also kam noch ein Junge. Ich bin also jemand, der zu der Bevölkerungsexplosion in Indien, von der überall die Rede ist, beigetragen hat.

Nach dieser persönlichen Vorbemerkung will ich auf die mir gestellte Frage, "Wie versteht ein Hindu die Rede vom Bevölkerungsproblem?" aber aus der Sicht eines einfachen Inders und gläubigen Hindu - ohne Statistiken und Grafiken - eingehen.

Ethos der Hindus: Dharma

Vorab eine Klarstellung: Der Hinduismus ist keine einheitlich organisierte Religion. Es gibt viele Strömungen und verschiedenes Gedankengut im Sammelbecken des Hinduismus. Das gilt vor allem für die theologischen Begriffe, während in der Praxis, beim Umsetzen der religiösen Ideale ins tägliche Leben, eine erstaunliche Homogenität herrscht. Gerade dies rechtfertigt es, vom Hinduismus als einer Einheit zu sprechen.

Alle Religionen, die in Indien entstanden sind, Hinduismus, Buddhismus, Dschainismus, Sikhismus, haben weitgehend ähnliche ethisch-moralische Vorstellungen, Haltungen und Begriffe. Das Leitprinzip aller dieser Lebensarten ist das Dharma.

Seit 4000 Jahren überliefert das alte Indien vier Purushartas, vier erstrebenswerte Ziele:

- Dharma: die Pflicht erfüllen, Gottes Gesetzen gehorchen, den ethisch-moralischen Kodex aufrechterhalten. Wer ein dharmisches Leben führt, kommt zum zweiten Ziel:
- Artha: Geld verdienen. Wer nach dem Dharma handelt, findet seinen Lebensunterhalt. Das erlangte Geld erlaubt die Erfüllung des dritten Lebenszwecks:
- Kâma: Freude am Leben haben, das Leben genießen. Lehrbücher über diese drei Ziele gab es schon vor Buddhas Geburt. Hat man das Leben genossen, kommt erst die Erfüllung, der wirkliche Genuß, das letzte Ziel:
- Môksha: Erlösung suchen, die alle Unzufriedenheit überwindet.

Damit ist das ganze Leben schon eingeordnet. Dharma ist die Grundlage, auf der alles aufbaut, die konkrete, greifbare, "tastbare" Zielsetzung. Die erste Frage des erwachten Menschen lautet: Wozu bin ich hier? Was soll ich tun? Und die Antwort lautet: Dharma - erfülle deine menschlichen Pflichten, halte fest an deinem gottesgesetzlichen Streben.

Der Begriff Dharma hat zwei Bestandteile: einen wechselnden und einen bleibenden, unbedingten. Der wechselnde Teil ist nach Ort und Zeit variierbar. Was gut in Indien ist, muß nicht auch gut sein für Eskimos. Was gut war im 7. Jahrhundert vor Christus, braucht nicht auch jetzt gut zu sein. Ich beispielsweise bin Vegetarier. In Madras, wo es gute vegetarische Möglichkeiten gibt, kann ich gut Vegetarier sein. Das kann ich aber nicht als Dharma einem Eskimo predigen. Das wäre Unsinn. Nicht alles gilt überall. Es gibt Variationen des Dharma. Dennoch gibt es einen unverlierbaren Anteil des Dharma, den man Sanatana Dharma, Eternal Dharma, ewigwährendes Dharma nennt. Auf dieses ewige Dharma müssen alle Handlungen ausgerichtet sein. Darum müssen die zwei anderen Ziele, Artha und Kâma, Geldverdienen und Lebensgenuß, diesem Dharma untergeordnet sein. Geldverdienen und Lebensgenuß müssen dharmisch sein, am ewigen Moralgesetz orientiert. Sonst gibt es Chaos und Katastrophen.

Wenn man etwas tut, fragt man, ob das nach Dharma ist, ob es Gottes Worten gehorcht. Dharma ist der Ausgangspunkt, die Grundlage. Das Ziel ist Môkscha, die Erlösung. Geldgewinn und Lebensgenuß sind Nebenprodukte. Die Nebenprodukte darf man nicht als Eigenwerte erlangen wollen und zum eigentlichen Ziel machen. Menschen, die das versuchen, sind zum Scheitern verurteilt.

Kinder sind keine Last

Was ist in diesem Zusammenhang der Sinn der Ehe? Sie erlaubt dharmischen, dem ewigen Gesetz gemäßen Geschlechtsverkehr. Was ist der Sinn des Geschlechtsverkehrs? Kinder zu zeugen. "Tasmâi pradjananam pratamam vadanti" (Daher betrachten wir Kindergeburt als das Wichtigste), sagen die Vedas.

Gott hat die Erfüllung seiner Zwecke genußvoll gemacht. Ich gebrauche manchmal das Wort Gott, das, wie mir scheint, in

Europa weithin verboten oder jenen Leuten vorbehalten ist, die den Kragen umgekehrt tragen, also dem Klerus. Wenn das Wort "Gott" stört, kann ich auch “Natur” sagen.

Also: Die Natur hat die Erfüllung ihrer Zwecke genußvoll gemacht. Mangofleisch schmeckt gut, und deshalb verbreiten sich die Mangokerne weit. Blumen duften und enthalten Honig, damit die Bienen sie befruchten. Weil das Essen schmeckt, gedeiht der Körper. Frische Luft einzuatmen tut gut. Denn Atmen ist lebenswichtig. Je mehr der Leib dürstet, um so besser schmeckt das Wasser. Und der sexuelle Genuß ist da, damit die Menschheit weiterlebt.

Verschließen wir aber nicht die Augen davor, was heute geschieht: Die Menschen möchten mehr essen, aber mit weniger Kalorien. Es gibt einen eigenen Markt für Diät, Hungerkuren und Appetitzügler. Man möchte viel trinken, aber ohne Kater danach. Man will Sex, aber keine Elternschaft. Und viele Inder fragen sich, ob sie das traditionelle Dharma aufgeben und die Perversitäten mitmachen sollen.

Die Hindus haben Kinder nie als Last betrachtet. Ich meine das wörtlich. Als ich mit einer Gruppe auf einem Ausflug einen etwa tausend Meter hohen Berg bestieg, begegnete uns ein siebenjähriges Mädchen, das ein zweijähriges Kind auf dem Rücken trug. Auf unsere Frage, ob das nicht eine zu schwere Last für sie sei, bekamen wir die Antwort: “Wieso? Das ist doch mein Bruder.”

Geschwister, Kinder, Familienangehörige werden nie als Last wahrgenommen. Das paßt irgendwie nicht in unsere Vorstellungswelt. Es gibt bei uns ein schönes Lied, das sinngemäß fragt: Ist der Baum eine Last für die Erde? Sind die Früchte eine Last für den Baum? Wie kann ein Kind eine Last sein für die Eltern?

Daß die Kinder als Segen und Quelle der Freude aufgenommen werden, bringt eine vedische Segnungsformel zum Ausdruck: “Dhanyam dhanam, bahuputra Labham...” (Mögest du viel Getreide, großen Wohlstand, viele Kinder und ein langes Leben haben). Und weiter an die Braut: “Dasasyam putrasradi...” (Gebäre zehn Kinder und betrachte deinen Mann als das elfte).

Die Göttin des Wohlstands, Lakshmi, Gemahlin des Wischnu, zeigt sich in verschiedenen Formen. Eine beliebte Erscheinungsform von Lakshmi ist das Getreide, eine andere das Geld. Auch Gesundheit ist eine Form von Lakshmi. Ebenso gilt der Kindersegen als eine Form von Lakshmi: Santana Lakshmi, eine anbetungswürdige Göttin. In vielen Dorftempeln in Indien gibt es Votivopfer von kleinen Kinderwiegen. Man fertigt die Wiegen aus Holz und stiftet sie, um mit dem Kindersegen beschenkt zu werden. Sind die Leute zu arm, um diese kleinen Holzkinderwiegen aufzubringen, formen sie aus Stein und einem Stück Stoff ein Baby und stiften es.

In Rigvedo wird Wischnu als Schützer des Foetus verehrt. Frühgeborene stehen unter seinem besonderen Schutz. In einem Vorort von Tanjawar ist ein sehr berühmter Tempel, in dem die Göttin wohnt, die ihre schützende Hand über die Foeten hält. "Hundert Leiden fliehen, wenn ein Kind lächelt", heißt es in einem Wiegenlied. In solchen Liedern wird jeder Junge als ein wiedergeborener Krishna, jedes Mädchen als ein Minakshi gepriesen, und jedes Kind als ein Vertrauensvotum Gottes an die Menschheit aufgefaßt.

Wer in Indien im Abteil eines ganz normalen Linienzuges sitzt und mit einem Nachbarn ins Gespräch kommt, wird unweigerlich gefragt: Wie heißen Sie? Woher sind Sie? Wen besuchen Sie in Indien, was tun Sie hier? Dann folgt - nach einigem Zögern - die unausweichliche Frage: Sind Sie verheiratet? Sagt man ja, kommt unverzüglich die Frage nach der Kinderzahl. Lautet die Antwort "keine", folgt großes Erstaunen: Was, keine? Und dann, nach einem "tschk, tschk, tschk...", kommt ein mitfühlendes: "Aber der liebe Gott wird auch auf Sie seinen Blick richten, Sie sind ja noch jung. Seien Sie nicht traurig... ."

Zumutungen der Statistik

Und jetzt werden wir belehrt, daß ein Kind eine Last ist. Heute wird, wie es scheint, von uns verlangt, diese - meines Erachtens edle - Vorstellungs- und Begriffswelt hinter uns zu lassen, um

Kinder als Problem begreifen zu lernen. Denn, so belehrt man uns weiter, wenn die Bevölkerung zunimmt, wird die Menschheit bedroht mit Armut, Not, Krankheit, mit allem, was man sich an Schlimmem denken kann, Aids eingeschlossen. Wenn die Kinderzahl aber abnehme, gehe es den Menschen gut.

Gutes Leben - aber wozu? Der Mensch lebt in seinen Kindern weiter und auch die Wiedergeburt ist durch die Kinder vorgegeben. Was ich in meinem Leben nicht erfüllen kann, wird durch meine Kinder vollbracht. Weil man bei uns sagt, man lebe in seinen Kindern weiter, ist es ein nutzloses Leben, wenn man ohne Kinder stirbt. Man möchte doch weiterleben.

Soll nun der Mensch für die Wirtschaft leben oder ist die Wirtschaft für den Menschen da? Ist der Mensch ein Wirtschaftstier und sonst nichts? Und kann das menschliche Leben allein unter wirtschaftlichen Gesichtspunkten gewürdigt werden? Wenn schon wirtschaftlich gedacht wird: wessen Leben wird denn gewürdigt, wenn Menschen, die in den Genuß dieses wirtschaftlichen Denkens kommen könnten, von vornherein verhindert werden?

Die Volkswirtschaft mutet uns - auch mir, einem in Deutschland promovierten Chemiker, der als Unternehmer tätig ist - einiges zu: Daß Rinder und Schweine sich vermehren, wird als Reichtum betrachtet, aber Kinder gelten als Last. Um Indien als achtbares Land vorzustellen, müßte ich sagen, dort würden stündlich tausend Computer hergestellt.

Betrachtet man die Dinge mit solchen Augen, dann tragen nicht nur Geburten zum Bevölkerungswachstum bei, sondern es leben auch viele Menschen zu lange. Aber noch hat niemand uns vorgeschlagen, von diesem anderen Ende her das Wachstum zu kontrollieren und angeregt, daß für die Übersechzigjährigen ärztliche Betreuung nicht mehr in Frage kommt und die Übersiebzigjährigen die Straße nur noch bei roter Ampel überqueren dürfen.

In einer großen Familie aufzuwachsen, ist wirklich etwas Wunderbares, und ein Lernprozeß dazu. Wir sind der Meinung, daß für das Voranschreiten der Zivilisation oder der Kultur ein großer Familienkreis von Vorteil ist. Kein Hund kann einem anderen mitteilen, da komme der Schwager seiner Cousine väterlicherseits. Das kann nur ein Mensch sagen. Die indische Sprache verfügt über Verwandtschaftsbezeichnungen, die es im Deutschen gar nicht gibt. Der Vetter oder die Cousine väterlicherseits heißen anders als die mütterlicherseits. Die Vielfalt ist kompliziert. Das wird alles verschwinden. Wenn man die Einkindfamilie durchsetzt, werden sogar die Wörter Bruder und Schwester aus dem Wortschatz getilgt.

Politik gegen die Kultur

Kinder aus einer großen Familie, das ist nicht nur meine Überzeugung, werden in der Regel bessere Menschen als die Einzelkinder. Denn sie lernen leichter, mit anderen zu leben, erwerben schneller Eigenschaften wie Toleranz, Entgegenkommen, Selbstlosigkeit, Liebe, Verantwortung. Sollen wir das alles hergeben für einen Teller Erbsensuppe?

Keine Frage, daß - zusammengenommen - mit wachsender Bevölkerung auch die Gesamtzahl der wirtschaftlichen Probleme wächst. Aber auch die Zahl derer, auf die sie sich verteilen. Und die Zahl derer, die sie lösen sollen. Vincoba Bhave, der engste Vertraute Mahatma Gandhis, sagte, jedes Kind werde zwar mit einem Bäuchlein geboren, aber auch mit zwei Händchen. Das Geschrei danach, die Geburten zu kontrollieren, kommt nicht von denen, die betroffen sind. Uns drängt sich der starke Verdacht auf, hier handle es sich um Versuche der Wohlhabenden, ihre Interessen zu wahren, auch um den Preis des humanen Denkens, das sie gern im Munde führen.

Oder wie könnten wir Wohlhabenden aufrichtigen Herzens solche Fragen meiner armen, aber keineswegs dummen Landsleute beantworten wie diese: Ihr Wohlhabenden habt so viele Quellen des Genusses, unsere einzige Freude sind die Kinder. Warum müssen wir verzichten? Und wenn wir auf Kinder verzichten, werdet ihr uns auch gewiß so reich machen, wie ihr es seid? Und wenn wir ohne Kinder sind, werdet ihr uns dann lieben und schützen, wenn wir alt sind?

Wir sollten die Bitterkeit nicht unterschätzen, die solche Fragen annehmen können, wenn sie erst einmal den politisch Mächtigen gestellt werden. Zur Zeit von Indira Gandhi wurde ihr Sohn vielfach geschmäht, weil er die von der Weltbank unter Robert McNamara empfohlene Familienplanung mit harten Mitteln vorantrieb.[1] Das ist dann auch nicht mehr frei von Zynismus: Geburtenkontrolle mag gut sein, sehr gut sogar. Schade, daß *Ihre* Eltern das noch nicht wußten.

Die Armut Indiens ist ein neues Phänomen. Seit dem letzten Jahrhundert ist Indien arm. In seiner 5000jährigen Geschichte ist das eine kurze Zeit. Und sie wird vorübergehen. Bis zum 18. Jahrhundert kamen Ausländer zu uns, eine Welle nach der anderen: Parther, Griechen, Hunnen, Afghanen, Türken, Araber, Moghulen, Portugiesen, Engländer, Dänen und Franzosen. Sie kamen eigentlich weniger, um uns zu entwickeln, sie kamen, um von uns zu profitieren.

Indien galt bis zum 18. Jahrhundert als das reichste Land der Erde. Kolumbus wollte zu uns. Für eine Nation mit einer langen Geschichte sind zwei Jahrhunderte Armut keine Schande. Inzwischen nimmt die Armut in Indien schon ab - trotz Bevölkerungs"explosion". Oder gar wegen ihr? Inzwischen waren wir jedenfalls noch ärmer. Und da waren wir weniger als jetzt.

Wie versteht ein Hindu die Rede vom Bevölkerungsproblem? Ich möchte mit einer Gegenfrage antworten: Sollten wir das Beste und Edelste unserer Kultur über Bord werden, nur weil einige Neureiche es so wünschen?

[1] 1976 wurden über 6 Millionen Inder sterilisiert. Abertausende zwangsweise. Im gleichen Jahr besuchte Robert McNamara den indischen Familienminister für Familienplanung, "um ihm zu gratulieren zum politischen Willen und der Entschiedenheit der indischen Regierung, die Familienplanung populär zu machen". (zit. nach Karl Zinsmeister, *Supply-side Demography*, Population Research Institute Review, Juli-Aug. 1993, 9 [Anm. d. Hrsg.].

Aussprache (Gireesan)

Leitung: Winfried Kluth

Dr. Hans Müller: Einem Artikel im Bonner Generalanzeiger vom 6. / 7. August 1995 zufolge müßte man in Indien, allein um die Probleme zu lösen, die durch die derzeitige Bevölkerungsentwicklung entstehen, pro Jahr zusätzliche 300.000 Lehrer anstellen und 100.000 Schulen neu einrichten. Wie stehen Sie zu solchen Zahlen und wie ist ein solch gewaltiges Programm ökonomisch zu bewältigen?

Gireesan: Die Herausforderung, die in der Sache liegt, verkraftet man am schwersten, wenn man sie nur aus der Vogelperspektive, allein in der Gesamtansicht betrachtet. Dafür sind diese Zahlen ein Beweis. Ich unterstelle, daß sie seriös gerechnet sind. Man kann die Sache aber auch - und das ist, was Mahatma Gandhi forderte - aus der Perspektive der Familie angehen. Wenn ich mit meiner Frau ein Problem meiner Familie lösen kann, ist damit zugleich wesentlich zur Lösung eines Weltproblems beigetragen. Wie aber kann man von dieser Einsicht die ganze Welt überzeugen?

Leider gewöhnen wir uns immer mehr daran, nur noch in solch großen Maßstäben zu denken. Geht man immer nur von dieser Makroperspektive, von einer Gesamtweltsicht aus, die übrigens keineswegs besonders realistisch ist, verliert man aus den Augen, daß jedes Problem ganz klein anfängt. Dann aber darf oder muß vielleicht sogar auch seine Lösung ganz klein anfangen. Gandhi hielt viel von Mikrogedanken, von der Mikroperspektive. Die Familie soll soviel tun, wie sie leisten kann. Und wenn es der einzelnen Familie gelingt, für sich das Problem zu lösen, ist ein Weltproblem bereits gelöst.

Einstweilen haben wir dieses Modell von gestern verbrannt. Es war nicht schlecht, aber die Frage ist, was damit machbar wäre. Beispielsweise hat Mahatma Gandhi gelehrt, jeder Vater müsse seine Kinder erziehen. Das sei wohl etwas primitiv, könnte man denken. Aber lassen wir es erst einmal versuchen und sehen, ob es wirklich so primitiv ist. Jedenfalls muß man, denke ich, das Problem auf der kleinen Ebene zu packen versuchen. Mehr als die Leistung der zentralen Verwaltung in Delhi wird es auf jeden Fall bewirken. Soviel ist klar. Wenn jeder zuerst auf die öffentliche Verwaltung wartet, ist das Spiel schon verloren.

Wenden wir das auch auf andere Probleme an, auf die sogenannten Zukunftsprobleme, von denen so viel geredet wird, auf das Bevölkerungswachstum zum Beispiel. Die Menschheit, meinen wir, sei politisch auf all diese Zahlen angewiesen. Damit hat sich die Menschheit in die Abhängigkeit von Zahlen begeben, die vor allem Ausdruck öffentlicher Verwaltungsperspektive sind. In Querala gibt es Hindus, Muslime und Christen. Man hat sie gezählt. Sie standen einmal im Verhältnis 60:20:20. Nach neueren Zählungen hat sich jetzt das Verhältnis verschoben zu 40:40:20. Und diese Zahlen sind nun ein politisches Problem. Immer, wenn man vom großen Maßstab her denkt, landet man am Ende bei einem Problem. Man sollte wirklich versuchen, zuerst stets von der kleinen Ebene her zu denken.

Marie-Luise Schwarz-Schilling: Ich habe schon die Herren Thomas und Dumont auf den Zusammenhang zwischen der Bildung der Frau und ihrer Kinderzahl angesprochen[1] und dabei gesagt, daß - wie früher bei uns - wohl in vielen Ländern in dieser Frage die Frauen unter dem Druck der Männer stehen, kein eigentliches Mitspracherecht haben, ja schlechthin mindergeschätzt werden. Eine stark patriarchalische, oder sagen wir besser: predominant male (vorrangig männliche) Atmosphäre muß wohl auch in Indien herrschen. Vor einigen Tagen habe ich gelesen,

[1] s. S. 107 f.

daß in Indien, seit es die Früherkennung des Geschlechts im Mutterleib gibt, bis zu dreißig Prozent mehr Jungen als Mädchen geboren werden. Ich kann mir aufgrund meines Erfahrungshorizontes hier bei uns nicht vorstellen, daß es der natürliche Wunsch indischer Frauen ist, so viele Jungen zu bekommen. Ist das also das Ergebnis eines künstlich angeheizten Stolzes oder wie erklären Sie sich das?

Gireesan: Geschlechtsdiskriminierung der Mädchen ist in Indien ein neues Phänomen und für mich ein deprimierender Ausdruck typischen Wirtschaftsdenkens. Es gibt Kasten und ganze Gesellschaften, in denen Mädchen als Last empfunden werden, weil sie eine ansehnliche Mitgift brauchen. Wo das Mitgiftproblem groß ist, möchte man lieber keine Mädchen. Aus rein wirtschaftlichem Kalkül, das aber so in Indien neu ist, wurden, seit es die Möglichkeit gibt, schon vor der Geburt festzustellen, ob es ein Mädchen ist, auch Mädchen abgetrieben. In vielen Bundesländern ist jetzt die pränatale Geschlechtsbestimmung verboten. Aber auch wenn es juristisch verboten ist, gibt es genügend Leute, die so etwas machen.

Dieses typisch materialistische Denken, das den Menschen als Menschen nicht mehr ernst nimmt, geht, so habe ich manchmal gedacht, an unserer Kultur vorbei. Und es macht die jungen Frauen kaputt. In Indien betrachten viele Gott als Frau, als Mutter. Gott erscheint auch in weiblicher Gestalt. Die Rolle der Frau in der Familie, als Verwandte ist angesehen. Auch die Mutter eines bekannten Schauspielers war überall bekannt. Und Indira Gandhi, deren politische Meinung ich nie geteilt habe, verdient meine ungeteilte Achtung, weil sie eine erstklassige Verwandte war. Fast die Hälfte der Professoren in Indien sind Frauen. Den Vorsitz des indischen Chemikerverbandes hat eine Frau inne. In diesem Sinne gibt es keine Diskriminierung.

Die ökonomische Denkweise hat jetzt dazu geführt, Bildung und Ausbildung ganz im westlichen Sinne als "Chancen" zu begreifen. Also ist nur die Frau gefragt, die lesen und schreiben kann. Die Tradition schätzte sie als Trägerin der Moral. Gleichwohl waren viele Kulturträgerinnen bei uns Frauen. Musik,

Tanz, Literatur wurden meist von Frauen gelehrt. Das größte Mathematikbuch im ersten Jahrhundert nach Christus wurde von einer Frau verfaßt. Darauf kam es aber nicht an. Jetzt ist eine Frau diskriminiert, wenn sie nicht lesen und schreiben kann, und es zeichnet sich schon ab, daß eine Frau, die den Computer nicht bedienen kann, als Analphabetin gilt.

Diese Einzelheiten sind mir nicht so wichtig. Ich bin nicht so naiv zu glauben, die lebendige Wirklichkeit sei bei allen Hindus ideal gewesen. Was mich bedrückt, ist ein sinkendes Kulturbewußtsein von der grundsätzlichen Würde der Frau. "Wo die Frauen nicht verehrt werden", hat Mahatma Gandhi gesagt, "verlassen die Götter das Haus."

Hans Thomas: Das Problem der Abtreibung von Mädchen in Indien läßt sich nicht als Randphänomen abtun. In einer international bekannten Zeitschrift publizierte 1986 ein indischer Gynäkologe eine Untersuchung über 8.000 Abtreibungsfälle, die wohl auch in Indien Aufsehen erregt und legislative Folgen gehabt hat. Die 8.000 Abtreibungen entfielen zu 7.997 auf Mädchen und zu 3 auf Jungen.[2] Daß das Ergebnis nicht repräsentativ für den Landesdurchschnitt ist, läßt sich vermuten. Kliniken, an denen pränatale Untersuchungen möglich sind, gibt es wohl eher in Großstädten. Schlimmer scheint die Situation in China zu sein, wo diese Unsitte durch die rigorose Einkindfamilien-Politik provoziert wird, die behördlich nicht genehmigte Schwangerschaften unter Strafe stellt. Immer wieder wird hier auch von der Tötung neugeborener Mädchen berichtet, weil die Eltern auf einen Jungen aus waren und es noch einmal versuchen wollten. Diese chinesische Familienpolitik währt mittlerweile schon solange, daß am Heiratsmarkt in Peking 130 junge Männer um 100 junge Frauen werben, wie eine amerikanische Zeitung berichtet.[3] Bei den Heiratsvermittlern sprechen 70 Prozent Männer vor. Von den Gästen der zwanzigminütigen Begegnungsshow

[2] Radakrishna FAO: *Move to stop sex-test abortion,* in: Nature 324 v. 20.11.1986, 202

[3] Philip SHENON, *Wanted: A wife,* Chicago Tribune v. 11.9.1994

heiratsfähiger Frauen und Männer "Wir treffen uns heut abend", zu der Freitagsabend der Showmaster Yang Guang ins chinesische Fernsehen einlädt, erhalten die Männer, so Guang, normalerweise 30, die Frauen 50-60 Zuschauerbriefe mit der Bitte um ein Rendezvous. Die Spitzenkandidatin erhielt 500 Briefe. Offenbar wertet der neue Seltenheitsbonus jetzt die chinesischen Frauen auf.

Jesus P. Estanislao

Bevölkerungsentwicklung aus philippinischer Sicht

Die Debatte zum Thema Bevölkerung und Entwicklung ist seit nunmehr einem Vierteljahrhundert im Gange. Und stets war die Debatte fixiert auf Entwicklungsprobleme durch Überbevölkerung. Inzwischen ist in Europa die Problemlage offenbar umgekehrt die einer beginnenden Unterbevölkerung. Als Mitglied der Kommission für ein Neues Asiendarf ich sagen, daß wir aus dortiger Sicht die Bevölkerung nicht als Problem ansehen. Wären wir Ende der 60er Jahre den Weisungen der Weltbank und Robert McNamaras gefolgt, so stellte die Commission for a New Asia fest, hätte sich Südostasien nicht zum derzeit schnellst wachsenden Wirtschaftsraum der Welt entwickelt.[1]

Im Vorfeld der Kairo-Konferenz 1994 wurde die Debatte noch einmal intensiv wiederbelebt, und wir hatten uns auf den Philippinen mit vielen Fragen auseinanderzusetzen, die westliche Regierungen und besonders die westliche Presse aufgeworfen hatten. Einer alten Sitte folgend hat sich bei uns das Volk selbst zu verschiedenen Themen der Kairo-Konferenz geäußert. Die Kairo-Themen haben tatsächlich die größte Menschenmenge auf die Straße gebracht, die sich in unserer Ge-

[1] Commission for a New Asia, *Towards a New Asia in 1994,* Kuala Lumpur, 1994. (Sekretariat der Kommission beim Institute for Strategic and International Studies in Kuala Lumpur/Malaysia). Der Bericht führt 16 Mitglieder der Kommission auf - aus Australien, Bangladesh, VR China (2), GUS, Hongkong, Indien, Indonesien, Japan (3), Malaysia, Philippinen, Singapore, Thailand, Vietnam [Anm. d. Hrsg.].

schichte je versammelt hatte. Ergebnis war eine recht eindeutige Willensbekundung, daß wir mit einer Reihe westlicher Auffassungen, die in Kairo vorgestellt wurden, nicht einverstanden sind.

Grundkonsens: Leben, Familie, Ehe

Während der Debatte auf den Philippinen gab es über drei Punkte zu keiner Zeit Streit. Konsens herrscht erstens in der Frage eines umfassenden Lebensschutzes. Die Philippinen nehmen einen eindeutig lebensschützenden Standpunkt ein. Die Verfassung verbietet den Schwangerschaftsabbruch. Leben wird laut Erklärung unseres Präsidenten als *Geschenk Gottes* angesehen, das menschliche Leben gilt als *heilig*, und "Abtreibung als Mittel der Familienplanung" wird zurückgewiesen.[2]

Ferner bekennen die Philippinen sich uneingeschränkt zur Familie. Jede Entwicklung geht von der Familie aus. Sie ist die "Grundlage all unserer Entwicklungsbemühungen". Und alle Entwicklung vollendet sich in der Familie. Sie ist "der Hauptgrund (...) für Initiativen auf dem Feld menschlicher Entwicklung".[3]

Drittens gilt in den Philippinen unangefochten als Ehe die natürliche Verbindung eines Mannes mit einer Frau. Die Ehe ist eine "unantastbare soziale Institution in der Gesellschaft", die der Staat "als Grundlage der Familie" zu schützen hat.[4]

Mindestens über diese drei Punkte gibt es in der philippinischen Gesellschaft Einvernehmen. Daher gab es keinen Anlaß für quälende Debatten über die Freigabe des Schwangerschaftsabbruchs oder darüber, ob auch von der herkömmlichen Familie abweichende Vereinigungen von Personen als Keimzelle der Gesellschaft anerkannt, also "vielfältige Familienformen" gefördert werden sollten.

[2] Erklärung des Präsidenten Fidel V. Ramos im August 1994.

[3] Ebd.

[4] Ebd.

Es gab aber vier Fragen, über die sehr grundsätzlich diskutiert wurde, vier Fragen, die meines Erachtens vor allem seitens westlicher Regierungen und der westlichen Presse an uns herangetragen worden sind. Die wirklichen Auffassungsunterschiede, die es zu versöhnen galt und gilt, möchte ich im folgenden herausarbeiten:

Die erste vieldiskutierte Frage, die uns trennte, war die Sorge um eine drohende Erschöpfung von Ressourcen. Als Problem war das Ressourcenthema in den 60er Jahren aktuell, wurde aber bei uns wie im Westen wieder hochgespielt, und es herrschte Streit zwischen denjenigen, die aufrichtig besorgt sind über eine überhöhte Nachfrage zu vieler Menschen nach knappen Ressourcen, und denjenigen, die größeres Zutrauen zur Kreativität der menschlichen Intelligenz oder einfach Vertrauen in die göttliche Vorsehung haben.

Unsere Erfahrung der letzten 25 Jahre in ganz Südostasien hat uns aber gelehrt, daß die Menschen nicht nur nach Ressourcen nachfragen, sondern zugleich auch die Hauptangebotsquelle von Ressourcen sind, die für die Entwicklung benötigt werden. Zweifellos gewann im Verlauf der Debatte dieser letztere Gesichtspunkt immer mehr an Gewicht. Diese entwickelte sich sogar zunehmend zu einer Debatte über die Rolle der Menschen im Entwicklungsprozeß: Sind sie nur Zahlen, mit denen der Ressourcenverbrauch steigt, oder sind die Menschen auch mit der Fähigkeit ausgestattet, Ressourcen beizusteuern, die für die Entwicklung benötigt werden? Die Antwort hängt eng zusammen mit der Einstellung gegenüber mehr Menschen. Die einen treibt eine geradezu apokalyptische Angst um, die an Phobie grenzt.[5] "Sie sehen", um Julian Simon zu zitieren, "das Leben vor allem als Last statt als Triumph".[6] Die anderen feiern das Leben mit hinreichendem Selbstvertrauen, so daß sie in jedem Menschen vor allem einen potentiellen Aktivposten sehen.

[5] *Apocalypse Soon*, in: The Economist, 23.- 29. Juli 1994.

[6] Pressemitteilung, Global Family News Network, 13. Juni 1994.

Der zweite Streitpunkt ergab sich aus der jüngsten - ebenfalls westlichen - Empfehlung, das Bevölkerungswachstum herunterzuschrauben, um die Entwicklung nachhaltig zu sichern ("sustainable development"). Gemeint ist, kurz gesagt, folgendes: Mehr Menschen bedeutet mehr Bedarf an natürlichen Ressourcen. Da diese aber begrenzt sind, taucht die bedrückende Frage auf, ob Entwicklung, die ja auf dem Verbrauch solcher Ressourcen beruht, überhaupt dauerhaft tragbar ist. Der geläufige Hinweis auf die Umwelt und die Bewahrung der empfindlichen ökologischen Gleichgewichte führt zu einer allzu einfachen und unmittelbaren Wechselbeziehung zwischen Bevölkerung (deren Wachstum gebremst werden muß) und Entwicklung (die dauerhaft gemacht werden muß). Entwicklung ist in der Tat ein sehr komplexer Prozeß. Die Asian Development Bank hat soeben eine umfangreiche Studie über die Entwicklung in Ostasien während der letzten 25 Jahre veröffentlicht.[7] Nur in einer Zeile ist von Familienplanung die Rede.

Die Schlüsselbedingung für Wachstum und Entwicklung, gerade für nachhaltige Entwicklung, ist laut Asian Development Bank eine Wirtschaftspolitik, wie sie im Westen entwickelt wurde, im Westen geläufig ist, und die von uns übernommen wurde. Die Entwicklungserfolge der letzten 30 Jahre in Ostasien sind ein Lehrstück dafür, daß das Wichtigste die richtigen wirtschaftspolitischen Strategien sind: daß sich die Industrie mehr nach außen orientiert, damit wettbewerbsfähiger wird und der Export beginnt. Damit stiegen die Inlandsinvestitionen.

Die Anreize zu investieren, ermunterten das private Unternehmertum. Sozialausgaben, vor allem für Schulen, Gesundheit und andere produktivitätssteigernde Maßnahmen, stiegen. Ferner müssen die Regierungen eine gesunde Steuer-, Finanz- und Geldpolitik betreiben. Derzeit ist die öffentliche Verschuldung

[7] Asian Development Bank: *Escaping the Poverty Trap, Lessons from Asia,* Manila 1994. (Die ADB ist eine von verschiedenen Regierungen gegründete Regionalbank mit ähnlichen Funktionen wie die Weltbank für alle Länder. Es gibt andere Regionalbanken für Lateinamerika, Afrika usw. Sitz der ADB ist Manila).

im Verhältnis zum Bruttosozialprodukt in Ostasien durchweg günstiger als in Deutschland. Auch das zieht Investitionen an.

Die Auflistung der Tagungsordnungspunkte des ganzen Programms zur Beschleunigung des wirtschaftlichen Wachstums ist lang, enthält aber - so die ostasiatische Erfahrung - nicht die Familienplanung. Schnelleres wirtschaftliches Wachstum ist wiederum der Nährboden für umweltfreundliche Technologien und nachhaltige Entwicklung. Soweit die Erkenntnis der Asian Development Bank.

"Freedom of choice" und individualistischer Lebensstil

Das dritte Thema war die sogenannte "freedom of choice".[8] Die Auseinandersetzungen förderten tiefe emotionale Zerwürfnisse in meinem Land zutage. Einem gelassenen Diskurs stand zudem im Wege, daß beide Seiten die gleichen Wörter benutzten. Beide sprachen von "Achtung vor der Gewissensfreiheit und vor dem menschlichen Leben".[9] Nur verstanden die einen das so, daß, abgesehen vom Verbot des Schwangerschaftsabbruchs, in Sachen Familienplanung allen eine "cafetería of choices", eine weitestgehende Wahlfreiheit eingeräumt werden sollte, zwischen Pillen mit abtreibender Wirkung, Kondomen, Intrauterinpessaren, Sterilisation und sonstigen Verhütungspillen, -geräten und -praktiken. Der Ausdruck "cafetería of choices" kommt wiederum aus dem Westen. Dies alles soll für jedermann zur Auswahl bereitgehalten werden. Für die andere Seite läuteten bei diesem Thema die Alarmglocken der Moral. Auch sie betonen den Wert der Freiheit, weisen aber zugleich auf die Grenzen dieser Freiheit hin: wählen ja, aber nur innerhalb der Grenzen der Moral und der Natur. So dreht sich hier die Dis-

[8] Freedom of choice (Freiheit der Wahl) Gemeint ist eine in den USA geläufige Formel für das Selbstbestimmungsrecht der Frau über ihre Fruchtbarkeit, die in den Auseinandersetzungen um die Abtreibung zur Spaltung der Vereinigten Staaten in pro-choice- und pro-life-Amerikaner geführt hat [Anm. d. Hrsg.].

[9] S. Anm. 2

kussion um Ethik und Moral, um die Grenzen der Freizügigkeit, die allen Menschen, unabhängig von ihren religiösen Bekenntnissen, gesetzt sind.

Gerade vor meinem Abflug nach Deutschland traf ich bei einem Mittagessen mit Kardinal Sanchez zusammen, dem Kardinalpräfekten der Römischen Kongregation für den Klerus. Er erinnerte mich daran, daß wir beide vor fünf Jahren am gleichen Tisch gesessen haben, ich als Vertreter der Regierung, er als Vertreter der Kirche. Gesprächsgegenstand war "freedom of choice". Damals wollte die Regierungsseite erfahren, was dagegen einzuwenden sei, warum wir also unseren Leuten nicht jene ganze "cafetería of choices" bieten und sie selbst aussuchen lassen sollten.

Damals sagte der Kardinal sinngemäß: Wenn Sie den Weg freimachen zu einer unvermeidlichen Verhütungsmentalität, haben Sie in wenigen Jahren ein handfestes Scheidungsproblem, dann ein Abtreibungsproblem und schließlich womöglich ein Euthanasieproblem. Genau das ist in der Tat landauf, landab in Asien passiert. Wir konnten feststellen, daß in den Ländern, in denen sich eine solche "Verhütungsmentalität" ausbreitete, über kurz oder lang die Scheidungsrate emporschnellte, die Zahl der Abtreibungen dramatisch anstieg, und - das ergaben unsere Beobachtungen in Singapore, einem Land, über das viel Rühmliches zu lesen ist - die Selbstmorde unerhört zunahmen. Und wo das der Fall ist, steht auch bald die Forderung nach Euthanasie auf der Tagesordnung.

Wenn es sich so verhält, sollten wir, ehe groß über "freedom of choice" gesprochen wird, die Frage stellen: Was ist das denn für eine Freiheit, diese "freedom of choice"? Es heißt, sie fördere die Entwicklung. Man sagt, sie mache glücklicher und hebe den Wohlstand. Es gibt eine neue Erhebung in Asien[10], die Direktbefragungen ausweitet. In den verschiedenen Ländern wurden die Leute gefragt: Sind Sie glücklich? / Sind Sie un-

[10] Newell GRENFELL, Survey Research Group (SRG), *Memo Nr. 72*, Juni 1993, berichtet in Asia Week, Far Eastern Economic Review (Hongkong) sowie Tagespresse in Manila im Juni 1993.

glücklich? Es ist eine Untersuchung mit recht überraschenden Ergebnissen: Danach sind die unglücklichsten Menschen in Asien die Japaner. Das zweitunglücklichste Land ist Taiwan. Unter den glücklicheren Nationen belegt Indonesien den dritten Platz. Platz eins nehmen die Philippinen ein. Die Philippinos sind zwar nicht die reichsten, seien aber - nach dieser Erhebung - die glücklichsten Menschen in Asien.

Wie kommt das? Zunächst einmal bestätigt es Lord Bauer, wenn er sagt, daß es ein Irrtum ist zu meinen, das Bruttosozialprodukt pro Kopf oder das Pro-Kopf-Einkommen eines Landes sei ein Index für den menschlichen Wohlstand. Nimmt man das ganze Leben zum Maßstab, dann spielen plötzlich das Gesundheitsniveau in der Bevölkerung, der Bildungsstand ebenso eine Rolle wie das Maß an Einheit in den Familien und der Solidarität in der Gesellschaft, das heißt die Zuverlässigkeit der vielfältigen sozialen Auffangnetze, mit denen unterschiedlichste gesellschaftliche Institutionen in Schwierigkeit geratene Einzelne auffangen.

Wer in Japan in Schwierigkeiten gerät, ist mit sich allein. Wer in Indonesien in Schwierigkeiten gerät, dem springt die Gemeinschaft als Ganze bei. Und wer auf den Philippinen in Schwierigkeiten gerät, um den kümmert sich die ganze Familie.

Ob von "freedom of choice", von Glück oder Wohlstand die Rede ist, das Grundproblem bleibt das gleiche. Hat man nur Zahlen vor Augen, wird man das Angebot von Wahlfreiheit als positiv und die Einschränkung von Optionen, die zum Unglücklichsein beitragen, als negativ empfinden. Stellt man aber auch die Frage, was eigentlich positiv den einzelnen und die Familie glücklich macht, muß man den Blick weiten und ihn auch auf das Wozu des Lebens und das Wozu der Entwicklung lenken.

Der vierte und letzte Dissens, der unsere Gesellschaft spaltete, betrifft den "lifestyle", die Lebensstile oder -entwürfe. Die Betonung einer grenzenlosen sogenannten Gewissensfreiheit führt zu einem extremen Individualismus. Wie die Presse in Manila breit berichtete, hat die Generalsekretärin der Internationalen Konferenz über Bevölkerung und Entwicklung die Absichten sehr deutlich gemacht: "Der Individualismus ist die

Grundlage unserer Aktionen. Wir wollen für Männer und Frauen individuelle Rechte".[11] Im gleichen Sinne spricht das Abschlußdokument der Konferenz von Kairo von der "individuellen Auswahl" in bezug auf die Fortpflanzung.[12] Wenn wir das auf den Philippinen lesen, wenn es in Singapore oder manch anderen Ländern der Region gelesen wird, gibt es Widerspruch. Damit können wir uns nicht identifizieren. Die asiatischen Werte räumen dem Individualismus nicht den Vorrang ein. Wir neigen zu einem Vorrang des Gemeinwohls.

Ungezügelter Individualismus verliert unseres Erachtens den Blick für das Gemeinwohl. Er untergräbt den Zusammenhalt der Familie, das Wohl der Gesellschaft und am Ende die Personenwürde. Daher der neuerliche Nachdruck auf östliche Werte - auf Pflichten und Verantwortung gegenüber Familie und Gesellschaft. Verantwortung gegenüber der Gesellschaft ist gerade keine Angelegenheit individueller Wahl und Freiheit, auch kein persönliches Vorrecht. Die Basis einer echten moralischen Erneuerung, die unser Land dringend braucht, ist deshalb ein Lebensstil, der Selbstbeherrschung kennt, einem Tugend- oder Werte-Ideal folgt, der für das höhere Gut der Gemeinschaft auch selbstauferlegte Opfer bringt. Das Ideal eines solch selbstloseren Lebensstils steht mit den überlieferten Werten in unserem Volk mehr im Einklang.

Um Versöhnung der Gegensätze bemüht

Mit der Kontroverse um diese vier Streitpunkte wurden wir konfrontiert, als es darum ging, eine Stellungnahme zu Kairo abzuklären. Die genannten Differenzen sollten nicht unter den Teppich gekehrt, vielmehr ein aufrichtiger Versuch gemacht werden, die Gründe für die jeweils andere Meinung zu verstehen, um dann zu einer für beide Seiten vertretbaren Position in den vier Streitpunkten zu kommen. Die Ergebnisse will ich hier

[11] S. Anm. 6.
[12] Aktionsprogramm der ICPD Kairo 1994: 7,13.

kurz skizzieren, angefangen mit der Frage, wie wir die Menschen in unserem Land und ihre Rolle für das Land einschätzen:

a) Menschen sind der wichtigste Aktivposten der Nation. Jedes betriebs- oder volkswirtschaftliche Lehrbuch erklärt, daß im Rahmen der Unternehmensentwicklung die Aktiva vermehrt und nicht vermindert werden müssen. Die Aufgabe besteht darin, die Menschen zu ernähren, zu bilden, und sie mit Chancen auszustatten. Die Investitionen in Menschen erweisen sich überall und in jedem Wirtschaftssystem als die erfolgversprechendsten Investitionen überhaupt. Sie werden zum entscheidenden Werkzeug der Entwicklung. Um der zunehmenden Bevölkerung Lebenschancen zu bieten, müssen wir all unsere kreativen Kräfte bündeln. Denn es gilt, die Herausforderung des Bevölkerungswachstums anzunehmen und in Chancen für die nationale Entwicklung zu verwandeln. Eine umfassende Entwicklungspolitik muß konzipiert werden, um sicherzustellen, daß sich die Produktivität vervielfacht, Wissenschaft und Technologie gefördert, Handwerks- und Berufsausbildung angemessen sichergestellt werden. (Hiermit wird das in Bevölkerungsprogrammen oft gepflegte Vorurteil überwunden, Empfängnisverhütung sei der Königsweg. Denn darin kommen Menschen nur als Zahlen vor).

b) Das Wirtschaftswachstum muß mit hinreichender Sensibilität für Umweltqualität und mit betonter Voraussicht auf langfristiges Wachstum vorangetrieben werden. Hauptelemente einer vorausschauenden Reformpolitik sind laut der Asian-Development-Bank-Studie über die Entwicklungsgeschichte Ostasiens: Orientierung nach außen und Wettbewerbsfähigkeit der Industrie, gesunde Steuer- und Währungspolitik, Investitionsförderung, Anreize für privates Unternehmertum, große Investitionen in sachliche und soziale Infrastruktur, insbesondere in Bildung und Ausbildung, schließlich Personalentwicklung und Qualifizierung des Managements.

c) Wir glauben, daß Rechte und Pflichten zusammengehören, und daß die Freiheit sicher ist, solange die ihr entsprechende Verantwortung wahrgenommen wird. Wir wollen das erreichbare Maß an Wahlfreiheit für unser Volk ausweiten, dabei aber beachten, daß die Ausübung des Rechts auf freie Auswahl die Pflicht der Bürger begründet, ethisch-moralische Normen zu berücksichtigen, die die Vernunft, die Natur, die Werte und Traditionen unseres Volkes auferlegen. Das letztere ist sehr wichtig. Wir dürfen die heimische Kultur und Tradition der Menschen nicht vergessen. Man kann angesichts der Entwicklung diese Dinge nicht einfach beiseite lassen und jede Mode imitieren, die aus westlichen Ländern oder von westlichen Regierungen importiert wird. (Entwicklung bedeutet also Ausweitung der Wahlfreiheit unter Wahrung moralischer Normen und überlieferter Sitten, die den richtigen Genuß der Freiheit gewährleisten).

d) Wir schätzen die Würde jeder Person, die Einheit der natürlichen Familie und die Solidarität angesichts der Forderungen des Gemeinwohls in der Gesellschaft. Deshalb ermutigen wir zu einem Lebensstil, der den Genuß individueller Rechte ins Verhältnis setzt mit der Erfüllung individueller Pflichten gegenüber der Familie, den kleineren Gemeinwesen und der Gesellschaft als Ganzer. (Individuelles Wohlbefinden und Solidarität, individuelle Rechte und Gemeinschaftspflichten müssen zum Ausgleich gebracht werden).

Schaut man näher hin, läßt sich meines Erachtens nicht leugnen, daß es in diesen philippinischen Streitfragen um eine Auseinandersetzung um Werte ging und geht, und zwar im Grunde um alte westliche Werte, die, wie mir scheint, für den historischen Aufschwung des Westens entscheidend waren. Die Pointe dabei ist, daß wir sie heute unseren Regierungen als östliche Werte empfehlen, um zu erreichen, daß auch wir uns erfolgreich im Entwicklungsprozeß bewähren können.

Es wäre gut, wenn die Philippinen im Streit um Bevölkerung und Entwicklung bald zu einem Einvernehmen kämen, damit das Hauptaugenmerk und die verfügbaren Energien ganz auf die wichtigeren Themen der wirtschaftlichen Entwicklung und des sozialen Fortschritts des Landes gelenkt werden. Diesen Vorrang hat in den letzten 30 Jahren der Aufschwung Ostasiens gelehrt.

Aussprache (Estanislao)

Leitung: Winfried Kluth

Prof. Dr. Erich Weede: Ihre Zuflucht zu den asiatischen Werten, Herr Estanislao, macht mich etwas unschlüssig. Sie fiel für meinen Geschmack ein wenig zu kollektivistisch aus. Ich will nun nicht als Apostel der westlichen Werte erscheinen, wie sie gegenwärtig weithin praktiziert werden. In meinen Augen haben die sogenannten westlichen Werte zwei Seiten. Hinter der einen stehe ich, die andere möchte ich nicht stützen. Zum Wertvollen des westlichen Erbes gehört die individuelle Freiheit. Für sie möchte ich eintreten. Leider ist uns unter dem Einfluß des Wohlfahrtsstaates die Eigenverantwortung abhanden gekommen. Das ist auf die Passivseite der gegenwärtigen westlichen Wertebilanz zu buchen.

Nun stellen Sie aber mit Berufung auf die asiatischen Werte die Verbreitung von Information über Geburtenregelung - Maßnahmen also ohne jeden Zwang - als unerwünscht dar. Ich würde diese Information für wünschenswert halten, weil sie die individuelle Wahlfreiheit erhöht. Mir scheint, daß die Asiaten jetzt ganz allgemein zu einem übergroßen Vertrauen auf die asiatischen Werte neigen. Vermutlich wegen der spektakulären wirtschaftlichen Wachstumsraten vieler asiatischer Länder. Leider, nebenbei bemerkt, mit Ausnahme der Philippinen. Vielleicht sind die Philippinen nicht asiatisch genug, weil sie unter ihrem Katholizismus leiden und nicht wie die anderen Länder der Region vom Konfuzianismus geprägt sind.

Gibt es einen Zusammenhang zwischen den asiatischen Werten und dem Erfolg? Da gibt es ein Interpretationsproblem. Schauen wir fünfzig oder hundert Jahre zurück. Damals präsentierte sich Asien gar nicht so schrecklich erfolgreich. In dem, was wir jetzt in Ostasien beobachten, sehe ich die Nachkommenschaft einer fruchtbaren Ehe zwischen westlichen Werten - Individualismus - und asiatischen Werten. Das kann eine Gratwanderung werden. Was das Wirtschaftswachstum betrifft, könnte jede Abweichung vom Pfad, ob in die eine oder die andere Richtung, einen Absturz bedeuten. Meine Sorge ist, daß Ihre persönlichen Vorlieben von diesem Pfad ein wenig abweichen, und zwar zur repressiven Seite. Nach meiner Ansicht kann auch eine große Familie die individuelle Freiheit sehr einschränken, zu sehr, mit unerwünschten wirtschaftlichen Folgen.

Außerdem möchte ich behaupten, daß individuelle Freiheit nicht nur ein Wert im instrumentellen Sinn ist, sondern auch ein Wert in sich. Meines Erachtens ist sie beides, sowohl ein wertvolles Mittel - Freiheit ist effizient - als auch ein Wert in sich selbst. Träger der individuellen Freiheit ist aber der einzelne als Person, nicht die Familie. Darauf wollte ich hinaus.

Estanislao: Damit aber die einzelnen als Personen leben können, würde ich spontan ergänzen, bedarf es der Familie. Die Familie ist auch der wirksamste Schutz der individuellen Freiheit im modernen Staat. Gehört das Gegeneinander von individueller Freiheit und Familie, das bei Ihnen anklingt, wirklich zu jener guten Seite der westlichen Wertewelt, für die Sie eintreten?

Ich bin Ihnen für Ihren Einwand aber sehr dankbar, weil über das, was Sie sagen, in Asien viel diskutiert wird. Oder genauer: Der eine hält dem anderen Predigten darüber. Lee Kwan Yew[1] kommt nach Manila und predigt uns, wie wichtig die von Ihnen genannten Dinge sind, und plädiert für eine starke, nahezu kollektivistische Kontrolle der individuellen Lebensführung. Insofern sind vielleicht die Philippinos doch nicht die eigentlichen Adressaten für Ermahnungen zu mehr Wertschätzung der individuellen Rechte und der Demokratie.

[1] Ehem. Premierminister von Singapore, angesehener Staatsmann der südostasiatischen Region, bekannt für seinen autoritären Wirtschaftsliberalismus [Anm. d. Hrsg.].

Nun kommt aber das, was Sie zur Notwendigkeit einer Balance sagen. Auch eine Überbetonung der individuellen Freiheit stört das Gleichgewicht. Dann etwa, wenn sie ganz unabhängig davon, wie sie gebraucht wird, schon als Wert gilt. Wenn die Freiheit zum Absolutismus zu werden droht, und die Verantwortlichkeit gegenüber der Gemeinschaft verschwiegen wird, beginnen wir, nervös zu werden. Jawohl, individuelle Freiheit, individuelle Rechte sind wichtig und gehören zur Würde jeder einzelnen Person. Wird das aber überbetont bis zur Vernachlässigung des Gemeinwohls der Familie, des Gemeinwohls der Gemeinschaften, des Gemeinwohls der Gesellschaft, dann steuern wir in Asien gegen. Dann betonen wir die letzteren etwas mehr als Sie es tun. Hier scheiden sich womöglich die Wege bei Ihnen und bei uns.

Was Ihre Bemerkung über unser allzu großes Vertrauen auf die asiatischen Werte anlangt, gebe ich Ihnen recht und schließe die Philippinen mit ein. Um zu unterscheiden, ob Werte gut oder schlecht, wünschenswert oder unerwünscht sind, lege ich natürlich nicht hauptsächlich die Meßlatte ökonomischer Effizienz an. Mit Ihrem Hinweis auf den "Wert in sich selbst" kommen Sie mir da entgegen.

Auf den Philippinen hatten wir eine handfeste Diktatur, die ich nicht zu den asiatischen Werten rechne. Insofern ist die Wertschätzung einer Demokratie, die die Verantwortlichkeit der Bürger zur Sprache bringt und diesbezüglich als Stachel wirkt, für Asien eine gute Sache. Gerade um diese Verantwortlichkeit der Bürger geht es bei der Diskussion über Bevölkerung, Freiheit der Geburtenregelung, Abtreibung usw. Sie halten die Verbreitung von Information über alle Arten der Geburtenkontrolle einschließlich Abtreibung als eine Mehrung individueller Wahlfreiheit für wünschenswert. Da halten wir dagegen, zumal was die Abtreibung betrifft. Das gebietet unsere Verfassung. Hier gilt, daß diese "Wahlfreiheit" nicht zu den Freiheiten gehört, die wir von Natur aus haben. Die Natur setzt der Freiheit eine Grenze. Die Freiheit ist nicht absolut. Sie findet ihr Maß in einer Zusammenschau mit anderen Dingen, mit dem Naturrecht, mit der Verantwortung gegenüber der Familie, gegenüber der Gesellschaft. So treten wir in Asien zwar für individuelle Freiheit ein, sagen aber auch, daß sie nicht alles ist. Sie liegt an der Kette auch weiterer Verantwortlichkeiten. Es mag sein, daß hier zwischen den westlichen Werten, wie sie sich heute darstellen, und den fernöstlichen Werten, wie wir sie verstehen, Unterschiede liegen.

Aber vielleicht können wir uns wenigstens einigen, was den Zusammenhang von Fruchtbarkeit, Bevölkerungs- und Wirtschaftsentwicklung betrifft. China hat bekanntlich über lange Zeit eine äußerst rigorose Geburtenkontrolle betrieben. Seit dreißig Jahren ist dort Abtreibung ein Mittel der Geburtenkontrolle. Das bedeutet dort, daß Eltern nicht einmal zwei Kinder haben dürfen. Sonst kommt der Aufseher und führt sie zur Bestrafung vor. Das ist dort heute alltäglich. Und jetzt schauen Sie sich das - mit dem Blick auf den wirtschaftlichen Wandel in China - etwas näher an: Geburtenkontrolle und Abtreibung seit dreißig Jahren, aber fast zwanzig Jahre lang hat sich in China nichts bewegt, bis die Wirtschaftsreformen kamen. Seitdem erlebt China einen unentwegten Aufschwung. Damit ist doch klar, daß der Aufstieg der chinesischen Wirtschaft mit dem ganzen Verhütungs-, Abtreibungs- und Fruchtbarkeitsregelungsaufwand nichts zu tun hat.

Noch ein asiatisches Beispiel. Vor 25 Jahren propagierte die Regierung in Singapore: zwei sind genug! Lee Kwan Yew zurrte es fest: nicht mehr als zwei! Heute hört man in Singapore andere Töne. Dort hat man gesehen, was in Europa passiert und auch in Singapore schon der Fall ist. Die neue Erleuchtung in Singapore lautet: besser mehr als zwei! Ein vollständiger Wandel. Warum? Weil sie die Folgen eben dieser Fruchtbarkeitssenkungswut und der westlichen individuellen Freiheit als Wert in sich vor Augen haben.

Ich finde es schön, daß wir uns wechselseitig ermahnen, die so notwendige Balance zu halten. Wir in Asien wenden das auch auf eine überhandnehmende Betonung der individuellen Rechte und Freiheiten an. Nottut eine gleiche Betonung der Verantwortung gegenüber der Familie und der Gesellschaft, gegenüber dem Gemeinwohl.

Lord Bauer: Was wir hier gehört haben, zeigt eigentlich klar, daß eine Debatte um die asiatischen und die westlichen Werte zu nichts führt. Sowohl Asien wie der Westen sind viel zu heterogen um von *den* asiatischen oder *den* westlichen Werten sprechen zu können. Nach meinem Eindruck sind die Werte in China, oder sagen wir doch gleich: ist die Politik der chinesischen Regierung eine ganz andere als die der anderen asiatischen Länder. Und in Europa ist in den letzten dreißig oder vierzig Jahren die Leitidee der persönlichen Verantwortung auf haarsträubende Weise ausgehöhlt worden. Der Grundsatz, daß man selbst für sich verantwortlich ist, wurde im Westen völlig unterminiert. Diese Erosion der persönlichen Verantwortung ist meines Erachtens die vielleicht bedeutsamste Einzelentwicklung während der vergangenen dreißig bis fünfzig Jahre im Westen.

Eine Art Balance zwischen der Verantwortung für sich selbst und der Verantwortung für das Gemeinwesen ist in allen differenzierten Gesellschaften nötig. Um so mehr gilt es, überall die Rolläden hochzuziehen, so viele Außenkontakte wie möglich zu fördern. Dann sollen die Menschen selbst entscheiden, die einzelnen so gut wie die Familien, ob sie sich westliche Vorstellungen zu eigen machen wollen oder nicht. Diese Entscheidung sollte jedenfalls nicht der Regierung überlassen sein, sondern den Familien und einzelnen Menschen in diesen Ländern. Ob sie dann ihre Gesellschaft umbauen oder nicht, ist ihre Sache. Jedenfalls möchte ich es den Mitgliedern der Gesellschaft selbst anheimgestellt sehen, wieviel sie vom Westen annehmen oder nicht annehmen wollen.

Gireesan: Die Aushöhlung der Werte der westlichen Gesellschaft ist nach meiner Meinung durch die Idee der Menschenrechte befördert worden. Oder genauer: durch die sogenannten Menschenrechte, wie sie in der Praxis weithin verstanden werden. Man denkt nur an seine Rechte. Ich muß recht haben! Es liegt schon ein perverser Gedanke in dem Satz: "Der Mensch ist frei geboren." Nein: Der Mensch ist in Fesseln geboren, der Mensch ist in Verpflichtungen geboren. Das anzuerkennen nennt man bei uns Dharma. Wenn ich geboren werde, habe ich sofort Verpflichtungen. Ich bin sofort Sohn meiner Eltern, Bruder meiner Geschwister, Neffe meiner Tanten, Mitglied meiner Dorfgemeinschaft. Mit diesen Pflichten werde ich schon geboren. Sobald ich die Pflichten nicht erfülle, habe ich kein Recht, auf eine Lösung zu hoffen. Die ganze Sache ist also auf diesen Pflichten gegründet. Ich bin als Mensch geboren und habe deshalb Pflichten gegenüber der Menschheit: ich soll Menschen wenig Leid, der Umwelt wenig Schaden zufügen.

Der Welt um sich herum wenig Leid zufügen, ist das größte Dharma. Mahatma Gandhi pflegte täglich seine Zähne mit einer natürlichen Zahnbürste. Man schneidet einen Zweig ab, beißt darauf, bis er etwas fasert, und bürstet dann damit die Zähne. Zahnpflege mit Chlorophyll sozusagen. Eines Tages brachte man Gandhi reichlich große Zweige. Seine Zurechtweisung: Man sollte nur nehmen, was man unbedingt braucht. "Then there is enough for every man's need, but there is not enough for the people's greed" (Dann gibt es genug für jedermanns Bedarf, aber es gibt nicht genug für die Habgier der Leute).

Für das letztere reicht in der Tat der ganze Kosmos mit all seinem Reichtum nicht aus. Wenn jeder sich wenigstens so weit wie möglich auf das Wesentliche beschränkt, gibt es genug für alle auf der Welt. Wenn man diese Sicht übernimmt, sieht das sogenannte Bevölkerungsproblem ganz anders aus. Vielleicht sollten zuerst wir damit anfangen und dann den Leuten diese Botschaft der Zurückhaltung und Enthaltsamkeit nahebringen. Bei uns, aber auch im Westen. Die Botschaft ist einfach: Bitte, sich mit dem wenigst Notwendigen einrichten und nicht alles für sich haben wollen.

Sie werden staunen: Das bringt große Freude. Ein Verzicht bringt Freude. Und diese Freude muß in Europa und bei uns verkündet werden. Klingt das nicht einigermaßen christlich?

Würde man solch elementare moralische Prinzipien mindestens als Richtschnur gelten lassen, wäre schon viel gewonnen. Ich weiß zwar nicht, wie eine ethische Grundlehre sich im einzelnen aus etwas Früherem entwickelt, aber dieses Ethos muß schon sehr alt und tief in unserer Natur verwurzelt sein.

In einem unserer uralten heiligen Bücher fragt ein todeswütiger allmächtiger Dämon seinen Sohn: Glaubst du, daß etwas Größeres ist als der Mensch? Und das Kind antwortet: Wenn es nichts Größeres gäbe, auf das hin man lebt, fände ich das ganze Leben sinnlos. Bin ich in die Welt geboren, nur um die Welt zu genießen und dann in der Welt zu sterben, dann gibt es keinen Unterschied zwischen mir und einem Würmchen, das in einem Kohl geboren wird. Dann brauchst du mich nicht umzubringen. Ich tu es schon selbst.

Brächte man den Kindern auch nur bei, daß die Welt zu etwas Größerem da ist, wäre das Problem zum großen Teil bereits gelöst.

Jean-Claude Chesnais

Das 20. Jahrhundert: Epoche der Entwicklung

Im 20. Jahrhundert hat sich unser Planet tiefgreifender verändert als je zuvor. In vorausgehenden Jahrhunderten ist es zwar den Europäern leidlich gelungen, ihr Los zu verbessern. Aber das 20. Jahrhundert wird als Epoche des Aufschwungs der nichteuropäischen Welt in die Geschichte eingehen. Das 20. Jahrhundert hat Europa die Zerreißprobe zweier Bruderkriege und eine politische Zweiteilung beschert. Es wurde zwar reicher, aber zugleich schwächer. Nur in seinem Ableger Amerika hat es noch an Stärke gewonnen. Die Geschichte der anderen Kontinente hingegen hat sich beschleunigt. Ihre Völker haben das koloniale Joch abgestreift und sich emanzipiert. Die Restbestände jahrtausendalter Institutionen wie Sklaverei oder Feudalismus werden nach und nach verschwinden.

Globalisierung eines Phänomens

Zwischen Marshallplan und erster Ölkrise erlebt die Welt ein Vierteljahrhundert lang ein Wirtschaftswachstum ohne Vergleich in der Geschichte. In diese Zeit fällt nicht nur das schnellste, sondern auch das ausgedehnteste Wachstum der Weltwirtschaft. Dann folgen Turbulenzen. Aber auch sie bringen das Wirtschaftswachstum nicht zum Erliegen. Scharfe Bremsungen, wenn auch keineswegs einheitliche, stellen die Wirtschaftsapparate auf harte Proben. Stärken und Schwächen der nationalen Wirtschaften kommen zur Ansicht. Die Gesamtbilanz der Nachkriegszeit ist deutlich: tiefgreifende Veränderungen, Sterblichkeitsrückgang. Länder mit einer mittleren Lebenserwartung von weniger als 45 Jahren sind heute die Ausnahme, auch in Schwarzafrika und Südasien, den ärmsten Regionen der Erde. Vor Ausbruch des Zweiten Weltkrieges waren solche Länder noch die Regel. 1995 beträgt in Indien die mittlere Lebenserwartung 62 Jahre. Dort leben heute Männer im Durchschnitt länger als in Rußland. Ein weiteres Indiz für die Modernisierung: ein mittlerweile spektakulärer Rückgang der Fruchtbarkeit, der nur Schwarzafrika und einige islamische Länder noch nicht erfaßt hat. Auch die statistischen Daten zum Lebensstandard bestätigen übrigens den demographischen Befund. Abgesehen von einigen Außenseiter-Regionen mit außergewöhnlichen klimatischen (und politischen) Verhältnissen wie die Sahel-Zone, oder die in mehr oder minder hermetischer Abgeschlossenheit leben wie Nepal und Burma, oder die unter Krieg und Kriegsfolgen leiden wie Afghanistan und Äthiopien, haben sich im Laufe der letzten Jahrzehnte die Lebensverhältnisse erheblich verbessert. Länder mit einem realen Sozialprodukt pro Kopf auf vorindustriellem Niveau bilden heute die Ausnahme. Hungersnöte drohen seltener als früher. Das Risiko hängt viel mehr von politischen als von Witterungsverhältnissen ab. In den 80er Jahren ist die Nahrungsmittelproduktion pro Kopf in China und Indien um 20 Prozent gestiegen. In diesen beiden Ländern leben 40 Prozent der Weltbevölkerung. Im Gegensatz dazu ist in Afrika, wo die Landwirtschaft sträflich vernachlässigt wurde, die Nahrungsmittelproduktion pro Kopf um 10 Prozent gesunken. In Sachen Ernährung ist der afrikanische Kontinent von außen abhängiger geworden.

Aufstieg der Kontinente

Dieser Wandel ist um so erstaunlicher, als er sich zu der Zeit vollzog, als die demographischen Wachstumsraten alle geschichtlichen Rekorde brachen. Die demographische wie ökonomische Hochkonjunktur der Entwicklungsländer stellt diejenige, die Europa während seiner Wachstumsphase erlebte, noch in den Schatten. Genauer gesagt: Der Bevölkerungszuwachs in diesen Ländern erreichte Wachstumsspitzen, die zweimal höher waren als in Europa während des vergleichbaren Entwicklungsstadiums Ende des vergangenen Jahrhunderts. Ganz im Gegensatz zu den malthusianischen Thesen hat dies aber in keiner Weise die wirtschaftliche Entwicklung behindert, vielmehr einen beispiellosen Aufschwung mit sich gebracht. Nach Jahrhunderten der Stagnation oder allenfalls langsamen Wachstums begann auch ein Zuwachs der wirtschaftlichen Erträge. Auch deren Wachstumsrhythmus übertraf deutlich den Europas in seiner vergleichbaren Zeit. Wie seit zweihundert Jahren in Europa gingen auch hier Bevölkerungswachstum und Wirtschaftswachstum Hand in Hand.

So hat sich etwa in Indien seit der Unabhängigkeit des Landes (1949) das Bruttosozialprodukt pro Kopf und bereinigt verdreifacht. Viele Indizien sprechen dafür, daß sich die Lebensbedingungen für die große Mehrheit der Menschen, wenn auch gewiß mit großen Unterschieden, grundlegend verändert haben: Die Lebenserwartung bei Geburt ist dreimal so lang wie im 19. Jahrhundert. Der Fruchtbarkeitsrückgang hat mehr als die Hälfte des Weges zurückgelegt zwischen den traditionellen sechs Kindern durchschnittlich pro Familie und den modernen zwei oder weniger Kindern je Frau. Vor dreißig Jahren betrug die Fruchtbarkeitsrate in Indien 5,8, heute 3,6 (Kinder je Frau). Indien galt als Prototyp unüberwindlichen Elends in Asien und befindet sich demnach mitten im Wandel.

Kontinentalchina bleibt mangels zuverlässiger statistischer Daten die große Unbekannte. Die Situation ist gewiß wesentlich besser als vor vierzig Jahren. Näheres läßt sich aber nicht sagen. Propaganda und Information sind noch so vermischt, daß man die Wahrheit eher erraten muß. Als gesichert gelten darf ein wirtschaftlicher Neuanfang in den 50er Jahren nach dem Bürgerkrieg, der dann allerdings beim "großen Sprung nach vorn" eher gebremst wurde. Ein starker Wachstumsschub hat vor etwa 15

Jahren eingesetzt (Liberalisierung der Wirtschaft) und dauert bis heute an. Was Chinas Wachstumsraten angeht, sind die Unsicherheiten groß. Berichtet wird von andauerndem realem Wachstum. Man findet zwei Zahlenangaben, die aber nicht sehr wahrscheinlich klingen, es sei denn für die Küstenregionen, insbesondere im Süden. Zum einen schätzt für die Jahre 1980-1992 die Weltbank einen realen Einkommenszuwachs pro Kopf von jährlich 7,6 Prozent. Zum anderen wird für die Gruppe der Länder mit niedrigem Volkseinkommen (einschließlich China und Indien) ein jährlicher Zuwachs des Bruttosozialprodukts pro Kopf von real 3,9 Prozent angegeben.

Langfristig war, trotz der jüngsten Rezession, die Afrika stark, aber auch Lateinamerika empfindlich getroffen hat, die Entwicklung überall positiv und die Ertragssteigerung sehr ausgeprägt. Die Ausnahme waren zahlreiche schwarzafrikanische Länder, in denen der Pro-Kopf-Anteil des Volkseinkommens wieder auf das Niveau zur Zeit der Unabhängigkeit gesunken ist. Die Mehrzahl dieser Länder haben sich für eine Art sozialistischen Weg der Entwicklung entschieden und leiden unter politischer Mißwirtschaft, sprich: unter der Korruption der Führungskräfte.

Unterentwicklung ist demnach nicht schicksalhaft. Versteht man darunter wirtschaftlichen Rückstand, handelt es sich ganz im Gegenteil, so paradox es klingt, um ein neues, vorübergehendes, überwindbares Phänomen. Kein Land ist ein für allemal "entwickelt" oder "unterentwickelt". Es ist das eine oder andere allenfalls zu einer bestimmten Zeit im Vergleich mit bestimmten anderen Ländern. Um die Mitte des 18. Jahrhunderts lebte, von wenigen Wohlstandsinseln im Westen oder auch in Fernost abgesehen, die ganze Welt mehr oder minder im Elend. Der Begriff Unterentwicklung machte damals keinen Sinn. Er bekam erst Sinn, als nach dem Zweiten Weltkrieg die amerikanische Wirtschaft nach dem Umbau der Rüstungsindustrie wieder zu Kraft kam und mit dem Weg vieler Kolonien in die Unabhängigkeit plötzlich die Zahl armer Länder in die Höhe schnellte. Die Explosion der weltweiten Informationsströme wies auch der öffentlichen Meinung eine ganz neue Rolle zu: Sie interessiert sich für ferne und fernste Ereignisse. Internationale Einkommensunterschiede wurden regelrecht entdeckt, dann bald auch zu einem moralischen Problem. Sie werden als Skandal empfunden.

Zwei Vorgänge springen besonders in die Augen: der beispiellose Erfolg Japans und der Aufstieg einer zunehmenden Zahl großer Länder, die bisher auf dem Schachbrett der Welt als eher unbedeutende Figuren galten.

1950 ist Japan noch immer ein armes Land. Der Lebensstandard liegt unter demjenigen großer lateinamerikanischer, sogar tropischer Länder. 1985 hat sich Japan längst aus der Welt der Entwicklungsländer verabschiedet und aufgeschlossen zu den reichsten Ländern der Europäischen Gemeinschaft, zu Deutschland und Frankreich. Das Volkseinkommen pro Kopf ist rund 20 Prozent höher als im Durchschnitt der europäischen Zwölfergemeinschaft. Der Vergleich mit Amerika ist noch eindrucksvoller. Amerika hat seine Produktivitätssteigerungen der Nachkriegszeit nicht beibehalten und die Einkommensdifferenzen zu Japan sind weggeschmolzen. 1950 verhielt sich das Pro-Kopf-Einkommen Amerikas zu dem Japans wie 5,6 : 1, 1985 war das Verhältnis 1,2:1. Japan hatte seinen Rückstand so gut wie aufgeholt. Das bedeutet, daß innerhalb dieses Zeitraums der Lebensstandard in Japan viermal schneller gewachsen ist als in den Vereinigten Staaten. Nach einer starken Beschleunigung am Anfang der Periode (Aufholeffekt) wird die Annäherung um so langsamer, je höher auf der Einkommensleiter der Verfolger steigt. Gleichwohl ist der Zuwachsunterschied auch jetzt immer noch deutlich. Das Bruttosozialprodukt pro Kopf stieg in Japan zwischen 1980 und 1992 noch um durchschnittlich 3,6 Prozent jährlich gegenüber 1,7 Prozent in den Vereinigten Staaten. Heute ist das durchschnittliche Lebensniveau in Japan mit dem in den USA vergleichbar, wenn nicht höher.

Im genannten Zeitraum reichen in keinem anderen größeren Land die Wirtschaftswachstumsraten an Japan heran. Wirtschaftlicher Erfolg ist aber auch sonst nicht nur eine Besonderheit erdölfördernder Länder, der Karibik-Inseln oder der nichtkommunistischen chinesischen Welt (Hongkong, Singapore,

Taiwan). Mit im Rennen sind tatsächlich auch durchaus große Länder, regelrechte Subkontinente. In der Spitzengruppe finden sich vier Länder mit je mehr als 40 Millionen Einwohnern, darunter die beiden lateinamerikanischen Giganten Brasilien und Mexiko. Die beiden anderen sind Südkorea und die Türkei. Alle diese Länder kann man eigentlich nicht mehr zu den Entwicklungsländern rechnen. Ihr Vorstoß könnte schon in naher Zukunft in einen vergleichbaren, wenn nicht noch größeren Wandel übergehen als ihn Japan mit seinem Aufstieg nach dem Zweiten Weltkrieg erlebt hat. Zusammen haben diese vier Länder eine Bevölkerung von 350 Millionen Menschen.

Es lohnt sich auch, einen Blick auf Länder wie Malaysia und - wenn auch in etwas längerfristiger Perspektive - auf Indonesien mit zusammen rund 200 Millionen Einwohnern zu werfen. Das Bevölkerungswachstum ist in beiden Ländern zurückgegangen, und seit den 80er Jahren verzeichnen die Regierungen hohe, verdiente Wirtschaftszuwachsraten. Indien und China haben noch einen langen Weg vor sich, bis sie die Rolle von Weltmächten ausfüllen können, zeigen aber regional auch schon Ansätze zu einer starken Industrialisierung.

Nicht ausgeschöpfte Möglichkeiten

Die Geschichte der Entwicklung ist reich an Überraschungen. In der Regel neigt man dazu, ressourcenreichen Ländern mehr Chancen einzuräumen als Ländern ohne Bodenschätze. Wie hätte sich Nordwesteuropa ohne das riesige Bergbaubecken zwischen Ruhr und Lancashire wirtschaftlich entwickelt? Allerdings ist dies weder eine hinreichende noch letztlich eine notwendige Bedingung. Unter den Ländern mit spektakulärem Wirtschaftswachstum finden sich ebenso ressourcenarme (Japan) wie ressourcenreiche Länder (Brasilien). Lateinamerika rechnet man gewöhnlich zur Dritten Welt, gehört aber trotz seiner indianischen Wurzeln nach Sprache, Kultur, Weltanschauung, ja selbst Bevölkerung im Grunde zum europäischen Kulturkreis. Welche Erklärung gibt es aber für das Zurückbleiben dieses Subkontinents gegenüber anderen europäisierten Ländern, zumal hinter Nordamerika? Im 16. Jahrhundert überzieht Hispanoamerika ein ganzes Netz blühender Städte mit Niederlassungen kirchlicher Institutionen (Bischofssitze, Klöster, Druckereien) und mit modernen Regierungssitzen (Gerichtshöfe, öffentliche Schatzämter, Zentralverwaltungen). Nordamerika hat hingegen am Ende des 18. Jahrhunderts erst zwei Städte zustandegebracht, Boston und New York, ihrerseits kaum mehr als Marktflecken inmitten eines grenzenlosen Umlandes. Wer hätte sich damals vorstellen können, daß die inzwischen bereits alte urbane Zivilisation Hispanoamerikas von dieser bäuerlichen Nachbarin im Norden nach und nach ins Abseits gedrängt würde? "Es ist ein unerträglicher Skandal, daß eine Handvoll Angelsachsen, viel später als die Spanier auf dem Kontinent angekommen, dazu als Habenichtse und schlechteren klimatischen Bedingungen ausgesetzt - es fehlte nicht viel, und niemand hätte die ersten Winter überlebt - zur ersten Weltmacht aufgestiegen sind", schreibt ironisch Carlos Rangel.[1] In seinen Augen sind die Ursachen der Unterentwicklung Lateinamerikas vor allem politischer Natur.

Manchmal sind die Länder, die gemäß dem Fahrplan der Entwicklungstheorien im Klassement ganz vorn stehen müßten, am wenigsten erfolgreich. Umgekehrt sind nicht selten gerade diejenigen besonders erfolgreich, denen man es am wenigsten zugetraut hätte. Wer hätte um 1860 voraussehen können, daß von Rußland, Japan, China und Indien das kleinste, ärmste und dichtest bevölkerte Land das Rennen machen würde? Und zwar so machen würde, daß es 130 Jahre später die vereinte wirtschaftliche Macht der beiden damals führenden Nationen England und Frankreich überflügelt haben würde. Damals war der Rückstand jener vier großen Nationen Rußland, China, Indien, Japan durchaus ähnlich. Ihre Institutionen waren gleichermaßen veraltet, ihr Fortschritt durch unbewegliche, unproduktive gesellschaftliche Strukturen blockiert. Man hätte jede Wette auf Rußland gesetzt, aber nicht auf Japan. Denn Rußland war

[1] C. RANGEL, *Du bon sauvage au bon revolutionnaire*. Paris 1976 (Laffont).

doch den großen nordeuropäischen Modernisierungszentren soviel näher und auf jeden Fall weniger verschlossen als Japan. Zudem verfügte Rußland über unermeßliche Räume, die nur besiedelt werden mußten, über märchenhafte Rohstofflager, über die großartige Kornkammer Ukraine und über eine wachsende Bevölkerung, die alle diese Reichtümer zu heben versprach. (Der Gelehrte Mendelejew rechnete aus dem damaligen Bevölkerungswachstum hoch, daß Rußland um die Mitte des 20. Jahrhunderts 800 Millionen Einwohner zählen werde).

Wenn die paar kleinen japanischen Inseln, zwar reich an bewaldeten Gebirgszügen, aber ohne nennenswerte Bodenschätze, damals überhaupt einen Aktivposten besaßen - der allerdings stellte sich dann als unleugbarer Trumpf heraus -, dann war es seine alte Stadtkultur mit allem, was sie an Innovationspotential bedeutet (Marktgesellschaft, gebildete Eliten, qualifiziertes Handwerk, entwickelter Handel). Aber auch darin hatte Japan keinerlei Vorsprung vor China oder Indien. Der Graben, der es heute von diesen Ländern trennt, ist einzig auf die politischen Entwicklungen zurückzuführen.

Voraussetzungen wirtschaftlichen Wachstums

Moderner wirtschaftlicher Aufschwung heißt vor allem anderen: Beendigung jenes Zustands der Stagnation, in dem traditionelle Gesellschaften seit tausend Jahren leben. Nach den Ursachen des Aufschwungs fragen heißt letztlich danach fragen, welche Mechanismen diesen Zustand der Unbeweglichkeit zum Verschwinden gebracht haben. Oder danach, wie jenes berühmte Gesetz vom abnehmenden Nutzen schließlich bezwungen werden konnte, das in den Köpfen aller Ökonomen des letzten Jahrhunderts herumspukte. Die Ursache läßt sich in der Regel nicht an einem konkreten historischen Ereignis festmachen. Der Aufschwung ist vielmehr eher Frucht eines langsamen, tieferen, komplexen Wandels der ökonomischen Großwetterlage. Zu diesem Schluß kommt jedenfalls Kuznets (1954) aufgrund statistischer Aufarbeitung der Wirtschaftsgeschichte der westlichen Länder seit der industriellen Revolution. Angesichts des Umfangs seiner Untersuchungen dürfte sein Urteil besonderes Gewicht haben. Er schreibt: "Westeuropas wirtschaftlicher Aufstieg in der Moderne ist das späte Ergebnis eines langen Lernens in der Schule der fortgeschrittensten Nachbarn im Nahen und Fernen Osten. Die großen Revolutionen, die intellektuellen (Renaissance und Reformation), die politischen (Bildung der Nationalstaaten) und geographischen (Entdeckung der "Neuen Welten") zwischen dem 13. und 16. Jahrhundert waren dann die ebenso bedeutenden wie unverzichtbaren Wegbereiter der späteren ökonomischen Expansion."[2]

Soviel läßt sich allgemein, in einer eher globalen, kontinentalen, epochalen Betrachtung, zu den Ursachen des Phänomens sagen. Will man aber die Ursachenanalyse präzisieren und für den Aufschwung in einem konkreten Fall die eigentlich ökonomischen Gründe herausfinden, landet man in einer Sackgasse. Malinvaud bringt es auf den Punkt: "Uns fehlt", schreibt er, "eine Theorie des wirtschaftlichen Wachstums. Selbst im Falle der heutigen Industrieländer können wir weder die Ursachen ihres jeweiligen Wachstums hinreichend klären noch die seiner Beschleunigungen oder Bremsungen."[3] Die Analyse der ökonomischen Wachstumsfaktoren ist etwas anderes als kulturgeschichtliche Ursachenforschung. Entscheidende politische oder institutionelle Einflüsse werden in ökonomischen Modellen nicht erfaßt.

Zu den immer noch besten Beschreibungen der Wachstumsbedingungen gehört in meinen Augen diejenige des Philosophen John Stuart Mill aus dem Jahr 1848. Er schrieb: "Für den Fortschritt eines wirtschaftlich unterentwickelten Landes bedarf es eines Zuwachses an Industrie und des nachhaltigen Willens zum Wohlstand. Dazu bedarf es in erster Linie einer besseren Regie-

[2] S. KUZNETS, *Underdeveloped Countries and the pre-industrial phase in the advanced countries.* Proceedings of the World Population Conference, Rome 1954.

[3] E. MALINVAUD, *La science économique aujourd'hui.* Revue économique et sociale, Lausanne, Jan. 1984.

rung, eines umfassenderen Schutzes des Eigentums, eines maßvollen, nicht konfiskatorischen Steuersystems. Nur abgesichertes Eigentum an Grund und Boden läßt dem Landwirt den Gewinn aus Ertragssteigerungen, die er durch seinen Einsatz, durch sein Können und durch Investitionen erwirtschaftet. In zweiter Linie ist die öffentliche Information zu verbessern (..). An dritter Stelle kommt die Einführung bislang fremder Techniken (..) und der Import ausländischen Kapitals. Die beiden letzteren sorgen für neue Ideen und helfen, mit alten Gewohnheiten zu brechen (..). Diese Feststellungen gelten mehr oder minder für alle asiatischen Gesellschaften wie auch für die noch rückständigen Gebiete in Europa wie etwa Rußland, Türkei, Spanien und Irland."[4]

Formuliert man die hier aufgezählten allgemeinen Prinzipien als neue Staatsaufgaben, läßt sich ein unverzichtbares Rahmenprogramm für wirtschaftliches Wachstum angeben. Vier Voraussetzungen müssen gegeben sein: die Anerkennung der öffentlichen Ordnung; der Aufbau der materiellen Infrastruktur; die Schaffung eines geeigneten gesellschaftlich-sozialen Systems; die Einrichtung eines institutionellen Rahmens, der Anreize zur wirtschaftlichen Betätigung liefert.

Diese elementaren Bedingungen scheinen heute selbstverständlich zu sein. Aber gerade auch Europa hat Jahrhunderte gebraucht, bis sie akzeptiert und verwirklicht wurden. In vielen Entwicklungsländern sind sie erst ansatzweise vorhanden, und gerade ihr Mangel ist eines der nachhaltigsten Hindernisse für ihr wirtschaftliches Fortkommen. Afrika südlich der Sahara ist ein exemplarischer Fall. Der aus kolonialer Verwaltung entlassene Staat wurde zerrupft und zur Beute von Clans und Cliquen, bar jeden Gespürs für das Gemeinwohl.

[4] J. S. MILL, *Principles of Political Economy*. London 1848

Mindestbedingung - vor allem anderen - ist eine gesellschaftlich akzeptierte, institutionalisierte Polizei. Ohne sie läuft nichts. In Chaos und Anarchie fängt niemand an mit Investitionen, nicht einmal mit der nachhaltigen Bestellung seiner landwirtschaftlichen Flächen.

In den meisten heutigen Industrieländern ist diese Bedingung allenfalls seit dem 18. Jahrhundert erfüllt, das heißt seit der Bildung und Konsolidierung moderner Staaten. Der Sozialkörper muß sich auf eine Art Grundlagenvertrag verständigen, auf bestimmte verbindliche Regeln des Gewaltverzichts, und diese müssen im Recht festgeschrieben sein. Der Verzicht auf private Gewaltanwendung, auf das Recht des Stärkeren, zur Legitimation von Autorität und Macht setzt einen historischen Reifungsprozeß voraus. Die Befriedung der Sitten geht dem Aufschwung voraus. Andererseits wird sie von ihm befördert, denn Ursachen der Gewalt sind Ungerechtigkeit und Hunger. Noch bis vor gar nicht langer Zeit haben auch bei uns die Eliten ihre Hauptenergie eigentlich in die Vorbereitung von Kriegen gesteckt. Daß sich unsere Eliten in Verwaltungsfachleute verwandelt haben, ist eine Folgeerscheinung kapitalistischer Prosperität. Zum Maßstab der Macht ist die Wirtschaft geworden. Zwischen modernen Nationen werden die Konflikte symbolisch ausgetragen: Bruttosozialprodukt gegen Bruttosozialprodukt.

Im Gegensatz dazu sind in Entwicklungsländern tatsächliche Demokratien selten. Der Übergang zur Demokratie ist das Ergebnis eines langen gesamtgesellschaftlichen Lernprozesses. Sein Gegenstand ist die Abstraktion. Alphabetisierung und Verstädterung spielen dabei eine hilfreiche Rolle. Bei der Alphabetisierung lernen die Menschen den Umgang mit Symbolen. Das heißt größere Distanz in der Kommunikation. Die Verstädterung schafft Anonymität. Sie ist Voraussetzung, um die Macht weiter entfernten, gar unpersönlichen Autoritäten oder Institutionen zu übertragen. Nicht von ungefähr hängt der Reifegrad der politischen Institutionen so eng mit der Bevölkerungsdichte zusammen. In sehr dünn besiedelten Ländern ist der Nationalstaat mit seinen verschiedenen Attributen (Gesetzgebung, Polizei, Gerichtswesen usw.) oft erst embryonal entwickelt, eher eine Karikatur des westlichen Modells. In europäischen Ländern hat die Vereinheitlichung der Mundarten, der Lebensgewohnheiten und der Institutionen vor mehreren Jahrhunderten begonnen. In einer Reihe afrikanischer Länder zeigen sich erst jetzt zaghafte Ansätze. Der Staat ist hier eine zerbrechliche Superstruktur, Erbe europäischer Präsenz.

Das unbestechlichste Urteil sprechen vollbrachte Leistungen. Länder wie Japan, Südkorea, Taiwan, Thailand, Mexico usw. sind auf wirtschaftlichem Gebiet außergewöhnlich erfolgreich und haben auch ihren Bevölkerungsdruck bewältigt. Sie sind allesamt Länder mit einem starken Nationalbewußtsein und vergleichsweise recht stabilen Institutionen.

Personen- und Güterverkehr - materielle Infrastruktur

Die wirtschaftliche Betätigung setzt den Ausbau eines ganzen Systems materieller Einrichtungen voraus, die eine Steigerung der Produktion und des Austauschs fördern: Straßen, Eisenbahnen, Häfen, Lagerhäuser, Flughäfen, Leitungsnetze für Wasser, Strom, Telefon, ferner Banken, nicht zuletzt Werkstätten, die Produktionsanlagen instandhalten und reparieren, und anderes mehr. Bis zum Ersten Weltkrieg trieb bei uns der Eisenbahnbau und zunehmender Außenhandel die Wirtschaftsentwicklung an. In den Kolonien hingegen hat der Bau von Eisenbahnen anfangs eine zwiespältige, für die Entwicklung auch schädliche Rolle gespielt. Die Eisenbahn erleichterte den Abtransport der Rohstoffe in die Metropolen und beschleunigte die Ausbreitung von Epidemien. Längerfristig betrachtet läßt sich ihr Nutzen nicht bestreiten. Mit dem Fortschritt in der Kommunikation lassen sich Katastrophen leichter bewältigen, politische Präsenz besser gewährleisten (Beweglichkeit des Militärs) und Hungersnöte überwinden (Nahrungsmitteltransport). Außerdem hat die bessere Kommunikation den landwirtschaftlichen Aufschwung begünstigt durch Erschließung neuer Anbaugebiete, die zuvor unerreichbar waren und brachlagen.

Die Erschließung des Landes ermöglicht den Verkauf landwirtschaftlicher Produkte und bringt im Gegenzug Gebrauchsgüter und Handwerkzeug an Ort und Stelle. Darin liegt ein starker Beschleunigungseffekt: Ausweitung der Märkte, Aufbruch in differenzierte Wirtschaft, Arbeitsteilung und Spezialisierung. Zur Leistungssteigerung der dörflichen Wirtschaften tragen viele Faktoren bei.

Außerhalb Europas war der Bau von Eisenbahnen (und oft auch deren Bezahlung) eine Sache der Europäer. Man sollte den Umfang des Streckennetzes nicht unterschätzen, zumal in Lateinamerika und Indien. Aber auch in China haben bis in die 30er Jahre ausländische Gesellschaften die Eisenbahnlinien gebaut. Allerdings haben nur wenige Länder das Glück gehabt, daß ein wirklich hinreichend verzweigtes Eisenbahnnetz entstand und die wichtigsten Wirtschaftszentren miteinander verband. Indien ist ein solches Land. Japan ist von sich aus weit darüber hinausgegangen. Es hat, abgesehen von einem vollständigen Eisenbahnnetz, ein integriertes Verkehrssystem auf die Beine gestellt, in dem Wasserrouten, Straßen und Eisenbahnen sich ergänzen.

Mit Ausbruch der Automobilära erlangte das Straßennetz entscheidende Bedeutung. Der Lastkraftwagen wurde im wörtlichen Sinne zu einem tragenden Vehikel des wirtschaftlichen Fortschritts in tropischen Ländern. Im 19. Jahrhundert war in Afrika das Haupttransportmittel der menschliche Rücken. Am Ende des 20. Jahrhunderts wird noch immer der tägliche Wasserkrug zu Fuß transportiert - von Frauen und Mädchen, denen dadurch oft der Zugang zur Schulbildung versagt bleibt. Seit dem Ersten Weltkrieg haben die Kolonialverwaltungen große Anstrengungen im Straßenbau unternommen. Gleichwohl blieb das Straßennetz oft zu klein und wurde nach der Entkolonisierung oft nur schlecht instandgehalten.

Unter Infrastruktur verstehen wir gegen Ende des 20. Jahrhunderts viel mehr. Hinzugekommen sind Wasser- und Stromversorgung, Telefonnetz, Pressevertrieb und das Rundfunk- und Fernsehsystem, die sprichwörtlichen Informationskanäle. Die Dichte des Informationsflusses ist ein Schlüssel zur pulsierenden modernen Wirtschaft geworden. Und hier ist wiederum Japan vorn. Dagegen sind die meisten noch nicht fortgeschrittenen Wirtschaften nicht nur auf dem Gebiet der Telekommunikation, sondern auch, zumal auf dem Land, bei der Infrastruktur der ersten Generation (Schiene und Straße), und erst recht in Sachen Dienstleistungsnetz für Montage, Instandhaltung und Reparatur noch weit entfernt von einem Niveau, das geregelten Produktionsbedingungen entspricht.

Investitionen in Menschen - soziale Infrastruktur

Zu den Kosten des Wachstums zählen neben den Ausgaben für öffentliche Arbeiten auch alle Aufwendungen, die die Ressource Mensch zu besserem Einsatz bringt, in erster Linie die Ausgaben für Gesundheit und (Aus-)Bildung. Von historischer Bedeutung ist, was heute leicht übersehen wird, der Rückgang der Sterblichkeit. Die Senkung der Sterblichkeit war eine Bedingung für die Konzentration der Menschen in Großstädten. Klassisch waren Städte tatsächlich auch so etwas wie Massengräber. Wegen der geringeren Ausbreitung von Epidemien war auf dem Land die Sterblichkeit niedriger als in der Stadt. Ohne medizinische Fortschritte wäre die Entwicklung der Großstädte, die trotz ihrer gigantischen Ausmaße die Hauptlaboratorien der Innovationen bleiben, nicht ohne Katastrophen möglich gewesen. Selbst in den ärmsten Ländern ist heute - trotz Slumbildung und Stagnation - die Sterblichkeit in den Großstädten geringer als in den Dörfern, wo medizinisches Gerät und Personal fehlen.

Eine weitere Folge der Revolution im Gesundheitssektor, jenseits ihrer ökonomischen Direktwirkung (Senkung des Krankheitsstands, Hebung der Arbeitsfähigkeit), ist eine tiefergreifende Veränderung der Einstellung des Menschen zu seiner Leiblichkeit: allzu enge Grenzen werden aufgebrochen, es öffnen sich neue, bisher unbekannte mentale Perspektiven auf die Zukunft (Aufstiegswünsche, Sparwille).

Die ersten Tropenkrankenhäuser wurden weniger aus philanthropischen Gründen gebaut als um den Bedarf kolonialer Armeen zu sichern. Die frühen Expeditionen waren todbringende Unternehmen. Gefährlicher als kämpferische Auseinandersetzungen mit der eingeborenen Bevölkerung waren Infektionskeime, gegen die die Beteiligten nicht immun waren. Der afrikanische Kontinent war lange Zeit undurchdringlich. Schlafkrankheit, Sumpffieber und sonstige Tropenkrankheiten schoben Abenteuern im Hinterland einen Riegel vor. Kurz vor dem Ersten Weltkrieg unternahmen die Kolonialherren dann allerdings - aus Sorge vor einer Dezimierung der von ihnen verwalteten Bevölkerung - auch gesundheitsdienstliche Aktionen zugunsten der Eingeborenen.

Die reichsten Innovationspotentiale bergen Investitionen auf dem Schulsektor. Individueller Erwerb von Fähigkeiten, Überwindung traditioneller Verhaltensmuster, Befreiung aus Sippenbindung, Möglichkeiten sozialen Aufstiegs, Einstellungswandel gegenüber der Familie (Heirat, Fruchtbarkeit). Auf der Ebene der Gemeinschaft Überwindung von Sprachbarrieren, Zugang zu neuen Produktionstechniken, vor allem Übernahme eines hinreichenden wissenschaftlichen Grundwissens, um einen kontinuierlichen Fortschritt zu ermöglichen. Der Aufbauprozeß eines vollständigen und ausgewogenen Schulwesens hat aber viele Widerstände zu überwinden und dauert mehrere Generationen. In vielen afrikanischen und asiatischen Ländern, so etwa auch in China, ist das höhere Bildungswesen noch in einem Embryonalzustand. Daher gibt es einen himmelschreienden Mangel an hinreichend gebildetem Führungspersonal. Dieser Engpaß in Sachen Humankapital gleich am Anfang ist eine der nachhaltigsten Bremsen für die wirtschaftliche Entwicklung. Sie hemmt gleichermaßen den öffentlichen Sektor (Mangel an Fachpersonal für zentrale, aber auch örtliche Verwaltungen, die nötig sind, um Informationen zu sammeln, wirksame politische Maßnahmen zu formulieren und durchzusetzen) wie die Privatwirtschaft (Mangel an Ingenieuren und Technikern, die importierte Techniken beherrschen, und an kompetenten Managern). In Ländern wie Südkorea und Taiwan mit wenig Bodenschätzen, aber viel Klarblick für die Herausforderung, sich mit Hilfe der menschlichen Ressourcen zu behaupten, hat das Erlernen der Schlüsseltechniken sehr wenig Zeit in Anspruch genommen.

Eine Aufgabe allererster Ordnung ist die flächendeckende Versorgung - über die ohnehin immer besser gestellten Hauptstädte hinaus - mit einer intakten materiellen und sozialen Infrastruktur noch vor allerhand Investitionen in komplementäre Dienstleistungen wie Banken und Versicherungen. Die Qualität der öffentlichen Grunddienstleistungen entscheidet über die Wirksamkeit des ökonomischen Gesamtapparats.

Kurz: Die Rolle des Staates als Garant der Interessen der nationalen Gemeinschaft, als Erbauer der Infrastruktur und Lieferant der öffentlichen Dienste - und daher auch als Steuereintreiber - ist von vitaler Bedeutung. Über die Zuständigkeiten des Staates muß man sich näherhin verständigen, um jede Art von Mischmasch zu vermeiden, wie er einem in manch ideologischer Debatte zur sogenannten Entstaatlichung begegnet.

Psychologisches Klima

Mit einem Mindestmaß an Logistik ist es aber nicht getan. Die Überwindung der Armut verlangt des weiteren ein hohes Maß an Dynamik. Es muß ein psychologisches Klima entstehen, das die privatunternehmerische Initiative begünstigt. Voraussetzung hierfür ist die Anerkennung und Durchsetzung eindeutiger und dauerhafter persönlicher Eigentumsrechte. Nun ist aber der Begriff individuellen Eigentums auch wiederum ein historischer Erwerb. Selbst in der westlichen Zivilisation, der Wiege des modernen Individualismus, ist dieser Begriff Gegenstand endloser Debatten. Die Sprüche der Utopiker sind bekannt: "Eigentum ist Diebstahl" (Proudhon), "Die Früchte gehören allen, der Boden niemand" (Rousseau), um einige Vorläufer der Sozialisten zu zitieren. In gemeinschaftsbestimmten Zivilisationen, wo das Eigentum traditionell der Gruppe gehört - die Almende in Westeuropa, das Mir im Rußland von einst, Grund und Boden afrikanischer Dörfer heute -, sind Begriffe wie autonome Person und Privateigentum etwas Neues. Will man nicht zu brutalen Formen der Landreform oder der Revolution seine Zuflucht nehmen, kommt der Übergang vom Gemeinschaftseigentum zu individuellem Eigentum nur Schritt um Schritt voran, je nach Eigenart der betroffenen Gesellschaft und Zug um Zug mit den strukturellen Veränderungen, die sie zuläßt (Generationszyklen, Verstädterungsprozesse). Ehe der Mensch zum Individuum wird, ist er vor allem Glied einer Gemeinschaft (Sippe, Dorf, Ethnie, Stamm) und ihr gegenüber rechtfertigungspflichtig.

Der Eigentumsbegriff muß daher behutsam eingeführt und verankert werden, aber er muß gesetzlich durchsetzbar werden. Bei uns ging die Abschaffung feudalen, aristokratischen oder kirchlichen Eigentums Hand in Hand mit der Abschaffung der Sozialordnung des ancien régime, mit der Überwindung der Privilegien kraft Geburt, die den mißbräuchlichen Besitz von Gütern und Personen legitimieren. Die Erklärung "Alle Menschen sind frei und mit gleichen Rechten geboren" haben zwar alle Nationen sich zu eigen gemacht, aber sie ist ein erster Schritt. In vielen Ländern ist sie noch nicht viel mehr als ein frommer Wunsch. Die feudalen Strukturen sind noch sehr lebendig. Selbst Japan hat erst vor kaum mehr als einem Jahrhundert rechtlich Abschied genommen von seiner hierarchischen Struktur der Gesellschaft in fünf Klassen. Dennoch bleibt das soziale Herkunftsmilieu für den gesellschaftlichen Aufstieg noch stark bestimmend. Chancengleichheit ist ein kräftiger Motor des Wirtschaftsaufschwungs. Gerade in Europa spielte die Schaffung eines institutionellen, für die wirtschaftliche Betätigung günstigen Rahmens zur Entfesselung der Wirtschaftskräfte eine große Rolle. Dieser institutionelle Rahmen erlaubte den persönlichen Gewinn und den Zugang zum persönlichen Eigentum unabhängig von der sozialen Herkunft. So gegensätzliche Autoren wie Adam Smith und Karl Marx waren sich in diesem Punkt einig.

In einer Reihe von Entwicklungsländern, die sich keineswegs sozialistisch nennen, herrscht auf diesem Gebiet Zweideutigkeit und Widersprüchlichkeit. Einerseits sind Unternehmen und Investoren willkommen, werden freie Märkte versprochen. Man beteuert, das Volkseinkommen anheben zu wollen. Andererseits konterkariert man alle entsprechenden Bemühungen mit der Denunzierung von Profit und behindert die Tätigkeit von Unternehmern und Geschäftsleuten vor Ort. Das trifft nicht die multinationalen Unternehmen aus dem Ausland, die lange Zeit als Sündenbock hingestellt wurden. Sie spielen - wenigstens wenn ihre Niederlassungsbedingungen vernünftig ausgehandelt sind - eine für das Gastland außerordentlich nutzbringende Rolle (Kapital- und Technologietransfer). Um so nötiger wäre eine ähnliche Verständigung zwischen der politischen Klasse und der Geschäftswelt vor Ort.

Seit langem und immer noch sind für die talentiertesten und erfolgreichsten Universitätsabsolventen die öffentlichen Funktionen ein wichtiger und hochbezahlter Unterschlupf. Ständige Verdächtigung und ein gegenüber der Vergütung im Staatsdienst unverhältnismäßiges Risiko halten auch die Kühnsten von privatwirtschaftlichen Abenteuern in der Industrie ab. Den Vorzug genießt eine Pantoffel-Karriere mit garantiertem Höchsteinkommen, mancherlei Privilegien und Nebeneinnahmen. Wer sich im Wirtschaftskreislauf auch nur einigermaßen strategisch zu plazieren und den in Zentralverwaltungswirtschaften geläufigen und unvermeidlichen Fluß von Provisionen und Anerkennungen anzuzapfen versteht, braucht den Rücken nicht krumm zu machen, um erfolgreich zu sein.

Ein psychologisches Klima des Mißtrauens gegenüber Profit und privatem Unternehmertum mag zwar nützlich sein, um manche öffentlichen Meinungsbildner stillzustellen, für eine gesunde Wirtschaftsentwicklung ist ein solches Klima der Tod. Es korrumpiert und sterilisiert die Eliten, die sich keineswegs damit zufriedengeben, sich in der Schutzzone der öffentlichen Verwaltung, der Armee oder irgendeiner internationalen Bürokratie einzurichten, sondern aus den Produktionszentren den erwirtschafteten Reichtum abschöpfen und den Großteil ihrer

Kraft darauf verwenden, den Produzenten das Leben schwer zu machen. Häufiger als in Asien findet sich ein solches Klima in Lateinamerika und Schwarzafrika (das sich sogar in einem Abwärtstrend befindet). Am schlimmsten ist im übrigen die Wirkung eines solchen Klimas auf das gesamtwirtschaftliche Zusammenspiel. Es lähmt nicht nur den Arbeitswillen und bremst den persönlichen Einsatz, es beraubt vielmehr vor allem das Land dessen, was es am meisten benötigt, des Kapitals nämlich, das es zum Überleben braucht (Kapitalflucht und Einfrieren des ausländischen Kapitalzuflusses).

Schlußbetrachtung

Das 20. Jahrhundert wird als Jahrhundert der Entwicklung in die Geschichte eingehen. Insbesondere Asien mit 3/4 der Bevölkerung der Dritten Welt hat einen ganz unerwarteten Wandel geschafft und fordert die europäische Welt heraus. Diese, geschwächt durch Jahrzehnte des Kommunismus und des demographischen Niedergangs, bedroht durch einen Verlust an gesellschaftlicher Einheit und durch Schwächung seines Arbeitsethos, zeigt sich unfähig, den Einflußverlust durch eine überzeugende politische Einigung wettzumachen. Die asiatischen Gesellschaften mit ihrem offenkundigen Schulterschluß scheinen für den weltweiten Wettbewerb des kommenden Jahrhunderts besser gewappnet zu sein.

Gunter Steinmann

Welternährung

Die Wochenzeitung DIE ZEIT begann einen Aufsatz zur Weltbevölkerungskonferenz in Kairo mit der beruhigenden Feststellung: "An Nahrungsmitteln herrscht kein Mangel, global betrachtet". Fünf Sätze weiter, noch im gleichen Abschnitt, wartete die ZEIT-Redakteurin dann jedoch mit der alarmierenden Nachricht auf: "Heute hat jeder siebente Mensch weniger zu essen, als er zum Leben braucht. 780 Millionen Menschen sind chronisch unterernährt, mehr als 180 Millionen Kinder untergewichtig".[1] Wie passen diese beiden Aussagen zusammen?

An den Stammtischen und auch in nahezu allen Verlautbarungen und Stellungnahmen zur Weltbevölkerungskonferenz in Kairo wurde die Meinung vertreten, daß das Bevölkerungswachstum der letzten Jahrzehnte das Welthungerproblem verschärft habe und daß sich in der Zukunft das Problem der Ernährung der Weltbevölkerung noch drängender verschärfen werde, wenn es nicht gelänge, die Geburtenziffern schnell und drastisch zu senken. Das Wachstum der Weltbevölkerung ist für nicht wenige das Weltproblem Nummer eins und Hauptursache politischer, ökonomischer, ökologischer und sozialer Krisen. Hunger, Armut und Umweltzerstörung werden auf das Bevölkerungswachstum zurückgeführt.

[1] Helga KEßLER, *Auf dem Acker der Not,* in: DIE ZEIT, Nr. 33, 12.8.1994, 23.

Aber ganz so simpel und klar wie die Weltuntergangspropheten und Stammtischdiskutanten es uns weismachen wollen, sind die Zusammenhänge zwischen Bevölkerung, Ernährung, Umwelt und Wirtschaft nicht. Ganz im Gegenteil. Die Zusammenhänge sind so komplex, daß die Wissenschaft keine einfache und eindeutige Schlußfolgerung über die Wirkungen von Bevölkerungswachstum anbieten kann. Viele Aussagen bleiben spekulativ.

Da die demographische Entwicklung in diesem Band von anderen Autoren analysiert wird, will ich mich hier ausschließlich mit den Folgen des Bevölkerungswachstums für die Welternährung befassen. Ich will zunächst einige statistische Fakten über die Entwicklung der Nahrungsmittelproduktion und anderer landwirtschaftlicher Kennziffern in den Entwicklungsländern von 1965 bis 1992 präsentieren. Der Einfachheit halber und weil die Daten für viele Entwicklungsländer nicht oder nur unvollständig vorhanden sind, habe ich nur die bevölkerungsreichen Entwicklungsländer mit einer Bevölkerung von mindestens 25 Millionen (1992) berücksichtigt. Die Gruppe bevölkerungsreicher Entwicklungsländer umfaßt insgesamt 25 Länder, darunter 12 asiatische, 8 afrikanische und 5 lateinamerikanische Länder (Tab.1).

Im zweiten Teil werde ich drei alternative Theorien zum Bevölkerungsproblem vorstellen. Sie haben die Bevölkerungsdiskussion der letzten beiden Jahrhunderte geprägt. Im Anschluß daran will ich meine Sichtweise des Zusammenhangs von Bevölkerungsdichte und landwirtschaftlicher Technologie verdeutlichen. Änderungen der Agrartechnologie haben das Welternährungsproblem nach dem Zweiten Weltkrieg wesentlich entschärft. Allen Unkenrufen zum Trotz spricht vieles dafür, daß dieser Prozeß sich weiter fortsetzen und die Menschheit in den kommenden Jahrzehnten einer Lösung des Problems der Welternährung näherkommen wird, als es jemals zuvor in der Menschheitsgeschichte der Fall gewesen ist.

Asien	Afrika	Lateinamerika
1. Bangladesh	1. Algerien	1. Argentinien
2. China	2. Ägypten	2. Brasilien
3. Indien	3. Äthiopien	3. Kolumbien
4. Indonesien	4. Kenia	4. Mexiko
5. Iran	5. Marokko	5. Venezuela
6. Südkorea	6. Nigeria	
7. Burma	7. Sudan	
8. Pakistan	8. Tansania	
9. Philippinen		
10. Thailand		
11. Türkei		
12. Vietnam		

Tab. 1: Die 25 bevölkerungsreichsten Entwicklungsländer.

Periode	durchschnittliches jährliches Wachstum der Bevölkerung	durchschnittliches jährliches Wachstum der Nahrungsmittelproduktion
1966-1975	2.7	3.1
1976-1985	2.5	3.0
1986-1992	2.3	2.6
1966-1992	2.5	2.9

Tab. 2: Das Wachstum der Bevölkerung und der Nahrungsmittelproduktion in den 25 bevölkerungsreichsten Entwicklungsländern 1966-1992 (in %).

Trotz aller Unkenrufe hat das Wachstum der Nahrungsmittelproduktion mit dem Wachstum der Bevölkerung nicht nur Schritt gehalten, sondern dieses übertroffen (Tab. 2). Die Nahrungsmittelproduktion *pro Kopf* ist daher in den letzten Jahrzehnten beträchtlich gestiegen (Abb.1). Die Verbesserung war besonders ausgeprägt in China (Abb. 2). Aber auch in den meisten anderen asiatischen und lateinamerikanischen Entwicklungsländern ist die Nahrungsmittelproduktion schneller gestiegen als die Bevölkerung. Die Entwicklungen in Indien (Abb.3), Indonesien (Abb.4) und Brasilien (Abb.5) verdeutlichen diesen Trend. Nur in den afrikanischen Ländern ist das Wachstum der Nahrungsmittelproduktion hinter dem Bevölkerungswachstum zurückgeblieben. Typisch hierfür ist die Entwicklung in Nigeria, wo die Nahrungsmittelproduktion pro Kopf deutlich zurückging (Abb.6).

Die vorhandenen Unterschiede in den Wachstumsraten der Nahrungsmittelproduktion pro Kopf zwischen den einzelnen Ländern lassen sich *nicht* zurückführen auf die Unterschiede im Bevölkerungswachstum oder in der Bevölkerungsdichte. Unter den Ländern mit raschem Bevölkerungswachstum oder mit hoher Bevölkerungsdichte sind sowohl Länder mit positivem als auch Länder mit negativem Wachstum der Nahrungsmittelproduktion pro Kopf anzutreffen. Ebenso gibt es unter den Ländern mit relativ geringem Bevölkerungswachstum oder Bevölkerungsdichte sowohl Länder mit großen Erfolgen bei der Verbesserung der Nahrungsmittelproduktion pro Kopf als auch Länder ohne Erfolge. Abb.7 und Abb.8 machen deutlich, daß weder eine positive noch eine negative Beziehung zwischen dem Wachstum der Pro-Kopf-Nahrungsmittelproduktion und dem Bevölkerungswachstum oder der Bevölkerungsdichte existiert.

Zum Wachstum der Nahrungsmittelproduktion pro Kopf in den letzten Jahrzehnten trugen im wesentlichen bei die Ausweitung der landwirtschaftlichen Fläche (Abb.9), die stärkere Bewässerung (Abb.10) und Düngung (Abb.11), die Mechanisierung der Landwirtschaft sowie die Entwicklung und Nutzung neuer ertragsreicherer Pflanzensorten ("grüne Revolution").

In den bevölkerungsreichen Entwicklungsländern sind das Wachstum der landwirtschaftlich genutzten Fläche und das Wachstum der bewässerten landwirtschaftlichen Fläche nicht mit dem Wachstum der Bevölkerung korreliert (Abb.12 und Abb.13). Dieses überraschende Ergebnis widerlegt die übliche Annahme, daß das Bevölkerungswachstum die Hauptursache für die Ausweitung der landwirtschaftlich genutzten Fläche sei. Dagegen besteht offenbar ein enger Zusammenhang zwischen der Bevölkerungsdichte und dem Düngemittelverbrauch (Abb.14).

Der Einfluß demographischer Faktoren auf die landwirtschaftliche Technologie

In der wissenschaftlichen Diskussion über die Wirkungen des Bevölkerungswachstums auf die landwirtschaftliche Produktion lassen sich drei Denkrichtungen unterscheiden.

Erstens: *Die Malthusianer.* In seinem berühmten, 1798 erschienenen Buch "An Essay on the Principle of Population, as it Affects the Future of Society" vertrat Malthus die These, daß Bevölkerungswachstum die Landknappheit verschlimmern und daher die Arbeitsproduktivität in der Landwirtschaft senken würde. Das Wachstum der Nahrungsmittelproduktion könne deshalb mit dem (unkontrollierten) Wachstum der Bevölkerung nicht Schritt halten (Malthus' Bevölkerungsgesetz). In den letzten Jahrzehnten hat die malthusianische Theorie wieder starken Einfluß auf die öffentliche Meinung genommen.

Zweitens: *Die Bevölkerungsoptimisten.* Zu den Bevölkerungsoptimisten rechnen die Mehrzahl der Agrarwissenschaftler und Ökonomen. Insbesondere Simon Kuznets, Julian Simon und die dänische Agrarökonomin Ester Boserup. Ester Boserup verwies auf eine positive Korrelation zwischen Bevölkerungsdichte und Intensität der Landnutzung. Bevölkerungswachstum und zunehmende Bevölkerungsdichte fördern die Intensivierung daneben auch durch verbesserten Marktzugang (und folglich höhere Agrarpreise und Bodenrenditen), sofern die notwendige Bodenqualität vorhanden ist. In der Sichtweise der Bevölkerungsoptimisten werden agrartechnologische Umwälzungen erzwungen werden a) durch Bevölkerungsdruck und b) durch höhere Bodenrenditen aufgrund verbesserter Infrastrukturbedingungen und höhere Agrarpreise. Die agroklimatischen Bedingungen sind dabei natürlich ebenfalls zu berücksichtigen.

Drittens: *Die Alarmisten (Neomalthusianer).* Zu dieser Gruppe zählt die Mehrzahl der Demographen. Auch die Positionen des Club of Rome und des Bevölkerungsfonds der Vereinten Nationen (UNFPA) sind als alarmistisch zu klassifizieren. Nach Ansicht der Alarmisten stoßen die Intensivierung der Landwirtschaft und der agrartechnologische Fortschritt auf Grenzen. Die Alarmisten verweisen auf negative externe Effekte durch rasches Bevölkerungswachstum (ökologische Schäden durch intensive Landwirtschaft und hohe Bevölkerungsdichte). Außerdem ist nach ihrer Meinung das heutige - im historischen Vergleich außerordentlich rasche - Bevölkerungswachstum so "stark", daß der positive Boserup-Effekt den negativen Malthus-Effekt nicht länger ausgleichen kann.

Folgen einer höheren Bevölkerungsdichte

Die steigende Bevölkerungsdichte hat eine Intensivierung der Landwirtschaft zur Folge. Die Intensivierung führt erstens zu höherem Arbeitseinsatz und zweitens zu höheren Hektarerträgen. Die Wirkungen auf die Arbeitsproduktivität sind ungewiß. Ohne Wechsel zu arbeitssparenden Technologien ist mit einem Rückgang der Arbeitsproduktivität und Verschlechterung der Nahrungsmittelproduktion pro Kopf zu rechnen (der Arbeitseinsatz pro ha steigt schneller als der Ertrag pro ha). Bei einem Wechsel zu arbeitssparenden Technologien (Substitution menschlicher Arbeitskraft durch Einsatz von Ochsen und später durch Maschinen, Substitution wenig ergiebiger Pflanzensorten durch neu gezüchtete oder importiert ergiebigere Pflanzensorten, usw.) ist dagegen mit einem Anstieg der Arbeitsproduktivität und einer Verbesserung der Pro-Kopf-Nahrungsmittelproduktion zu rechnen.

Intensivierung und Bodenpräferenzen

Die Intensivierung der Landnutzung wird auch von Klima und Bodenbeschaffenheit bestimmt. Eine Intensivierung ist leichter möglich bei Böden, die nährstoffreich sind und Wasser speichern können und daher einem geringeren Dürrerisiko ausgesetzt sind. Tiefe und lehmhaltige Böden haben eine hohe Wasserspeicherkapazität. Flache und sandige Böden dagegen verfügen nur über eine geringe Wasserspeicherkapazität. Böden an höheren Abhängen sind relativ leicht und manuell einfach zu bearbeiten. Der Lehmgehalt ist gering. Er nimmt weiter unten im Tal zu. Die Feldbestellung erfordert deshalb im Tal größere Kraftanstrengungen, bringt aber den Vorteil geringerer Dürrerisiken. In den Senkungen sind die Böden besonders schwer und daher extrem schwierig für manuelle Bearbeitung. Sie sind in vielen Fällen ohne Drainage und andere aufwendige Investitionen zur Kontrolle von Wasserläufen und Grundwasserstand nicht kultivierbar. Andererseits bieten diese Böden die höchsten Ertragspotentiale.

Steigender Bevölkerungsdruck verändert die Bodenpräferenzen. Bei niedriger Bevölkerungsdichte werden leichtere Böden präferiert, deren Bearbeitung relativ geringen Arbeitsbedarf erfordert. Mit steigender Bevölkerungsdichte kommt es zur Nutzung schwerer Lehmböden und schließlich auch zur Bestellung der Senkungen. Letzteres setzt enorm hohen Arbeitsaufwand voraus.

In Gebieten mit relativ wenig Regenfällen erfolgt zuerst Feldbestellung auf mittleren Hängen. Die Senkungen werden als Weiden genutzt. Bei steigender Bevölkerungsdichte werden die Weidegebiete in Felder umgewandelt. Die höheren Hänge werden in diesen Gebieten wegen der enormen Dürrerisiken nicht kultiviert. In den feuchteren tropischen Gebieten startet die Kultivierung dagegen auf den oberen Hängen und wird mit steigender Bevölkerungsdichte zuerst auf die mittleren Hänge und schließlich auf die Täler ausgedehnt.

Veränderung der Landeigentumsrechte

Bei geringer Bevölkerungsdichte sind die Felder und Weiden in der Regel Gemeineigentum der Dorfbewohner oder Stammesmitglieder. Alle Mitglieder haben das allgemeine Recht der Landkultivierung. Individualeigentum an Land gibt es nicht. Mit steigender Bevölkerungsdichte und - damit einhergehend - vermehrten Investitionen für die Intensivierung der Produktion und die Erhaltung der Bodenfruchtbarkeit bilden sich spezifische Landrechte heraus. Im Endstadium der Intensivierung der Landwirtschaft werden die Felder ständig von der gleichen Person oder Familie lebenslang bearbeitet und gehen in deren Eigentum über. Land kann dann auch vererbt oder verkauft werden. Dieser Prozeß wird nur unterbrochen in Fällen starker Einwanderung und bei politischen Einflußnahmen von außen (Entzug des Landeigentums durch Kolonialherren bzw. Experimente kollektiver Landwirtschaftssysteme durch sozialistische Regierungen).

Bodenerosion und Bodenverschlechterung

Eigentumsrechte sind hier ausschlaggebend. Bei langfristigen Eigentumsrechten ist individuelles Interesse an der Aufrechterhaltung der Landproduktivität hoch. (Private Diskontrate entspricht der sozialen Diskontrate). Mit steigender Bevölkerungsdichte nimmt daher der Anreiz zu, ökologische Schäden zu vermeiden. Steigende Bevölkerungsdichte birgt aber die Gefahr der Erosion auf den oberen Hängen, insbesondere in trockenen Gebieten.

Bei sehr hohem Bevölkerungswachstum können die Landrechte an Brachland extrem ungewiß und faktisch ausgehöhlt werden. Damit wird der Anreiz geschwächt, Maßnahmen zur

Kontrolle von Bodenerosion und Erhaltung der Bodenfruchtbarkeit zu ergreifen. (Private Diskontrate übersteigt soziale Diskontrate).

Konsequenz: In Gesellschaften mit langsam und stetig wachsenden Bevölkerungen entwickeln sich - bedingt durch wachsende Landknappheit - systematisch Eigentumsrechte. Bevölkerungswachstum und intensivere Landwirtschaft werden unter diesen Bedingungen kaum ökologische Schäden anrichten. Aber bei rasch wachsender Bevölkerung, insbesondere in Gegenden mit starkem Zuzug, und in Gesellschaften, in denen die Regierung die Entwicklung der Eigentumsrechte unterbindet, werden Bevölkerungswachstum und steigende Bevölkerungsdichte sich negativ auf die Landfruchtbarkeit und Nahrungsmittelproduktion auswirken.

Die Gründe für Hunger

Das Fortbestehen von Unterernährung und Hunger kann heute nicht mehr mit der Malthus'schen These erklärt werden, daß für die vielen Menschen nicht genügend Nahrungsmittel produziert werden können. Niemand läuft mehr Gefahr, leer auszugehen und zu hungern, weil keine Nahrungsmittel auf dem Markt angeboten werden. Das Welternährungssystem hat diese Gefahr gebannt. Hunger existiert vielmehr, weil nicht alle Menschen die Mittel haben, genügend Nahrungsmittel zu erwerben. Und ob eine Familie sich ausreichend mit Nahrungsmitteln versorgen kann oder nicht, hängt nur vom Familieneinkommen ab.

Die Ursachen von Hunger in der Gegenwart sind:

- Kriege und Bürgerkriege.
- Schlechte Infrastruktur vieler ländlicher Gebiete als Folge der verhängnisvollen Politik der Bevorzugung der Städte und der Industrie auf Kosten der ländlichen Gebiete und der Landwirtschaft.
- Falsche Preispolitik und politische Ideologie, die zu einem Einfrieren der landwirtschaftlichen Erzeugerpreise auf nie-

drigem Niveau führten. Die Preiskontrolle nahm den Bauern den Anreiz zu höherer Produktion und machte Nahrungsmittelimporte nötig. Die gleichen Wirkungen hatten unrealistische Wechselkurse, die die Importpreise künstlich senkten und in einigen Fällen die importierten Nahrungsmittel sogar billiger als die einheimischen Nahrungsmittel werden ließen.

- Fehlende Kaufkraft der Armen. Sie stellt das am schwersten zu lösende Problem dar. In vielen Ländern leiden Menschen nicht an Hunger oder Unterernährung, weil keine Nahrungsmittel vorhanden sind, sondern weil ihnen die Mittel dazu fehlen, genügend Nahrungsmittel zu kaufen. Unterernährung bei gleichzeitigem Überfluß an Nahrungsmittel ist gesellschaftliche Realität in nicht wenigen Ländern. Die Existenz von Hunger ist in diesem Fall kein Bevölkerungsproblem, sondern ein rein politisch-ökonomisches Problem und hängt in erster Linie mit den extrem ungleichen Landbesitz- und Einkommensverhältnissen zusammen. Das Bevölkerungswachstum dient hier lediglich als willkommenes Alibi für die Herrschenden.

Schlußwort

Bevölkerungswachstum ist kein Grund für Zukunftspessimismus. Das Bevölkerungswachstum verlangsamt sich nahezu überall auf der Welt, weil die bessere Ausbildung der Frauen und andere Faktoren die Fruchtbarkeit stark verringern. Die Nahrungsmittelproduktion ist in den letzten vier Jahrzehnten stärker gestiegen als die Bevölkerung, und alles spricht für eine Fortsetzung dieser positiven Entwicklung. Dennoch leiden immer noch viele Menschen an Unterernährung und Hunger. Aber ihr Leiden kann angesichts eines weltweiten Überschusses an Nahrungsmittel nicht mehr mit Bevölkerungswachstum und Nahrungsmittelknappheit erklärt werden. Es ist verursacht durch falsche ökonomische und politische Weichenstellungen.

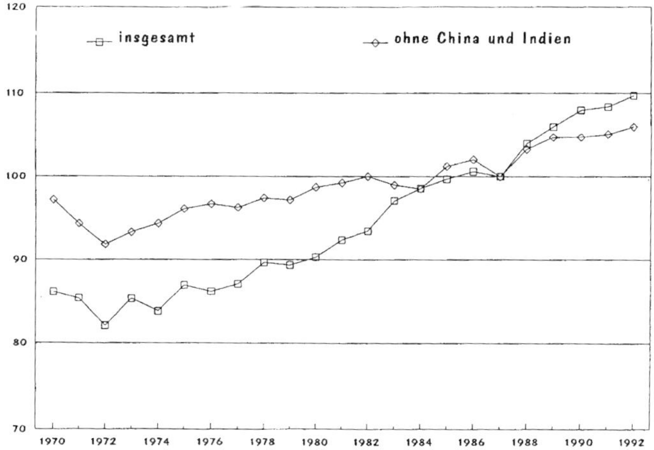

Abb. 1: Entwicklung der Nahrungsmittelproduktion pro Kopf der 25 bevölkerungsreichsten Entwicklungsländer 1970 - 1992 [1987 = 100]

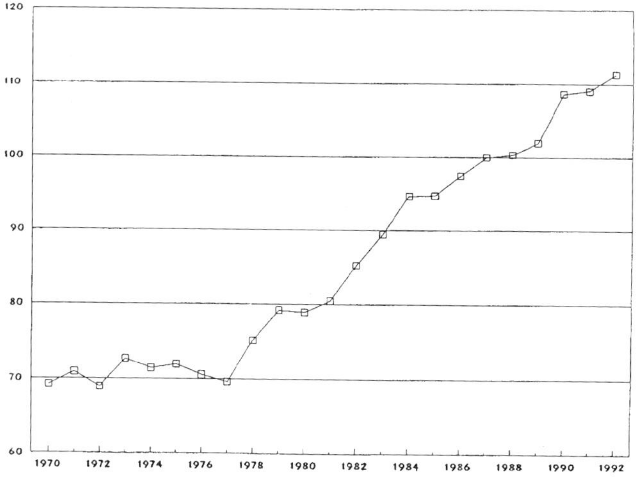

Abb. 2: Entwicklung der Nahrungsmittelproduktion pro Kopf in China 1970 - 1992 [1987 = 100]

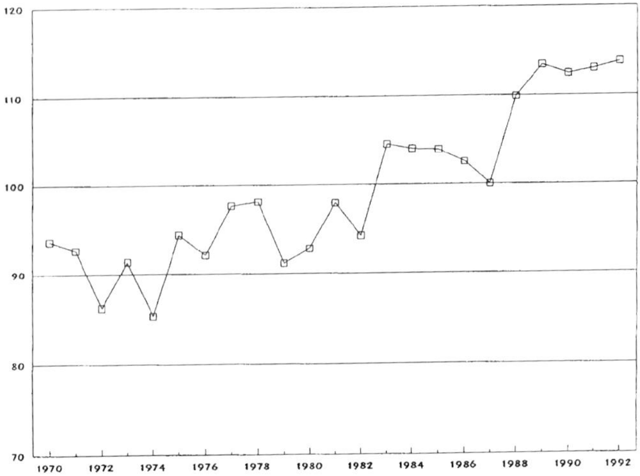

Abb. 3: Nahrungsmittelproduktion pro Kopf in Indien 1970 - 1992 [1987 = 100]

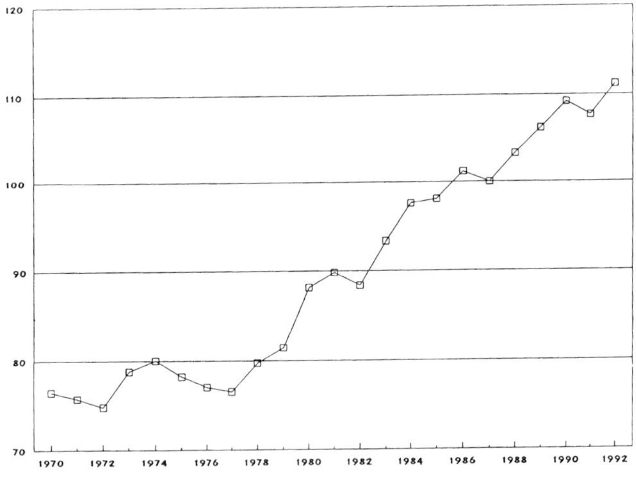

Abb. 4: Nahrungsmittelproduktion pro Kopf in Indonesien 1970 - 1992 [1987 = 100]

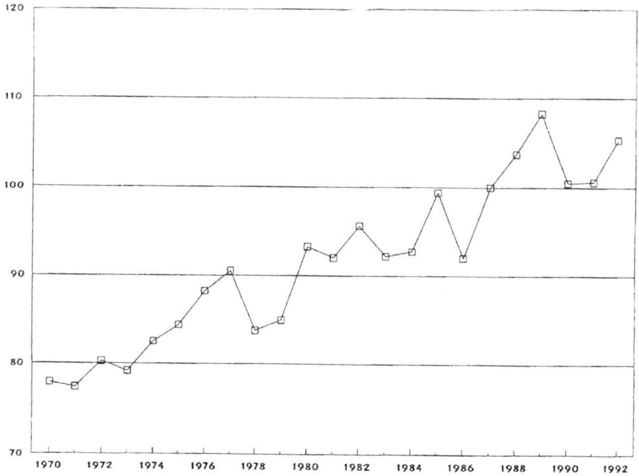

Abb. 5: Nahrungsmittelproduktion pro Kopf in Brasilien 1970 - 1992 [1987 = 100]

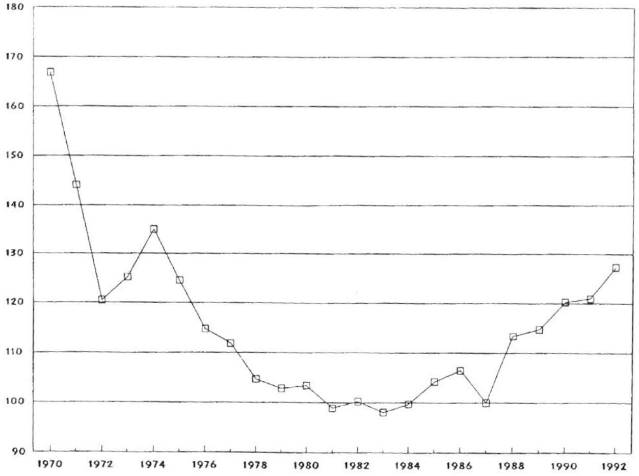

Abb. 6: Nahrungsmittelproduktion pro Kopf in Nigeria 1970 - 1992 [1987 = 100]

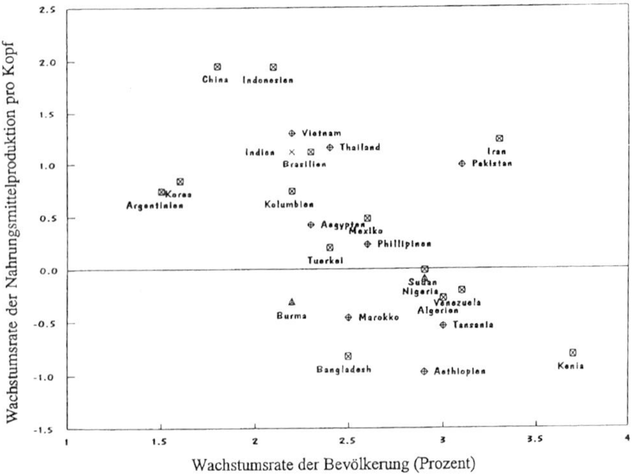

Abb. 7: Zusammenhang zwischen den durchschn. jährl. Wachstumsraten der Bevölkerung und der Nahrungsmittelproduktion pro Kopf in den 25 bevölkerungsreichsten Entw.-Ländern 1966-1992

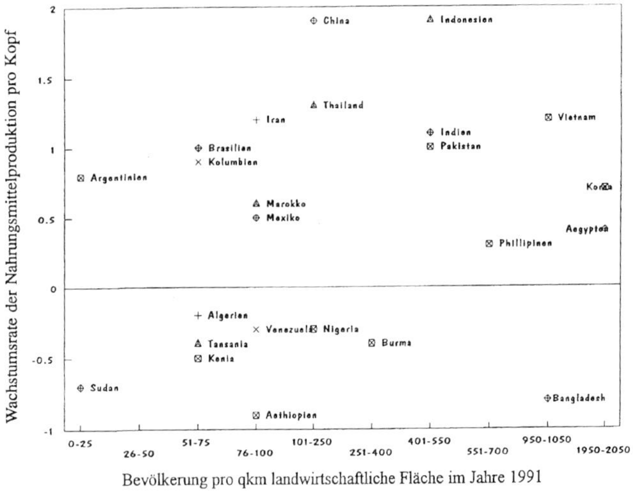

Abb. 8: Zusammenhang zwischen Bevölkerungsdichte und der durchschn. jährl. Wachstumsrate der Nahrungsmittelproduktion pro Kopf in den 25 bevölkerungsreichsten Entw.-Ländern 1966 - 1991

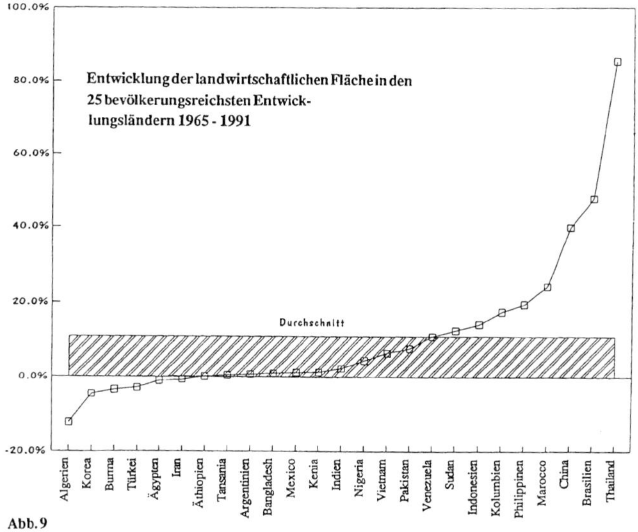
100.0%
80.0%
60.0%
40.0%
20.0%
0.0%
-20.0%
Entwicklung der landwirtschaftlichen Fläche in den 25 bevölkerungsreichsten Entwicklungsländern 1965 - 1991
Durchschnitt
Algerien
Korea
Burma
Türkei
Ägypten
Iran
Äthiopien
Tansania
Argentinien
Bangladesh
Mexico
Kenia
Indien
Nigeria
Vietnam
Pakistan
Venezuela
Sudan
Indonesien
Kolumbien
Philippinen
Marocco
China
Brasilien
Thailand

Abb. 9

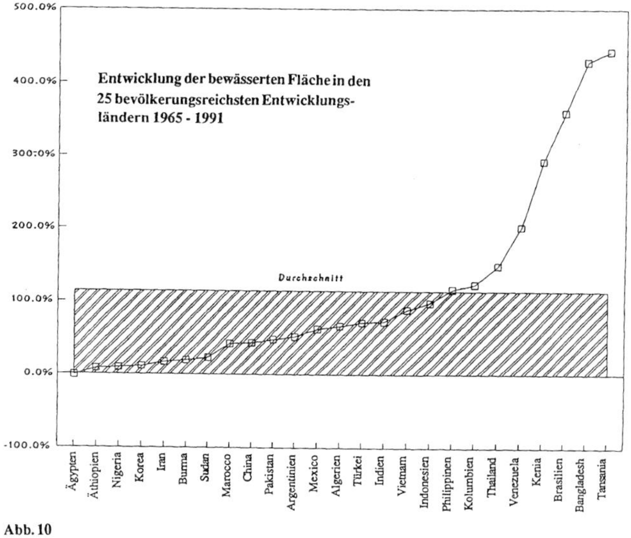
500.0%
400.0%
300.0%
200.0%
100.0%
0.0%
-100.0%
Entwicklung der bewässerten Fläche in den 25 bevölkerungsreichsten Entwicklungsländern 1965 - 1991
Durchschnitt
Ägypten
Äthiopien
Nigeria
Korea
Iran
Burma
Sudan
Marocco
China
Pakistan
Argentinien
Mexico
Algerien
Türkei
Indien
Vietnam
Indonesien
Philippinen
Kolumbien
Thailand
Venezuela
Kenia
Brasilien
Bangladesh
Tansania

Abb. 10

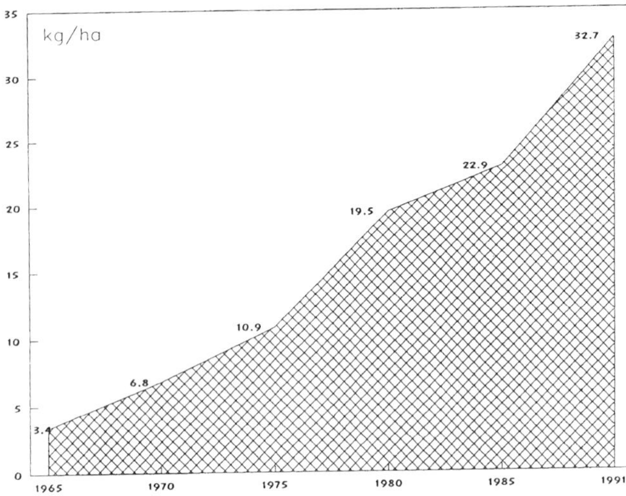

Abb. 11: Der durchschnittliche Düngemittelverbrauch pro Hektar in den 25 bevölkerungsreichsten Entwicklungsländern (Mittelwert gewichtet nach landwirtschaftlicher Nutzfläche)

Abb. 12: Wachstum der Bevölkerung und der landwirtschaftlich genutzten Fläche in den 25 bevölkerungsreichsten Entwicklungsländern 1965 - 1991

Abb. 13: Wachstum der Bevölkerung und der bewässerten landwirtschaftlichen Fläche in den 25 bevölkerungsreichsten Entwicklungsländern 1965 - 1991

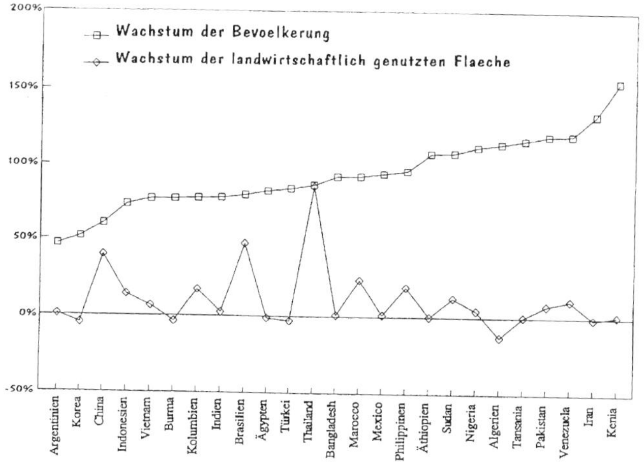
200%
150%
100%
50%
0%
-50%
Wachstum der Bevoelkerung
Wachstum der landwirtschaftlich genutzten Flaeche
Argentinien
Korea
China
Indonesien
Vietnam
Burma
Kolumbien
Indien
Brasilien
Ägypten
Türkei
Thailand
Bangladesh
Marocco
Mexico
Philippinen
Äthiopien
Sudan
Nigeria
Algerien
Tansania
Pakistan
Venezuela
Iran
Kenia

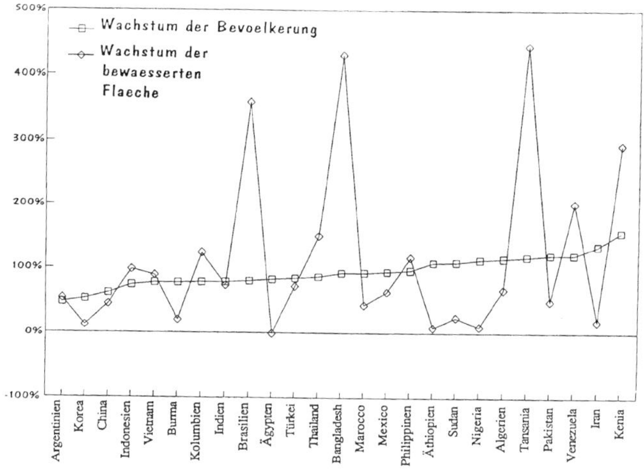
500%
400%
300%
200%
100%
0%
-100%
Wachstum der Bevoelkerung
Wachstum der bewaesserten Flaeche
Argentinien
Korea
China
Indonesien
Vietnam
Burma
Kolumbien
Indien
Brasilien
Ägypten
Türkei
Thailand
Bangladesh
Marocco
Mexico
Philippinen
Äthiopien
Sudan
Nigeria
Algerien
Tansania
Pakistan
Venezuela
Iran
Kenia

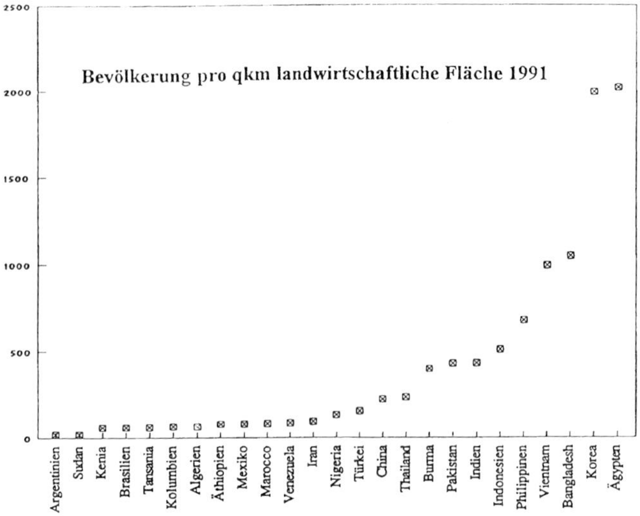
Bevölkerung pro qkm landwirtschaftliche Fläche 1991
2500
2000
1500
1000
500
0
Argentinien
Sudan
Kenia
Brasilien
Tansania
Kolumbien
Algerien
Äthiopien
Mexiko
Marocco
Venezuela
Iran
Nigeria
Türkei
China
Thailand
Burma
Pakistan
Indien
Indonesien
Philippinen
Vietnam
Bangladesh
Korea
Ägypten

Abb. 14

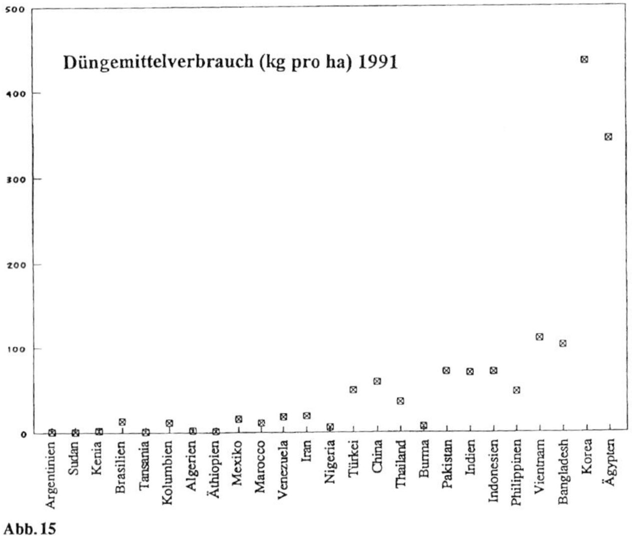
Düngemittelverbrauch (kg pro ha) 1991
500
400
300
200
100
0
Argentinien
Sudan
Kenia
Brasilien
Tansania
Kolumbien
Algerien
Äthiopien
Mexiko
Marocco
Venezuela
Iran
Nigeria
Türkei
China
Thailand
Burma
Pakistan
Indien
Indonesien
Philippinen
Vietnam
Bangladesh
Korea
Ägypten

Abb. 15

Aussprache (Steinmann)

Leitung: Winfried Kluth

Dr. Sergio C. Martinez: Wenn Ökonomen wie Lord Bauer und Sie sagen, mit der Bevölkerung habe die Wirtschaftsentwicklung oder die Entwicklung der Nahrungsmittelproduktion pro Kopf nichts zu tun, denkt man unwillkürlich, da sei halt irgendein Trick dabei, den man nicht verstanden hat, der aber die theoretische Aussage erlaube, das eine habe mit dem anderen nichts zu tun. Irgendeine Abhängigkeit gebe es selbstverständlich doch. Ich gebe zu, daß es mir auch so ergangen ist.

Ich bin Physiker und nun sehr davon angetan, wie klar Sie, Herr Steinmann, anhand Ihrer Grafiken gezeigt haben, daß die *Nichtkorrelation* tatsächlich bedeutet: *keine Korrelation*, und eben nicht: *irgendein Zusammenhang*. Herzlichen Dank.

Dr. Andreas Reimann: Aber der Düngemittelverbrauch ist mit dem Bevölkerungswachstum korreliert. Und mit dieser Feststellung dürften Sie dem von Ihnen so genannten Alarmismus Nahrung geben. Oder ist das vielleicht nur eine eher deutsche Sicht der Dinge? Wie ist es wirklich: Was bedeutet mehr Düngemittelverbrauch? Ist das per se schlecht? Wie ist das mit den ökologischen Folgen?

Dazu noch die Frage, wie es sich mit der Umwandlung ökologisch hochwertiger Flächen in landwirtschaftliche Nutzflächen verhält. Wäre das die Alternative? Ist ein solcher Prozeß auch mit dem Bevölkerungswachstum korreliert? Häufig hört man ja das Argument: Das Bevölkerungswachstum gefährdet ökologisch hochwertige Flächen, etwa den Regenwald. Obwohl dann die Flächen eigentlich landwirtschaftlich nicht gut genutzt werden können, sind sie andererseits aber für die globale Ökologie so gut wie unverzichtbar. Oder man hört: Das Bevölkerungswachstum gefährdet Wüstenrandvegetationen, was dann zu fortschreitender Versteppung und Ausbreitung der Wüste führe.

Steinmann: Gezeigt habe ich einen Zusammenhang des Mehrverbrauchs von Düngemitteln mit der Bevölkerungs*dichte*, nicht aber mit der Bevölkerungswachstumsrate. Aber beide letzteren haben ja schon etwas miteinander zu tun.

Die große alte Dame der Agrarökonomie, die Dänin Ester Boserup, hat schon 1965[1] eine direkte Korrelation zwischen Bevölkerungsdichte und Intensität der Landnutzung aufgezeigt. Die notwendige Bodenqualität vorausgesetzt, werde die Intensivierung auch durch verbesserten Marktzugang vorangetrieben, das heißt durch höhere Agrarpreise und Bodenrenditen. Städte fördern die Agrarintensivierung. Bei nicht genügend Menschen ist die Intensivierung - etwa durch Bewässerung - gar nicht möglich. Düngemittel sind ja nur ein Faktor der Intensivierung. Die dann interessante Frage ist, ob mit der Steigerung der Hektarerträge auch die Erträge je Arbeitseinsatz, also die Produktivität steigt. Und da zeigt sich, daß Produktivitätssteigerung nur unter Einsatz arbeitssparender Technologie möglich ist. Diese Zusammenhänge haben Ester Boserup bereits vor 30 Jahren veranlaßt, die Thesen von Malthus auf den Kopf zu stellen. Nach Malthus begrenzt die landwirtschaftliche Produktion das Bevölkerungswachstum. Nach Boserup ist es gerade der Druck einer wachsenden Bevölkerung, der die landwirtschaftliche Produktion technisch revolutioniert und die Erträge wie die Produktivität steigert.

Sämtliche Entwicklungsländer zusammen haben zwischen 1966 und 1985 ihre Ernährungssituation pro Kopf um 0,4-0,5 Prozent jährlich verbessert. Sie verbesserte sich auch zwischen 1986 und 1995, aber mit einem geringeren jährlichen Wachstum. Die gezeigten Steigerungen der Nahrungsmittelproduktion (vgl.

[1] Ester BOSERUP, *The conditions of Agricultural Growth. The Economics of Agrarian Change under Population Pressure*, Chicago 1965.

Abb. 1-6) sind sämtlich aus Weltbanktabellen entnommen. In China wuchs die landwirtschaftliche Produktion besonders kräftig, nämlich seit 1970 um 50 Prozent; ähnlich, wenn auch nicht ganz so stark, in Indien. Heute importiert Indien nur noch 1 Prozent der Nahrungsmittel, die es 1968 einführte, ist also heute praktisch autark. Nur in Afrika (vgl. Abb. 6: Nigeria) ist die Entwicklung auch rückläufig gewesen. Dafür mag es manche Gründe geben, nur nicht den einer "Überbevölkerung", denn in Afrika handelt es sich nicht um bevölkerungsreiche Länder.

Ob ich den Düngemittelverbrauch für per se schlecht halte? Ich halte Düngemittel nicht für unbedingt negativ. Im Durchschnitt der Entwicklungsländer beträgt der Verbrauch um 32 kg pro Hektar (vgl. Abb. 11 u. 15). Das sehe ich nicht als dramatisch an.

Zur Umwandlung ökologisch hochwertiger Flächen in landwirtschaftliche Flächen: Ich weiß nicht, ob das auf der Welt in großem Umfang stattfindet. Ich würde es eher bestreiten. Aber wenn es stattfindet, dann hängt das eigentlich nicht mit Bevölkerungswachstum zusammen. In Brasilien wächst die Bevölkerung in Sâo Paulo und Rio de Janeiro. Wenn Sie mich fragen, was in Brasilien die Umwandlung von Böden fördert, dann würde ich wohl erstens Baumfällen nennen, sei es für Holzwirtschaft oder als Rodung, und zweitens die großen Ländereien im Süden, die sehr konzentriert sind in der Hand weniger. Die Eigentumsverhältnisse und der kaum oder schlecht genutzte Großgrundbesitz treiben die Kleinbauern in den Norden.

Dr. Werner Schmidt: Soeben habe ich mit einem Studenten gesprochen, den Sie nicht überzeugt haben. Ich habe ihn gebeten, seinen Widerspruch laut zu äußern, offenbar vergeblich. Ich übernehme daher die Rolle: Wir leben in der Einen Welt. Wenn wir diese gute Einsicht ernst nehmen, können wir nicht tatenlos zusehen, daß die Fehler, die wir in Deutschland gemacht, aber inzwischen als Fehler erkannt haben, nun im globalen Maßstab weiter gemacht werden. Deutschland war einmal ein durchgehend bewaldetes Land, in dem mit zunehmender Überbevölkerung dann ein regelrechter Kahlschlag veranstaltet wurde. Und das wiederholt sich nun weltweit in allen möglichen Ländern...

Steinmann: Deutschland war ein bewaldetes Land, da haben Sie recht. Es ist zwar immer noch ein bewaldetes Land, aber es wurde gerodet. Aus Gründen des Bevölkerungswachstums, keine Frage. Meine Frage: War das schlecht? Sie kommen mit Wertungen. Sie sprechen auch von Überbevölkerung, hier bei uns. Wer ist denn konkret zuviel? Vielleicht Sie? Oder ich? Einen objektiven Maßstab für eine Überbevölkerung gibt es in keiner Weise. Über- oder Unterbevölkerung sind rein moralische Wertungen und nichts anderes. Was Sie jetzt eigentlich tun, ist versuchen, mir und anderen Ihre Wertung aufzuoktroyieren.

Malthus hat vor 200 Jahren argumentiert, England sei überbevölkert. England hatte damals 9 Millionen Einwohner. Nun frage ich Sie: Waren diese 9 Millionen damals glücklicher als die 50 Millionen im heute dann wohl hoffnungslos überbevölkerten England?

Sicherlich wird heute irgendwo auch ein Urwald abgeholzt wegen des Bevölkerungswachstums. Obwohl das aus diesem Grund nach meiner Ansicht noch in den wenigsten Gebieten passiert. Aber selbst wenn es passiert, dann ist doch zu fragen: Was ist wichtiger? Die Welt ist immer im Übergang. Immer geht irgendwo etwas unter, und immer wächst irgendwo etwas. Wir haben dann ganz klar ethisch zu fragen: Was ist wichtiger? Unsere Urteile mögen verschieden ausfallen, aber wir sollten uns schon auch einmal fragen, ob der Mensch ausschließlich als Umweltproblem zu bewerten ist. Und wenn wir dabei ehrlich sind, müßte ich eigentlich mich fragen, ob ich, und müßten Sie sich fragen, ob Sie das Umweltproblem sind. Bei diesen Fragen angekommen, bin ich schnell mit meinem indischen Nachbarn, Herrn Gireesan, einig.

Hans Thomas: Großbrandrodungen, die die Presse häufiger anprangert, vielleicht auch manchmal unverhältnismäßig hochspielt, kann man gewiß nicht gutheißen. Daß sie landwirtschaftlich wenig bringen, hört man immer häufiger. Daß zu den

Hauptgründen der Mangel an geregelten Eigentumsrechten und politischen Prioritäten gehört - nicht nur international erzwungenen, sondern im Sinne nationaler Interessen -, sagen immer mehr Fachleute. Was offenbar vor allem fehlt, ist ein Konzept für eine vernünftige Forstwirtschaft, die in Regenwaldgebieten zweifellos andere Maßstäbe und Methoden voraussetzt, aber sowohl Arbeitsplätze schafft und Unternehmergewinne erlaubt als auch den Wald erhält. Davon liest man kaum etwas in der Zeitung, umso mehr in Informationsschriften und PR-Papieren von Papierfabriken wie Feldmühle. Und was Deutschland angeht: Deutschland ist mit zunehmender Besiedelung zwar entwaldet worden, aber im 19. Jahrhundert - also gerade im Jahrhundert unserer “Bevölkerungsexplosion” - auch gebietsweise systematisch wieder aufgeforstet worden[2], ein Prozeß, der im Zuge der Stillegung landwirtschaftlicher Flächen weitergeht.

Dr. Horst Eichler: Sie haben von Alarmisten gesprochen, die im rapiden Bevölkerungswachstum der Erde eine Gefahr für deren und der Menschheit Zukunft sehen. Ich bin Geograph und Geoökologe und zähle mich dazu.

Kann und darf der Mensch innerhalb des Ökosystems Erde wirklich nur als eine mittels Pro-Kopf-Indizes zu ordnende und einstufbare statistische Größe begriffen werden, wie dies hier geschieht? Selbst wenn wir mit den derzeitigen biotischen, technischen und mentalen Ressourcen 20 Milliarden Menschen ernähren könnten, was mehr oder weniger unbestritten ist, wo bleibt die Problematisierung des Gesichtspunktes eines menschenwürdigen Daseins und der Lebensqualität einer ins Immense wachsenden Weltbevölkerung; wo die Frage der mit-

[2] Nach dem 30jährigen Krieg war es um die Waldbestände schlecht bestellt, woran sich auch im 18. Jhdt. wenig änderte. Das 19. Jhdt. entwickelte mit zunehmender Verstädterung und Romantik eine "Waldgesinnung" mit Waldpflege, Aufforstungen und forstwirtsch. Überlegungen (Karl Geier, Leopold Pfeil, Karl Kotta), die im späteren öffentl. Forstwesen ihre Fortsetzung finden. Trotz unverhältnismäßig höherer Subvention der Landwirtschaft werden derzeit in Deutschland jährl. 2.000-4.000 ha Waldflächen neugewonnen. [Anm. d. Hrsg.].

menschlichen Solidarität und des Mitleids mit dem heute meist vergessenen, von den Errungenschaften zivilisatorischer Grundversorgung weitgehend ausgegrenzten Fünftel der Menschheit? Nicht die in Pro-Kopf-Quanten berechenbare Zurverfügungstellung der nur existenzsichernden Mindestraten animalischen Fressens und Saufens kann das Maß für die zukünftige Tragfähigkeit der Erde sein, sondern nur das Ermöglichen eines Lebens in Menschenwürde für alle - oder die Universalität der Lebensansprüche, wie es die Vereinten Nationen auszudrücken pflegen, mit einer das Menschsein ermöglichenden Behausung, mit Zugang zu hygienisch einwandfreiem Wasser und vielem anderen mehr.

Mit wohlfeilen Diagrammen die inhumane Alltagsrealität von über einer Milliarde Menschen aus dem akademischen Gesichtskreis auszublenden, grenzt an wissenschaftlichen Zynismus.

Ich höre aus fast allen Beiträgen monokausale Denkansätze heraus und vermisse das vernetzte, das "ökologische" Denken. Wir leben in einem Ökosystem - Erde genannt -, das zwar ein Vielfaches der heutigen Weltbevölkerung tragen, aber nicht auch deren Metabolismus eines in Menschenwürde gelebten Lebens *er*tragen kann. Und unter Menschenwürde verstehe ich nicht die krankhafte Anspruchsbefriedigung der über ihre ökologischen Verhältnisse lebenden sogenannten Industrienationen.

Luft- und Wasserverschmutzung haben neue Krankheitsbilder (besonders Allergien) hervorgerufen, alte, ausgerottet geglaubte Epidemien wieder ausbrechen lassen (Cholera, Pest) und - schlimmer noch - durch diverse schleichende Vergiftungsprozesse (Blei, Benzol) zu weitflächig nachgewiesenen Debilitäts- und Degenerationsphänomenen geführt und damit bereits an der Substanz dessen gezehrt, was den Menschen aus allen Geschöpfen dieser Erde heraushebt: nämlich an der Substanz des menschlichen Geistes - der Krone der Evolution schlechthin.

Ihre Ausführungen, Herr Professor Steinmann, sind beispielhaft für eine monokausal-optimistische Weltsicht. Zu jedem Punkt gäbe es Anmerkungen anzubringen und Vernetzungsketten aufzuzeigen.

Wie es laut Professor Dumont nicht *die* Weltbevölkerung gibt, so gibt es nicht *die* Erde im physikalischen Sinn, sondern nur Areale unterschiedlicher Natur- und damit Ressourcen-Ausstattung. Die potentiellen Agrarflächen innerhalb eines nachhaltig funktionieren sollenden Ökosystems Erde sind seit vielen Jahren mehr oder wenigerausgereizt. Nur runde 12 Prozent unserer Festlandflächen eignen sich zum intensiven Anbau. Mehr ist sowohl aus physischen als auch aus ökologischen Gründen nicht machbar. Weltweit sind 47 Prozent der nichtbewässerten und 30 Prozent der bewässerten Ackerflächen, aber auch 73 Prozent aller Weideflächen von Desertifikationserscheinungen betroffen.

Zur Zeit der "Grünen Revolution" hat eine Tonne Kunstdünger im Getreidebau noch einen Mehrertrag von 9 Tonnen Erntegut erbracht. Dieses Verhältnis ist heute auf eins zu eins geschrumpft. Von den Umweltbelastungen durch immer höhere Stickstoffgaben in der Landwirtschaft will ich gar nicht reden. Alle Erntesteigerungen - so überhaupt noch möglich - gehen heute zu Lasten unserer Lebensgrundlagen Wasser, Luft und Boden, der in weiten Gebieten der Erde durch Übernutzung seine Produktionskraft zusehends verliert oder durch die Phänomene der Bodenerosion ökologisch nicht wiedergutzumachende Massenverluste erleidet.

Kein verantwortungsbewußter "Neo-Malthusianer", also keiner der von Ihnen belächelten "Alarmisten", wird sich in seiner pessimistischen Sicht der Dinge auf den simplen, weil monokausal konstruierten Zusammenhang von Bevölkerungswachstum und drohendem Hunger berufen. Die Neo-Malthusianer können sich indessen des ökologisch viel diffizileren, aber deshalb nicht weniger überzeugenden Arguments bedienen, wonach der Metabolismus einer exponentiell wachsenden Weltbevölkerung die Selbstregulierungskraft unseres Ökosystems Erde zu paralysieren und damit auch seinen physischen Zusammenbruch zu bewirken vermag.

Abfall und Umweltverschmutzung sind, auch wenn wir unseren "westlichen" Konsumgewohnheiten abschwören, die Zukunftsgespenster unserer Zivilisation und die auf unsere Zeit hin aktualisierte Gefahr der "malthusianischen Falle". Und jede Milliarde Menschen, die hinzukommt, macht das Zuschnappen dieser Falle wahrscheinlicher.

Dumont: Darf ich als Fachkollege von Ihnen zu Ihrem Statement Stellung nehmen? Ich danke Ihnen für diese Kritik. Sie betrifft mein Gebiet und bietet mir eine willkommene Gelegenheit, im Grundsätzlichen etwas klarzustellen. Die Fragen, die Ihre Ausführungen aufwerfen, sind außerordentlich alte Fragen. Schon Platon und Aristoteles stellten Überlegungen an, die den Ihrigen ganz ähnlich waren, Überlegungen, die den Bevölkerungszuwachs als etwas Schlechtes einschätzen lassen.

In der Geistesgeschichte kommt das Thema im Verlauf der Jahrhunderte immer wieder vor. Besonders lebendig ist es am Ende des 18. Jahrhunderts. Malthus gibt dem nachhaltigen Ausdruck. 1972 ist es das Thema des Club of Rome, mit einem großen Nachteil gegenüber Malthus. Malthus hat eine klare Argumentation formuliert. Beim Club of Rome erschöpft sich alles in einer nur noch technokratischen Betrachtungsweise. Und heute ist diese Angst des Menschen wieder verbreitet. In einer Welt, so scheint es mir, in der die bislang ängstigenden Ideologien keine Abwehr mehr mobilisieren - der Marxismus hat abgedankt -, tritt als dominante Ideologie, die Ängste heraufbeschwört, wieder die neomalthusianische Ideologie auf. Was Sie gesagt haben, ist ähnlich tausendfach im 19. Jahrhundert geschrieben worden. Wie oft wurde behauptet, daß London, die gesamte Londoner Bevölkerung, infolge der Epidemien sterben würde, die mit dem Wachsen der Stadt unvermeidlich ausbrechen würden. Man darf nicht vergessen, daß sich die Bevölkerung Englands im 19. Jahrhundert vervierfacht hat.

Sie haben gewiß tausendfach recht mit Ihrer Sorge um die Umweltqualität. Betrachten wir die Dinge aber nüchtern und objektiv und fragen wir: Welche sind denn heute - zum Beispiel in Europa - die Gebiete mit der stärksten Umweltverschmutzung? Es sind die Industriegebiete der ehemals kommunistischen Gesellschaften. Dort hat man Produktionssysteme mit hoher Umweltbelastung betrieben. Das sind aber keineswegs die dichtest bevölkerten Länder Europas. Im Gegenteil: gerade in den dichtest bevölkerten Ländern Europas hat man die viel saubereren Produktionssysteme geschaffen. Ich sage noch, warum.

Zu den größten Lügen des Jahrhunderts gehört die Behauptung, es habe in den letzten Jahrzehnten eine ständige Verschlechterung der Umweltqualität gegeben. Glücklicherweise hat sich in den letzten Jahrzehnten die Qualität der Umwelt verbessert. Und auf diesem Weg muß man - wohlgemerkt - fortfahren. Täglich setzen wir - und das ist vielleicht noch nicht ausreichend - neue Verfahren in Gang, die eine Verbesserung der Luft- und Wasserqualität und des Lebens in der Stadt erlauben. In den Städten wird allenthalben das Netz der kommunalen Reinigungsdienste dichter. In Frankreich sind die Strände viel sauberer als vor zwanzig Jahren. Man hat Kläranlagen gebaut und die Strandpflege verbessert. In Paris ist die Luftqualität viel besser als vor dreißig Jahren - aus dem gleichen Grund. Man kontrolliert jetzt die Emissionen der Industrie, die Autos blasen weniger Schadstoffe in die Luft, wenn es auch noch immer zuviele sind, und sie verbrauchen nur noch halb soviel Benzin wie vor zwanzig Jahren.

In den Entwicklungsländern ist die Lebensqualität - ob Sie es glauben oder nicht - in den Städten besser als auf dem Land. In der Stadt ist das Trinkwasser besser als auf dem Land. Auch die Hygiene und die Gesundheitsdienste sind besser in der Stadt als auf dem Land. Das alles gehört zu den Gründen für die Landflucht in Entwicklungsländern. Wir machen uns oft Illusionen über die Lebensbedingungen dort auf dem Land.

Warum ist das so? Wie ist diese positive Einschätzung der Stadtentwicklung zu erklären? Aus einem einfachen Grund: weil es die Sorge des Menschen um seine Umwelt gibt. Was die Umweltfragen und die Bewahrung der Qualität der Erde anlangt, gibt es nur zwei Möglichkeiten:

Erstens: Entweder der Mensch unternimmt Anstrengungen, um die Umweltqualität zu verbessern. Dann verbessert er damit seine Lebensqualität: die Lebenserwartung steigt, die Lebensbedingungen werden besser, die Sterblichkeit geringer. Diesbezüglich läßt sich feststellen, daß der Mensch um so mehr Anstrengungen zur Umweltverbesserung unternimmt, je dichter die Besiedelung eines Gebietes ist. In dünn besiedelten Gebieten hingegen haben die Menschen oft den Eindruck, soviel Platz zu haben, daß sie sich um die Umwelt wenig kümmern.[3]

Zweitens: Oder der Mensch leistet nichts zur Umweltverbesserung. Wenn der Mensch in den letzten Jahrzehnten nicht unentwegt an der Verbesserung der Umwelt gearbeitet hätte, wären die Folgen augenfällig: die Sterblichkeit wäre gestiegen, die mittlere Lebenserwartung gesunken, in den Großstädten hätten sich Seuchen ausgebreitet, die gesundheitlichen Bedingungen wären insgesamt schlechter geworden - das genaue Gegenteil von dem, was tatsächlich passiert ist.

Der beste Indikator zur Beurteilung der Umweltqualität ist die Entwicklung der Morbidität und Mortalität. Beide werden Gott sei Dank nach wie vor besser, und zwar weltweit. Die einzigen Länder, wo beide sich verschlechtert haben, sind gerade die Länder, die auf die Umwelt keine Rücksicht genommen haben, vor allem die ehemals kommunistischen Länder, von denen ich insoweit gesprochen habe. Es gibt in der Tat eine direkte Korrelation zwischen der Qualität der allgemeinen Lebensbedingungen und der Kindersterblichkeit. In den Ländern des Ostens hat die Kindersterblichkeit zugenommen, und zwar seitdem sich dort die Wirtschaft verschlechterte und sich infolge unzeitgemäßer Produktionsmethoden die Umweltbelastungen vervielfachten.

Nun zur Hauptsache, um die es in Ihrem Statement geht, zur Menschenwürde: Ich bin ein Verfechter der Menschenwürde. Aus diesem Grund kann ich nicht akzeptieren, daß im Namen einer neomalthusianischen Ideologie eine autoritäre Bevölkerungspolitik in Gang gesetzt wird, die die Menschenwürde nicht achtet.

[3] Erdölpipeline-Schäden mit riesigen erdölverseuchten Flächen in Sibirien, von denen gelegentlich in den Medien berichtet wird, wären selbstverständlich auch in dichter besiedelten Gebieten Rußlands undenkbar, um nur ein Beispiel zu nennen. Sie würden entweder gar nicht auftreten oder sofort entschlossene Maßnahmen zur Schadensbegrenzung auslösen [Anm. d. Hrsg.].

Diese Frage beschäftigt mich, weil die Konferenz von Kairo sie aufgeworfen hat. Denn dort sollte - lt. Entwurf des Aktionsprogramms - eine autoritäre Bevölkerungspolitik etabliert werden. Die Geschichte lehrt aber, daß eine solche Politik die Menschenwürde nicht achtet. Meist haben autoritäre Systeme eine solche Art von Politik, das heißt eine autoritäre Bevölkerungspolitik, zu treiben versucht. Sie muß entschieden zurückgewiesen werden.

Autoritäre Bevölkerungspolitik und Totalitarismus sind nur zwei Seiten einer Medaille, auch wenn manche Leute, die eine solche Bevölkerungspolitik predigen, es gut meinen. Oder, was auch vorkommt, schlecht informiert sind über die Realität in unseren Gesellschaften.

Gireesan: Ich bin Gast in diesem Land und genieße seine Gastfreundschaft. Trotzdem möchte ich zu dieser letzten Auseinandersetzung noch etwas sagen, das vielleicht hart klingt: Wer belastet die Umwelt, die Entwicklungsländer oder die entwickelten Länder?

Wer verbrennt Weizen und sagt dann, man soll weniger Düngemittel brauchen, damit die Ökologie in Ordnung bleibt? Wer hat die Butterberge, während andere an Mangelkrankheiten sterben? Wer wirft den Atommüll in die Ozeane? Dieselben Leute sitzen da und sagen zu uns, wir dürften keine Düngemittel verwenden. Wir benutzen diese Mittel, um am Leben zu bleiben. Aber wieviele Produkte werden gemacht, die nur westlichem Luxus dienen? Wer benutzt die Pestizide? Wer verursacht die Ozonlöcher? Das sind die gleichen Leute, die zu uns sagen, wir sollten unsere Familien beschränken, die die Ökologie nur belasten, um weiterleben zu können. Ein europäischer Bürger belastet, wie man errechnet hat, das Ökosystem hundertmal, ein amerikanischer zweihundermal mehr als ein Mensch in Indien oder Afrika. Wer also, wenn schon, sollte die Familie beschränken?

Schmid: Es ist vollkommen richtig, daß der Norden ökologisch über seine Verhältnisse lebt. Dieser Streit ist bereits bei der

Weltbevölkerungskonferenz 1974 in Bukarest aufgebrochen. Solange man im Norden zwei Autos fährt, lautete die Antwort, brauchen wir im Süden nicht die Geburtenzahl zu beschränken.

Aber wie sieht momentan die Welt aus? Der Norden erwirtschaftet auch 80 Prozent der Weltproduktion und dominiert die Welthandelsströme. Was leistet der Norden nicht alles für die Existenz des Südens! Die Herausforderung ist so enorm, daß ich mir nicht vorstellen kann, wie wir uns schlagartig in vorindustrielle Idylliker zurückverwandeln wollen. Da würde der Globus auch draufgehen. Wer senkt im Westen die Lebenshaltungskosten, die dann weniger Einkommen und Konsum rechtfertigen?! Zu diesem Vorsichtsdenken müssen wir uns durchringen. Wenn wir es vernünftig und beharrlich handhaben, tragen wir schrittweise zur Lösung unserer Aufgaben bei.

Josef Schmid

Deutschland und Europa im Bevölkerungsdilemma
Demographische Trends und soziale Folgen

Wenn heute, wie bei der Weltbevölkerungskonferenz in Kairo, allgemeine demographische Trends beschworen werden, ist besonders von den derzeit jährlich zusätzlich zu erwartenden über 90 Millionen Menschen die Rede. Von diesen werden ca. 80 Millionen in Entwicklungsländern geboren. Demnach gäbe es Bevölkerungsprobleme also nur in der Dritten Welt.

Bei einer umfassenden Information über die Lage der Weltbevölkerung muß allen Ernstes betont werden, daß auch die moderne Welt (der Westen wie der europäische Osten) einem Bevölkerungsproblem entgegengeht, bei dem die demographischen Indikatoren nur in eine andere Richtung weisen.

Bevölkerungsproblem heißt, daß die Bevölkerungsbewegung Tendenzen unterliegt, die laufend oder in absehbarer Zukunft Wirtschaft und Sozialsysteme zusätzlich belasten, und daß aus diesem Grund mitunter schmerzhafte Einschnitte in Regierungs- und Umverteilungspraxis vorgenommen werden müssen, die die Lebenseinstellung und Lebensführung der Individuen berühren. Zum Bevölkerungsproblem gehört noch, daß der Ausgang dieser Krise nicht klar vorherzusehen ist, weil Bevölkerung der am schwersten handhabbare Politikgegenstand ist (so daß manche meinen, sie könne vielleicht gar keiner sein); Bevölkerung als Politikgegenstand zwingt zu unkonventionellen Instrumenten und zur Umpolung der Ressourcen, was seine Zeit braucht. In dieser Zeit jedoch wirken die abzuwehrenden Bevölkerungstrends weiter. Was die Ungewißheit über den Ausgang einer

Bevölkerungskrise betrifft, kennt die Weltbevölkerung heute zwei krasse Fälle: der eine ist Schwarzafrika, dessen Probleme nach Expertenmeinung kaum vor Ende des kommenden Jahrhunderts zu lösen sein werden; der zweite Fall - wir müssen es allmählich zur Kenntnis nehmen - ist, mit einem Schuß Ironie gesagt, das "demographisch überentwickelte" Westeuropa.

Geschichtlicher Überblick

Wir können die derzeitige deutsche Bevölkerungsstruktur als Entwicklungsergebnis betrachten, das über sein Ziel hinausgeschossen ist. Denn die soziale Entwicklung sollte nur von hoher Sterblichkeit und großer Kinderschar befreien und auf ein neues niedriges Niveau beider demographischer Ereignismassen führen, zu einem neuen modernen Gleichgewicht also von Sterblichkeit- und Geburtenniveau. Diese Entwicklung - demographischer Übergang genannt - vollzieht sich in vier Phasen:

1. Sterblichkeit und Geburten haben beide hohes Niveau, wobei Geburten als Sterbeprophylaxe von Kindern gesehen werden und daher höher liegen als die Sterbefälle.
2. Sterblichkeit sinkt, Geburten bleiben hoch.
3. Sterblichkeit sinkt weiter, Geburten sinken nach.
4. Sterblichkeit hat Talsohle erreicht, Geburten folgen und "bleiben" ebenfalls auf niedrigem Niveau.

Da zeigte Deutschland (damals noch in beiden Teilen) eine fünfte Phase: die Geburten blieben nicht auf niedrigem Bestandserhaltungsniveau (ca. 2 Kinder pro Familie), sondern sanken weiter ab (ab 1973) und ersetzen damit die Elterngeneration zu nur zwei Dritteln (vgl. Abb. 1).

Geburtenzahlen sind nur über einen Lernprozeß zu mindern, der erst bei der jeweils nachwachsenden Generation greift: Zur Vollendung des demographischen Übergangs bedurfte es drei bis vier Generationen. Erst dann ließen sich alle familienbezogenen Schlußfolgerungen aus den veränderten Verhältnissen ziehen. Zur Senkung der Kinderzahlen gab und gibt es wichtige Anlässe:

- Die Ausbildungskosten werden für Eltern spürbar und unumgänglich.
- Ein Bedeutungsverlust der Landwirtschaft und der helfenden Kinderhände im bäuerlichen und kleinhandwerklichen Milieu setzt ein.
- Die Kindersterblichkeit sinkt, immer mehr erreichen das Erwachsenenalter; die Sterbevorsorge-Geburten können unterbleiben.
- Die Berufstätigkeit der Frau stärkt das Familieneinkommen, was ein zu zahlreicher Nachwuchs verhindern würde. Mit sozialen Fortschritten entstehen Alternativen zum Familienleben. Die Familie büßt ihre zentrale Stellung als Lebens- und Arbeitsziel ein. Staatliche und öffentliche Einrichtungen übernehmen immer mehr einstige Familienfunktionen.

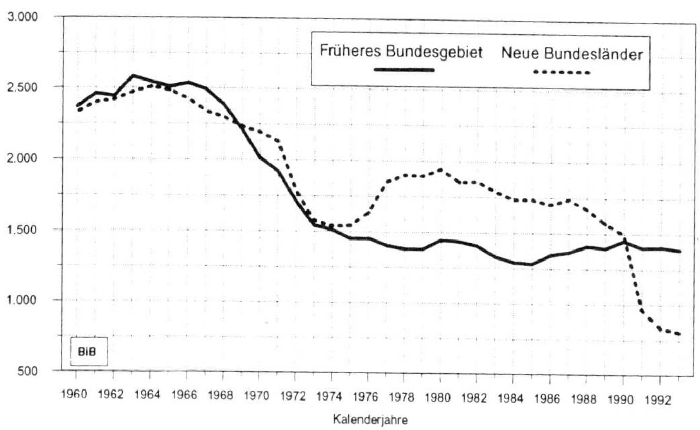

Abb. 1: Zusammengefaßte Geburtenziffern in beiden Teilen Deutschlands 1960-1993. Quelle: Statistisches Bundesamt.

Entscheidend sind spürbare Verbesserung der Lebensverhältnisse der Eltern und greifbare Zukunftsaussichten für Kinder, wenn sich beide mit der Begrenzung der Kinderzahl verbinden und einsichtig machen lassen.

Der gewaltige, drei bis vier Generationen dauernde Vorgang der Geburtensenkung hat sich dann verselbständigt: Der "Lernprozeß" Geburtenbeschränkung hat offenbar zu gut und dauerhaft angeschlagen.

Nun war Deutschland nur ein Vorläufer; alle modernen Bevölkerungen stehen unter einem Gesetz des Bevölkerungsrückgangs - von verschieden hohen Niveaus aus. Manche wollten schon gegen den Geburtenrückgang am Ausklang des demographischen Übergangs - in der Zwischenkriegszeit - etwas unternehmen, (Frankreich, Italien, Schweden); manche halten sich gut mit ihrer Geburtenzahl: England (ohne nennenswerte Maßnahmen), Frankreich (mit starker Familienpolitik), Schweden (mit starker Förderung der Mutterschaft). Wiederum andere haben ein niedrigeres Geburtenniveau als Deutschland - auch solche, von denen man es am wenigsten erwartet hätte: Italien, Spanien, Griechenland.

Das europäische Bevölkerungsdilemma

Moderne Bevölkerungen stehen also unter zwei ausgeprägten Tendenzen:

- zum einen mindert seit Beginn der 70er Jahre ein *anhaltender Geburtenrückgang* die Jugendjahrgänge. In Deutschland und Österreich ersetzt sich schon die Elterngeneration seit zwei Jahrzehnten nur noch zu zwei Dritteln, in Italien seit einem Jahrzehnt, in Spanien seit kurzem;
- außerdem unterliegen die modernen Bevölkerungen einem *beschleunigten Alterungsprozeß*, der sich schon anteilsmäßig aus dem Jugendschwund ergibt; dann aber auch absolut durch weiter steigende Lebenserwartung in den Altenjahrgängen. Die 75- bis 100jährigen sind die einzigen Altersgruppen, die in modernen (westlichen) Bevölkerungen noch wachsen.

Das moderne Europa muß sein Hauptaugenmerk auf zwei Politikbereiche richten: Die *Produktivität* seiner Wirtschaft, die auf wissenschaftlich-organisatorischer Höhe gehalten werden muß

(Stichwort: Innovationswettbewerb) und den *Sozialstaat*, nach dem Generationen ihre Lebenspläne ausrichten und dem immer mehr Leistungen abverlangt werden. Diesen Aufgaben hat Europa verstärkt nachzukommen, auch wenn seine Bevölkerungsstruktur altert und schrumpft.

Zur demographischen Lage im vereinten Deutschland

Die demographische Situation Deutschlands wird regelmäßig vom Bundesinstitut für Bevölkerungsforschung erfaßt (zuletzt in der Zeitschrift für Bevölkerungswissenschaft, Heft 1/93-94)[1]; die Bundesregierung beantwortet seit der Weltbevölkerungskonferenz von Bukarest 1974 (zur Kontrolle des "Weltbevölkerungsaktionsplans") die Umfragen der UN zur Bevölkerungssituation ihrer Mitgliedsstaaten. Sie legte außerdem den Länderbericht vor der Konferenz in Kairo vor. Ich beschränke mich auf zentrale demographische Aussagen:

Erstens: Die deutsche Bevölkerung befindet sich - wie bemerkt - im fünften Stadium des demographischen Übergangs, der eigentlich nur vier Stadien zählen soll. Und das bedeutet langfristigen Verlust des demographischen Gleichgewichts, wenig Aussicht auf ausgeglichene Bevölkerungsbilanz, auf Ausgleich von Geburten und Sterbefällen.

Zweitens: Die deutsche Bevölkerung vollzieht die für Westeuropa genannten Trends früher, intensiver und schärfer. Die Folgen des anhaltenden Geborenendefizits und der anwachsenden Altenjahrgänge treffen Deutschlands Arbeitsmarkt und Sozialsystem früher als unsere westlichen und südlichen EU-Nachbarn, die aufgrund des später eingesetzten Geburtenrückgangs noch einen Anpassungszeitraum von einer Generation zur Verfügung haben. Um so mehr wird Deutschland als der Vorläufer ins westliche Bevölkerungsdilemma beobachtet.

[1] G. HULLEN/R. SCHULZ, *Bericht 1993 zur demographischen Lage in Deutschland*, in: Zeitschrift für Bevölkerungswissenschaft. Heft 1, 1993/94, 53-70.

Drittens: Zum Geburtenniveau ist folgendes zu sagen: Wir haben eine Vierteilung, und zwar zwischen Deutschen und Ausländern einerseits und zwischen West- und Ostdeutschen andererseits. Herkunft bzw. kultureller Hintergrund und sozialpolitisches Lebensschicksal sind eindeutig Determinanten der Geburtenhäufigkeit. In allen Vorausschätzungen wird für die Standardvariante eine Gesamtfruchtbarkeit (Kinderzahl pro Frau) von 1,4 oder eine Nettoreproduktion von 0,65 angenommen. Danach würde die deutsche Wohnbevölkerung von derzeit 74,2 Millionen bis 2030 auf 61,9 Millionen zurückgehen. Damit wären 75 Prozent des Menschengewinns durch die Wiedervereinigung aufgezehrt.

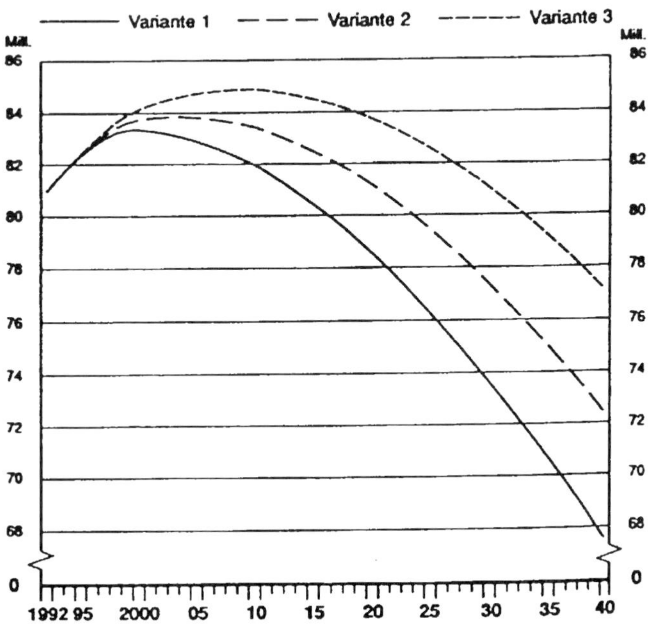

Abb. 2: Bevölkerung 1992 bis 2040. Achte koordinierte Bevölkerungsvorausberechnung Deutschland. (Quelle: Statistisches Bundesamt 94-1-0413)
Variante 1: bei Abnahme der Zuwanderung bis zum Jahr 2000 auf jährl. 100.000; Variante 2: auf jährl. 200.000; Variante 3: auf jährl. 300.000.

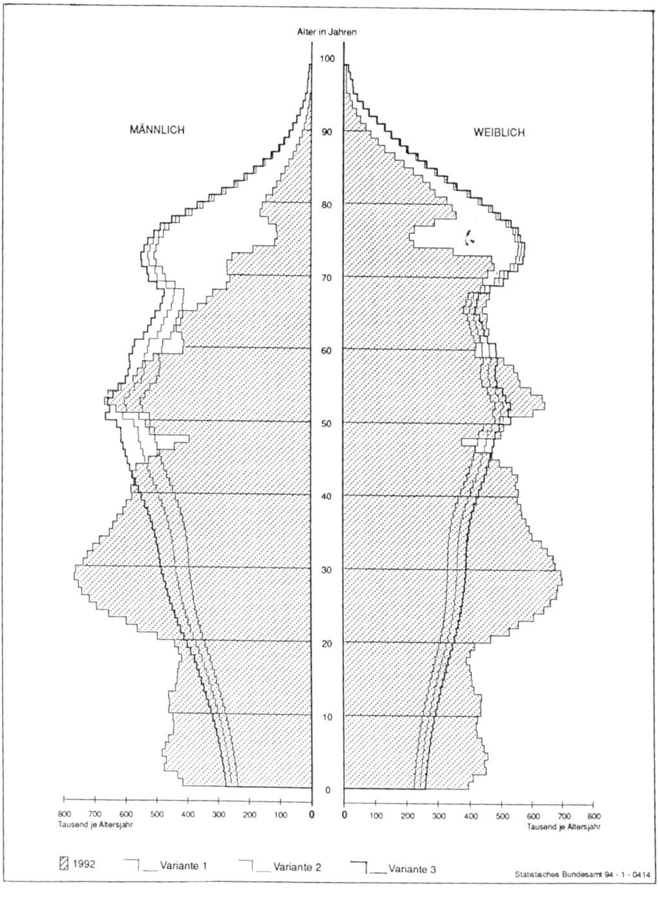

Abb. 3: Altersaufbau der Bevölkerung am 31.12.1992 (schraffiert) sowie 2040 nach Prognose-Varianten (s. Abb. 2) der achten koordinierten Bevölkerungsvorausberechnung Deutschland (Quelle: Statistisches Bundesamt 94-1-0414). Variante 1: innerer Umriß; 2: mittl. Umriß; 3: äußerer Umriß. [Rückg. d. Erwerbsjähr., Zunahme d. Altenjährg.]

Viertens: Die Wanderungen werden in Zukunft für Überraschungen sorgen, so wie sie dies seit 1989 schon tun. Gemäßigte Annahmen (vgl. Abb. 1: ab Jahr 2000 zwischen 100.000 und 300.000 Zuwanderern jährlich) - wohlgemerkt als positiver Wanderungssaldo - werden die Zahl der Ausländer von derzeit über 6 Millionen bis 2030 verdoppeln. Das genaue Bild steht völlig dahin.

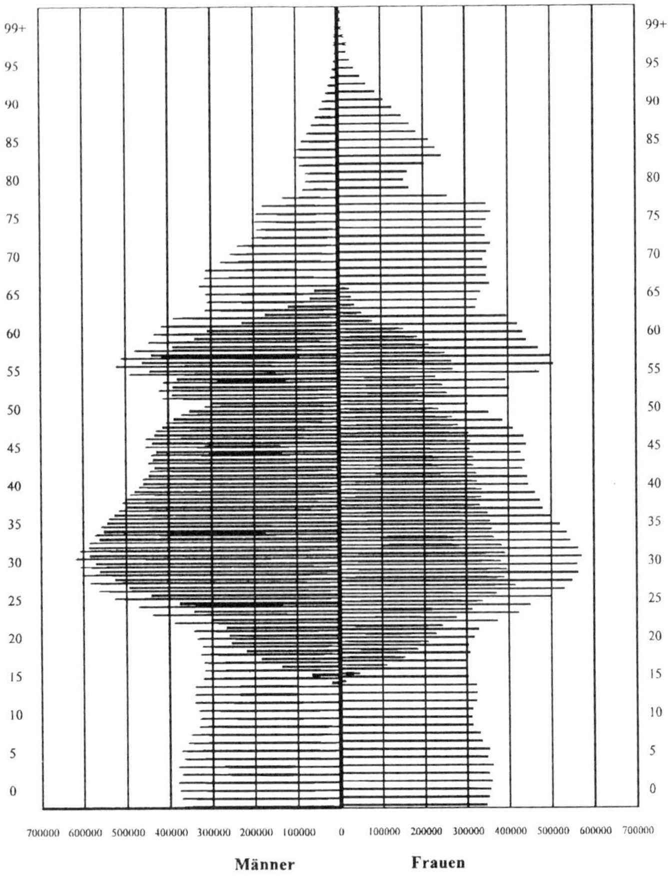

Abb. 4 a: Alterspyramide mit Erwerbspersonen Westdeutschland 1995 (Quelle Statistisches Bundesamt, nach Andreas Heigl)

Es wird zu unterscheiden bleiben zwischen deutscher Zuwanderung, Zuwanderung von EU-Bürgern (ca. 25 Prozent des Ausländeranteils) und Zuwanderung von außerhalb der EU.

Sollte es jemals ein europaweites Einwanderungsgesetz geben, so bestünde seine erste Funktion für Deutschland darin, zwischen humanitärer Menschenaufnahme einerseits und sozioökonomisch bedingter Einwanderung klar zu trennen.

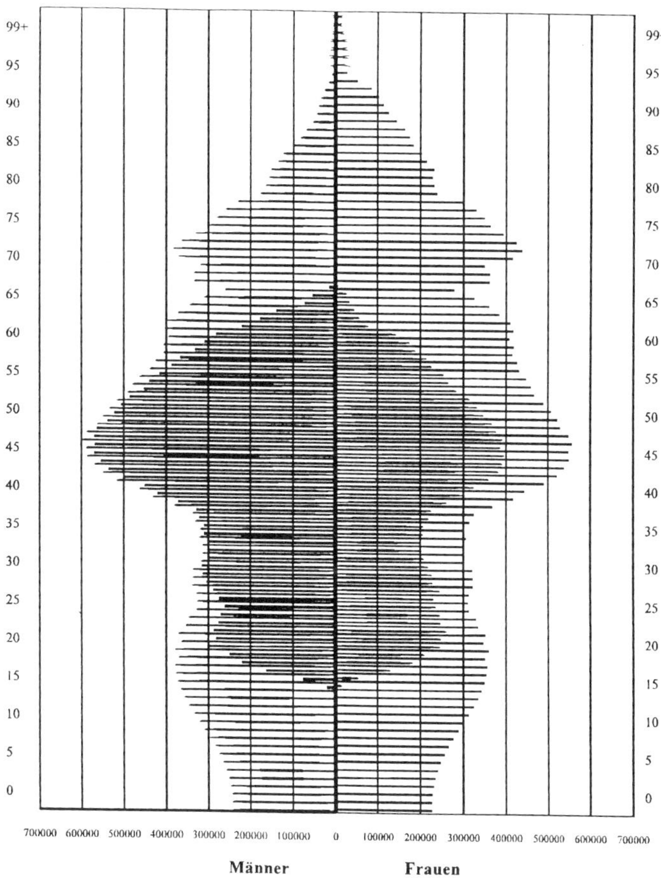

Abb. 4 b: Alterspyramide mit Erwerbspersonen Westdeutschland 2010
(Quelle: Statistisches Bundesamt, nach Andreas Heigl)

Fünftens: An der Veränderung der Altersstruktur wird das "demographische Dilemma" deutlich.

- Die Jugendjahrgänge, die schon von 1965 bis 1972 den schärfsten Einbruch der Bevölkerungsgeschichte erlebt haben (Halbierung!), nehmen nun weiter ab - auf der Basis schmaler gewordener Mütterjahrgänge als zeitverschobene Fortsetzung des Mädchengeburtenrückgangs ab 1965. Die Unter-20jährigen nehmen bis 2030 von 17,3 Millionen (21,5 Prozent) auf 12,7 Millionen (17,1 Prozent) ab. (Vgl. Abb. 3)

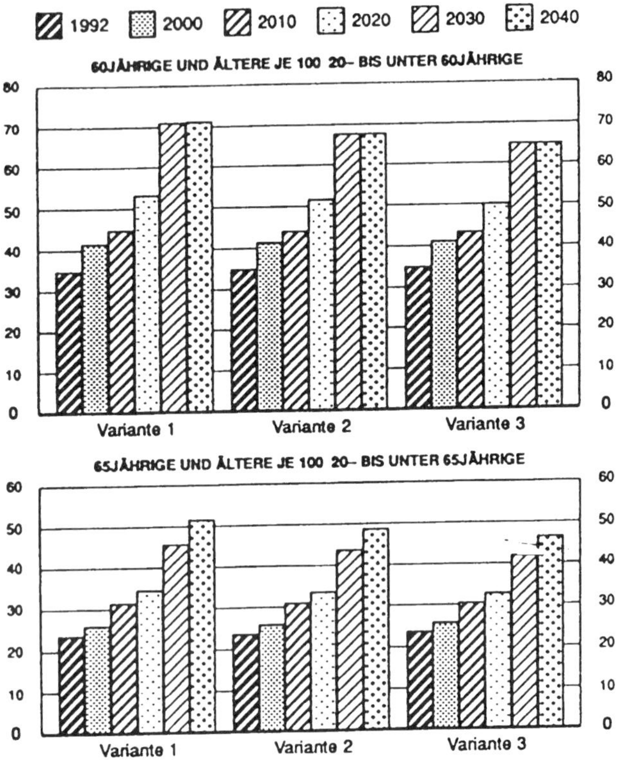

Abb. 5: Altenquotient 1992 bis 2040. Ergebnis der achten koordinierten Bevölkerungsvorausberechnung Deutschland. (Quelle: Statistisches Bundesamt 94-1-0415) [Varianten: s. Abb. 2]

- Die Erwerbsfähigen (20-60) schrumpfen von 46,6 Millionen (58 Prozent) auf 35,9 Millionen (48,6 Prozent) (Abb. 4 gibt den Vergleich 1995/2010 wieder).
- Die Menschen im sogenannten "Rentenalter" (ab 60) steigen von 16,4 Millionen (20,4 Prozent) auf 25,3 Millionen (34,2 Prozent) an. (Vgl. Abb. 5)

Sechstens: Die für das soziale Sicherungssystem bedeutsamen Belastungsquotienten, das Verhältnis abhängiger Jahrgänge (Jung und Alt) zu erwerbsfähigen Jahrgängen (= demographische Version); das Verhältnis der tatsächlich Abhängigen zu tatsächlich Erwerbstätigen (arbeitsmarkt- und sozialstatistische Version), zeigen ein Sinken der Jugendlast und einen Anstieg des Alterslastquotienten.

Hier sind zwei Dinge zu beachten:

- In Hochtechnologiegesellschaften bedeuten schwindende Jugendjahrgänge keinesfalls eine Ersparnis von Jugendkosten, die auf steigende Altenkosten umgelegt werden könnten, vielmehr erhöhte Erziehungs- und Ausbildungskosten und erhöhte soziale Kosten, wenn Teile der Jugend sozial scheitern.
- Bei unverändertem Geburtenniveau ist der steigende Alten(last)quotient nur über die höchste Einwanderungsvariante zu stoppen. Doch ist die Einwanderung eine recht zweifelhafte Lösung. Denn erstens paßt sich der ausländische Teil der Bevölkerung dem Leben und dem generativen Verhalten der Deutschen an und altert zudem - sozialpolitisch gesehen - "rascher", weil er zu zwei Dritteln bis drei Vierteln schon im Erwachsenenalter ankommt. Und zweitens dürften die Integrationsprobleme und Integrationskosten, wenn die Zuwanderer aus Fremdkulturen wie islamischen Ländern kommen, jene Beträge kompensieren, um die sie die Alterssicherung entlasten - was sie auch nur tun, wenn die Zuwanderer in ordentliche, sozialversicherungspflichtige Arbeitsverhältnisse eintreten. (Auch das könnte wiederum nur ein Einwanderungsgesetz garantieren).

Die deutsche Form der Solidargemeinschaft und des "Generationenvertrags" ist bis heute ökonomisch und sozial einzigartig. Dahinter steht aber auch ein leistungsstarkes und dynamisches *Humankapital.* Um es aufrechtzuerhalten, müssen alternde Gesellschaften zu Kompensationen greifen. Zu ihnen gehören die

- Erhöhung der Produktivität und Schulung eines Erwerbspotentials, das darauf abgestimmt ist, daß nur geburtenschwache Jahrgänge ins Erwerbsalter eintreten.
- Erhöhung des Arbeitskräftepotentials durch Manipulieren an der Lebensarbeitszeit (kürzere Ausbildungszeiten, Hinausschieben des Ruhestands), aber auch Einwerbung von mehr Frauen in die Erwerbstätigkeit. Auch durch eine höhere Erwerbsbeteiligung der Frauen kann der Rückgang der Erwerbspersonen lediglich hinausgezögert, aber nicht verhindert werden. Zudem erfordert eine höhere Frauenerwerbstätigkeit unterstützende Maßnahmen bei den Familienlasten, weil sonst die Zahl der Geburten noch weiter absinken dürfte.
- Fortlaufende Technologisierung: Sie dürfte ins Stocken geraten, wenn die Träger der Innovation, die 18- bis 35jährigen, zahlenmäßig einbrechen und die Lust auf "lebenslanges Lernen" der älteren Arbeitnehmer sich in Grenzen hält.
- Einwanderung, falls sich die vorgenannten Methoden erschöpfen, die ohnehin nur Teillösungen bedeuten.

Einwanderung in moderne High-Tech-Gesellschaften muß politisch gesteuert werden, weil mit einer bloß quantitativen Füllung der demographischen Lücke nichts erreicht wäre. Westliche Solidargemeinschaften eignen sich nicht zum Vielvölker-Laboratorium.

Eine Einwanderung, die die Zahl der Erwerbspersonen konstant hält, ist zwar berechenbar, aber realpolitisch kaum umzusetzen. Die Ersetzung männlicher und weiblicher Altersjahrgänge, die gewünschte Nachwuchszahl der Einwanderer, schon um das Einwanderungsquantum der Zukunft zu senken, erfordert ein gesetzlich geregeltes Auswahlverfahren in der Weltbevölkerung, das doch ein Phantasieprodukt bleiben wird. Denn der quantitative Rahmen der Einwanderung müßte sofort mit qualitativen Kriterien präzisiert werden, als da sind: Durchschnittsalter der Einwanderer (möglichst jung), Ausbildungsgrad (möglichst qualifiziert und sprachgewandt) und ethnisch-religiöse Integrierbarkeit.

Fazit: Die europäischen Gesellschaften, vorab Deutschland, müssen ihre inneren Kräfte mobilisieren, um die demographisch bedingten Streßsituationen zu meistern. Zu diesem Zweck müssen sich die Gesellschaften selbst mobil halten, das heißt Verknöcherungen ("Eurosklerose") im Wirtschaftlichen und Sozialpolitischen vermeiden, damit *kompensatorisches Denken und Handeln* Platz greifen kann.

Die demographische Zukunft der Europäischen Union

Die Mitgliedsstaaten der Europäischen Union unterliegen, von unterschiedlichen Niveaus ausgehend, den beschriebenen demographischen Tendenzen. Ohne Öffnung der Einwanderungsschleuse muß die Europäische Union mit folgenden demographischen Entwicklungen rechnen:

- Bleibt eine Einwanderung aus, wird sich in der Europäischen Union die Zahl der Einwohner von derzeit 344 Millionen auf 304 Millionen bis zum Jahr 2040 verringern.
- Eine jährliche Einwanderung in die EU von 1 Million würde bis 2040 eine Einwohnerzahl von 355 Millionen erbringen. Das ist etwas mehr als der Anfangsbestand 1990. Trotzdem setzt sich nach dem Jahr 2030 der Faktor Geborenendefizit auch hier durch und bewirkt ab dann einen Bevölkerungsrückgang.

Die Zahl der Erwerbspersonen von 155 Millionen im Jahr 1990 sinkt unter der Bedingung der angenommenen Geborenendefizite bis zum Jahr 2040 auf 118 Millionen ab. Auch eine Einwanderung von jährlich 1 Million im arbeitsfähigen Alter würde ihr Absinken längerfristig nicht aufhalten.

In einer solchen Situation stellt sich die Frage der Rekrutierung von Humankapital unter besonderen demographischen und ökonomischen Engpässen. Eine Möglichkeit, diese Probleme zu lösen, wäre eine geregelte Einwanderung, die sich an den Bedürfnissen der Aufnahmeländer orientiert. Die gesamte Anzahl von Menschen, die erfahrungsgemäß ankommen würde und müßte, um die demographische Lücke zu schließen, die sich wegen des Rückgangs und der Alterung der Erwerbsfähigen auftut, ist unerwartet hoch: Zwischen 1995 und 2020 läge das Lückenfüller-Quantum jährlich bei rund 500.000 Menschen. Ab 2020 wäre es noch größer, weil dann auch Staaten wie Frankreich und Großbritannien Lücken im Erwerbspotential aufweisen. Würde man alle ausfallenden Erwerbsfähigen ersetzen wollen und die üblichen Familienangehörigen mit einbeziehen, dann würde die heutige EU im Jahr 2040 auf 396 Millionen Menschen, also um 50 Millionen mehr als heute, anwachsen.

Die Einwanderung wäre in jenen Ländern am höchsten, die schon seit den 70er Jahren erhebliche Geborenendefizite kumulieren. Deutschland, das hierfür den Musterfall abgibt, hätte bei seinem Einwanderungsquantum um das Jahr 2040 eine Bevölkerung von rund 90 Millionen, von denen fast ein Drittel Einwanderer und deren Nachkommen wären. In der Europäischen Union insgesamt läge dieser Anteil bei über einem Fünftel. Die soziale Problematik eines solchen Vorgangs ist noch nicht zu übersehen.

LITERATURANGABEN

Bettina SOMMER, *Entwicklung der Bevölkerung bis 2040. Ergebnis der achten koordinierten Bevölkerungsvorausberechnung.* In: Wirtschaft und Statistik 7/1994, 497-503.

Josef SCHMID, *Zuwanderung aus Eigennutz? - Der demographische Aspekt des Einwanderungsbedarfs in den EU-Mitgliedsstaaten.* In: Werner Weidenfeld (Hg.), Das europäische Einwanderungskonzept. Strategien und Optionen für Europa. Gütersloh (Bertelsmann), 1994, 89-124.

Ders. (zusammen mit Detlef Chruscz), *Einwanderungsbedarf in der Europäischen Union* in: Hans-Ulrich Klose (Hg.), Zuwanderung - Möglichkeiten und Grenzen. Forum Demographie und Politik, Heft 5, Februar 1994, 18-45.

Ders., *Die Wanderungsproblematik in Europa.* In: Raumforschung und Raumordnung. 51. Jg., 1993, Heft 5, 287-294.

Ders., *European Population Trends - A Challenge for Societies under Constant Innovation Pressures.* In: Johann Engelhard (Hg.), Ungarn im neuen Europa: Integration, Transformation, Markteintrittsstrategien. Wiesbaden (Gabler), 1993, 35-45.

Gerd HULLEN / Reiner SCHULZ, *Bericht 1993 zur demographischen Lage in Deutschland.* In: Zeitschrift für Bevölkerungswissenschaft. Heft 1, 1993/94, 53-70.

Aussprache (Schmid)

Leitung: Martin Rothweiler

Dr. Andreas Reimann: Ich bin von Ihren Ausführungen überrascht, weil Sie, Herr Professor Schmid, in einer Rezension in der F.A.Z. vom 30.8.1994 schreiben, die Weltengemeinschaft werde China und allen Unermüdlichen, die die endgültige Menschenzahl haben verringern helfen, noch einmal dankbar sein. Nun bin ich mir nicht sicher, ob es die Weltengemeinschaft ist oder ob nicht eher wir es sind, die zuerst unsere Sachen einpacken müssen. Angesichts der Zahlen vom Umweltgipfel in Rio läßt es sich doch nicht mehr durchhalten, den Entwicklungsländern zu sagen: Ihr seid das ökologische Risiko. Wir produzieren doch das Perlon und versenken den Atommüll im Meer. Kann es nicht vielleicht sein, daß unsere europäische Abneigung gegen das Bevölkerungswachstum in den Entwicklungsländern daher rührt, daß wir fürchen, nun plötzlich unseren Lebensstil ändern zu müssen?

Schmid: Änderungen unseres Lebensstils gehen schleichend vor sich. Irgendwie sind wir aber an die Grenzen unseres Lebensstils geraten. Wenn wir der Volksrepublik China oder Indien - das sind zwei Milliarden Menschen - denselben Individualismus verordnen, der bei uns praktiziert und in dem Buch von Meinhard Miegel und Stefanie Wahl[1] beschrieben wird, dann fliegt der Globus endgültig in die Luft. So muß ich Herrn Dr. Eichler[2] zustimmen, wenn er beklagt, daß die Alarmglocke angeschlagen

[1] Meinhard MIEGEL / Stefanie WAHL, *Das Ende des Individualismus - Die Kultur des Westens zerstört sich selbst*, Landsberg/Lech, Verlag Bonn Aktuell 1993, 142.

[2] s. S. 191 ff.

worden ist. Wir haben eine begrenzte Biosphäre. Und das Wissen um ihre Begrenztheit haben wir Malthus zu verdanken. Ich nehme Malthus mehr in Schutz als es gemeinhin geschieht, denn ohne ihn wäre uns weniger bewußt, daß wir auf Grenzen hin leben, auch wenn wir im 19. Jahrhundert Grenzen unserer Lebensräume sehr erfolgreich haben hinausschieben können. Es gibt inzwischen einen milden Malthusianismus, der nicht unbedingt zur totalitären Bevölkerungspolitik führt. Der Alarmismus der 70er Jahre hat eine solche vielfach befürwortet. Die Sterilisierungskampagne des ersten Indira Gandhi-Regimes in Indien folgte einer bevölkerungspolitischen Ungeduld. Ich möchte davor warnen, das malthusische Gedankengut ganz über Bord zu werfen und den Menschen seiner Selbstüberschätzung auszuliefern.

Paul Neuhaus: Sie sagen, daß wir in Deutschland bei gleichbleibender Geburtenrate in den kommenden Jahrzehnten Zuwanderung von jährlich 300.000 bis 700.000 haben müßten, um den Bevölkerungsstand von heute zu halten. Sind nur Arbeitskräfte gemeint oder ist schon berücksichtigt, daß daran auch Familien hängen mit Kindern, die ins erwerbsfähige Alter kommen und sehr wahrscheinlich hier bleiben wollen? Bei dieser Politik zur Schließung der Bevölkerungslücke hätten wir in 15 Jahren einen Ausländeranteil von rund 15 bis 20 Prozent der Bevölkerung. Jetzt haben wir einen gesellschaftlichen Dissens nicht nur in bezug auf Zuwanderung, sondern auch in bezug auf unsere Lebensformen. Wir möchten am liebsten die Lebensarbeitszeit nicht verlängern, die Wochenarbeitszeit verkürzen und die Familienpolitik so weitermachen wie bisher, das heißt möglichst großen Wohlstand schon der jungen Familie, also geringe Kinderzahl. Wir wollen natürlich auch keinen Ausländeranteil haben von 20 Prozent. Die wollen auch alle eine Wohnung. Wir haben keine Wohungen, darin wohnen Singles. Wir wollen natürlich auch keine Ausländerghettos am Rande der Städte. Selbstverständlich wollen wir Ausländer respektieren, sie alle integrieren, aber nicht zu viele Ausländer in einer Schulklasse haben, und wir wollen unseren Kulturkreis erhalten wissen.

Das müssen wir lösen. Dazu haben wir rund 10 Jahre Zeit. Familienpolitik wird so schnell nicht greifen. Wir brauchen Zuwanderung. Wenn wir generell unsere Grenzen offenhalten, werden wir überschwemmt aus den verschiedensten Kulturkreisen und riskieren große Ausländerfeindlichkeit. Werden wir also nur Personen anlocken, wie wir sie wünschen, und alle anderen ausgrenzen?

Schmid: Eine schrumpfende und alternde Bevölkerung bedeutet schon mittelfristig Jugendmangel und Mangel in den jungen erwerbsfähigen Jahrgängen. Eine Einwanderung, die diesen Mangel beheben würde, beträgt im Jahr 2005 ca.300.000 jährlich und geht bis 2030/40 dann auf 700.000 jährlich. Es scheint unmachbar und unvernünftig, Altersjahrgänge von außen zu füllen. Ziel ist die Deckung der demographischen Lücke im Arbeitspotential, denn es hat ja wenig Sinn, Jahrgänge von außen einzuwerben, deren Beschäftigungsquote ohnehin genug ist. Die Zahlen sind übrigens nicht aus der Luft gegriffen. Die demographische Zukunft Deutschlands ist gut belegt.

Alle Völker haben, wenn sie an Einwanderung denken, bestimmte Präferenzen. Viele sind da auch geschichtlich festgelegt. Fast alle unsere EU-Nachbarn waren Kolonialherren, selbst Belgien und die Niederlande. Wer nach Frankreich fährt, sieht in kleineren Städten schon heute einen Querschnitt durch das ehemalige französische Kolonialreich. Dieses bestimmt die französischen Präferenzen. Den Deutschen wurden die Kolonien 1919 genommen und das heißt, es gibt keine Einwanderer, die der deutschen Sprache mächtig sind oder irgendwie in einem anderen Erdteil deutsch erzogen sind, wie es das für England oder Frankreich gibt. Auch deshalb ist bei uns Einwanderung ein sehr heikles Thema. Die große Zurückhaltung auf diesem Gebiet ist ein Spiegelbild unserer großen Unsicherheit gegenüber dieser Frage.

Die Debatte, um nicht zu sagen das Debakel um die Änderung des contra legem benutzten Asylrechts hat dies in bedenklicher Weise offenbart. Dabei hätte die Unmöglichkeit, ein derartiges de-facto-Einwanderungsrecht in die europäische Union einzubringen, allgemein einleuchten müssen. Die sich über Jahre hinschleppenden Änderungsversuche zeigen rückblickend, daß selbst mit einem funktionierenden Einwanderungsgesetz zur allfälligen Ergänzung des Erwerbspotentials nicht zu rechnen ist. Darüber hinaus wurden ernste Zweifel laut, ob diese Art von Demokratie, die sich nur innenpolitisch souverän dünkt und außenpolitisch nur in Bündnissen zu denken versteht, überhaupt geeignet ist, Weltprobleme, die sich vor der Haustür einfinden, zu bewältigen. So wurde die Frage des Einwanderungsdrucks lange nicht als politische Aufgabe gesehen, sondern als Frage innenpolitischer Ideologienkonkurrenz behandelt. Und das trifft schon ein Untergangsszenario liberaler, säkularisierter Regimes, die der Illusion entfanatisierter Zustände aufsitzen, die Balance zwischen praktischer Vernunft und Gesinnungsparanoia nicht finden und dadurch handlungsunfähig werden.

Nicht viel anders geht das bei uns mit der Familienpolitik. Bis 1974 lagen Westendeutschland und die DDR in der Fruchtbarkeit gleich niedrig. Dann begann die DDR eine massive pronatalistische Familienpolitik: 1.000 Ostmark je Geburt, eine Wohnung, großzügige Familienfreizeiten, Vorteile auch für den Ehemann. Die DDR folgte dabei einer französischen Idee der 20er Jahre. Westdeutsche Zeitungen schrieben: "Die DDR macht es uns vor." (vgl. Abb. 1) Um zu ähnlichen Ergebnissen zu kommen, hätte Westdeutschland gewiß ein Vielfaches auf den Tisch der Familien legen müssen. Was kam, waren Debatten: Darf der Staat junge Familien bestechen? Soll der Staat den Eltern die Kinder abkaufen?

Erst Mitte der 80er Jahre wurden Erziehungsgeld und Anerkennung der Erziehungszeiten im Rentenrecht eingeführt. Das ändert nichts daran, daß die Familie die größte Umverteilungseinrichtung ist und sich trotzdem nicht als politisches Karriereobjekt durchsetzt. Mit dem Schwund der "Traditionsfamilien" zugunsten unübersichtlicher Verhältnisse wird sich ebenfalls daran nichts ändern.

Bei uns stehen immer Gesinnungsfragen im Vordergrund. In den angelsächsischen Ländern fragt man pragmatisch: Wie machen wir das? Wir fragen uns: Dürfen wir das? Das ist offenbar ein Erbe unserer idealistischen Philosophie und des Protestantismus.

Nach den Bevölkerungsvorausschätzungen des Statistischen Bundesamtes schrumpft nach dem Jahr 2000 unsere Bevölkerung von über 80 Millionen trotz einer jährlichen Zuwanderung von 100.000 bis 2040 auf 68 Millionen, bei jährlicher Zuwanderung von 200.000 auf 72 Millionen, bei einer von 300.000 auf 76 Millionen. (vgl. Abb. 2) Das heißt, daß ein Dauerverlust aufgrund eines Generationenersatzdefizits von einem Drittel durch Einwanderung allein gar nicht aufzufangen ist. Das Statistische Bundesamt nimmt eine Erhöhung des nichtdeutschen Bevölkerungsanteils von jetzt 6-7 auf 12-14 Millionen an. Die als langsam geltenden Bevölkerungsveränderungen kommen nun rascher. Schwache Geburtenjahrgänge machen zwanzig Jahre später schwache Elternjahrgänge.

Es wird nichts anderes möglich sein als eine Mixtur politischer Maßnahmen. Wir werden ein gewisses Maß an Zuwanderung haben, wobei wir Zuwanderung teilen müssen in solche aus Ländern außerhalb der EU, die uns naheliegen - das ist eigentlich am ehesten die Türkei - und in Arbeitsmigration mit Vertragsarbeit von unseren östlichen Nachbarn, die im Laufe der nächsten 10 oder 15 Jahre einen EU-Anschluß bekommen werden. Aber auch diese Länder müssen sich entwickeln und brauchen dann ihr Arbeitspotential selbst. Dann gibt es noch die Möglichkeit der inneren gesellschaftlichen Umstrukturierung, um mit Menschenmangel fertig zu werden. Es gibt meiner Ansicht nach nur diesen Mix. Mit einer einzelnen Maßnahme allein sind die Probleme nicht zu lösen. Vor allem sind mit Einwanderung keine Altersstrukturprobleme in Gesellschaften zu lösen. Dazu müßte man geradezu detailliert auswählen: Wir brauchen soundsoviele Säuglinge, soundsoviele Einjährige, Zweijährige, Dreijährige, usw., die entsprechend die Altersstruktur sanieren - eine absurde Idee. Es wandern Familien - wie wir wissen - unabhängig von ihrer demographischen Einpassung in das Zuzugsland.

Ideale Einwanderer für uns wären osteuropäische Paare, die bereits ein bißchen deutsch sprechen, wo beide Akademiker sind und drei, vier Kinder haben. Zwei Kinder sind das eigene sozialpolitische Marschgepäck, die restlichen müßten sie für die Deutschen mitbringen. Man stelle sich vor: beide Akademiker, äußerst gebildet, integrationsbereit, vier Kinder und noch jung an Jahren. Wo gibt es die? Und das noch dazu hunderttausendmal jährlich. Das ist völlig absurd. Zuwanderer aus Entwicklungsländern in Hochtechnologieländer bedürfen dagegen entweder langer Anpassung und Ausbildung oder werden dem Leistungspotential ihres Landes entzogen. Daher kommt nur die Maßnahmen-Kombination in Frage. Aber die Kombination muß ressortübergreifend geleistet werden. Es sind vier bis fünf Ressorts daran beteiligt. Sie wissen, was das für einen schwerfälligen Verwaltungsstaat heißt.

Dr. Bruno Stübben: Das Sinken der Geburtenziffern hier hat früher eingesetzt als das Bevölkerungswachstum in den Entwicklungsländern. Das Phänomen des Geburtenrückgangs in Deutschland war besonders krass um 1920 und dann noch einmal in den 70er Jahren. Damals und in den letzten Jahrzehnten hat die Berufstätigkeit der Frau sicherlich eine maßgebende Rolle gespielt. Denn bis Anfang dieses Jahrhunderts fielen die berufstätigen Frauen zahlenmäßig nicht ins Gewicht. Im diesbezüglichen Kampf um die Gleichberechtigung wurde eher das Defizit der Frauen in Führungsetagen und hohen Staatsämtern als in Fabrikhallen ins Feld geführt. Ich will aber nicht in ein Wespennest stechen. Gibt es demographische Erhebungen über die Geburtenziffern in den verschiedenen sozialen Schichten? Und wie sieht es mit den Geburtenziffern in geschiedenen Ehen aus?

Schmid: Die Berufstätigkeit der Frau außer Haus ist ein wichtiger Faktor. Ein zu zahlreicher Nachwuchs hätte diese Aufbesserung des Familieneinkommens verhindert. Er wurde früher möglich durch die sogenannte Drei-Generationen-Familie. Die Großmütter waren es ja auch zur Zeit der Erfindung der Schichtarbeit, die den Kochtopf für die ganze Familie immer warmhielten, denn alle vier Stunden kam ja irgendeiner, ein Sohn, der

Vater, oder der Mann, von der Schicht. Bei Niedrig-Geburten-Gesellschaften haben sich die sozialen Schichten praktisch angeglichen. Das, was wir schichtenspezifische Fruchtbarkeit nennen, gibt es inzwischen nicht mehr. Wir haben noch etwas mehr Kinder bei den kleinen Landwirten und bei den höheren Beamten. Sonst hat sich das völlig angeglichen. Mittlere Angestellte haben die wenigsten Kinder.

Es gibt bei geschiedenen, wiederverheirateten Frauen sogar etwas mehr Kinder, weil meist der neu geschlossene Lebensbund noch einmal mit einem Kind besiegelt wird.

Dr. Werner Schmidt: Gelegentlich habe ich mit Franzosen über demographische Fragen gesprochen und war oft überrascht zu hören, sie strebten eine Bevölkerung von hundert Millionen an. Die arbeiten auch in diese Richtung, jedenfalls ist das mein Eindruck. Und offenbar hat der letzte Volksschüler in Frankreich das verstanden. Wenn ich jetzt höre, daß wir auf ein Bevölkerungsdefizit von siebenhunderttausend pro Jahr zumarschieren, frage ich mich, ob die Demographen nicht geschickt genug sind, ein Problembewußtsein zu schaffen, das alle Deutschen begreifen? Treten sie zu sehr mit negativen Aussagen hervor wie anläßlich Kairo, die dann über unser Problem eher täuschen? Zielvorstellungen wie in Frankreich - einhundert Millionen: jeder Franzose versteht das, ob er sich den Schuh anzieht oder nicht. Ich habe den Eindruck, daß bei uns in Deutschland dieses Problem eher unter den Tisch gekehrt wird. Man denkt nur daran, wenn es um die Renten geht, sonst eben nicht.

Schmid: Ich muß dem beipflichten. Trotzdem sind die Demographen sehr rührig. Die Ressortleiter in Bonn sind informiert über den Zustand der deutschen Bevölkerung und kennen die Prognosen. Wir haben ja einige Probleme mit der Politik, eines ist ihre Beschränkung auf den Vierjahresrhythmus. Ich kann mich noch erinnern: Als in den 70er Jahren die ersten koordinierten Bevölkerungsvorausschätzungen herauskamen, hatte gerade Innenminister Maihofer Schwierigkeiten mit der Terrorismusfahndung. Da hieß es: Bitte kommen Sie dem Minister nicht mit dem Jahr 2030, denn er weiß ja nicht, wie er die nächsten acht Tage übersteht.

Ich führe das auf einen gewissen Mangel an nationaler Identität zurück. Man konzentriert sich ausschließlich auf industrielle Leistungsnormen und bürgerliches Wohlergehen, Fragen kultureller Tradition und Generationsübergreifendes wird ausgespart. Das ist ein Befund, wenn man mit Frankreich vergleicht. Frankreich hat demographische Probleme seit den napoleonischen Kriegen. Den demographischen Wachstumsübergang in der zweiten Hälfte des 19. Jahrhunderts, als sich die deutsche Bevölkerung verdoppelte, hat Frankreich in der Weise nicht mitgemacht. Frankreich stagnierte, dehnte gleichzeitig aber sein Kolonialreich aus und behielt noch den stark wachsenden deutschen Erbfeind. Das war für eine schwache Demographie zu viel. Das ist der eigentliche Grund des französischen Interesses an seiner eigenen Population. Wir kennen das Phänomen erst seit dem Jahr 1973. Bis zum Ende der 70er Jahre wollte niemand etwas davon wissen. Damals wurde ich Assistent, und die ersten Befunde, die ich zu verarbeiten hatte, waren die Gastarbeitereinwanderung und der Geburteneinbruch. Seitdem sind über zwanzig Jahre ins Land gegangen. Meine Ansicht ist, daß es jetzt an der Zeit ist, in dieser Frage geistig Tritt zu fassen und politisch zu reagieren.

Blicken wir zurück: Im 19. Jahrhundert war eine Kindersterblichkeit von 50 Prozent bis zum 5. Lebensjahr bei uns die Regel. Dies sollte geändert werden. Eine Modernisierung der Bevölkerungsstruktur - mit Trend zum Generationenersatz - war fällig. Die Entwicklung ist über das Ziel hinausgeschossen. Von 1965 bis 1972 - in nur sechs Jahren - sind die Geburten von über 1 Million auf unter 600.000 zurückgegangen. Deutschland West und Ost sind auf zwei Drittel des Erhaltungsniveaus abgesunken. Von Kriegs- und Pestzeiten war so etwas bekannt, von Wohlstandszeiten war das neu.

Die Pille traf auf eine Generation, die erstickt schien an den Optionen der neuen industriellen Gesellschaft. Zu Wunschgütern kamen Erlebnisse, Ferienreisen, ein neuer Schub von Statusgütern, auch teuren Statusgütern wie Wohneigentum. Da ist die Bindungs- und Nachwuchsfrage von dem Podest gerutscht, auf dem sie jahrhundertelang war: im Zentrum der Familiengründung. Paare begannen sich nun als temporäre Erlebnisgemeinschaft zu begreifen, nicht mehr als dauerhafte Erziehungsgemeinschaft von Kindern.

Die demographischen Tendenzen in der modernen Welt sind noch nicht abzusehen. Die Zukunftsbilder reichen von zähen Selbstbehauptungsszenarien bis zum endgültigen Untergang des Abendlandes in Form eines sich ständig kumulierenden Geburtenrückgangs, der Einwanderung aus Fremdkulturen unvermeidlich nach sich zieht. Interessanterweise nehmen die Parallelen mit dem Untergang Roms in der letzten Zeit zu. Dem Einwand, es handle sich um irrationale Ängste, für die die Zeit vor einer Jahrtausendwende besonders anfällig ist, stehen harte demographische Fakten entgegen - härtere, als sie Oswald Spengler in den 20er Jahren zur Verfügung hatte. Aber vielleicht bläst uns diesmal der Wind in einem drei bis vier Generationen langen Prozeß ernsthaft ins Gesicht, so daß wir endlich ein unbefangenes und nüchternes Verhältnis zu unserem Bevölkerungsproblem bekommen.

Stefan Brandmaier: Ist ein Umsteuern in der Politik in dieser Frage überhaupt möglich, wenn schon in einigen Jahren bald die Hälfte des Wählerpotentials Rentner sind und wenn Parteien als Seniorenparteien oder Seniorenunion die Interessen der Alten sehr wirksam vertreten? Man muß auch sehen, daß vor allem junge Menschen sich in den Strukturen der Parteien bei weitem nicht so durchsetzen können wie die sehr alten und erfahrenen Politiker, die die Interessen der Wähler der alten Generation sehr viel besser durchsetzen können als junge Politiker die der jungen Familien.

Schmid: Schlagwort "Altenmacht": Wie sieht es aus in einer Wahldemokratie, wo die alten Leute ein Interessenpotential stellen, wo sie auch selbst auf die staatlichen Umverteilungsmechanismen Einfluß nehmen können? Wie das im einzelnen geregelt wird, weiß ich nicht. Aber ich kann mir nicht vorstellen, daß die künftigen Alten die Art von Individualismus weiter pflegen können, der heute gesellschaftstypisch geworden ist. Der alte Mensch erlebt das Angewiesensein auf andere am ehesten. Die Einsicht, daß er einen Kampf mit anderen Generationen um Mittel und Unterhaltsmittel auf die Dauer nicht gewinnen kann, hat eine Chance. Es sei denn, es entwickelt sich so etwas wie "Wahldemokratie total".

Was bedeutet es für eine Gesellschaft und Wirtschaft, muß man sich ja auch fragen, deren nächste Generation sich in den Innovationswettbewerb mit jungen asiatischen Nationen begibt, wenn der durchschnittliche Erwerbstätige nicht mehr 25-30, sondern 35-40 und dann 40-45 Jahre alt sein wird? Angesichts unserer gesellschaftlichen Ziele - Aufrechterhaltung der Produktivität und des Sozialstaates - stimmt es schon bedenklich, daß, während in Indien und Kenia die Unter-15jährigen explodieren, die einzige Bevölkerungsexplosion, die sich der Westen leistet, die der 80 - 100jährigen ist.

Und der Geburtenrückgang geht weiter. Ich werde oft gefragt, warum. Da müßte doch einmal Schluß sein. Geburtenrückgang heißt Rückgang von Knaben und Mädchen. Rückgang von Mädchen heißt funfundzwanzig Jahre später Rückgang von Müttern. Sinkende Müttergenerationen heißt - bei unverändertem generativem Verhalten - daß der Geburtenrückgang sich in eine Negativspirale begibt.

Wollten die Deutschen wieder auf einen Stand wie in den 20er Jahren kommen, müßten drei Generationen bereit sein, mehr als zwei Kinder zu haben - eine Fata Morgana. Aber mindestens hätte man längst politische Weichen stellen müssen: zur erhöhten Frauenbildung gehört die Vereinbarkeit von Mutterschaft und Beruf wie in Schweden, England, Frankreich. Aber Familie ist bei uns kein politisches Karrierethema. Französische Kollegen verstehen das eigentlich nicht. In Frankreich ist man als junge Familie bestens ausgestattet. Bei uns muß man Rentner werden. Dann erst wird man als Wählerpotential für die wahlwerbende Demokratie interessant.

Dumont: Es ist wahr, daß Frankreich eine Sonderentwicklung hatte. Es hat die demographische Schwäche kennengelernt und die Alterung der Gesellschaft. Stellt man die politische und wirtschaftliche Geschichte der letzten zwei Jahrhunderte in Frankreich nebeneinander, sieht man herbe Narben, die von unvorhergesehener Alterung der Gesellschaft und abfallender Fruchtbarkeit herrühren.

Der Rückstand Frankreichs bei der Modernisierung der Landwirtschaft und der Industrialisierung im 19. Jahrhundert und bis 1940 mitsamt seinen wirtschaftlichen Folgen hängt mit dieser negativen demographischen Entwicklung zusammen. Auch - mit Verlaub - die französische Reaktionsschwäche in den Kriegen von 1870 und 1939-40.

Die Alterung einer Gesellschaft stellt moralische Anforderungen an das Verhalten der Bevölkerung, die der Politik schwer begreiflich zu machen ist. Leuten, die Zugang zu Politikern haben, würde ich gern vier Botschaften ans Herz legen:

Erstens: Europa steht vor einer großen Schwierigkeit. Die Kinder, die aufgrund der niedrigen Fruchtbarkeit in den vergangenen Jahren nicht geboren wurden, werden nicht mehr geboren. Sollte es morgen mehr Kinder geben, gehören sie einer anderen Generation an. M.a.W.: Die Lücke, die in der Alterspyramide der europäischen Länder klafft, wirkt sich sehr lange Zeit aus. Was passiert ist, ist passiert und nicht mehr aufholbar.

Zweitens: Jedes Volk will - mit Recht - seine Kultur tradieren. Politiker sollten sich die Lektion Pierre Chaunus zu Herzen nehmen: Gesellschaften haben zwei Gedächtnisse, ein biologisches Gedächtnis und ein kulturelles Gedächtnis. Das kulturelle Gedächtnis wird weitergegeben, wenn die Folgegeneration zahlreich genug ist, um es aufzunehmen. Es ist wie bei einer 4x100m-Staffel. Wenn am 4. Platz keiner mehr steht, um den Stab zu übernehmen, wird das kulturelle Gedächtnis nicht weitergegeben. Im Falle Deutschlands können, wenn die Dinge so bleiben, daß die Generationen nur zu 65 Prozent ersetzt werden, 100 Deutsche ihre Kultur nur an 65 Personen weitergeben. Einiges geht verloren, denn es ist unmöglich, an 65 Personen die Kultur von 100 Personen weiterzugeben.

Drittens: Es wird von einem Politiker mehr Mut als je zuvor verlangt, um Politik auf die Zukunft hin und nicht von der Vergangenheit her zu machen. Wir leben in einem System, das einerseits Ideologien bevorzugt, die die Vergangenheit privilegieren, Ideologien des Niedergangs (wie den schon erwähnten Neo-Hyperfeminismus[3]; andere Ideologien habe ich in "Le festin de Kronos"[4] beschrieben), andererseits mit einer Macht wie nie zuvor über die Gesellschaft als Ganze ausgestattet sind. Zudem haben wir heute ein politisches System - ich bin wohlgemerkt ein überzeugter Demokrat -, in dem die Demokratie gegen die Demographie spielt. Tatsächlich ist das Wählerpotential der alten Menschen, die sich berechtigterweise für ihren Lebensabend interessieren, von Tag zu Tag größer. Politiker neigen dazu, diesen Personen mit den Händen auf dem Rücken gegenüberzustehen. In Frankreich ist heute das mittlere Einkommen der aus dem Beruf Ausgeschiedenen höher als das mittlere Einkommen der Berufsaktiven. Wir haben also ein politisches System, das auf vergangene Generationen ausgerichtet ist. Die Folgegenerationen müssen ermutigt werden, der Politik eine Wende mit Blick auf die Zukunft zu geben.

Viertens: Es lohnt sich, der Wahrheit den Vorzug vor Ideologien zu geben. Die Erhebungen, von deren Ergebnissen die Herren Schmid und Rothenberger berichten, verdienen mehr Aufmerksamkeit als ideologische Eloquenz. Das ist aber nicht so. Leider. Auf die demographische Herausforderung muß die Familie antworten. Heute ist es für Europa unverzichtbar, die Familie zu fördern. Die jüngsten europäischen Initiativen tragen, wie man feststellen muß, dieser Tatsache aber nicht im geringsten Rechnung. Wer den Maastricht-Vertrag noch einmal, und zwar - wenn auch nicht zum Vergnügen der Verfasser - aufmerksam liest, findet manch Gutes über den Tierschutz und das Wohlergehen der Mitgeschöpfe. Aber nichts über das Wohlergehen der Familien. Die Lektüre schließt die Vorstellung vom Trend zu einem Europa ohne Familien jedenfalls nicht aus.

[3] s. S. 111 ff.

[4] G.-F. DUMONT, *Le festin de Kronos,* Paris 1991 (Fleurus).

W. ROTHENBERGER

Wolfgang Rothenberger

Demoskopische Befunde zum demographischen Wandel in Deutschland

Wenn man die Einstellungen der Bevölkerung zum demographischen Wandel untersucht, sollte man sich im klaren darüber sein, daß die künftige Abnahme der Bevölkerungszahl, die relative Zunahme der Alten gegenüber den Jungen und Berufstätigen natürlich kein Thema ist, das den meisten Menschen auf den Nägeln brennt. Demographische Prozesse verlaufen ihrer Natur nach sehr leise und sehr langsam. Sie können nur schwer an plötzlichen Ereignissen mit Neuigkeitswert festgemacht werden. Es gibt bei diesem Thema keine Katastrophen, keine Gewaltausbrüche, keine akuten gesundheitlichen Gefährdungen, keine dramatischen menschlichen Einzelschicksale, mit denen man in den Medien Aufmerksamkeit erringen kann. Stattdessen gibt es nur abstrakte Statistiken, Projektionen der Entwicklung der Bevölkerung, die es gegen die sonstigen medial verbreiteten Krisenszenarien nicht so leicht haben.

Aber trotz dieser Hemmnisse und obwohl die Gefahr gegenwärtig noch nicht mit Händen zu greifen ist, hat die Bevölkerung ein Gespür für die Ernsthaftigkeit der demographischen Veränderung, vor der wir in Deutschland stehen.

Die Einstellung der Deutschen zur Alterung der Gesellschaft

Im April 1994 wurde in einer Allensbacher Bevölkerungsumfrage gefragt; "Es wird ja in Zukunft immer mehr ältere und immer weniger junge Menschen geben. Halten Sie das für ein ernsthaftes Problem, um das man sich dringend kümmern muß, oder ist das kein großes Problem, braucht man sich deswegen keine allzu großen Sorgen zu machen?" 74 Prozent der repräsentativ ausgewählten Befragten sagten: "Es ist ein ernsthaftes Problem", nur 15 Prozent meinten: "Das ist kein allzu großes Problem".

Das Ergebnis zeigt, daß sich die Deutschen nicht in illusionärer Sicherheit wiegen. Wenn man die Fakten mit einfachen Worten umreißt, zeigt sich ein hohes Maß an Aufgeschlossenheit für das Problem des demographischen Wandels. Bevölkerungswissenschaftler und Politiker können vor allem deshalb mit einer hohen Sensibilität der Bevölkerung rechnen, weil diese sich um die zukünftige Altersversorgung ernste Sorgen macht. Nur eine Minderheit von 30 Prozent glaubt, daß die Renten auch in Zukunft gesichert sind, 63 Prozent hatten bei der Umfrage im April Zweifel, die bei jungen Menschen besonders stark sind. 70 Prozent der 16-29jährigen äußern Bedenken, nur 21 Prozent, also ein Fünftel der jungen Befragten, sind eher optimistisch.

FRAGE: "Glauben Sie, daß die Renten auch in Zukunft gesichert sind, oder haben Sie da Zweifel?"

ANTWORT April 1994	Bevölk. insges. %	16-29 Jahre %	60 Jahre und älter %
Rente gesichert	30	21	44
Habe Zweifel	63	70	50
Unentschieden	7	9	6
	100	100	100

Quelle: Allensbacher Archiv, IfD-Umfrage 5094

Eine genauere Nachfrage nach den erwarteten Konsequenzen der gesellschaftlichen Alterung ergab, daß 77 Prozent der Deutschen für die Zukunft mit steigenden Rentenversicherungsbeiträgen rechnen, 69 Prozent gehen davon aus, daß die Lebensarbeitszeit verlängert wird, und fast genausoviele - 67 Prozent -

rechnen mit dem Schreckgespenst einer geringen Grundrente, so daß man in Zukunft oder schon heute verstärkt selbst für das Alter vorsorgen muß. Sehr hoch ist mit 60 Prozent auch der Anteil derer, die steigende Krankenkassenbeiträge auf uns zukommen sehen.

Die Bevölkerung sieht in der Alterung der Gesellschaft in erster Linie ein Finanzierungsproblem. 42 Prozent erwarten, daß es in Zukunft zu Spannungen zwischen Jungen und Alten kommt. Gemeint sind hier sicherlich Konflikte, die vor allem auf finanziellen Verteilungsauseinandersetzungen beruhen.

FRAGE: "Wenn es in Deutschland immer mehr ältere und immer weniger junge Menschen gibt, was für Folgen wird das Ihrer Ansicht nach haben, welche Veränderungen sehen Sie da auf uns zukommen?" (Listenvorlage)

ANTWORT April 1994:	Bevölkerung insgesamt %
Die Beiträge für die Rentenversicherung werden immer weiter steigen	77
Die Leute werden in Zukunft länger arbeiten müssen, nicht mehr so früh in Rente gehen können	69
Es wird in Zukunft nur noch eine geringe Grundrente geben, man wird verstärkt für das Alter vorsorgen müssen	67
Die Krankenkassenbeiträge werden steigen	60
Es wird zu Spannungen zwischen Jungen und Alten kommen	42

Quelle: Allensberger Archiv, IfD-Umfrage 5094

Über die Frage der Finanzierbarkeit hinaus sieht nur eine Minderheit problematische Konsequenzen. Getestet wurde etwa, wieweit die Bevölkerung sich um eine Abnahme der Innovationsfähigkeit in Deutschland Sorgen macht. Vorgegeben wurde dazu das Statement "Neue Ideen lassen sich schwerer durchsetzen". Nur 19 Prozent glauben an eine solche geistige Verkrustung bei steigendem Durchschnittsalter der Bevölkerung.

Ebenfalls weniger als ein Fünftel rechnet damit, daß sich die Politik zunehmend nach den Bedürfnissen der älteren Generation orientieren wird, daß also - ähnlich wie heute schon in den USA - eine einflußreiche Altenlobby entstehen wird und daß der Einfluß der jungen Generation immer mehr schwindet.

Bedeutsam ist, daß nur eine Minderheit - 27 Prozent - erwartet, daß zwangsläufig mehr Ausländer ins Land kommen müssen, um die fehlenden Arbeitskräfte zu ersetzen.

FRAGE: "Wenn es in Deutschland immer mehr ältere und immer weniger junge Menschen gibt, was für Folgen wird das Ihrer Ansicht nach haben, welche Veränderungen sehen Sie da auf uns zukommen?" (Listenvorlage)

ANTWORT April 1994:	Bevölkerung insgesamt
	%
Es werden immer mehr Ausländer ins Land kommen müssen, um die fehlenden Arbeitskräfte zu ersetzen	27
Neue Ideen lassen sich schwerer durchsetzen	19
Die Politiker richten sich immer mehr nach den Bedürfnissen und Wünschen der älteren Generation	18
Junge Menschen werden in der Gesellschaft immer weniger Einfluß haben	17

Quelle: Allensbacher Archiv, IfD-Umfrage 5094

Die Bevölkerung reagiert im Augenblick noch sehr zurückhaltend auf den Vorschlag einer gezielten Einwanderungspolitik zur Rettung des Generationenvertrags. Nur 10 Prozent plädierten in der Umfrage im April für eine gezielte Förderung von Einwanderung, 70 Prozent meinten dagegen, daß es sinnvoller sei, die Renten auf andere Weise zu sichern. Das bedeutet zunächst aber nur, daß man etwa familienpolitischen Maßnahmen den Vorzug gibt. Wieweit man eine gezielte Einwanderungspolitik als zweite oder dritte Priorität letztendlich akzeptieren würde, ist für mich noch völlig offen, zumal auch die konkrete Ausgestaltung einer solchen Einwanderungspolitik zur Zeit noch nicht abzusehen ist. Zudem muß man sehen, daß für die Bevölkerung heute die

Förderung von Einwanderung in Konflikt mit dem Ziel der Bekämpfung der Arbeitslosigkeit steht.

FRAGE: "Das Prinzip, daß die Jungen die Renten der Alten finanzieren, nennt man ja auch 'Generationenvertrag'. (...) Angenommen, es kommt zu einer Überalterung der Bevölkerung. Ist es sinnvoller, durch Einwanderer den Generationenvertrag zu retten, oder ist es sinnvoller, die Renten dann auf andere Weise zu finanzieren?"

ANTWORT April 1994:	Bevölkerung insgesamt %
Generationenvertrag durch Einwanderer retten	10
Finanzierung der Renten auf andere Weise	70
Unentschieden	20
	100

Quelle: Allensbacher Archiv, IfD-Umfrage 5094

Zur Familienorientierung in Deutschland

Nach diesen aktuellen Umfrageergebnissen möchte ich mich nun der Frage zuwenden, woran es liegt, daß in einem Land wie Deutschland die Geburtenrate so niedrig liegt. In der öffentlichen Diskussion werden, grob gesprochen, immer wieder zwei in Konkurrenz zueinander stehende Argumentationen vorgetragen. Die eine Theorie beschäftigt sich - zugespitzt formuliert - vornehmlich mit Geld, mit materiellen Kosten und Nutzen von Kindern. Die andere Theorie sieht eher Einstellungen und Werteprioritäten als entscheidenden Faktor.

Die Geld-Theoretiker argumentieren, daß Kinder heute viel zu kostspielig geworden sind. Da sind zum einen hohe direkte Kosten und zum anderen auch indirekte Kosten, die dadurch entstehen, daß meist die Mutter jahrelang auf Einkommen verzichtet. Gerade diese indirekten Kosten sind um so höher, je höher das Pro-Kopf-Einkommen in einer Gesellschaft liegt. Also: Je besser die ökonomischen Bedingungen in einer Gesellschaft, desto stärker überwiegen die Kosten bei der Verwirklichung des Kinderwunsches.

Auf der anderen Seite stehen die Werte-Theoretiker, die die Ursache für den Rückgang der Geburtenrate in veränderten Einstellungen zu Ehe und Familie, in einer veränderten Gewichtung von Individual- und Gruppeninteressen sehen. Der Gedanke, daß man Kinder als zu teuer empfinden kann, daß man überhaupt Kosten-Nutzen-Erwägungen anstellt, ist in dieser Sichtweise Ausdruck oder Folge der veränderten Werteorientierung. Zuletzt haben Meinhard Miegel und Stefanie Wahl vom Institut für Wirtschaft und Gesellschaft (IWG) in Bonn in ihrer Buchveröffentlichung "Das Ende des Individualismus - Die Kultur des Westens zerstört sich selbst" diese Theorie vertreten. Nach Auffassung von Miegel und Wahl ist die individualistische Kultur, in der wir leben, die einzige und alles erklärende Ursache für die Geburtenarmut in Deutschland. Andere Begründungen, die immer wieder angeführt werden, wie Industrialisierung, Verstädterung, Emanzipation der Frau oder wirtschaftliche Kosten-Nutzen-Erwägungen sind lediglich Folgen des Individualismus.[1]

Diese beiden Erklärungsansätze möchte ich nun nicht weiter bewerten oder gar zu einer Entscheidung zwischen einer der beiden Theorien kommen. Stattdessen möchte ich Ihre Aufmerksamkeit auf Befunde lenken, die in der öffentlichen Diskussion zu wenig gewürdigt werden oder gar gänzlich unbeachtet bleiben.

Da ist als erstes vor allem die vielgehörte Ansicht zu korrigieren, daß Ehe und Familie heute nicht mehr "In" seien. Trotz der unbestrittenen Zunahme ichbezogener, mitunter stark hedonistischer Einstellungen kann von einer Abkehr breiter Bevölkerungskreise von der Familie nicht die Rede sein. So stark auch der Wertewandel in den letzten Jahrzehnten war, an dem hohen Wert der Familie hat sich wenig geändert. Individualismus in der heutigen Form bedeutet nicht, daß man auf Gemeinschaft verzichten möchte.

Die Vorstellung, öfter allein, ohne Familie und Freunde zu sein, schreckt heute weit mehr Menschen als zu Beginn der

[1] M. MIEGEL / S. WAHL, *Das Ende des Individualismus - Die Kultur des Westens zerstört sich selbst*, Landsberg / Lech 1993, Verlag Bonn Aktuell, 142.

50er Jahre. 1953 antworteten auf die Frage “Wenn Sie häufig allein sein müßten ohne Ihre Familie und ohne Ihre Freunde: Würden Sie dann unglücklich sein oder nicht?” lediglich 49 % der westdeutschen Bevölkerung mit "würde unglücklich sein". Bis zu Beginn der 90er Jahre ist die Ablehnung des Alleinseins deutlich angestiegen. 1991 sagten 65 % der Westdeutschen, daß sie, auf sich allein gestellt, unglücklich wären.

In den neuen Bundesländern ist das Gefühl, daß das eigene Wohlbefinden von engen zwischenmenschlichen Kontakten abhängt, noch ausgeprägter. Durchgängig belegen Umfrageergebnisse, daß die Familienorientierung in Ostdeutschland noch größer ist als im Westen.

Bei jungen Menschen ist die Furcht vor dem Alleinsein noch etwas stärker als in der Bevölkerung insgesamt. 71 Prozent der 18-29jährigen meinen, daß sie unglücklich wären, wenn sie häufig allein sein müßten.

FRAGE: "Wenn Sie häufig allein sein müßten ohne Ihre Familie und ohne Ihre Freunde: Würden Sie dann unglücklich sein oder nicht?"

	West 1953 %	West 1979 %	West 1991 %	Ost 1991 %
Würde unglücklich sein	49	58	65	78
Würde nicht unglücklich sein	51	42	35	22
	100	100	100	100

	1991: Gesamtdeutschland Bevölkerung ingesamt %	18-29 Jahre %
Würde unglücklich sein	68	71
Würde nicht unglücklich sein	32	29
	100	100

Quelle Allensbacher Archiv, IfD-Umfragen 225, 1287, 3210

Die große Mehrheit der Bevölkerung ist heute wie schon vor 40 Jahren überzeugt, daß die Verankerung in einer Familie eine Grundvoraussetzung für individuelles Glück ist. Zwar ist der Anteil der Westdeutschen, die der Meinung sind, daß man eine Familie zum Lebensglück braucht, seit Anfang der 50er Jahre um 10 Prozentpunkte gesunken, doch ist noch immer eine große Mehrheit von 68 Prozent der Westdeutschen überzeugt, daß man eine Familie braucht, um wirklich glücklich zu sein. Der Anteil derjenigen, die glauben, daß ein Leben ohne Familie genauso gelingen kann, hat sich in den letzten 40 Jahren nur von 14 auf 17 Prozent erhöht; nur 1 Prozent hält heute wie damals den Verzicht auf familiäre Bindungen für die überlegenere Lebensform.

FRAGE: "Glauben Sie, daß man eine Familie braucht, um wirklich glücklich zu sein - oder glauben Sie, man kann allein genauso glücklich leben?"

	West			Ost
	1953	1979	1991	1991
	%	%	%	%
Braucht Familie	78	73	68	83
Allein genauso glücklich	14	16	17	9
Allein glücklicher	1	1	1	x
Unentschieden	7	10	14	8
	100	100	100	100

x = weniger als 0,5 Prozent
Quelle: Allensbacher Archiv, IfD-Umfragen 225, 1287, 3210

Unter jungen Menschen wird diese Frage zwar etwas zurückhaltender beantwortet, doch ist auch hier eine deutliche Mehrheit von 62 Prozent der Ansicht, daß individuelles Glück und Familienleben zusammengehören.

FRAGE: "Glauben Sie, daß man eine Familie braucht, um wirklich glücklich zu sein - oder glauben Sie, man kann allein genauso glücklich leben?"

	1991 - Gesamtdeutschland Bevölkerung ingesamt %	18-29 Jahre %
Braucht Familie	71	62
Allein genauso glücklich	15	19
Allein glücklicher	1	1
Unentschieden	13	18
	100	100

Quelle: Allensbacher Archiv, IfD-Umfragen 3210

Kein anderer Lebensbereich wird so wichtig genommen wie die Familie. Für 70 Prozent der westdeutschen und 77 Prozent der ostdeutschen Bevölkerung ist die Familie ein sehr wichtiger Lebensbereich. Weder Freizeitinteressen, Freundeskreis noch der Berufsbereich können mit dieser Wertschätzung auch nur annähernd konkurrieren. Das gilt sowohl in der Gesamtbevölkerung als auch bei jungen Menschen.

	1990 Bevölkerung ingesamt		18 - 29 Jahre	
	Ost %	West %	Ost %	West %
Es stufen als "sehr wichtig" ein				
Familie	70	77	65	76
Freizeit	39	29	46	30
Freundeskreis	36	29	40	26
Arbeit	34	58	30	64
Religion	13	6	5	3

Quelle: Internationale Wertestudie 1990

Es ist mir sehr wichtig, diese positiven Befunde vorzustellen. Sehr oft habe ich den Eindruck, daß diese erfreulichen Ergebnisse mit einem gewissen Erstaunen aufgenommen werden.

Mit den Mitteln der Demoskopie kann man immer wieder beobachten, daß zwei Arten von Meinungen über den Themenkomplex Familie merkwürdig auseinanderfallen, nämlich auf der einen Seite die eigene, ganz private Einstellung der Menschen in der Bevölkerung und auf der anderen Seite deren Vorstellung über den Zustand der Gesellschaft, ihre Meinung darüber, was die meisten anderen Menschen denken. Das erste sind die tatsächlichen Meinungen, das zweite bezeichnen wir als Meinungsklima im engeren Sinne. Das Meinungsklima beschreibt die Umwelt, die gesellschaftliche Atmosphäre, in die die eigene Meinung eingebettet ist.

Ein Beispiel dazu: Mitte der 80er Jahre wurde in einer Repräsentativuntersuchung in Baden-Württemberg danach gefragt, was glückliche Völker von anderen, weniger glücklichen unterscheidet. 53 Prozent stimmten zu bei der Aussage "glückliche Völker legen viel Wert auf die Familie". Danach wurde gefragt: "Was trifft auf die Menschen in der Bundesrepublik zu?" Nur 26 Prozent sagten, die Menschen in der Bundesrepublik legen viel Wert auf die Familie. Ein klares Indiz für ein negatives Meinungsklima.

Ein neueres Beispiel einer solchen Konstellation ergibt sich aus einer Telefonumfrage, die Ende 1993 zum Thema Rolle der Frau, Frau und Kinder durchgeführt wurde. Es wurde zuerst gefragt: "Was imponiert Ihnen mehr, wenn eine Frau Kinder hat und nicht berufstätig ist oder wenn eine Frau keine Kinder hat und voll im Berufsleben steht?" Die große Mehrheit der Frauen und Männer sagte, daß die Frau mit Kindern ihnen mehr imponiere.

FRAGE: "Was imponiert Ihnen persönlich mehr, wenn eine Frau Kinder hat und nicht berufstätig ist oder wenn eine Frau keine Kinder hat und voll im Berufsleben steht?"

ANTWORT November 1993:	Männer %	Frauen %
Frau mit Kindern	55	52
Frau, die im Berufsleben steht	5	4
Kein Unterschied	18	13
Frau, die Kinder hat und berufstätig ist	10	19
Unentschieden	12	12
	100	100

Quelle: Allensbacher Archiv,
IfD-Umfrage 5109/2

Danach wurde nach dem gesellschaftlichen Meinungsklima gefragt: "Und welche von beiden ist in unserer heutigen Zeit besser angesehen, eine nichtberufstätige Frau mit Kindern oder eine Frau ohne Kinder, die voll im Berufsleben steht?" Nun sagt die deutliche Mehrheit, daß die kinderlose Frau besser angesehen sei.

FRAGE: "Und welche von beiden ist in unserer heutigen Zeit besser angesehen, eine nichtberufstätige Frau mit Kindern oder eine Frau ohne Kinder, die voll im Berufsleben steht?"

ANTWORT November 1993:	Männer %	Frauen %
Frau mit Kindern	16	13
Frau, die im Berufsleben steht	60	57
Kein Unterschied	12	13
Frau, die Kinder hat und berufstätig ist	1	4
Unentschieden	11	13
	100	100

Quelle: Allensbacher Archiv,
IfD-Umfrage 5109/2

Bei einem solchen Muster muß man als Meinungsforscher immer hellhörig werden. Im allgemeinen weist ein solcher Kontrast zwischen direkt erfragter persönlicher Meinung und Beobachtung über die Gesellschaft auf einen verzerrenden Medieneinfluß hin. Dieser kann dafür sorgen, daß das, was man so hört, gar nicht dem tatsächlichen Meinungsbild entspricht.

Bei solchen Konstellationen besteht immer die Gefahr, daß es zu einer selbsterfüllenden Prophezeiung kommt. In den Tagen, als ich begann, mich auf diesen Vortrag vorzubereiten, wurde ich auf eine ZDF-Sendung aus der Reihe "Zündstoff" mit dem Titel "Familie - Lastesel der Nation?" aufmerksam. Mit großer Eindringlichkeit wurden darin immer wieder die finanziellen Belastungen und Einschränkungen aufgezählt, die man durch Kinder hat und gegenübergestellt, wie wenig der Staat als Ausgleich dafür bietet. In dieser Sendung erschienen die Eltern als betrogene Zeitgenossen, die von ihrem Opfer, das sie der Gesellschaft in Form ihrer Kinder bringen, fast erdrückt werden. Von den immateriellen, menschlichen Beweggründen, die für Kinder sprechen, vom Zugewinn an Lebensinhalt, von der Persönlichkeitsentwicklung durch Elternschaft, von Freude oder gar von Lebensglück wurde nicht gesprochen.

Die Sendung wollte für eine Verbesserung des Familienlastenausgleichs werben. Die tiefere und gerade für junge Menschen wahrscheinlich stärkere Wirkung bestand wohl in einer Abschreckung vor dem Risiko der Gründung einer Familie.

Ein gesellschaftliches Meinungsklima, das einseitig die Belastungen und Einschränkungen einer Familiengründung betont und die immateriellen Belohnungen vernachlässigt, kann durchaus einen negativen Einfluß ausüben, besonders deshalb, weil die Idealvorstellungen, die Ansprüche an das, was eine Familie sein soll, heute enorm hochgesteckt sind. Geht man Umfrageergebnissen zum Thema Ehe, Familie und Kinder durch, kann man erkennen, daß die Ansprüche hinsichtlich emotionaler Bedürfnisse wie Gemeinschaft, Vertrauen, Liebe, Geborgenheit stark ausgeprägt sind. Man hat Familie heute nicht mehr zur finanziellen Absicherung oder aus Statusgründen, sondern als emotionale Heimat, und darin steckt eine Art von Überforderung.

Der Soziologe Helmut Schelsky hat darauf übrigens schon 1954 hingewiesen. Er sprach von einem "Funktionsverlust" der Familie, von einer "Verlagerung der Grundlage der Familie in die Harmonie der persönlichen Beziehungen und Gefühle, in ein Zusammenstimmen von freier und selbständiger gewordenen Individualitäten, einer Grundlage, die Familie und Ehe natürlich um vieles gebrechlicher werden läßt und die Chance eines Mißerfolgs (...) erhöht".[2]

1989 wurde in einer Allensbacher Umfrage gefragt: "Was wäre für Sie die ideale Familie, was müßte da zutreffen?" An der Spitze stehen sowohl in der Bevölkerung insgesamt als auch bei jungen Menschen Beschreibungen, die Gemeinsamkeit und Harmonie ausdrücken. 84 Prozent aller Befragten und 82 Prozent der 16-29jährigen erwarten von der idealen Familie, daß sich die Kinder sehr gut mit ihren Eltern verstehen. Fast genauso viele wünschen sich, daß viel gemeinsam unternommen wird, daß Entscheidungen gemeinsam getroffen werden oder daß man viel Zeit füreinander hat.

Die Gefahr ist groß, daß bei hohen privaten Glücksvorstellungen auf der einen Seite und einem einseitigen Gewicht öffentlicher Thematisierung auf den Schwierigkeiten und Problemen die Bereitschaft, familiäre Bindungen einzugehen, leidet. Hinzu kommt, speziell in Deutschland, ein Phänomen, das zum ersten Mal in der Internationalen Wertestudie Anfang der 80er Jahre entdeckt wurde und sich auch bei der Wiederholung dieser Studie 1990 bestätigen ließ: Deutschland, vor allem Westdeutschland, unterscheidet sich von anderen westlichen Ländern durch seinen starken Generationendissens. Dieser wird ermittelt, indem die Befragten bei fünf zentralen weltanschaulichen Bereichen - Einstellung gegenüber anderen Menschen, Moralvorstellungen, Einstellung zur Religion, politische Ansichten und Einstellung zur Sexualität - angeben, ob sie hier ähnliche Ansichten wie ihre Eltern haben oder hatten.

[2] Helmut SCHELSKY, *Wandlungen der deutschen Familie in der Gegenwart*, Stuttgart 1954, (Enke) 18.

Durchgehend ist die Übereinstimmung der Unter-30jährigen mit ihren Eltern in Westdeutschland im internationalen Vergleich besonders gering.

WELTANSCHAULICHE NÄHE ZU ELTERN

FRAGE: "In welchen Bereichen haben/hatten Sie und Ihre Eltern ähnliche Ansichten?"

Ähnliche Ansichten bei	18 - 29 Jahre					
	West-deutsch-land %	Ost-deutsch-land %	Frank-reich %	Großbri-britannien %	Italien %	Nieder-lande %
Einstellung gegenüber anderen Menschen	46	53	61	62	55	65
Moralvorstellungen	32	38	59	66	67	64
Einstellung zur Religion	33	45	47	49	53	48
Politische Ansichten	29	33	41	47	34	42
Einstellung zur Sexualität	9	11	26	31	25	51
	149	180	234	255	234	270
in keinem Bereich, keine Angabe	27	16	17	13	16	9

Quelle: Allensbacher Archiv, Internationale Wertestudie 1990 (Ostdeutschland 1992)

Diese ausgeprägte Generationenkluft entstand mit dem Wertewandel seit Ende der sechziger Jahre. Ich denke, es ist nachvollziehbar, daß dieser starke Kontrast zwischen erlebter Familienwirklichkeit und dem, was man sich wünscht, gerade in Deutschland zu einer besonders komplizierten Lage führt. Die These ist: Trotz grundsätzlich positiver Einstellung zur Familie bleibt doch ein großer Rest von Vorsicht.

Damit kein Mißverständnis aufkommt: Ich sage nicht, daß diese Befunde allein die niedrige Geburtenrate erklären. Die geringer gewordene Bereitschaft, eigene Interessen im Konfliktfall zurückzustellen, die Probleme gerade für Frauen, berufliche und familiäre Pläne zu vereinbaren und materielle Hindernisse spielen sicherlich eine wichtige Rolle. Mir geht es darum, auf diese Dinge - hohe Idealvorstellungen bei offensichtlich ungünstigem gesellschaftlichem Meinungsklima und starker Generationskluft - aufmerksam zu machen, da sie allgemein zu wenig berücksichtigt werden.

Die Zukunft einer alternden Gesellschaft

Deutschland wie auch andere westliche Länder stehen durch den absehbaren Alterungsprozeß vor einer Herausforderung, die vergangene oder gegenwärtige Probleme bei weitem in den Schatten stellt. Wenn in 20 bis 30 Jahren ein Drittel der Bevölkerung über 60 Jahre alt sein wird, wenn nach heutigem Lebensarbeitszeitmodell auf drei Berufstätige etwa zwei Rentner kommen, dann steht die Gesellschaft als Ganzes vor tiefgreifenden Anpassungsproblemen. Der Ausbau familienpolitischer Leistungen, die weitere Anhebung der Frauenerwerbsquote und auch eine gezielte Einwanderungspolitik werden die Folgen der Überalterung nicht durchgreifend beeinflussen können.

Die von der Bevölkerung heute schon wahrgenommene Gefahr für die Finanzierbarkeit der Sozialversicherungssysteme bildet im Grunde nur einen geringen Teil der zu bewältigenden Herausforderung ab. Viel umfassender stellt sich die Frage, wie eine ergrauende Gesellschaft produktiv und problemlösungsbezogen bleiben, wie die Standortqualität der betroffenen Länder gesichert werden kann.

Um die Leistungsfähigkeit einer Gesellschaft mit hohem Durchschnittsalter zu erhalten, wird ein Umdenken notwendig sein: Alter muß mehr als bisher mit Aktivität und Produktivität und weniger als bisher mit einer Feierabend-Orientierung in Verbindung gebracht werden. Eine Verlängerung der Lebensarbeitszeit wäre ein Schritt in diese Richtung. Der Vorsitzende der SPD-Bundestagsfraktion, Hans-Ulrich Klose, meint dazu: "Die Älteren könnten beim neugeschnürten biographischen Pakt länger arbeiten und dies auch wollen".[3]

Bisher ist eine Bereitschaft in der Bevölkerung zur Verlängerung der Lebensarbeitszeit jedoch noch nicht erkennbar. Der Trend läuft eher umgekehrt. 1970 und 1993 wurde gefragt: "Es gibt Menschen, die möchten schon früher als gesetzlich vorgesehen Rentner werden. Andere wiederum tragen sich mit dem Gedanken, auch im Rentenalter noch einige Jahre weiter zu arbeiten. Wie geht es Ihnen? Würden Sie lieber früher aufhören oder zum normalen Zeitpunkt oder länger arbeiten?" "Früher aufhören" sagten 1970 noch 41 Prozent; 1993 waren es 50 Prozent. Den Wunsch, länger zu arbeiten, hegten 1970 noch 8 Prozent, 1993 nur noch 5 Prozent. In Ostdeutschland ist die Zahl derjenigen, die länger arbeiten wollen, mit 6 Prozent nicht größer als im Westen. Aber früher aufzuhören, wünschen sich nur 31 Prozent, also deutlich weniger als in Westdeutschland.

[3] Hans-Ulrich KLOSE, *Die Zukunft hat schon begonnen. Überlegungen zur Bewältigung des demographischen Wandels,* in: H.U. Klose (Hrsg.): Altern der Gesellschaft - Antworten auf den demographischen Wandel, Köln 1993 (Bund Verlag).

FRAGE: "Es gibt Menschen, die möchten schon früher als gesetzlich vorgesehen Rentner werden. Andere wiederum tragen sich mit dem Gedanken, auch im Rentenalter noch einige Jahre weiter zu arbeiten. Wie geht es Ihnen? Würden Sie lieber früher aufhören, oder zum normalen Zeitpunkt, oder länger arbeiten?"

	Berufstätige Arbeiter und Angestellte		
	Alte Bundesrepublik		Neue Bundesländer
	Juli 1970 %	Jan. 1993 %	Jan. 1993 %
Lieber früher aufhören	41	50	31
Zum normalen Zeitpunkt	33	25	43
Lieber länger arbeiten	8	5	6
Kommt darauf an	17	20	20
Keine Angabe / weiß nicht	1	x	x
	100	100	100

x = weniger als 0,5 Prozent

Quelle: Allensbacher Archiv, IfD-Umfragen 1203, 5075

Alterswissenschaftler sind sich heute weitgehend einig, daß ein genereller Abfall der Leistungsfähigkeit - auch der geistigen Leistungsfähigkeit - im Alter nicht zwingend ist. Voraussetzung ist aber, daß das vorhandene Potential durch Training und Aktivität ausgeschöpft wird. Manche Anzeichen deuten darauf hin, daß die Botschaft vom aktiven Alter von der Bevölkerung angenommen wird. Dem Statement "Auch ältere Menschen, die bereits aus dem Berufsleben ausgeschieden sind, sollten sich weiterbilden und immer wieder Neues dazulernen" stimmten Ende der 80er Jahre 72 Prozent der Gesamtbevölkerung und 67 Prozent der Befragten ab 60 Jahre zu.

Allerdings zeigen sich große Schwierigkeiten, solche Überzeugungen in tatsächliches Verhalten umzusetzen. Gerade erst im August 1994 wurden in einer Allensbacher Umfrage alle Rentner und Pensionäre gefragt, ob sie einer regelmäßigen Tätigkeit nachgehen oder irgendein Amt übernommen haben. Nur 23 Prozent der Ruheständler sind in diesem Sinne aktiv.

FRAGE: "Sind Sie jetzt im Ruhestand noch weiter aktiv, ich meine, daß Sie einer regelmäßigen Tätigkeit nachgehen oder irgendein Amt übernommen haben?"

ANTWORT August 1994:	Rentner Pensionäre %
Ja	23
Nein	77
	100

Quelle: Allensbacher Archiv,
IfD-Umfrage 6001

Die Delegierung von echten, gesellschaftlich nützlichen Aufgaben an ältere Menschen ist bei uns heute stark unterentwickelt. Zwar ist das Wort von den "neuen vitalen Alten" in aller Munde, doch bezieht es sich bei genauem Hinsehen auf Freizeitaktivitäten mit geringer Verpflichtung oder auf Konsum- und Genußorientierung.

Tatsächlich sind die alten Menschen in punkto Freizeitbeschäftigung und Geselligkeit heute aktiver denn je. 1953 gingen nach eigenen Angaben 25 Prozent der älteren Befragten häufiger zu Einladungen bei Freunden und Bekannten; Anfang der 90er Jahre sind es 55 Prozent. Häufige Besuche bei Nachbarn machten 1991 37 Prozent der Älteren; 1953 waren es lediglich 14 Prozent. Etwa im gleichen Umfang zugenommen hat der Anteil der Senioren, die öfter Wochenendfahrten, Wanderungen und Reisen unternehmen. Deutlich erhöht hat sich auch die Zahl der älteren Menschen, die öfter zu Vereinsveranstaltungen gehen.

Aber trotz der Zunahme dieser Art von Aktivitäten gibt es heute besonders unter alten Menschen so häufig wie noch nie das Gefühl, mit seiner Zeit nichts anfangen zu können. Auf die Testfrage: "Kennen Sie das, wenn einem an Sonn- oder Feiertagen die Zeit so lang wird?" antworteten 1953 noch 25 Prozent der Älteren mit "Ja, kenne ich"; Anfang der 90er Jahre hat sich dieser Anteil auf 41 Prozent erhöht. Die Zunahme der Langeweile betrifft alte Menschen viel stärker als die Bevölkerung insgesamt.

FRAGE: "Kennen Sie das, wenn einem an Sonntagen oder Feiertagen die Zeit so lang wird?"

"Ja, kenne diese Langeweile"	Alte Bundesrepublik			Neue Bundesländer
	1953*)	1979	1991	1991
	%	%	%	%
Bevölkerung insgesamt	19	25	27	29
60 - 79 Jahre	25	33	41	46

*) 1953: ohne Saarland, West-Berlin

Quelle: Allensbacher Archiv, IfD-Umfragen 225, 1287, 3210

Dieses Symptom ist sowohl psychologisch für den einzelnen als auch gesamtgesellschaftlich betrachtet zutiefst besorgniserregend. Auf individuell-psychologischer Ebene muß man Langeweile als Ausdruck einer mißglückten Lebensführung, als verstärktes Leiden am Alter betrachten. Auf gesellschaftlicher Ebene zeigt sich darin ein Defizit an Integration, eine Ausgrenzung von erfüllenden, sinnstiftenden Tätigkeiten.

Langeweile gedeiht sehr gut in einem Klima, in dem Aktivierung im Sinne von "einer regelmäßigen Tätigkeit nachgehen, ein Amt ausüben" vernachlässigt und Aktivierung im Sinne von Freizeitbeschäftigung oder Konsum überbewertet wird. Es gibt eine Aktivierung von innen - durch Engagement, durch Bewältigung von Herausforderungen -, die die Kräfte erhält und entwickelt, und es gibt Aktivierung von außen - durch Animation -, die sicher nicht die gleiche Wirkung hat.

Im Grunde geht es hier um die Frage, wie man Lebensglück erreicht. Der amerikanische Psychologe Mihalyi Csikszentmihalyi von der University of Chicago betreibt Glücksforschung mit einer interessanten Methode: Seine Versuchspersonen erhalten elektronische Geräte, die während des normalen Tagesablaufs einige Male zufällig über den Tag verteilt einen Signalton von sich geben. Die Versuchspersonen füllen dann einen Kurzfragebogen mit Ermittlungen wie zum Beispiel "Was machen Sie gerade?", "Wie sehr konzentrieren sie sich auf das, was Sie tun?" oder "Wie ist Ihre Stimmung?" aus.

Die Ergebnisse lassen sich, wie ich meine, kurz und prägnant mit dem Satz zusammenfassen: "Nur auf Umwegen wird man glücklich". Der Umweg heißt, allgemein formuliert, Aktivität, Aufgehen in einer Tätigkeit oder Selbstvergessenheit, auch Anstrengung und Zurückstellen egoistischer und kurzfristig genußorientierter Impulse und dadurch Wachsen der eigenen Persönlichkeit. Welche Aktivität man konkret wählt, richtet sich nach den Fähigkeiten und Neigungen des einzelnen.[4]

Man kann aus diesen Ergebnissen folgern, daß es keinen Interessengegensatz gibt zwischen einer Gesellschaft, die künftig auf die aktive Mitarbeit alter Menschen in vielen Bereichen angewiesen ist und den alten Menschen selbst, denen es gut tut, wenn sie sozusagen vom Abstellgleis heruntergeholt werden.

[4] Mihalyi CSIKSZENTMIHALYI, *Flow - Das Geheimnis des Glücks*, Stuttgart 1992 (Klett-Cotta).

Aussprache (Rothenberger)

Leitung: Martin Rothweiler

Ignatius Kordecki: Demoskopen erheben ein Meinungsbild und werten nicht. Trotzdem müßte doch eine breitere Publikation gerade Ihrer optimistischeren Daten, Herr Rothenberger, zum Beispiel bezüglich der Einstellung zur Familie, einen pädagogischen Effekt haben und das Meinungsklima verbessern. Wie ist die Wechselwirkung zwischen Meinungsklima und der eigenen Meinungsbildung? Gibt es die oder würden Sie sagen, das Meinungsklima trägt zur eigenen Meinungsbildung gar nichts bei?

Rothenberger: Ihre Frage ist eine rhetorische, in der die Antwort bereits drinsteckt. Wenn sich die Bevölkerung über die Bevölkerung täuscht, ist es Aufgabe des Demoskopen, ein Gegengewicht zu bilden und eine sachliche korrekte Information abzugeben. Wenn die Wahrscheinlichkeit groß ist, daß die Medien einseitig berichten, ist es wiederum die Aufgabe des Demoskopen, ein Gegengewicht zu bilden.

Hans Thomas: Hohe Wertschätzung der Familie bei Befragten, Herr Rothenberger, die zugleich von einer niedrigen Wertschätzung der Familie in der Bevölkerung ausgehen. Zu diesem Widerspruch fällt mir eine Fernsehdiskussion zum Thema Familie ein. Teilnehmer waren, abgesehen vom fernsehgerechten

Homosexuellen als Vertreter der "Alternative", Etablierte aus Medien und Politik, darunter Frau Süssmuth, und ein typischer ehemaliger 1968er, der aber weitergedacht hat und sich zu einem ganz interessanten modern-postmodernen Querdenker entwikkelt hat: der "Trendforscher" Matthias Horx. Während die etablierten Öffentlichkeitsvertreter in Sachen Familie eigentlich eine recht problemgeschwängerte Atmosphäre verbreiteten, meinte Matthias Horx, wenn er sich anschaue, was so alles an Modellen vorgeschlagen und durchprobiert worden sei, müsse er eigentlich davor, was die Familie geleistet habe, den Hut abnehmen. Allerdings, fügte er, wenn ich mich richtig erinnere, wiederum sinngemäß hinzu, für sie (die 68er) wäre das Familienmodell wohl nichts, weil sie es sich entweder nicht zutrauten oder den Einstieg verpaßt hätten.

Eine hohe Wertschätzung von etwas, das man sich selbst aber nicht so recht zutraut, das wäre immerhin eine mögliche Erklärung für die Differenz zwischen hohem Familienideal und tatsächlichem Verhalten. Aus der Zunahme der Singles und der Scheidungen wird mancher rückschließen auf eine geringe Wertschätzung der Familie in der Bevölkerung, obwohl als Grund auch "Verunsicherung" in Frage käme. Könnte es sein, daß diese "Verunsicherung" besonders durch Problematisierung der Familie seitens der Etablierten in Medien und Politik befördert wird?

Rothenberger: Ich vermute, daß die Familie in den Medien überwiegend schlecht wegkommt. Wohlgemerkt: Ich vermute es; beweisen kann ich es nicht. Mir ist keine systematische Medieninhaltsanalyse bekannt, die Auskunft gibt, ob im Fernsehen, in Zeitungen und Illustrierten die Familie tatsächlich überwiegend kritisch dargestellt wird. Das wäre eine lohnende Untersuchung. Ich denke, es fehlen tatsächlich prominente, intellektuelle Wortführer, die für die Familie Partei ergreifen. Im übrigen ist das nicht nur ein Problem in Talk-Shows. Mir fällt in letzter Zeit auf, daß in sehr vielen Unterhaltungsfilmen - ganz stark bei privaten Sendern - Sensationsthemen wie Gewalt in der Familie, sexueller Mißbrauch von Kindern Konjunktur haben.

Auf die breite Bevölkerung hat so etwas eine stärkere Wirkung als spätabendliche Diskussionsrunden.

Stefan Brandmaier: In unserer Gesellschaft herrscht, wie Sie sagen, eine hohe Sensibilität für die Probleme der Überalterung. Wie steht es mit der Bereitschaft, umzusteuern? Ich erinnere mich an eine Umfrage Ihres Instituts in Allensbach im Anschluß an das Urteil des Bundesverfassungsgerichts, welches anmahnte, die Rentenversicherung nach und nach so umzustellen, daß die Beiträge Kinderloser und die Beiträge Kinderreicher gerechter gewichtet werden. Bei den Rentenbeiträgen, aus denen der Unterhalt der Elterngeneration finanziert wird, sollte die Erziehungsleistung als Äquivalent berücksichtigt werden. Ich erinnere mich, daß bei dieser Umfrage die Sensibilität sehr zu wünschen übrig ließ.

Wolfgang Rothenberger: So formuliert, sollte es eine halbe Kürzung der Rente für Kinderlose geben. Das geht für die Bevölkerung zu weit. Die Bevölkerung ist absolut gegen Rentenkürzungen jedweder Art. So etwas ist gegenwärtig völlig indiskutabel.

Anders die Frage, ob es eine Kindergelderhöhung geben soll. Damit ist die Mehrheit der Bevölkerung einverstanden. Ob DM 250.-, DM 300.- oder eine Veränderung des Ehepaar-/Familiensplitting, ist ganz egal. Da gibt es Konflikte nur dann, wenn gesagt wird, eine Erhöhung sei nur möglich, wenn es auf der anderen Seite eine Steuererhöhung gäbe und evtl. Kinderlose mehr Steuern zahlen sollten. Dann gibt es Konflikte. Dann ist das Verhältnis dafür/dagegen ungefähr fifty/fifty.

Prof. Dr. Heribert Becher: Die Zunahme des Lebensalters, die wir jetzt erleben, ist ja ein relativ neues Phänomen in unserer Gesellschaft, für das die betroffenen Generationen weder individuell noch gesamtgesellschaftlich sozialisiert worden sind. Nun gibt es bestimmte Modelle, nach denen man als alter Mensch sein Leben ausrichten kann. Wir hatten das alte Modell der Großfamilie, wo Opa und Oma ihre ganz bestimmten Funktionen und auch Lebenserfüllungen hatten. Dies trifft ja jetzt nicht mehr zu. Was zeigen Panel-Untersuchungen in dieser Richtung? Sind die Dinkies[1] das Modell für die Woopies[2]?

Schmid: Die Dinkies sind die Konsumheroen. Das merkt man schon am Arbeitsplatz. Wir haben zwei Arten von Akademikern an den Instituten. Die einen kommen von den Bahamas, die anderen vom Baggersee. Die einen sind die Dinkies, die anderen haben Kinder in die Welt gesetzt, und die Frau hat aufgehört zu arbeiten. Das ist ein Problem. In einer Gegend, wo zwei, drei Dinkiepaare sind, läßt sich Familienpolitik schon nicht mehr betreiben. Die legen schon rein optisch einen Lebensstandard vor, der aller Beschreibung spottet: Erst mal Kurs auf die Seychellen, dann trifft man sich in Australien. Familienpolitik ist, wenn so etwas nicht passiert. Individualismus ohne Generationenvertrag: gut geschlafen! Leider Gottes.

Deshalb ist mitunter von glücklich oder unglücklich schon beim ersten Kind die Rede. Schon das erste ist zuviel. Das erste Kind wird in unserer Gesellschaft immer ausgestattet, überausgestattet von beiden Großelternteilen. Das erste Kind kommt dann ja auch meistens. Das erste Kind ist, wie Herr Rothenberger sagt, die Erfüllung eines emotionalen Elternbedürfnisses. Aber moderne Wohlfahrtsgesellschaften haben eigentlich keinen ökonomischen Grund mehr für ein zweites. Und hier setzt Familienpolitik ein: für das zweite. In Frankreich ist das dritte Kind das Entscheidende. Die Generationenerneuerung soll gesichert werden. Unter der Präsidentschaft von Giscard d'Estaing nannte man das dritte Kind bébé Giscard. Die Franzosen wissen, worauf es ankommt.

Hans Thomas: Funktionsverlust der Familie einerseits. Sie soll nur noch einen emotionalen Harmoniehaushalt gewährleisten. Andererseits der in Deutschland besonders große Generationendissens. Der Widerspruch zwischen Harmoniebedarf und

[1] **D**ouble **I**ncome, **N**o **K**ids: doppeltes Einkommen, keine Kinder.
[2] **W**ell **O**ff **O**ld **P**eople: gutsituierte alte Leute.

Generationendissens wird durch den Funktionsverlust der Familie als Einkommens-, Wirtschafts- und Überlebensgemeinschaft, das heißt durch die Individualisierung des Berufslebens und der Absicherung der Lebensrisiken mindestens verstärkt. Nun gäbe es meines Erachtens aber noch eine ganze Reihe Familienaufgaben, die aber die Politik gerade den Familien abnimmt. In der Bundesrepublik sind weit über 90 Prozent der Schulen in staatlicher Hand, könnten aber weitgehend in die Hände von Familienzusammenschlüssen übertragen, also dereguliert werden. Das entspräche übrigens auch dem Pluralismus in einer offenen Gesellschaft. Stattdessen wird jedoch immer lauter nach mehr öffentlicher Zuständigkeit sogar für die Früherziehung der Kinder in Kinderhorten und -krippen gerufen. Würden Sie in diesen politischen Trends einen weiteren Funktionsabbau der Familie ausmachen?

Rothenberger: Zunächst einmal sehe ich es ähnlich wie Sie. Die Sozialisierung von Familienaufgaben schreitet immer weiter voran. Der Bevölkerung scheint das jedoch keine Sorgen zu machen. Sie läßt sich, etwa im Bereich der sozialen Sicherungssysteme, nur allzu gern Freiheiten nehmen. Allerdings muß ich auch sagen, daß es viele Beispiele gibt, bei denen die Einmischung des Staates durchaus Sinn macht. Ihr Beispiel "Kinderhorte" gehört wohl dazu: Eine finanzielle Förderung von Kinderhorten würde für viele Frauen die Vereinbarkeit von Familie und Beruf verbessern helfen und damit auch positiv auf die Geburtenrate wirken. Eine Förderung kann man sich ja auch im Rahmen von Familien- oder Nachbarschaftszusammenschlüssen vorstellen. Das wäre sicherlich eine optimale Lösung.

Dr. Tilman Mayer: Ich bitte Professor Schmid um eine kurze Kommentierung der Rothenberger-Beschreibung von Anhängern der Geld- und der Wertetheorie als Ursachenerklärung des Geburtendefizits. Was ist wichtiger?

Schmid: Geld ist nicht alles, aber ohne Geld ist alles nichts. Das stimmt eigentlich auch für die Familiensysteme. Die Frage, ob

Geldmangel oder Werte den Geburtenrückgang herbeiführen, ist müßig. Tatsache ist nur, daß Wertewandel ein sehr langsamer Prozeß ist und sich so allmählich über die Schichten verbreitet. Geld ist demgegenüber eine abgeleitete Kategorie und zielt auf Einkommen und seine Verwendung. Sprechen wir lieber von Familienressource und weniger von Geld. Das klingt so allgemein. Wie die sogenannten Familienressourcen verwendet werden, ist ganz stark mode- und zeitabhängig. Die Lebensführung unterliegt Aufwandsnormen, die Kinderaufzucht der Aufwandskonkurrenz. Die Aufzucht eines Kindes bis zum 18. Lebensjahr beläuft sich auf Kosten in Höhe eines Eigenheimes. Ich halte den Vormarsch der freiwillig Kinderlosen für prekärer als den der Alten, denn der Staat wird dadurch immer feiger, Kinder in der Sozial- und Alterssicherung angemessen zu berücksichtigen. Die Pflegeversicherung wäre so eine Probe aufs Exempel gewesen, doch auch sie - ein CDU-Produkt - ging wieder den "nachwuchsneutralen" Weg der Lohnbezogenheit. Die junge Familie ist und bleibt der Lastesel der Nation.

Herwig Birg

Betrachtung über die demographischen Aspekte der Ethik und die ethischen Aspekte der Demographie*

Die Demographie befaßt sich mit dem Leben der Individuen und der Völker, und zu ihren Kernthemen gehören die Probleme des Überlebens des einzelnen und der Weitergabe des Lebens von einer Generation zur nächsten. Auch die Ethik handelt vom Leben, insbesondere vom guten Leben bzw. von den Fragen des richtigen Lebens, und sie tut dies immer dann mit besonderer Intensität, wenn das vermeintlich Selbstverständliche fraglich und die Ethik selbst strittig geworden ist. Ethik und Demographie untersuchen also denselben Gegenstand, und es ist daher ganz natürlich, daß Ethik und Demographie bei den Klassikern der Bevölkerungstheorie noch bis ins erste Drittel des 19. Jahrhunderts eine Einheit bildeten und untrennbar schienen. Der erste Bevölkerungswissenschaftler, der die Demographie als eine *systematische* Wissenschaft konzipierte, war Johann Peter Süßmilch. Bei ihm waren die Bevölkerungsstatistik und die demographische Methodenlehre noch nicht Selbstzweck, sondern sie hatten eine dienende Rolle: Süßmilch entwickelte die Demographie als ein Instrument zur Führung eines empirischen Gottesbeweises. Durch die Auswertung der bevölkerungsstatistischen Daten und durch Anwendung der analytischen Methoden der Demographie wollte Süßmilch die Existenz Gottes mit wissenschaftlichen Mitteln ein für allemal zweifelsfrei beweisen. Im

* Eine englische Fassung dieses Aufsatzes erscheint in H. Birg: *World Population Projections for the 21st Century-Theoretical Interpretations and Quantitative Simulations,* Campus Verlag and St. Martin's Press, New York/Frankfurt 1995.

Titel seines Hauptwerkes von 1741 ist dieses eigentliche Ziel angesprochen: "Die Göttliche Ordnung in den Veränderungen des menschlichen Geschlechts, aus der Geburt, Tod und Fortpflanzung desselben erwiesen".[1]

Ethische Antagonismen in der klassischen Bevölkerungstheorie

Obwohl Süßmilch ein strenggläubiger Theologe war und als Probst der brandenburgisch-lutherischen Kirche in Berlin ein hohes Kirchenamt ausübte, war die Zielsetzung des Süßmilch'-schen Werkes geradezu revolutionär: Es ging um die Konzipierung sozial- und gesellschaftspolitischer Maßnahmen auf der Basis einer demographisch begründeten Ethik, aus der sich äußerst weitreichende, auch politisch brisante Schlußfolgerungen ergaben. Im Zentrum der Argumentation steht neben der Idee des empirischen Gottesbeweises vor allem die These, daß die Übel dieser Welt, angefangen von den Schrecknissen des Krieges über die elenden Lebensbedingungen der Armen bis zu den auf mangelnder Hygiene und schlechten Gesundheitsbedingungen beruhenden Krankheiten und Seuchen nicht gottgewollt, das heißt *nicht* als Prüfungen und Strafen von Gott verhängt und daher *nicht notwendig* waren, sondern daß sie von Menschen verursacht und damit von den Regierenden und den Regierten selbst zu verantworten waren. Mit dieser These riskierte Süßmilch nicht nur den Bruch mit der Kirche und der theologischen Lehre, sondern auch den Konflikt mit der politischen Obrigkeit - mit Friedrich II. von Preußen, der ihn mehr aus Toleranz als aus Neigung gewähren ließ und seine Aufnahme in die Berliner Akademie der Wissenschaften akzeptierte. Zur Beseitigung der nicht länger Gott anlastbaren Übel forderte Süßmilch politische Reformen, von denen er einige in die Praxis umsetzen konnte.

[1] J.P. SÜßMILCH, *Die Göttliche Ordnung in den Veränderungen des menschlichen Geschlechts, aus der Geburt, Tod und Fortpflanzung desselben erwiesen*, Berlin 1741. Wesentlich erweitere Ausgaben erschienen ab 1765.

Kurz gesagt: Für Süßmilch war die Demographie das wirksamste Instrument zur Konzipierung einer neuen Ethik im Dienste sozialer und gesellschaftlicher Reformen.

Auch der zweite große Klassiker der Bevölkerungswissenschaft, Thomas Robert Malthus, betrieb seine demographischen Studien nicht um ihrer selbst willen. Auch bei ihm geht das eigentliche Ziel aus dem Titel seines Hauptwerkes hervor: "An Essay on the Principle of Population as it Affects the Future Improvement of Society with Remarks on the Speculations of Mr. Godwin, M. Condorcet and other writers".[2] In diesem Werk hat die Demographie eine dienende Funktion für eine Beweisführung im Rahmen einer moralphilosophisch-politischen Grundthese. Der Inhalt der These war der Süßmilch'schen diametral entgegengesetzt. Für Süßmilch waren die Regeln und Ordnungen der demographischen Prozesse der Beweisgrund dafür, daß die Erde noch wesentlich mehr Menschen "tragen" könne als damals lebten, wobei "leben" nicht wie bei Malthus physisch überleben bedeutete, sondern besser, gesünder und menschenwürdiger leben, während die Malthus'sche Bevölkerungstheorie mit umgekehrter Stoßrichtung den Beweis führen wollte, daß jeder politisch-gesellschaftliche Fortschritt gerade deshalb unmöglich sei, weil die Erde bereits mit der damals lebenden Zahl von rund einer Milliarde Menschen überbevölkert sei und weil - so die zentrale These - die Verbesserung der Lebensbedingungen der sogenannten Unterschicht - *"the lower classes"* - die Geburten- und Wachstumsrate der Bevölkerung erhöhe, mit der unausweichlichen Folge, daß die Überschußbevölkerung durch Kriege, Seuchen und elende Lebensbedingungen - also durch eine Erhöhung der Sterberate - vernichtet und die Bevölkerung wieder der Subsistenzmittelschranke angepaßt werde. Die Übel dieser Welt waren also keineswegs beseitigbar, sondern naturgesetzlich notwendig und mithin auch gottgewollt, solange die

[2] Th. R. MALTHUS, *An Essay on the Principle of Population as it Affects the Future Improvement of Society with Remarks on the Speculations of Mr. Godwin, M. Condorcet and other writers*, London 1798. Eine wesentlich erweiterte Ausgabe erschien 1803.

Menschen nicht durch Einsicht in die sittlich gebotene Zügelung ihres Geschlechtstriebs ihr Fortpflanzungsverhalten änderten. Dabei geht Malthus an keiner Stelle seines Werkes auf die Tatsache ein, daß Geschlechtsverkehr nicht notwendig zur Empfängnis führt. Wider besseres Wissen - so müssen wir annehmen - setzte er einfach den Geschlechtstrieb mit einem angeblichen Fortpflanzungstrieb gleich.

Einer der tragenden Stützpfeiler der malthusianischen Theorie ist die Behauptung, daß die Wachstumsrate der Nahrungsmittelmenge stets hinter der Wachstumsrate der Menschenzahl zurückbleibe. Mit dieser Hypothese steht und fällt das ganze Theoriegebäude. Daß diese These falsch ist, hat jedoch nicht verhindert, daß der Malthusianismus bis heute weiterlebt. Einer der Gründe dafür ist, daß sich Malthus' Theorie umformulieren läßt, indem man die "Nahrungsmittelschranke" als limitierenden Faktor der Bevölkerung durch die "ökologische Schranke" austauscht und die Klasseneinteilung der Gesellschaft in die *upper* und die *lower classes* durch die Zweiteilung der Erdbevölkerung in die "Industrie- und die Entwicklungsländer" ersetzt. Mit diesem ökologisch gewendeten Malthusianismus läßt sich scheinbar die Grundaussage der malthusianischen Theorie aufrechterhalten, derzufolge der globale gesellschaftlich-politische Fortschritt, der zur Hebung des Lebensstandards der vier Fünftel der Menschheit in den Entwicklungsländern erforderlich ist, aus demographischen Gründen unmöglich sei.

Der *Öko-Malthusianismus* wird auch zur Untermauerung einer neuen, besonders gefährlichen Spielart von demographischem Moralismus verwendet, der unter der Metapher der *Lifeboat Ethics*, der Rettungsboot-Ethik, bekannt ist und mit dem Argument operiert, daß Hilfe für die Entwicklungsländer unmoralisch sei, weil sie die Ursache des Übels - das weltweite Bevölkerungswachstum - nur noch vergrößert.

Nach dieser historischen Einführung, in der auf die wissenschafts*geschichtliche* Einheit von Demographie und Ethik in der klassischen Bevölkerungstheorie hingewiesen wurde, sollen die wissenschafts*systematischen* Verbindungen zwischen Demographie und Ethik kurz umrissen werden. Da es hier um Ethik schlechthin geht, also nicht um eine bestimmte Ethik wie die des abendländisch-christlichen oder die des asiatisch-buddhistischen Kulturkreises, werde ich versuchen, einen möglichst kulturneutralen Zugang zu dem Problem zu wählen und folgende Frage an den Anfang stellen. Allen Ethik-Systemen gemeinsam ist die Forderung der Universalisierbarkeit der Handlungsmaximen, wie dies zum Beispiel im Kategorischen Imperativ von Immanuel Kant zum Ausdruck kommt: "Handle so, als ob die Maxime deiner Handlung durch deinen Willen zum allgemeinen Naturgesetz werden sollte".[3] Meine Frage lautet: Worauf beruht diese Gemeinsamkeit der Ethik-Systeme, wo doch sonst in Fragen der Ethik und Moral eine große widersprüchliche Vielfalt von Ideen, Überzeugungen und Handlungsanweisungen vorherrscht?

Meine Antwort hierauf ist: Die Universalisierbarkeitsforderung in der Ethik ist ein abgeleitetes Prinzip, das auf einem allen Ethik-Systemen *gemeinsamen* Grundprinzip beruht. Hans Jonas bezeichnet dieses grundlegende Prinzip als Prinzip der Persistenz menschlichen Lebens und menschlicher Entwicklung auf der Erde. In seinem Buch "Das Prinzip Verantwortung" hat Jonas aus dem Persistenzprinzip unter Rückgriff auf den Kategorischen Imperativ von Kant die universelle Forderung abgeleitet: Handle so, daß die Persistenz menschlichen Lebens möglich ist auf dieser Erde.[4] In diese Handlungsmaxime ist vor allem das ökologisch relevante und das generative Verhalten eingeschlossen, das heißt, auch die Verantwortungs-

[3] I. KANT, *Der kategorische Imperativ der Pflicht*, in: I. Kant, *Die drei Kritiken in ihrem Zusammenhang mit dem Gesamtwerk*, zusammengestellt von R. Schmidt, Stuttgart 1964, S. 248.

[4] H. JONAS, *Das Prinzip Verantwortung*, Frankfurt a.M. 1984.

ethik von Hans Jonas enthält fundamentale bevölkerungsbezogene bzw. demographische Maximen, was allerdings angesichts des eingangs über die klassischen Bevölkerungstheorien von Süßmilch und Malthus Gesagten nicht verwundert. Die Verantwortungsethik von Hans Jonas ist aber vielleicht in einem noch radikaleren Sinn demographisch wie die Süßmilch'sche und die Malthusianische: "(...) der Kategorische Imperativ gebietet einfach, *daß* es Menschen gebe, mit der Betonung gleicherweise auf dem *Daß* und auf dem *Was* des Existierensollens. Für mich, ich gestehe es, ist dieser Imperativ der einzige, auf den die kantische Bestimmung des Kategorischen, das heißt Unbedingten, wirklich zutrifft".[5]

Ich kann hier schon aus Platzgründen nicht detailliert auf die Verantwortungsethik von Hans Jonas eingehen. Nur so viel sei gesagt, daß Jonas in den Risiken und Gefahren der modernen Technik ein menschheitsbedrohendes Problem und mithin eine metaphysische Frage sieht, mit der die Ethik noch nie konfrontiert war, nämlich die Frage, "(...) ob und warum es eine Menschheit geben soll".[6] Jonas' Antwort ist eine metaphysisch-ontologische: Mit dem aus dem Persistenzprinzip abgeleiteten bevölkerungsbezogenen Imperativ sind wir " (...) nicht (nur) den künftigen Menschen verantwortlich, sondern der *Idee* des Menschen, die eine solche ist, daß sie die Anwesenheit ihrer Verkörperungen in der Welt erfordert. Es ist, mit anderen Worten, eine *ontologische* Idee, (...) die sagt, daß eine solche Anwesenheit *sein* soll, also gehütet werden soll, sie also uns, die wir sie gefährden können, zur Pflicht macht. Dieser ontologische Imperativ aus der Idee des Menschen ist es, der hinter dem zuvor unbegründet hingestellten Verbot des Vabanque-Spiels mit der Menschheit steht. Erst die Idee des Menschen, indem sie uns sagt, *warum* Menschen sein sollen, sagt uns damit auch, *wie* sie sein sollen".[7]

[5] Ebd. a.a.O., 92.
[6] H. JONAS, *Technik, Medizin und Ethik*, Frankfurt a.M. 1987, S. 48.
[7] S. Anm. 4, a.a.O., 91.

Ich halte die Verantwortungsethik von Hans Jonas für wohlbegründet und in hohem Maße für konsensfähig, sehe aber in ihrer großen Zustimmungsfähigkeit gerade ein Problem. Denn der steigende demographische Problemdruck sowohl in den Industrieländern (durch Bevölkerungsschrumpfung, dadurch bedingte demographische Alterung und Einwanderungen) als auch in den Entwicklungsländern (durch Bevölkerungswachstum, Umweltzerstörung, Massenarbeitslosigkeit und politische wie gesellschaftliche Destabilisierung) macht deutlich, daß ethische Probleme jenseits ihrer theoretischen und metaphysischen Relevanz vor allem *Praxisprobleme* sind. Für ihre Lösung sind theoretische Lichtblicke wie die Verantwortungsethik von Hans Jonas zwar als unterstützende Vergewisserungen hilfreich und höchst willkommen, aber nicht ausreichend. Was benötigt wird, sind widerspruchsfreie und praxistaugliche Handlungsempfehlungen, die sicherlich auch noch verbessert werden können und müssen, falls die theoretischen Probleme der Ethik einmal gelöst sein sollten.

Daß eines der wesentlichen Charakteristika der Ethik als praktische Handlungswissenschaft in ihrer unvermeidbaren Konfliktträchtigkeit liegt, verkennt auch Jonas nicht, wenn er etwa schreibt: "(...) es ist ethisch undenkbar, daß die biomedizinische Technik davon abläßt, die Kindersterblichkeit in 'unterentwickelten' Ländern mit hohen Geburtenraten herabzusetzen, selbst wenn das Elend in der Folge der Überbevölkerung noch schrecklicher sein könnte. Beliebig viele andere, ursprünglich segensreiche Wagnisse der Großtechnologie könnten angeführt werden, um die Dialektik, die Zweischneidigkeit der meisten dieser Wagnisse zu illustrieren".[8] Und weiter: "Dieselben Mittel, mit denen (der Fortschritt, d.V.) die Armut der Dritten Welt zu beheben und den materiellen Wohlstand der ganzen, dank ihm wachsenden Menschheit zu mehren verspricht, (...) drohen, gerade mit ihren Erfolgen auf kurze Sicht, zu vielleicht unheilbarer Umweltverwüstung auf lange Sicht zu führen".[9] "Es war

[8] S. Anm. 6, a.a.O., 50.

[9] S. Anm. 6, a.a.O., 60-61.

Tugend, zu tun, was man kann, das Gute mit dem Besseren zu übertreffen, alles Können zu vermehren, immer mehr und Größeres zu vollbringen. Aber sollen - dürfen - wir in Zukunft überall zu weiteren Höchstleistungen fortschreiten? Zu Höchstleistungen etwa in der Lebensverlängerung"?[10]

Das letzte Zitat knüpft an ein Hauptthema der klassischen Bevölkerungstheorie an, nämlich an die These von Marquis de Condorcet, dem von Malthus bekämpften Widersacher in "The Principle of Population", der behauptet hatte, daß der Steigerungsfähigkeit der menschlichen Lebenserwartung um ein Vielfaches prinzipiell nichts im Wege stehe.[11] Es könnte sich erweisen, daß Condorcet recht hatte: Nach Aussagen der gerontologischen Humangenetik rückt die künstliche Lebensverlängerung durch gentechnologische Manipulation des menschlichen Genoms immer näher an den Bereich des technisch Machbaren. Bei niederen Lebewesen ist die Wissenschaft schon dabei, diese Idee zu verwirklichen. Nach Meinung der führenden Fachleute ließe sich die menschliche Lebensspanne auf die biblische Zahl von 600 Jahren erhöhen.[12]

Ich wollte mit diesem Exkurs in die Verantwortungsethik von Hans Jonas zeigen, daß wir von der Lösung der praktischen, bevölkerungsethischen Probleme trotz gewisser Fortschritte in der Theorie der Ethik noch weit entfernt sind.

Nehmen wir nun den Faden der Überlegungen wieder auf und kehren zu dem Persistenz- und Universalisierbarkeitsprinzip zurück. Meine These war, daß das Persistenzprinzip menschlichen Lebens auf der Erde das allen großen Ethik-Systemen gemeinsame Grundprinzip ist, und daß das Universalisierbarkeitsprinzip aus ihm abgeleitet und daher ebenfalls allen Ethik-Systemen gemeinsam ist, und zwar als eine Art praktische Durchführungsbestimmung bei der Verwirklichung des gemeinsamen Grundprinzips. Wenn diese Überlegung richtig ist, folgt,

[10] S. Anm. 6, a.a.O., 70

[11] A. Marquis de CONDORCET, *Entwurf einer historischen Darstellung der Fortschritte des menschlichen Geistes*, Köln 1976, 220 ff.

[12] B. BORGEEST, *Altern ohne Ende*, in: DIE ZEIT v. 11.12.1992, 35.

daß das Universalisierbarkeitsprinzip ebenso wie die einzelnen ethischen Handlungen, die ihm genügen müssen, ihre ethische Qualität ausschließlich durch ihre empirisch nachzuweisende Tauglichkeit erlangen, die Verwirklichung des mit dem Persistenzprinzip angestrebten Zieles zu erreichen, nämlich die Bedingungen der Möglichkeit permanenten menschlichen Lebens und seiner Weiterentwicklung auf dem Planeten Erde zu gewährleisten.

Bei dieser empirischen Tauglichkeitsprüfung von Handlungsempfehlungen, die den Anspruch auf eine ethische Qualität erheben, erweisen sich die demographisch relevanten, ethischen Handlungsanweisungen sowohl der großen Weltreligionen als auch die der nicht-religiösen philosophischen Ethik-Systeme als durchaus problematisch. Ich will hierzu in zwei Punkten Stellung nehmen.

Pronatalistische Moral der Religionen

Alle religiösen Ethik-Systeme, seien sie christlicher oder nichtchristlicher Natur, die zu einer durchschnittlichen Kinderzahl von über 2 Kindern je Frau bzw. bei Einbeziehung der Sterblichkeit zu einer Nettoreproduktionsrate von über 1,0 führen, haben dauerndes Bevölkerungswachstum zur Folge und sind daher mit dem Persistenzprinzip *nicht* vereinbar.

Ich habe in diesem kurzen Vortrag nicht die Zeit, die demographisch relevanten Aussagen der großen Weltreligionen darauf zu überprüfen, auf welche Kinderzahl bzw. Nettoreproduktionsrate ihre Handlungsempfehlungen, wenn sie befolgt würden, hinausliefen. Dabei wären nicht nur die religiösen Aussagen selbst zu prüfen, sondern auch deren Interpretation durch die religiösen Autoritäten einschließlich der Umsetzung in praktisches generatives Verhalten durch die Individuen.

Vorbehaltlich einer diesbezüglichen, gründlichen Prüfung der großen Religionen, die noch aussteht, vertrete ich die These, daß alle Religionen ihrer Tendenz nach eine pronatalistische Wirkung haben. Einige Religionen, zum Beispiel bestimmte hinduistische, enthalten sogar ein klares, ausdrückliches *Gebot zur Fortpflanzung.* In anderen Religionen wird ein derartiges Gebot zwar nicht direkt ausgesprochen, kann aber durch Exegese erschlossen werden. Direkt oder indirekt - nämlich über die kulturellen Traditionen - wirken jedoch alle großen Religionen pronatalistisch.[13] Man kann also sagen, daß allen durch eine *religiöse* Ethik fundierten Wertsystemen eine pronatalistische Grundpräferenz und Grundtendenz eigen ist. Im Hinblick auf die Ethik-Systeme der *Philosophie* sei angemerkt, daß auch die Verantwortungsethik von Hans Jonas ein klares, ausdrückliches Gebot zur Fortpflanzung - eine *Fortpflanzungspflicht* - enthält: "Um eine Pflicht solcher Art (zum Dasein einer Nachkommenschaft, d.V.) handelt es sich ... bei der Verantwortung für die künftige Menschheit, die ja in erster Linie sagt, daß wir eine Pflicht zum *Dasein* künftiger Menschheit haben - sogar unabhängig davon, ob sich Nachkommen gerade von uns darunter finden - und in zweiter Linie dann auch eine Pflicht zu ihrem *Sosein.* Die erste Pflicht schließt die zur Fortpflanzung (wenn auch nicht notwendig die jedes einzelnen) in sich und ist wie diese nicht einfach durch Erweiterung aus der Pflicht des Urhebers gegen das von ihm schon verursachte Dasein herzuleiten: wenn es sie gibt, wie wir supponieren möchten, so ist sie bisher noch gar nicht begründet".[14]

Wichtiger noch als die Existenz der pronatalistischen Handlungsempfehlungen der religiösen und ethischen Systeme ist die *Nicht*-Existenz von Handlungsempfehlungen für den Fall, daß das Bevölkerungswachstum durch eine zu große Geburtenrate (nicht durch eine niedrige Sterberate oder durch Wanderungen) negative Wirkungen entfaltet, deren indirekte Folgen auch die Grundlagen der Ethik selbst gefährden können. Zwar wurde schon in der griechischen und römischen Antike die Aussetzung

[13] Siehe hierzu auch: H. SCHUBNELL, *Seid fruchtbar und mehret euch - der Einfluß von religiösen Leitbildern und Traditionen,* in: Deutsches Institut für Fernstudien (Hrsg.): Funkkolleg "Humanökologie - Weltbevölkerung, Ernährung, Umwelt", Studieneinheit 6 in Studienbrief 3, Weinheim/Basel 1991, 94-135.

[14] S. Anm. 4, a.a.O., 86.

von Lebendgeborenen als Mittel zur Anpassung der Familiengröße an die Tragfähigkeit des Landes auf breiter Basis praktiziert und ethisch akzeptiert, aber dieses Verhalten fand keine Entsprechung in einer reflektierten ethisch-religiösen Theorie des generativen Verhaltens unter demographisch gefährdeten Lebensbedingungen. Daß sich die Religionen dem Problem des globalen Bevölkerungswachstums bis auf den heutigen Tag nicht wirklich gestellt haben, bedeutet vielleicht die ernsteste, demographisch bedingte Bedrohung und Gefährdung der künftigen Menschheitsentwicklung.

Ich verkenne nicht, daß die katholische und die evangelische Kirche Deutschlands in vielen Informationstagungen und Denkschriften das Problem aufgegriffen haben, aber ich spreche hier nicht davon, ob die Kirchen das Problem aufgegriffen und angesprochen haben, sondern davon, was sie zur *Lösung* unternommen oder nicht unternommen haben, wobei ich nicht etwa zu geringe praktische Aktivitäten zum Beispiel im Bereich der Entwicklungshilfe beklage, sondern ein Defizit bei der intellektuellen Auseinandersetzung mit dem wissenschaftlichen bzw. ethischen Grundproblem der Bevölkerungsentwicklung. Meine beiden Thesen hierzu sind:

Erstens: Die Mehrheit der Weltbevölkerung gehört pronatalistisch wirkenden Weltreligionen und Weltkulturen an und wird durch ihre religiösen und kulturellen Autoritäten nicht genügend bzw. überhaupt nicht dazu angehalten, ihr generatives Verhalten im Hinblick auf dessen makrodemographische Folgen zu reflektieren. Dies kann auch gar nicht anders sein, solange die religiösen Autoritäten selbst nicht die Notwendigkeit erkannt haben, die Grundlagen der Religionen auf ihre Vereinbarkeit mit dem Persistenzprinzip menschlichen Lebens auf der Erde zu prüfen und durch Änderungen, für die mir kein besseres Wort einfällt als das Wort *Kulturrevolution*, den bevölkerungsethischen Forderungen aus dem Persistenzprinzip anzupassen.

Zweitens: Eine Voraussetzung einer derartigen Kulturrevolution ist ein weltweiter, interkultureller Konsens über das Ziel der Persistenz menschlichen Lebens und menschlicher Entwicklung auf der Erde. Hierzu gehört als eine Grundvoraussetzung eine echte, tiefgreifende, interkulturelle Kommunikation. Wie soll aber zum Beispiel der Kaffee konsumierende Europäer zu dem Kaffee produzierenden Afrikaner eine mehr als nur abstrakte, verstandesmäßig konstruierte Beziehung als Nachfrager bzw. Anbieter auf dem Kaffeemarkt entwickeln, wenn - vor allem in Deutschland - schon die zwischenmenschlichen Beziehungen auf der Grundlage eines besonderen Zusammengehörigkeitsgefühls zwischen den Menschen des gleichen Landes bzw. innerhalb der gleichen Nation als nationalistisches Überbleibsel der Geschichte abgewertet werden und die emotionale Realität des Zusammengehörigkeitsgefühls als Ausdruck politischer Rückständigkeit verachtet oder schlicht geleugnet wird? Gemeinsame ethische Werte über Landes- und Kulturgrenzen hinweg bilden sich - wenn alles gut geht - erst im Verlauf eines Prozesses interkultureller Kommunikation aus dem Zusammenwirken von emotionaler gegenseitiger Zuwendung, verstandesmäßig erkannter Zusammengehörigkeit und aus einer durch die Vernunft unterstützten Solidarität. Wir stehen erst am Anfang dieses Prozesses und sollten erkennen, daß wir uns auf Grund der demographischen Veränderungsdynamik in einem Wettlauf gegen die Zeit befinden.

Antinatalistische Wettbewerbsgesellschaft

Die Menschheit ist demographisch in eine wachsende und in eine stagnierende beziehungsweise schrumpfende Welt geteilt. Aus dem soeben Gesagten könnte der falsche Eindruck entstehen, als hielte ich die bevölkerungsbedingten Probleme der demographisch wachsenden Länder für das Hauptproblem. Meine Meinung ist eine andere: Die Welt wird zwar durch ihr rasches Bevölkerungswachstum insgesamt bedroht, aber wenn sie zugrunde geht, dann nicht an ihren bevölkerungsbedingten Problemen, sondern an den Defiziten des intellektuellen beziehungsweise kulturellen Umgangs mit ihnen.

Dabei gibt vor allem die mangelnde Aufrichtigkeit diesen Problemen gegenüber Anlaß zur Sorge. Die demographisch bedingten Probleme der Bevölkerungsschrumpfung und der massenhaften Einwanderungen zum Beispiel werden zwar mit einer Verspätung von zwei Jahrzehnten nun auch in Deutschland allmählich zur Kenntnis genommen und diskutiert, aber diese Diskussion konzentriert sich nach wie vor fast ausschließlich auf die *Auswirkungen* der demographischen Entwicklung. Auf die *Ursachen* der Schrumpfung - für die ich den Begriff *Zirkel des Reichtums* in Analogie zum *Zirkel der Armut* in den Entwicklungsländern vorgeschlagen habe - wird so gut wie gar nicht eingegangen. Analysiert man diese Ursachen der Bevölkerungsschrumpfung, so stößt man auch hier auf die Einheit von Ethik und Demographie, und wahrscheinlich ist es gerade diese Einheit, die die Diskussion der Ursachen blockiert, weil sie eine unbequeme Diskussion über die Grundwerte unserer Gesellschaft erfordern würde.

Meine Sichtweise, die ich im Detail in dem Buch "Biographische Theorie der demographischen Reproduktion" und in einer Reihe von Aufsätzen dargestellt habe, läßt sich wie folgt charakterisieren:[15] Der Motor des wirtschaftlichen Wandels, den wir als Garant hohen und wachsenden Wohlstands akzeptiert haben, obwohl er zu sozialen Härten und Ungerechtigkeiten führt, wirkt sich in einer hohen, permanenten Dynamik der Arbeitsmärkte aus, die einerseits die biographischen Planungshorizonte der Arbeitskräfte drastisch verkürzt und andererseits die biographischen Opportunitätskosten der familialen Festlegungen erhöht. Die Konsequenz ist ein Fertilitätsniveau, das um so niedriger ist, je größer der ökonomische Erfolg einer Wirtschaftsgesellschaft ist. Für diesen Wirkungszusammenhang verwende ich den Ausdruck *demo-ökonomisches Paradoxon*.[16] Auf

[15] H. BIRG, E.-J. FLÖTHMANN, I. REITER, *Biographische Theorie der demographischen Reproduktion,* Frankfurt/New York 1991. Ferner: H. BIRG, *Differentielle Reproduktion aus der Sicht der biographischen Theorie der Fertilität,* in: E. Voland (Hrsg.): Fortpflanzung: Natur und Kultur im Wechselspiel, Frankfurt a.M. 1992, 189-215.

[16] H. BIRG, *Demographische Wirkungen politischen Handelns,* in: H.-U. Klose (Hrsg.): Altern hat Zukunft - Bevölkerungsentwicklung und dynamische Wirtschaft, Opladen 1993, 52-79.

den durch den Zirkel des Reichtums bedingten Fertilitätsrückgang folgt der Bevölkerungsrückgang, der im Falle der Bundesrepublik seit 1974 im Gange ist. Eine Konsequenz des ökonomischen Erfolges sind die Abnahme der Zahl der nachwachsenden, jungen Arbeitskräfte und massenhafte, demographisch bedingte Einwanderungen. Deren kulturelle und gesellschaftliche Folgen werden in der Vision der "multikulturellen Gesellschaft" ex post als etwas Positives rationalisiert, obwohl die Einwanderung ex ante keineswegs gewollt und geplant war, also auch nicht als etwas Positives bewußt herbeigeführt und politisch ins Werk gesetzt wurde, sondern wie eine unabwendbare Naturgewalt über die Gesellschaft hereinbrach und stumm hingenommen wurde. Noch haben wir die Zeit und die Chance, die Stummheit zu überwinden und das deklamatorisch Positive der multikulturellen Vision in einen echten, innerlich befürworteten Zukunftsentwurf einzubringen und durch politische Programme und Gesetze als einen Gewinn abzusichern.

Ebenso wie der Wandel der Gesellschaft durch Einwanderungen war auch der Wandel des generativen Verhaltens und der Struktur der Familien ex ante weder gewollt noch geplant. Gleichwohl wird er ex post durch Begriffe wie "Wertewandel" als etwas Positives rationalisiert und als etwas Unabänderliches akzeptiert. Der demographische Substanzverlust kehrt sich so in der Wertewandel-Ideologie als etwas ex ante Unerwünschtes und daher prinzipiell Beklagenswertes in etwas ex post prinzipiell Positives um. Der sogenannte Wertewandel hat aber nichts mit einem Wandel der Werte, sondern mit einem Wandel der Ideologie der Werte zu tun.

Wie läßt sich diese durchaus revolutionäre Entwicklung sozialphilosophisch und sozialpsychologisch verstehen und einordnen? Eine differenzierte Antwort auf diese Frage ist (mir) nicht möglich, weil die Ursachen-Diskussion dieser Phänomene, wie gesagt, noch nicht einmal begonnen hat. Als einen vorläufigen Vorschlag hierzu könnte man aber folgendes formulieren: Bisher galt die unausgesprochen hingenommene darwinistische Überzeugung, daß derjenige Teil der Gesellschaft, der sich ökonomisch und sozial gegen alle Widerstände gegenüber dem schwächeren Teil der Gesellschaft behauptet, sich auch fortpflanzt und dadurch nicht nur sich selbst - in der Sprache der Biologen: "die eigenen Gene" -, sondern die Gesellschaft als Ganzes reproduziert. Diese Überzeugung hat keine Grundlage mehr. Der ökonomische und soziale Konkurrenzkampf führte in der Summe aller individuellen generativen Entscheidungen zu einer Geburtenrate, die den Bestand der fortgeschrittensten Industriegesellschaften ohne permanente Einwanderungen nicht mehr gewährleistet. Man könnte von einer *demographischen Selbstausbeutung* der Gesellschaft sprechen, und etwas Ähnliches muß Schumpeter im Auge gehabt haben, als er bei der Charakterisierung der Rationalität des generativen Verhaltens davon sprach, daß der Kapitalismus seine eigenen Grundlagen zerstört.[17] Das hierfür ursächliche Prinzip - das rationale konkurrenzwirtschaftliche Verhaltensprinzip - als zentrales Element des zwischenmenschlichen Verhaltens in Wettbewerbs- bzw. Konkurrenzgesellschaften galt auch in den Ländern des früheren sozialistischen Blocks, deren wirtschaftliche Ideologie sich gravierend von der tatsächlichen Verhaltenspraxis unterschied. Der wesentliche Faktor ist also nicht die formale politische Verfassung, sondern es sind die konkreten Lebensbedingungen und damit die ethische Verfaßtheit der zwischenmenschlichen Beziehungen einer Gesellschaft. Wenn in einer Konkurrenzgesellschaft persönlicher Erfolg auf dem Mißerfolg anderer aufbaut, aufbauen muß, kann es nicht ausbleiben, daß vieles, was das Erfolghaben behindert, preisgegeben wird, einschließlich des Bedürfnisses, in einer Familie zu leben und Kinder zu haben.

Politisch-praktisch gesehen ergeben sich daraus eine Reihe von Fragen, von denen ich hier nur drei anreißen möchte:

Erstens: Kann eine Gesellschaft auf Dauer existieren, wenn sie ihre demographische Substanz von anderen Gesellschaften erborgt, indem sie ihr Geburtendefizit auf Dauer durch Einwanderungen ausgleicht?

[17] A. SCHUMPETER, *Capitalism, Socialism and Democracy*, New York 1942, 157-58.

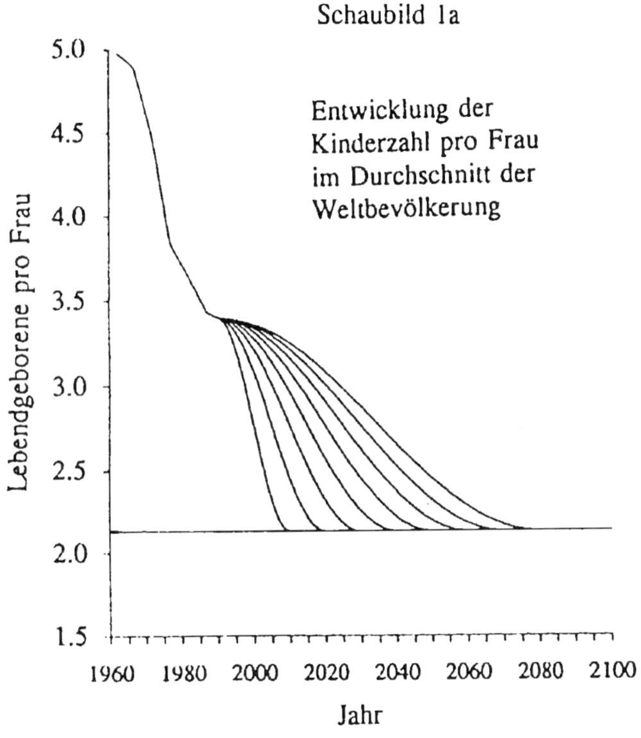

Schaubild 1 (a + b)

Abnahme der Fertilität seit 1960 und mögliche alternative Varianten der künftigen Abnahme (1a), sowie daraus folgendes Weltbevölkerungswachstum im 21. Jahrhundert (1b)

Erläuterungen zu Schaubildern 1 und 2 (s.S.18)

Seit 1960 sank die Kinderzahl pro Frau im Durchschnitt der Weltbevölkerung von 5 auf 3,3. Unter der Annahme, daß sich dieser starke Fertilitätsrückgang im 21. Jahrhundert noch schneller als in der Vergangenheit fortsetzt und die Mortalität

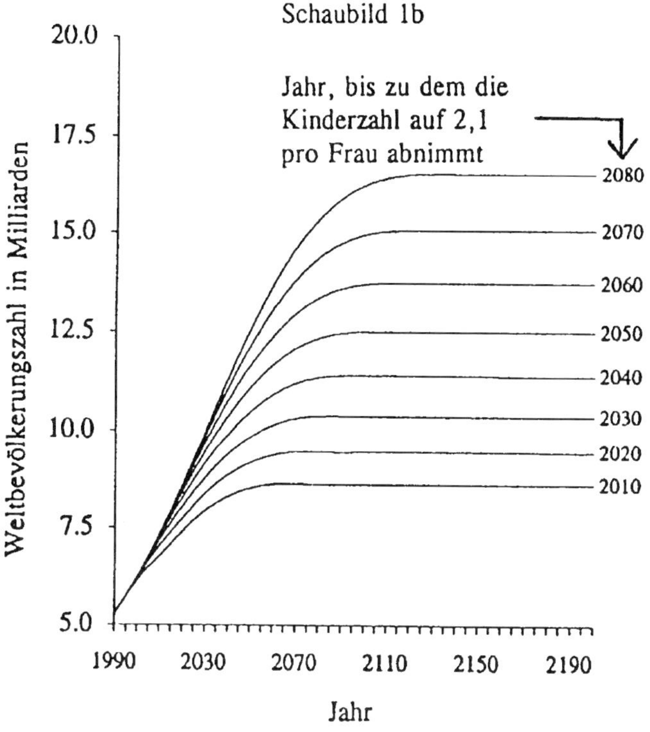

sich dabei weiter verringert (linke beide Kurven im Schaubild 1 a), ergibt sich aus demographischen Projektionsrechnungen eine Weltbevölkerungszahl von mindestens 8 Milliarden am Ende des 21. Jahrhunderts (Schaubild 1 b). Nimmt man dagegen in der Zukunft nur einen etwa ebenso schnellen Fertilitätsrückgang wie in der Vergangenheit an, erreicht die Weltbevölkerungszahl (je nach den durch die weiter rechts liegenden Kurven im Schaubild 1a unterstellten Annahmen) ein Niveau von mehr als 10 bis zu 16 Milliarden. Die Zahl an den Kurven im Schaubild 1 b gibt das Jahr an, bis zu dem die Kinderzahl annahmegemäß auf 2,1 Kinder pro Frau sinkt und danach konstant bleibt. Eine detaillierte Darstellung dieser Berechnungen und der daraus folgenden, in den Industrie- und Entwicklungsländern unterschiedlichen bevölkerungsbedingten Probleme (s. Schaubild 2) findet sich in H. Birg, *World Population Projections for the 21st Century. Theoretical Interpretations and Quantitative Simulations,* Frankfurt (Campus) und New York (St. Martins Press), 1995.

Industrieländer (niedrige Geburtenrate)	Entwicklungsländer (hohe Geburtenrate)	Welt (hohe Geburtenrate)
1. Drohende bzw. schon faktische Bevölkerungsschrumpfung (ohne Einwanderungen)	Bevölkerungswachstum	Weltweites Bevölkerungswachstum von 5,7 auf mind. 8 wahrscheinl. auf über 10 Mrd.
2. Demographische Alterung der Gesellschaft	Massenarbeitslosigkeit, vor allem der jungen Generationen	
3. Gefährdung der Sozialversicherungssysteme (Alters- und Krankenversicherung u.a.m.)	Weitgehendes Fehlen staatlicher Unterstützungssysteme für die Altersphase der heute jungen Generationen	Zunehmende internationale Disparitäten zwischen reichen und armen Ländern
4. Polarisierung der Gesellschaft in eine reproduktive und eine nichtreproduktive (zeitlebens kinderlose) Bevölkerungsgruppe	Extreme Schichtenunterschiede der Lebensbedingungen, soziale und politische Destabilisierung	Die Bevölkerungsentwicklung ist Multiplikator der nationalen und internationalen Umweltprobleme
5. Verknappung der Arbeitskräfte. Ökonomisch und politisch induzierte massenhafte Einwanderungen	Armutsflüchtlinge, Umweltflüchtlinge, Bürgerkriegsflüchtlinge, Asylsuchende	Steigender supranationaler Handlungsbedarf
6. ← Ethnische und interkulturelle Spannungen und Konflikte →		
7. Zunahme des staatlichen Lenkungsbedarfs	Konfliktverlagerung nach außen und Kriegsgefahr	
8. ← Grenzüberschreitende Umweltprobleme (Klimaänderung u.a.m.) →		

Schaubild 2: Demographisch verursachte Problemketten in Industrie- und Entwicklungsländern

Zweitens: Wäre es bei dauernder Unterschreitung der für den demographischen Bestand erforderlichen Geburtenrate nicht wichtig, die politische Verfassung den demographischen Tatsachen anzupassen und sie ehrlich zu machen, indem man sie durch einen Immigrationsartikel erweitert, der die Möglichkeit der permanenten Einwanderungen garantiert, um darauf aufbauend Einwanderungs- und Integrationsgesetze zu schaffen, die gegen wechselnde Regierungsmehrheiten institutionell abgesichert sind?

Drittens: Ist es vorstellbar bzw. hinnehmbar, daß die Transferausbeutung der Familien, die eine der Ursachen der niedrigen Geburtenrate ist, von der legislativen und der exekutiven Gewalt gegen die eindeutige Rechtsprechung des Bundesverfassungsgerichts aufrechterhalten wird, und was folgt daraus für den inneren Zusammenhalt unserer Gesellschaft, die wie alle Gesellschaften nur dann existieren kann, wenn die Menschen das Gefühl haben, daß es einigermaßen gerecht zugeht?

Auf diese letzte Frage gibt es eine Antwort von einem der größten Denker der Philosophiegeschichte, David Hume, der in seiner als "demographisch" bezeichenbaren Theorie der Ethik die These verficht, daß alle ethischen Werte, insbesondere die Grundidee der Gerechtigkeit, eine gemeinsame Wurzel in den zwischenmenschlichen Beziehungen der Mitglieder der Familien haben, in den Beziehungen zwischen den Eltern und deren Kinder und den Beziehungen zwischen den Gatten zueinander. In diesen elementaren Beziehungen , so David Hume, entsteht *die Tugend der Dankbarkeit* - Dankbarkeit der Gatten zueinander und der Kinder zu ihren Eltern, auf der alle *gesellschaftlichen Tugenden,* insbesondere die Idee der Gerechtigkeit gründen.[18] Hans Jonas, der David Humes Theorie in seiner "Verantwortungsethik" nicht erwähnt, spricht in bezug auf diese Elementartugenden als von der einzigen, von der *Natur* gelieferten Klasse selbstlosen Verhaltens: "(...) in der Tat ist dieses mit der biologischen Tatsache der Fortpflanzung gegebene Verhältnis zum unselbständigen Nachwuchs, und nicht das Verhältnis zwi-

[18] D. HUME, *Eine Untersuchung über die Prinzipien der Moral*, Stuttgart 1984.

schen selbständigen Erwachsenen (aus dem zwar die Idee von gegenseitigen Rechten und Pflichten hervorgeht), der Ursprung der Idee von Verantwortung überhaupt".[19]

Wir sind mit dieser Betrachtung an einem Punkt angelangt, an dem die Einheit von Demographie und Ethik evident ist und ihre Trennung als etwas Künstliches erscheinen muß. Ich möchte nun auf zwei Beispiele eingehen, die die praktische Bedeutung dieser Einheit illustrieren.

Die tödliche Gefahr bevölkerungstheoretischer Metaphern

Können die Prinzipien einer Ethik Bestand haben, wenn ihre Befolgung im Hinblick auf die Verwirklichung des Ziels hin zu einem menschenwürdigeren Dasein für alle Menschen tendenziell, das heißt in langfristiger geschichtlicher Perspektive, nicht wirklich nützt, also eine solche Entwicklung mehr behindert als fördert? Allgemeiner formuliert: Muß sich nicht auch die Ethik an einem Kriterium bewähren, um mit dem Prädikat "ethisch" ausgezeichnet zu werden, und welches Kriterium wäre dies? Wer die erste Frage bejaht, wer also die Ethik nicht verabsolutiert, sondern ihr eine Aufgabe zuweist und in der Erfüllung dieser Aufgabe eine dienende und nicht eine herrschende Rolle erkennt, der wird keinen Anstoß an der Antwort auf die zweite Frage nehmen, die David Hume gab: "Es scheint niemals irgendeine Eigenschaft existiert zu haben, die von irgend jemandem als tugendhaft oder moralisch hervorragend empfohlen wurde, außer mit der Begründung, daß sie *nützlich* oder *angenehm* für einen Menschen selbst oder für andere ist. Denn welcher andere Grund kann jemals für Lob oder Zustimmung angegeben werden? Oder wo wäre der Sinn, einen guten Charakter oder eine gute Handlung zu rühmen, von denen gleichzeitig zugegeben wird, daß sie *für nichts gut* sind? Daher können alle Unterschiede in der Moral auf diesen einen allgemeinen Grundsatz reduziert und aus den verschiedenen Standpunkten erklärt wer-

[19] S. Anm. 4, a.a.O., S. 85.

den, die die Menschen gegenüber diesen Umständen einnehmen".[20] Und weiter: "Es scheint eine Tatsache zu sein, daß der Umstand der *Nützlichkeit* bei allen Gegenständen eine Quelle des Lobes und der Zustimmung ist; daß man sich bei allen moralischen Entscheidungen über Wert und Unwert von Handlungen immer wieder auf sie beruft; daß sie die *alleinige* Quelle jener hohen Wertschätzung ist, die der Gerechtigkeit, Verläßlichkeit, Ehre (...) zuteil wird", und sie (die Nützlichkeit) ist deshalb mit "(...) allen anderen sozialen Tugenden wie Menschlichkeit, Großzügigkeit, Nächstenliebe, Güte, Milde, Barmherzigkeit und Bescheidenheit untrennbar" verbunden, so daß sie "mit einem Wort, eine Grundlage des Hauptteils der Moral bildet, der sich auf die Menschheit und auf unsere Mitmenschen bezieht".[21]

Die Hume'sche Theorie der Ethik und Moral steht aus drei Gründen mit dem Thema dieses Aufsatzes im Zusammenhang: Erstens ist diese Theorie die allgemeinste mir bekannte philosophische Theorie der Ethik, so daß sie auch für die hier behandelte Thematik relevant ist. Zweitens hat Hume selbst diese Theorie auf die vorliegende Fragestellung angewandt und ihre Beziehung zur Demographie herausgearbeitet: Nach Hume liegt der Ursprung jener Nützlichkeit, die Tugend, Ethik und Moral hervorbringen, in der Familie, also im Zentrum des Forschungsobjekts der Demographie. Drittens bietet Humes Theorie durch ihren Bezug auf die Kategorie der *Nützlichkeit* die Möglichkeit zu einer metaphysikfreien Normenbegründung, ein Gesichtspunkt, der angesichts der angestrebten Ethik mit universeller, das heißt interkultureller Gültigkeit, entscheidend ist. Der Philosoph N. Hoerster spricht in bezug auf die Möglichkeit einer *metaphysikfreien Normenbegründung* von einer "geradezu aufregenden Aktualität".[22] Er verweist in diesem Zusammenhang auf J.L. Mackie, der diese Möglichkeit entdeckt habe.[23]

[20] S. Anm. 18, 272.

[21] Ebd. a.a.O., 154.

[22] N. HOERSTER, Nachwort zu D. Hume, *Dialoge über natürliche Religion*, Stuttgart 1981, 148.

[23] J.L. MACKIE, *Hume's Moral Theory*, London 1980.

In der Tat gibt es angesichts der demographisch bedingten Probleme dieser Welt kaum eine größere Aufgabe für die Philosophie als die Begründung einer Ethik, die diesen Problemen Rechnung trägt, indem sie für die notwendigen politischen Maßnahmen Orientierungshilfen erarbeitet und Maßstäbe setzt, so wie dies neuerdings von Vittorio Hösle unternommen wurde.[24] Die Verantwortungsethik von Hans Jonas ist ein besonders weit ausgearbeiteter Versuch des Maßstab-Setzens. Darin postuliert Jonas die wichtige Verpflichtung, sich über grundlegende wissenschaftliche Kenntnisse, zu denen er die Ergebnisse von Bevölkerungsprojektionen rechnet, zu informieren.[25] Die ethische Verpflichtung zur Information über den Zustand dieser Welt muß auch an die Philosophen selbst (und darüber hinaus an alle Menschen) gerichtet werden, nicht nur, wie dies so gerne geschieht, an die Politiker. Mir scheint, daß die traditionelle weltabgewandte Haltung vieler Philosophen dem Ziel, daß die jedem zugänglichen Informationen der Wissenschaft ihre Wirkung tun, gelinde gesagt nicht sehr förderlich ist.

Der Beitrag der Philosophie zur Lösung der Zukunftsprobleme besteht also nicht nur darin, überzeugende Begründungen für handlungsleitende Prinzipien zu erarbeiten, so wie dies zum Beispiel David Hume, Hans Jonas und Vittorio Hösle getan haben. Von größter Wichtigkeit sind neben den Begründungsfunktionen auch die "Ordnungsfunktionen" der Philosophie, worunter ich zum Beispiel die elementaren Aufgaben der Überprüfung von Theorien und Argumenten auf logische Widerspruchsfreiheit und allgemein das Ausmerzen von Irrtümern verstehe. Diese Ordnungsarbeit wird auf dem Gebiet der Bevölkerungstheorie und -philosophie noch von zu wenigen wahrgenommen. Sonst wäre es zum Beispiel nicht zu erklären, daß

[24] V. HÖSLE, *Moralische Ziele und Mittel der Weltbevölkerungspolitik*, Tagungsband der "Deutschen Welthungerhilfe", Dokumente, Bd. 4, 1994, 127-136. Ders.: *Philosophie der ökologischen Krise*, Moskauer Vorträge, München 1991.

[25] S. Anm. 6, a.a.Ort, 66.

zweifelhafte Theorien und Doktrinen der Bevölkerungsentwicklung wie die malthusianische Bevölkerungstheorie weiterexistieren und wiederbelebt werden, und daß haarsträubende ethische Empfehlungen wie die *Lifeboat Ethics* zu so wenig Protesten führen. Was ich mit meiner Einladung an die Philosophie, geistige Ordnungsarbeit zu leisten, meine, möchte ich im folgenden anhand von zwei Beispielen illustrieren, an der Bevölkerungstheorie von Julian Simon und an der sogenannten Lifeboat-Ethik. Eine andere, systematischere Charakterisierung der Kooperationsmöglichkeit zwischen Demographie und Philosophie habe ich an anderer Stelle gegeben.[26]

Die Bevölkerungstheorie von Julian Simon

Julian Simons Theorie nimmt insofern eine Sonderstellung ein, als sie an Positionen der optimistischen Bevölkerungstheorien des Merkantilismus anknüpft und dadurch sozusagen einen Schritt zurück hinter die klassischen Theorien von Süßmilch und Malthus tut.[27] Die Theorie von Simon ist für mich aber nicht etwa deshalb fraglich, weil sie ihre Fundamente in vorklassischer Zeit sucht und auf einer prinzipiell normativen, bewußt metaphysischen Erhöhung des Wertes menschlichen Lebens beruht - ganz im Gegenteil. Meine Bedenken sind anderer, viel einfacherer Art. Aus der Sicht der merkantilistischen Bevölkerungstheorie ist eine große Bevölkerungszahl der beste Indikator für die Wohlfahrt eines politischen Gemeinwesens und für das individuelle Glück seiner Bewohner. Ähnlich urteilt Simon, wobei er dem Gedanken folgt, daß die Menschen in der Geschichte immer nur im Kampf *gegen* Probleme Fortschritte zu einem besseren Leben erzielten. Eine größere Menschenzahl ist aus Simons Sicht die Ursache eines vergrößerten demogra-

[26] H. BIRG, *Unterwegs zu einer philosophischen Demographie*, in: Zeitschrift für Bevölkerungswissenschaft. Festschrift zum 80. Geburtstag von Hermann Schubnell, 16. Jg., Heft 3/4, 1990, 327-340.

[27] J. SIMON, *The Ultimate Resource*, Oxford 1981.

phisch bedingten Problemdrucks und damit zugleich die Grundlage für eine steigende Problemlösungsfähigkeit als Folge des gestiegenen Problemdrucks. Bevölkerungswachstum ist also eine Doppelursache sowohl für eine Vermehrung von Problemen als auch für die Lösung dieser Probleme. Simon zieht daraus den Schluß, daß es gar nicht genug Menschen geben könne: "What does it mean to like the idea of more people? To me it means that I do not mind having more people in the cities I live in, seeing more children going to school and playing in the park. I would be even more pleased if there were more cities, more people in unsettled areas - even another planet like this one. I believe that this particular value is in the best spirit of Judeo-Christian culture, which is the foundation for much of our modern Western morality: In Biblical terms, be fruitful and multiply. It also accords with the spirit and logic of the *utilitarian* philosophers, starting with *Jeremy Bentham*, whose thinking underlies much of our legal and social philosophy, as well as modern economic thinking".[28]

Zunächst eine ganz unwissenschaftliche Sympathieerklärung: "I like ...", ich mag die Vorstellung auch, daß auf der Erde möglichst viele Menschen in menschenwürdigen Lebensumständen glücklich zusammenleben. Ich bin sogar davon überzeugt, daß die wissenschaftlichen Erkenntnisse und das ökonomische Potential der Menschheit ausreichen, um die Erde auch bei der doppelten Menschenzahl in ein Paradies zu verwandeln. Diese Möglichkeiten bleiben aber ungenutzt, weil die Mensch-

[28] Ebd., a.a.O., 337: "Was heißt das, Sympathie für den Gedanken an mehr Menschen? Für mich bedeutet es, daß es mir nichts ausmacht, wenn in den Städten, in denen ich lebe oder mich aufhalte, mehr Menschen sind, mehr Kinder zur Schule gehen oder im Park spielen. Noch mehr gefiele es mir, wenn es mehr Städte gäbe und mehr Leute in jetzt unbesiedelten Gebieten lebten, wenn es sogar noch einen Planeten wie den unseren gäbe. Ich glaube, daß mehr Menschen ein Wert sind, ein besonderer Wert im besten Geist unserer jüdisch-christlichen Kultur, der unsere moderne westliche Moralität soviel verdankt. Biblisch ausgedrückt: Seid fruchtbar und mehret euch. Es fügt sich auch in den Geist und die Logik der utilitaristischen Philosophen, angefangen von Jeremy Bentham, dessen Denken so sehr unsere Rechts- und Sozialphilosophie sowie nicht zuletzt unsere moderne Wirtschaftstheorie beeinflußt hat."

heit nicht als Menschheit handelt, sondern in der Weise von Individuen, Familien, Sippen und allenfalls von Nationen und den Bündnissen zwischen Nationen. Die Vereinten Nationen sind noch bei weitem nicht der Handlungsakteur "Menschheit" (siehe Bosnien, Somalia, Ruanda usw.), den wir uns alle wünschen.

Meine Kritik an Simons Theorie möchte ich in folgenden Punkten zusammenfassen:

a) Aus der Grundaussage, derzufolge die Fortschritte der Menschheit immer im Kampf gegen Probleme errungen wurden, kann nicht gefolgert werden, daß aus allen Problemen immer Fortschritte resultieren. Gerade die bevölkerungsbedingten Probleme widerlegen eine solche Schlußfolgerung. Die Tragfähigkeit der Erde ist begrenzt wie die einer Brücke. Wenn eine Brücke lange getragen hat, beweist das nicht, daß sie *allen* Lasten gewachsen ist. Sie bricht meist plötzlich zusammen.

b) Die Epoche, für die Simons Theorie am ehesten zutraf, ist Vergangenheit. Die Theorie paßt allenfalls auf jene Epoche der Menschheitsgeschichte, in der die unbesiedelten Flächen und die Ressourcen unerschöpflich schienen, also für jene Epoche, in der die Welt entdeckt und besiedelt wurde, insbesondere also für die Neuzeit und für die Epoche des Merkantilismus, in der auch die Ideen von Simon ihren Ursprung haben.

c) Die Theorie schweigt über die Kosten des Fortschritts. Es werden nur die positiven Wirkungen des Bevölkerungswachstums aufgeführt. Nötig wäre eine Bilanz, also eine Gegenüberstellung von Nutzen *und* Kosten. Es trifft zu, daß viele mit dem Bevölkerungswachstum zusammenhängende Größen einen ständigen Fortschritt anzeigen. Aber es ist ebenso nicht zu bestreiten, daß sich andere Indikatoren mit dem Fortschreiten des Bevölkerungswachstums verschlechtern, zum Beispiel der Indikator "Zahl der kriegerischen Konflikte oder Zahl der Toten pro Krieg". Es ist sogar möglich, daß die Menschheit als Ganzes durch einen atomar ausgetragenen Krieg oder Weltkrieg ausgelöscht wird.

d) Wenn Ressourcen knapper werden - daß sie knapper werden, bestreitet Simon nicht - steigen ihre Preise, was von ihm ebenfalls zugegeben wird. Bevor die knapper gewordenen Ressourcen durch Ersatzstoffe ersetzt werden können, haben die Preise eine Höhe erreicht, daß sie für die armen Länder unerschwinglich werden. Die Ressourcenfrage ist so mit der Verteilungs- bzw. Gerechtigkeitsfrage untrennbar verbunden. Das Wachstum der Weltbevölkerung führt tendenziell zu größerer Knappheit und damit zu weniger Gerechtigkeit. Das erhöht die Wahrscheinlichkeit von Unfrieden und Konflikten. Darüber schweigt die Theorie.

Fazit: Simon begründet seine Theorie mit dem metaphysisch-utilitaristischen Grundsatz, daß menschliches Leben ein hoher Wert an sich ist, so daß folglich viele menschliche Leben mehr Wert sein müssen als wenige. Die Kehrseite dieses erhabenen metaphysischen Arguments ist die Banalität der aus ihm abgeleiteten konkreten Aussagen, die den Charakter des Vorwissenschaftlichen haben. Trotzdem: Die Theorie hat meine Sympathie - Wissenschaft hin, Wissenschaft her. Aber was nützt die *Sympathie* zu einer metaphysischen Theorie? Die mangelnde Nützlichkeit der Metaphysik müßte für den Utilitaristen Simon eigentlich ein großes Problem sein: "Die metaphysische Erfahrung entbehrt jeder Nachprüfbarkeit, die sie zu einer gültigen für jedermann machen könnte" (Karl Jaspers). Dieser zahlreiche "Jedermann" ist aber gerade der eigentliche Adressat des Utilitarismus.

Die Lifeboat-Ethics

Die "Lifeboat-Ethics" wurden in unserer Zeit vor allem durch den amerikanischen Biologen Garett Hardin in die bevölkerungsethischen Diskussionen eingeführt.[29] Hardins Argument läßt sich wie folgt zusammenfassen: Es gibt arme und reiche Länder. Die armen Länder können sich nicht alle zu reichen

[29] G. HARDIN, *Living on a Lifeboat*, in: BioScience, Nr. 24, 1974, 561-68. Ders.: *The tragedy of the commons*, in: Science, Vol. 162, Dec. 1968, 1243-1248.

entwickeln, weil die ökonomischen Fortschritte durch die wachsende Bevölkerung aufgezehrt werden und die Ressourcen der Erde begrenzt sind. Durch die zunehmende Erschöpfung der Ressourcen kommt es für die armen Länder zu existenzbedrohenden Engpässen, durch die die Welt als Ganzes bedroht ist. Die Lage der Menschheit steht in Analogie zur Lage der Passagiere eines untergehenden Schiffes: Die Menschenzahl der Erde übersteigt ihre Tragfähigkeit - das Schiff geht unter. Die Menschen in den reichen Ländern verfügen über seetüchtige Rettungsboote, die ein Überleben ermöglichen. Die Menschen in den armen Ländern verfügen über keine Mittel zum Überleben, sie sind dem Untergang geweiht. Ist es ethisch richtig oder falsch, den im Meer Treibenden den Zutritt zu den Rettungsbooten zu erlauben? Die Antwort der Rettungsboot-Ethik ist eindeutig und schockierend: Helfen ist *unmoralisch!* Die Begründung dieser "ethischen" Maxime lautet: Wären die Insassen der Rettungsboote alle großmütig, (wie es das Universalisierbarkeitsprinzip fordert) und würden ihren Platz zugunsten der Hilfesuchenden zur Verfügung stellen und ihr Leben opfern, wären die Rettungsboote voll von Menschen, die *keine* Skrupel hätten, auf Kosten anderer zu überleben. Folglich würde sich der moralische Zustand der Welt verschlechtern. Also ist Hilfe unmoralisch.

Die Argumentation scheint logisch konsequent. Wer ihre Prämissen anerkennt, muß auch die Schlußfolgerung akzeptieren. Dieses Rätsel zu lösen ist eine wichtige Aufgabe für die Philosophie. Mein diesbezüglicher Lösungsvorschlag lautet:

a) Die Theorie beruht auf weiteren Prämissen, die nicht genannt werden, und deren Wahrheit bezweifelt werden kann, insbesondere auf der Prämisse, daß alle, die Hilfe begehren, schon deshalb moralisch minderwertiger sind. Statt auf moralischer Minderwertigkeit zu beruhen, kann aber der Wunsch nach Hilfe zum Beispiel aus mangelnder Information über die Hilfsmöglichkeiten anderer entstehen. Die Hilfesuchenden können zum Beispiel die ökonomischen Möglichkeiten der potentiellen Helfer schlicht überschätzen. Es kann aber auch sein, daß die Hilfesuchenden aus guten Gründen davon überzeugt sind, daß die Überlebensmöglichkeiten ungerecht zwischen arm und reich verteilt sind.

b) Ein prinzipieller Kritikpunkt ist, daß die Rettungsboot-Ethik eine Metapher verwendet, die auf eine *existentielle Grenzsituation* - den Untergang eines Schiffes - verweist, in der die Zeit für die Beseitigung der Problemursache durch gezieltes Handeln zu knapp ist. So können zum Beispiel in dieser Situation keine weiteren Rettungsboote mehr gebaut werden. Die heutige reale Situation der Menschheit ist aber *nicht* mit den Überlebensbedingungen in einer Grenzsituation gleichzusetzen. Denn uns bleibt heute (noch) genügend Zeit, um die armen Länder zu entwickeln und die Geburtenrate der Weltbevölkerung den Tragfähigkeitsgrenzen der Erde anzupassen.

c) Die Tatsache, daß das Problem, um dessen ethische Lösung es der Rettungsboot-Ethik geht, gar nicht erst entstanden wäre, wenn sich die Menschheit in den vergangenen zwei Jahrhunderten, die seit Erscheinen von Malthus' Bevölkerungstheorie vergingen, um die Lösung der bevölkerungsbedingten Probleme bemüht hätte, anstatt die Länder, die durch die Rettungsboot-Ethik an den Pranger gestellt werden, zu kolonisieren und auszubeuten, zeigt, daß die Ursachen des Problems nicht in den situationsbestimmten Schwierigkeiten einer existentiellen Grenzsituation lagen bzw. liegen, sondern im mangelnden bzw. falschen Bewußtsein bezüglich der wahren Natur der Bevölkerungsprobleme und - als Folge des falschen Bewußtseins - im mangelnden Willen zu ihrer Lösung.

d) Selbst wenn man sich auf die Logik der Grenzsituation einläßt, ist die Theorie abzulehnen, denn die Forderung *ethischer* Entscheidungen setzt generell einen freien Willen bei den Handelnden voraus, der in einer existentiellen Zwangssituation wie der eines untergehenden Schiffes nicht einfach vorausgesetzt werden kann.

Fazit: Die Rettungsboot-Analogie ist schlicht *falsch*, denn das demographisch relevante Verhalten ist kein Handeln, das von den Unausweichlichkeiten einer Grenzsituation abhängt, sondern es hat *Alltagscharakter*, und die Probleme, die aus ihm entstehen, entwickeln sich langsam, so daß Zeit bleibt, sie zu lösen. Die Vergleichung der bevölkerungsbedingten Probleme mit den Überlebensproblemen von Schiffbrüchigen ist also der entscheidende *Irrtum* - oder der *Trick* -, um mit den Mitteln der Logik eine scheinbar zwingende ethische Schlußfolgerung vorzugaukeln. Mit der Aufklärung dieses Irrtums verschwinden auch die aus ihm logisch abgeleiteten ethischen Ungereimtheiten und Widersprüche.

Ich habe in diesem Zusammenhang bewußt auf Malthus' Bevölkerungsgesetz Bezug genommen, weil sich bei Malthus eine ähnliche Metapher wie bei Hardin findet, die von Malthus zur Konstruktion einer ebenso falschen Analogie benutzt wurde wie die bei der Metapher des Rettungsbootes. Bei Malthus ist es die Metapher von der *festlichen Tafel*, vom *gedeckten Tisch der Natur*, an dem nicht für alle *ein Gedeck bereitet* ist, weil die Menschheit angeblich zu zahlreich sei. Auch diese Metapher ist falsch, denn der Mensch bereitet sich mit Hilfe der Natur *selbst* sein Gedeck. Die Tafel ist also nicht begrenzt, sondern seit Erscheinen von Malthus' Bevölkerungsgesetz kamen immer neue Gedecke hinzu. Heute hat die fünffache Zahl Menschen an der Tafel der Natur Platz genommen als zum Zeitpunkt des Erscheinens von Malthus' Theorie, und die Zahl kann und wird weiter zunehmen.

Dieses entlarvende Malthus-Zitat aus der zweiten Ausgabe von 1803 wurde aus den späteren Ausgaben gestrichen: "Ein Mensch, der in eine Welt hineingeboren wird, die schon voll besetzt ist, ein Mensch, der von seinen Eltern keinen Unterhalt bekommen kann, zu dem er eigentlich berechtigt ist, ein Mensch, dessen Arbeit zudem keinen Abnehmer findet, dieser Mensch hat keinen Anspruch auf den kleinsten Anteil an Nahrung, hat tatsächlich kein Recht, dort zu sein, wo er ist. An der mächtigen Festtafel der Natur ist kein Gedeck für ihn bereit. Die Natur sagt ihm, sich hinwegzuscheren und wird diesen Befehl schnell ausführen, es sei denn, daß er an das Mitleid einiger Gäste appelliert. Wenn nun diese Gäste aufstehen und Platz für ihn machen, so werden andere Eindringlinge sofort erscheinen und dieselbe Gunst verlangen. Die Kunde vom Schmaus für alle, die kommen, klingt durch die Halle und ruft weitere Bewerber herbei. Die Ordnung und Harmonie des Festes ist gestört, die vorherige Fülle an Essen verwandelt sich in Knappheit, die Fröhlichkeit der Gäste ist vorbei, der Anblick von Elend und Anfälligkeit durchsetzt den Saal, und die eingeladenen Gäste sind empört über die verschwundenen Leckerbissen, die ihnen versprochen waren. Diese Gäste erkennen ihren Irrtum zu spät, sie haben die Befehle der großen Gastgeberin des Festes mißachtet, und die Meisterin weiß, daß sie nicht eine unbeschränkte Anzahl versorgen kann, und daß sie, wenn die Tafel voll besetzt ist, weiteren Ankömmlingen den Zutritt verweigern muß".[30]

Hardin beruft sich mit seiner Rettungsboot-Ethik auf Malthus' Bevölkerungsgesetz. Der moderne, ökologisch gewendete Malthusianismus bzw. die auf ihm beruhende Ethik, die sich vor allem mit dem Namen Maurice King verbindet, beruft sich ebenfalls auf malthusianische Prinzipien und fordert ein bewußtes Sterbenlassen von Kindern in Entwicklungsländern als Mittel zur Begrenzung des Bevölkerungswachstums.[31] Auch Kings Theorie versteht sich als eine ethische Theorie: Im Interesse künftiger Generationen, also aus ethischen Gründen, sollen die Kinder in Entwicklungsländern sterben. Zur Kritik

[30] Th.R. MALTHUS, *An Essay on the principle of population*, Second edition, London 1803 (British Museum), Buch IV, Kapitel VI, 531. Deutsche Übersetzung des Zitats von Henry Buba, in: Henry Buba, *Man denkt an Thomas Robert Malthus*, Frankfurt a.M. 1988, 83-84.

[31] M. KING, *Health is a sustainable state*, in: The Lancet, Sept. 15, 1990, 664-667. Ders., *Population Growth, entrapment and the sustainability of health*, in: German Institute for Medical Mission (Hrsg.): The Consequences of population growth for health care programmes, Presentations and Discussions of the Conference held at the Institute on 11th and 12th November 1993, 7-12. Ders. mit Ch. ELLIOT, *Legitimate double think*, Typoskript, auf der Konferenz von M. King verteilt. Auf dieser Konferenz fiel mir die Aufgabe zu, zu den Thesen von M. King Stellung zu beziehen. Die dafür auf der Konferenz präsentierten Berechnungen sind in dem Konferenzband enthalten. Eine ausführlichere Version erschien im Sept. 1994, (s. Anm. 32).

an dieser Position verweise ich aus Platzgründen auf die publizierte Literatur.[32]

Festzuhalten ist, daß die Ethik-Theorien von Hardin und King Spielarten der malthusianischen Theorie sind, die sich bei näherer Betrachtung als eine moralphilosophisch untermauerte Klassentheorie entpuppt. Im Vergleich zur moralphilosophischen Klassentheorie von Malthus ist die ökonomische Klassentheorie von Karl Marx geradezu harmlos.[33] Vielleicht wurde Malthus gerade deshalb von niemand mehr gehaßt als von Karl Marx. Daß die Ideen von Marx durch die von Malthus überlebt wurden, läßt befürchten, daß uns die Gefahren des Malthusianismus noch nicht ausreichend bewußt sind. Dabei besteht durchaus kein Mangel an guter, zugänglicher Literatur über die demographische Gefährdung dieser Welt.[34]

Schlußfolgerungen

1. Nirgendwo führt die Notwendigkeit, zwischen Theorie und Praxis trennen zu müssen, zu schmerzlicheren Erfahrungen als bei der Trennung der Theorie der Ethik und der ethischen Praxis. So wird zum Beispiel die Bewunderung für die Verantwortungsethik von Hans Jonas dadurch schmerzlich getrübt, daß die ethischen Vorschläge für die Lösung der bevölkerungsbedingten Probleme in der Praxis weitgehend fehlen. Die Theorie-Praxis-

[32] H. BIRG, *Die Eigendynamik des Weltbevölkerungswachstums*, in: Spektrum der Wissenschaft, 9/1994. Ders.: *World Population Projections-Theoretical Interpretations and Quantitative Simulations.* Frankfurt/New York: Campus bzw. St. Martin's Press 1995.

[33] Ders., *Der Konflikt zwischen Spaceship Ethics und Lifeboat Ethics und die Verantwortung der Bevölkerungstheorie für die Humanökologie*, in: Deutsche Gesellschaft für die Vereinten Nationen (Hrsg.): Dokumentationen, Informationen, Meinungen, Nr. 40, Bonn 1991. Neuauflage unter dem Titel: Raumschiff oder Rettungsboot?, 1992.

[34] Als Beispiel für eine Vielzahl guter Bücher sei hier verwiesen auf: K.M. LEISINGER, *Hoffnung als Prinzip. Bevölkerungswachstum: Einblicke und Ausblicke.* Berlin/Basel 1993.

Differenz ist als Problem unlösbar. Leider hat Platon nicht recht, wenn er sagt, Gutes könne nur aus Gutem entstehen. Da sich Gutes auch aus Schlechtem ergeben kann, ebenso wie Schlechtes aus Gutem, kann auch eine gutgemeinte wissenschaftliche Theorie, wie die von Julian Simon, auf tragische Weise zu einer Verschlechterung der Welt führen.

2. Platon und seine Nachfolger in der Renaissance haben bei ihren Entwürfen für den idealen Staat mit der Staatsutopie immer auch eine Bevölkerungsutopie angeboten. Die letzten Staats- bzw. Bevölkerungsutopien sind mit dem Nazismus und Stalinismus untergegangen. Was danach folgt, wissen wir nicht. Es wird gesagt, die Zeit für Utopien sei vorbei. Die Zeit für die Utopie der Gerechtigkeit darf jedoch nie vorbei sein. Deshalb sind die Bevölkerungsprobleme nicht nur praktisch wichtig, sondern von grundsätzlicher Bedeutung.

3. Auch ohne Staatsutopie und ohne eine Ethik-Theorie mit weltumspannender Geltung steht die Menschheit nicht gänzlich hilflos da. Sie kann auf einen großen Schatz kultureller Erfahrungen zurückgreifen, deren Gültigkeit nach wie vor hochaktuell ist. So gilt zum Beispiel für die Politik immer noch die von Max Weber formulierte Festellung: Politik ist das langsame Bohren harter Bretter mit Leidenschaft und Augenmaß. Angewandt auf die bevölkerungsbedingten ethischen Probleme bedeutet dies: Aufgabe der Ethik ist es, die *Kunst* (also nicht nur die Wissenschaft) widerspruchsfreier und gleichzeitig praxistauglicher Handlungsanleitungen so zu vervollkommnen, daß die unvermeidlichen ethischen Konflikte, wenn schon nicht vermieden, so doch möglichst minimiert werden. Ethik ist also in erster Linie eine *präventive* Handlungslehre. Wenn Konflikte und Dilemmata erst einmal eingetreten sind, kann auch die beste Ethik keine guten Lösungen mehr bieten.

4. Ethik ist eine Handlungskunst auf der Grundlage einer auf Wissen und Wissenschaft beruhenden systematischen Handlungslehre. In ihrer Vollendung ist sie als eine die Theorie und Praxis des Handelns verbindende Lehre nichts weniger als eine Weisheitslehre. Es gibt ein untrügliches Zeichen, an dem das Glück eines Menschen wie das Glück einer Gesellschaft erkenn-

bar ist: Es ist daran erkennbar, daß es keiner Ethik-Theorie und keiner Ethik-Debatten bedarf. Wenn es so weit gekommen ist, daß wir ethische Grundsatzdebatten führen müssen, bevor wir handeln können, schließen sich einfache, glückliche Lösungen wie zum Beispiel die von Julian Simon vorgeschlagene laissez-faire Haltung aus.

Aussprache s. S. 315

Julian L. Simon

Mehr Menschen, größerer Wohlstand, mehr Ressourcen, gesündere Umwelt

Wirtschaftsgeschichte in Kurzform: Ob man seit 2 Millionen, 200.000, 20.000 oder 2.000 Jahren zählt: bis ins 18. Jahrhundert geringes Bevölkerungswachstum, kaum Verbesserungen der gesundheitlichen Bedingungen, kaum Senkung der Sterblichkeit, langsam wachsender Zugang zu natürlichen Ressourcen, ohne Verknappungen allerdings; Wohlstandszunahme für einige wenige, Wirkungen auf die Umwelt unterschiedlich.

Seit dem 18. Jahrhundert dann starke Bevölkerungszunahme aufgrund spektakulärer Senkung der Sterblichkeit, schnell wachsende Verfügbarkeit von Ressourcen, Zunahme des Wohlstands für viele und eine nie gekannte saubere und schöne Lebensumwelt in vielen Gegenden der Welt, neben einer belasteten Umwelt in den armen und sozialistischen Teilen der Welt.

Mehr Menschen also und größerer Wohlstand bei eher mehr als weniger Ressourcen und saubererer Umwelt - das genaue Gegenteil dessen, was uns die Theorie von Malthus glauben machen wollte. Aus dieser überraschend erfreulichen Entwicklung heißt es nun, die richtigen Schlüsse zu ziehen.

Die verbreitete Weltuntergangsstimmung mit der Rede von der "Umweltkrise" ist durch die wissenschaftlichen Fakten nicht gestützt. Selbst die U.S. Umweltschutzbehörde (US Environmental Protection Agency) erkennt an, daß Luft und Wasser in den Vereinigten Staaten in den letzten Jahrzehnten eher sauberer als schmutziger geworden sind. Jeder Landwirtschaftsökonom weiß, daß sich die Weltbevölkerung seit dem Zweiten Weltkrieg immer besser ernährt hat, und jeder Rohstoffexperte weiß, daß alle natürlichen Ressourcen nicht knapper geworden sind, sondern reichlicher zur Verfügung stehen. Über Jahrzehnte, ja über Jahrhunderte gefallene Preise sprechen für sich. Jeder Demograph weiß, daß die Sterblichkeit weltweit gesunken ist. Die mittlere Lebenserwartung ist in den letzten zweihundert Jahren in den reichen Ländern auf das Dreifache gestiegen, in den armen Ländern in den letzten vierzig Jahren auf das Doppelte.

Und noch ein Bild, das unsere Vorstellungen bewegte, hat mittlerweile schärfere Konturen: Bevölkerungswachstum behindert nicht die wirtschaftliche Entwicklung. In den 80er Jahren hat im Konsens der Ökonomen, was die Auswirkung von mehr Menschen anlangt, eine vollständige Kehrtwendung stattgefunden. Sowohl der Nationale Forschungsrat (National Research Council) wie die Nationale Akademie der Wissenschaften (National Academy of Sciences) in den Vereinigten Staaten haben ihre besorgte "offizielle" Lesart von 1971 völlig umgedreht und stellten nunmehr fest, daß ein negativer Zusammenhang zwischen Bevölkerungs- und Wirtschaftswachstum statistisch nicht evident ist. Gemäß der neuen Sicht "stellt (auch) die Knappheit erschöpfbarer Ressourcen eine eher geringfügige Bremse für das Wirtschaftswachstum dar."[1]

Diese Kehrtwendung im Konsens der Experten wurde von den Medien nicht wahrgenommen. In eine Schweigezone fiel er auch bei antinatalistisch orientierten Umweltorganisationen und Weltbevölkerungskontrollagenturen.

So nehme ich meine zentrale These vorweg. Sie lautet: Erlaubt man eine hinreichend lange Beobachtungszeit, weist nahezu jeder wirtschaftliche oder soziale Wandel oder Trend in eine positive Richtung.

Um wichtige Aspekte wirtschaftlicher Entwicklung richtig zu verstehen, müssen wir unser Augenmerk auf Langzeit-Trends richten. Für Schlagzeilen eignen sich allerdings Kurzzeitver-

[1] National Research Council, Committee on Population, and Working Group on Population Growth and Economic Development, *Population Growth and Economic Development: Policy Questions,* National Academy Press, Washington D.C. 1986.

gleiche wesentlich besser, egal ob es sich um Verhaltenstrends der Geschlechter, der Altersgruppen, der Rassen oder politischer Gruppierungen handelt, die sich zudem allesamt in der Regel als höchst relativ erweisen. Um es noch einmal zu wiederholen: Nicht nur in den Vereinigten Staaten, sondern auch sonst in der Welt zeigen alle Langzeitmessungen des Wohlstands der Menschen über Jahrzehnte und Jahrhunderte eine Aufwärtsbewegung. Und es gibt keinen überzeugenden Grund dagegen, daß diese Entwicklung immer so weitergehen wird.

Manchmal werde ich gefragt, ob ich darauf eine Wette eingehen würde. Gewiß, ja, ich setze einen Wochen- oder Monatsverdienst darauf, daß der menschliche Wohlstand aufwärts tendiert, und überlasse dem Wettpartner sogar die Vorgabe der Ausgangslage mit den Vergleichsdaten und die Bestimmung des Zieljahres. Alles, was ich dabei verdiene, gebe ich für mehr Forschung aus.[2]

Schauen wir uns einige Fakten anhand der knappen Daten darüber an, wie es bislang um das menschliche Dasein bestellt war. Beginnen wir mit dem Wichtigsten, dem Leben selbst.

Die Überwindung des zu frühen Todes

Die herausragendste und erstaunlichste demographische Tatsache und meines Erachtens auch die größte historische Leistung des Menschen ist die Senkung der Weltsterblichkeitsrate. Fig. 1 gibt die Entwicklung der Lebenserwartung Neugeborener wieder. Es hat Tausende von Jahren gedauert, um die mittlere Lebenserwartung Neugeborener von knapp über 20 Jahren bis hoch in die 20er zu steigern. Das war um 1750 erreicht. Um 1750 stieg dann plötzlich in den reichsten Ländern die Lebenserwartung und erreichte binnen rund 200 Jahren das Dreifache. In den

[2] Eine solche Wette ging J. Simon 1980 mit Paul Ehrlich (vgl. Anm. 9) ein. Ehrlich nannte 5 Metalle, deren Verknappung binnen 10 Jahren deutlich werde. 1990 waren die Preise für diese Metalle sämtlich niedriger als 1980. Über den Ausgang der Wette berichtete das New York Times Magazine am 2. Dez. 1990 [Anm. d. Hrsg.].

letzten beiden Jahrhunderten nahm die Lebenslänge, mit der Eltern für ihren Säugling oder sich selbst rechnen konnten, von unter 30 Jahren auf etwa 75 Jahre zu. Die Menschheit dürfte kaum Zeuge eines größeren Ereignisses geworden sein als desjenigen der Überwindung eines vorzeitigen Todes in den reichen Ländern. Die Senkung der Sterblichkeitsrate ist der Grund für die heute im Vergleich zu früheren Zeiten größere Weltbevölkerung.

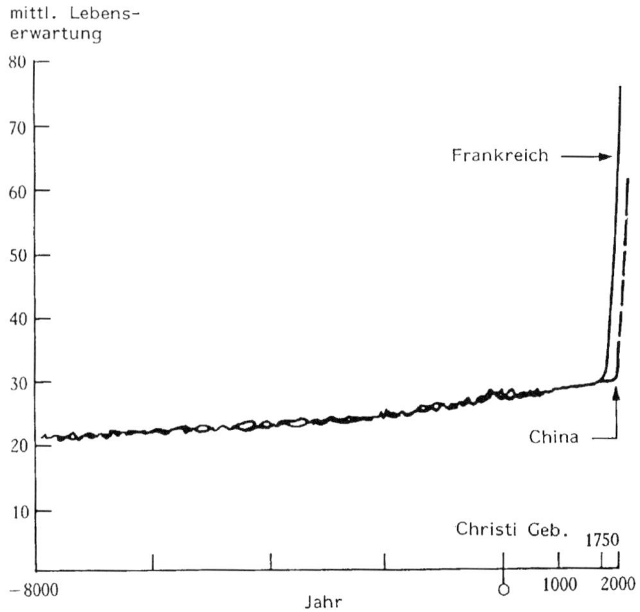

Fig. 1: Zunahme der mittleren Lebenserwartung bei Geburt in menschengeschichtlicher Sicht - grobschematisch. In den Graphiken über solch menschengeschichtliche Zeiträume wird der differenzierte Kurvenverlauf zwischen 1750 und 2000 nicht sichtbar. Der Steilanstieg flacht natürlich bei Annäherung an ein mutmaßliches Grenzalter wieder ab und tendiert dann wieder zu waagerechtem Verlauf. Ähnlich täuschen Bevölkerungswachstumskurven über solche Zeiträume: die Stabilisierungstendenz gegen Ende eines "demographischen Übergangs" wird nicht sichtbar.

Zum Ende des Zweiten Weltkriegs hatten in den armen Ländern die Menschen die dort noch herkömmliche Lebensspanne. Seit den 50er Jahren haben sie 15 bis zu 20 Jahre zugelegt dank Fortschritten in der Landwirtschaft, in der Hygiene und der medizinischen Versorgung.

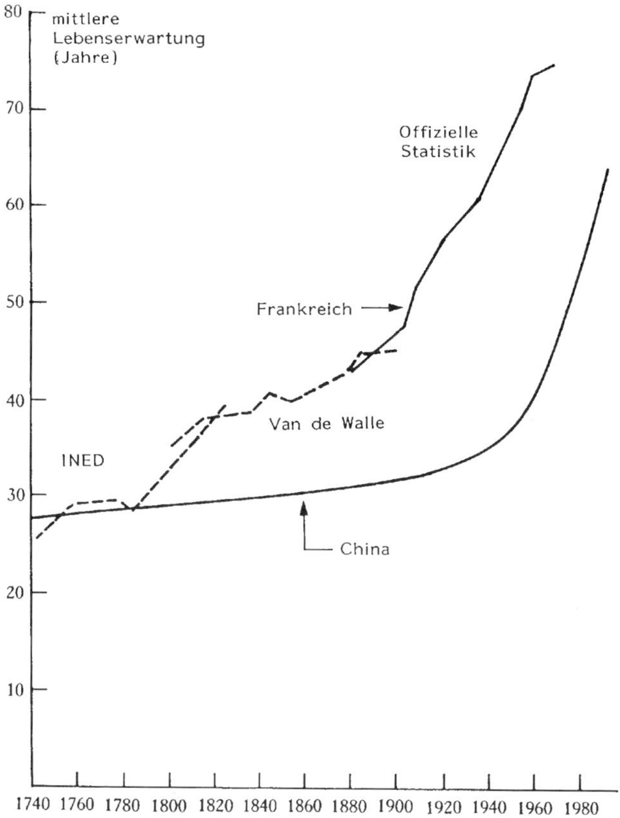

Fig. 2: Mittlere Lebenserwartung der Frauen bei Geburt. Frankreich: 1740-1820 gem. historischer Ermittlung des INED, Paris; 1800 - 1900 lt. van de Walle; ab 1880 gemäß offiziellen Statistiken. China: schematisch.

Drücken wir es anders aus: Im 19. Jahrhundert konnten auf dem Planeten Erde allenfalls eine Milliarde Menschen leben. Vor zehntausend Jahren bot er nur 4 Millionen ein Auskommen. Jetzt bewohnen die Erde 5,7 Milliarden Menschen und sie leben - im Durchschnitt - länger und gesünder als je zuvor. Die Zunahme der Weltbevölkerung ist der Ausdruck unseres Sieges über den (vorzeitigen) Tod.

Genau hier tritt ein Problem der Interpretation auf: Man sollte erwarten, an dieser Stelle würden alle, die die Liebe zur Menschheit im Munde führen, in Freude ausbrechen über diesen Triumph des menschlichen Geistes und menschlichen Organisationstalents über die rücksichtslosen Todeskräfte der Natur. Stattdessen aber erhebt sich Klage über Klage, daß nun so viele Menschen am Leben bleiben und das Geschenk des Lebens genießen können. Selbst die niedrige Sterberate wird bedauert. Und dieser Kummer verleitet Menschen, unmenschlichen Zwangsprogrammen in Indonesien, China und sonstwo zuzustimmen[3], die die persönliche Freiheit in einer der edelsten Entscheidungen leugnen, die eine Familie treffen kann, nämlich die über die Zahl der Kinder, die sie in die Welt setzen und aufziehen möchte.

Abnehmende Knappheit natürlicher Ressourcen

Soweit die menschliche Geschichte zurückreicht, hat die Versorgung mit natürlichen Ressourcen den Menschen immer Sorge bereitet. Befragt man die zugänglichen Daten, zeigt sich, daß die Ressourcenknappheit bei langfristiger Betrachtung eher geringer als größer geworden ist. Das gilt für alle Rohstoffe, von gelegentlichen vorübergehenden Ausnahmen abgesehen. Knapp-

[3] Lt. Information des National Institute for Womenhood, Washington, erhielt China nach 1980 (während und trotz seines repressiven Einkind-Familien-Programms) Zuschüsse zu Geburtenkontrollprogrammen nicht nur von der International Planned Parenthood Federation (IPPF), sondern auch vom UN-Bevölkerungsfonds (UNFPA). Letzterer habe 1980-90 mehr als 100 Mio US-$ gezahlt [Anm. d. Hrsg.].

heit schlägt sich in den Kosten nieder; der Preis ist also ein wirtschaftlich sinnvoller und verläßlicher Indikator. Geringere Knappheit heißt größeres Angebot. Nehmen wir, stellvertretend für alle Metalle, Kupfer. Fig. 3 weist die Entwicklung der Kupferpreise seit 1801 aus, wobei die Preise in zeitgerechten Lohneinheiten angegeben sind. Der Preis je Tonne Kupfer beträgt heute weniger als 10 Prozent von dem, was man vor knapp zweihundert Jahren dafür aufwenden mußte.

Fallende Kupferpreise lassen sich als Trend über große Zeiträume verfolgen. Im 18. Jahrhundert vor Christus - also vor

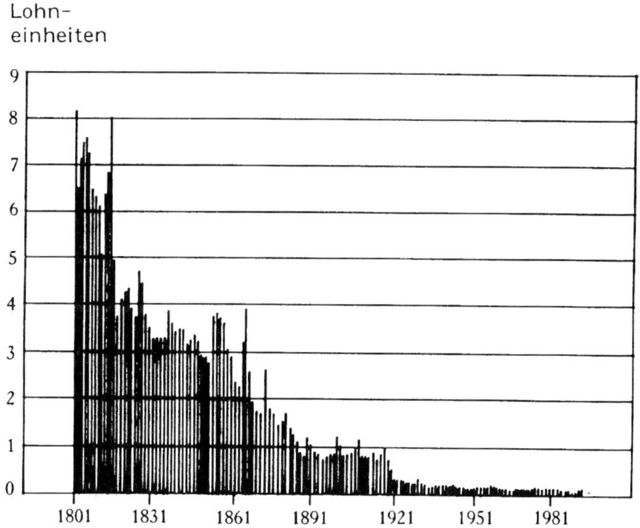

Fig. 3: Entwicklung des Kupferpreises, gerechnet in zeitgerechten Lohneinheiten. (Quelle: US-Department of Commerce Bureau of the Census, *Historical Statistics of the United States: Colonial Times to 1970;* ferner Ders.: *Statistical Abstracts of the United States* (mehrere Jahre).

fast 4000 Jahren - war in Babylonien unter Hammurabi das Kupfer, in Lohneinheiten gemessen, an die tausendmal teurer als jetzt in den USA, im Römischen Reich hundertmal.

Fig. 4 setzt den Kupferpreis ins Verhältnis zum Preisindex für Konsumgüter. Alle Dinge, die wir kaufen, ob Kugelschreiber, Hemden oder Reifen, sind mit den Jahren real billiger geworden, weil wir imstande sind, sie immer billiger herzustellen, zumal in den letzten 200 Jahren. Wirklich erstaunlich ist die Tatsache, daß natürliche Rohstoffe sich deutlich schneller verbilligt haben als Konsumgüter.

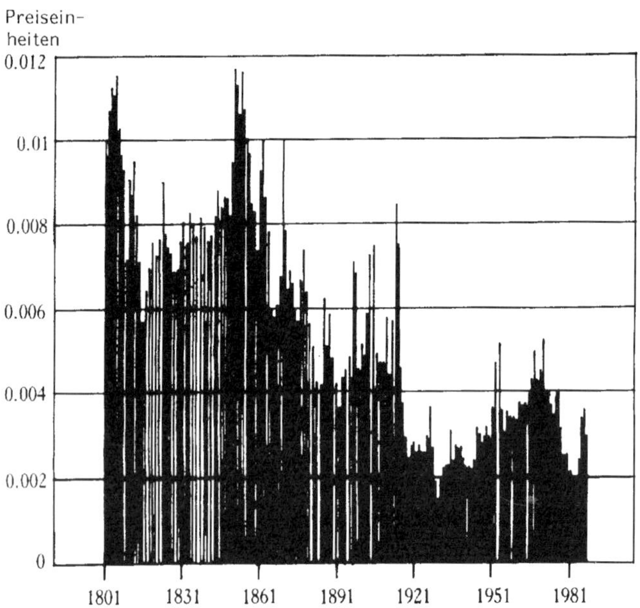

Fig.4: Kupferpreisentwicklung bezogen auf Preisindex für Konsumgüter. (Quelle: s. Fig. 3).

Man kann es drehen und wenden, wie man will, die natürlichen Ressourcen sind nicht knapper, sondern leichter verfügbar geworden.

Das ist bei Rohöl nicht anders. Die schockierenden Preise der 70er und 80er Jahre hatten nichts mit einer Verknappung von Erdöl zu tun. Und tatsächlich ist der Erdölpreis in US-$ inflationsbereinigt wieder auf ein Niveau zurückgekehrt, wo er vor den politisch bedingten Preisexplosionen war. Der Benzinpreis ist in den USA sogar auf einem historischen Tiefstand und fällt immer noch.

Überhaupt gibt es, wenn man ganz allgemein von Energie spricht, keinerlei Grund zu der Annahme, daß es sich da um ein endliches Angebot handelt oder daß der Prozeß fallender Preise für Energie sich, langfristig betrachtet, nicht endlos fortsetzt. Ich gebe zu, daß es unheimlich klingt, wenn ich sage, das Energieangebot sei nicht endlich oder nicht begrenzt. Die Gründe habe ich an anderem Ort näher ausgeführt.[4] Hier würde es den Rahmen sprengen. (Im übrigen ist Wissenschaft nur so viel wert, wie sie zu Erkenntnissen führt, die dem gesunden Menschenverstand nicht ohne weiteres zugänglich sind).

Nahrung ist eine außerordentlich wichtige Ressource. Gerade, was Nahrungsmittel anlangt, ist die Tatsache besonders evident, daß wir trotz wachsender Bevölkerung auf einem Weg sind, der Anlaß zur Zuversicht gibt. In Lohneinheiten ausgedrückt, ergibt der langfristige Preisvergleich für Nahrungsmittel, daß sie nur noch vielleicht ein Zehntel von dem kosten, was in den USA um 1800 dafür ausgegeben wurde. Auch im Vergleich zu Konsumgütern ist der Getreidepreis tiefer gefallen, dank größerer Produktivität, wie bei allen Primärprodukten.

Tödliche Opfer von Hungersnöten haben im letzten Jahrhundert auch in absoluten Zahlen, geschweige denn in relativen, auf die Bevölkerungsgröße bezogenen Zahlen, abgenommen. Dies betrifft besonders die armen Länder. Der Nahrungsmittelkonsum pro Kopf ist in den letzten 30 Jahren gestiegen. Es gibt

[4] *The Ultimate Resource*, Princeton University Press [5]1989; erweiterte, neu bearbeitete Auflage in Vorbereitung.

keinen Beleg dafür, daß die Untergrenze der Einkommensskala sich verschlechtert oder auch nur von der allgemeinen Verbesserung der Verhältnisse ausgenommen geblieben wäre. Im Durchschnitt ist auch hier eine Steigerung zu vermerken.

Speziell schlecht steht es mit der Nahrungsmittelproduktion pro Kopf in Afrika. Allerdings behauptet kaum noch jemand, Afrika leide unter den Folgen von Land-, Wasser- oder Sonnenmangel. Die Ursache von Hunger in Afrika ist ein Amalgam von Bürgerkriegen und kollektivierter Landwirtschaft, deren Folgen durch periodische Dürrezeiten nur noch mörderischer wurden.

Landwirtschaftliche Flächen sind natürliche Ressourcen wie alle anderen auch. Manche Leute halten Grund und Boden unter den Ressourcen für etwas Besonderes, einen Spezialfall. Dennoch unterliegt er den gleichen Prozessen menschlichen Einfallsreichtums und menschlicher Bearbeitung wie alle anderen Ressourcen auch. Die wichtigste Feststellung in bezug auf landwirtschaftliche Flächen ist, daß von Jahrzehnt zu Jahrzehnt immer weniger davon nötig sind. Diesem Gedanken sperrt sich jede Intuition. Es scheint doch völlig offenkundig, daß eine wachsende Weltbevölkerung immer mehr landwirtschaftliche Anbauflächen in Anspruch nehmen muß. Der Fall ist allerdings, was Theodore Schultz in dem geradezu hellseherischen Titel eines Aufsatzes von 1951 auf den Punkt bringt: “Die sinkende wirtschaftliche Bedeutung von Grund und Boden”.[5]

Die tatsächliche und erst recht die mögliche Produktivitätssteigerung je Flächeneinheit von Anbauland hat das Bevölkerungswachstum weit überholt, und viele vernünftige Gründe sprechen dafür, daß dieser Trend sich fortsetzt. Daher gibt es immer weniger Grund zur Sorge über einen Mangel an landwirtschaftlichen Flächen. Trotzdem wird der Bestand an landwirtschaftlich bestellbarem Land, der zunächst zu jedem Zeitpunkt der gleiche zu sein scheint, in Wirklichkeit unentwegt größer - oftmals mit bemerkenswerten Zuwachsraten -, sei es durch Ur-

[5] Theodore W. SCHULTZ, *The Declining Economic Importance of Land*, in: Economic Journal, Dec. 1951, 725-740.

barmachung neuer Flächen und Inanspruchnahme bisherigen Brachlands, sei es durch Steigerung der Zahl der jährlichen Saat-Ernte-Zyklen auf ein und derselben Fläche, sei es durch Steigerung des Ernteertrags durch verbesserte landwirtschaftliche Technik und chemische Düngung. Schließlich wird auch noch Land gewonnen, wo gar kein Land war.

Ein Trend zur Verknappung findet sich im Grunde nur bei einer bedeutenden Ressource. Dabei handelt es sich allerdings um die wichtigste Ressource überhaupt: um den Menschen. Es ist richtig, daß es jetzt mehr Menschen auf der Erde gibt als je zuvor. Sobald wir aber die Maßstäbe der Knappheit auf die Ressource Mensch anwenden, die wir anlegen, wenn wir die Knappheit anderer Ressourcen messen, daß wir uns nämlich fragen, wieviel wir bezahlen müssen, um sie in Anspruch zu nehmen, stellen wir fest, daß die Löhne und Gehälter weltweit, in armen wie in reichen Ländern, gestiegen sind. Im Laufe der Jahrzehnte mußte man für den Friseur oder den Koch in Indien immer mehr bezahlen, ebenso wie die Preise der Friseure und Köche - wie auch die der Wirtschaftsexperten - in den USA gestiegen sind.

Dieser Preisanstieg für menschliche Dienstleistungen ist ein klarer Indikator für die Verknappung der Ressource Mensch, auch wenn wir jetzt mehr sind.

Umweltbelastung

Umfragen zeigen, daß die Öffentlichkeit überzeugt ist, unsere Luft und unser Wasser seien in den letzten Jahren immer mehr verschmutzt worden. Was die Luft anlangt, haben die Schadstoffe, insbesondere die Staubbelastungen, abgenommen (Fig 5). Beim Wasser haben seit Beginn der Messungen 1961 immer mehr Meßstellen in den Vereinigten Staaten Trinkwasser guter Qualität gemeldet (Fig. 6).

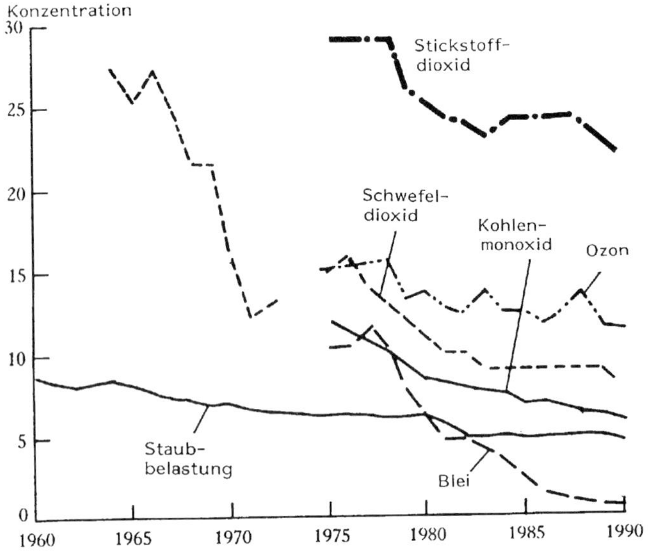

Fig. 5: Schadstoffgehalt der Atmosphäre im U.S.-Durchschnitt. Quelle: Council on Environmental Quality, Environmental Quality, 22nd Annual Report, 1992, S. 267; Dgl.: Environmental Quality,1981; 12th Annual Sulfur 1964 thru 1972, EPA (1973).

Noch jede Voraussage der Unglückspropheten hat sich als schlicht falsch erwiesen. Metalle, Nahrungsmittel und andere natürliche Ressourcen sind leichter und nicht schwerer zugänglich geworden, und das durch die Jahrhunderte. Die berühmte Hungersnotvoraussage der Gebrüder Paddock für 1975[6] - wir würden im Fernsehen Millionen Hungertote in den USA zu sehen bekommen - wurde mit einer Überschwemmung der Märkte mit landwirtschaftlichen Produkten beantwortet. Auf Paul Ehrlichs Urschrei "Was machen wir, wenn die Tankstellen leerlaufen?"[7] fließt das Benzin billiger als in den 30er Jahren

[6] William und Paul PADDOCK, *Famine - 1975! Americas decision: who will survive?*, Boston 1967 (Little, Brown).

[7] Paul EHRLICH, *The Population Bomb*, New York 1968 (Ballantine).

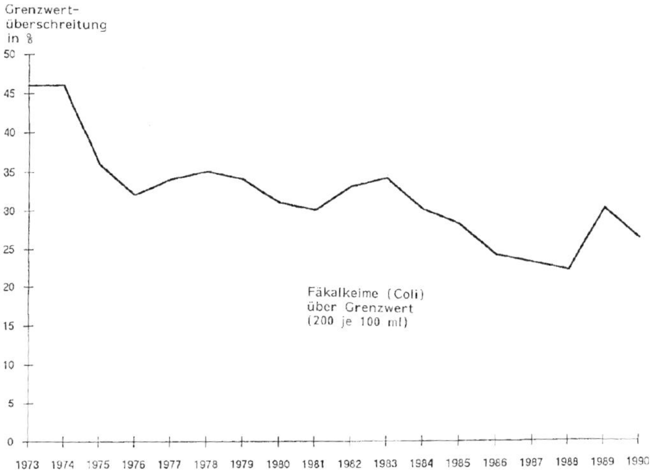

Fig. 6: Wasserqualität in Flüssen und Strömen (Mittelwert USA 1973-90) Quelle: U.S. Dep. of Commerce Bureau of the Census, Statistical Abstracts of the United States, versch. Ausgaben).Weitere Graphiken zur Entwicklung des Gehalts unterschiedlicher Schadstoffe in den großen Seen, s. Norman Myers und Julian L. Simon, *Scarcity or Abundance?*, New York 1994 (Norton), 19 - 22.

aus den Zapfhähnen. Die großen Seen sind nicht tot, sondern ziehen mehr Sportfischer an als je zuvor. Die Staubglocken über unseren Städten, die jahrelang Todesopfer forderten, haben abgenommen. (Nur sozialistische Länder haben da ihre eigene, tragische Umweltgeschichte).

Die falschen Voraussagen über Verknappungen von Kupfer und anderen Metallen waren jedoch keineswegs harmlose Irrtümer. Sie haben zu wirtschaftlichen Katastrophen für Bergwerksgesellschaften und arme Länder beigetragen, die auf den Erzabbau angewiesen sind, indem sie sie in die Irre geführt haben mit überhöhten Preiserwartungen. Flugzeugbau und Kaffee-Märkte sind andere Beispiele für fehlgeleitete Ressourcenpolitik. Nichts davon aber hat die Glaubwürdigkeit der Unheilspropheten für die

Presse erschüttern oder ihren Einfluß auf die Ressourcenpolitik der amerikanischen Bundesregierung bremsen können.

Eine Anekdote, um den tatsächlichen Wandel etwas lebendiger ins Bild zu bringen: Den Trend zum besseren Leben können die meisten von uns in den eigenen vier Wänden beobachten. Ich habe ein leichtes Asthma. Kürzlich übernachtete ich in einem Haus, in dem es einen Hund gibt. Mitten in der Nacht bekam ich einen scheußlichen Hustenanfall: regelrechte Atemnot, die sich aus Zorn über den Hund noch verschlimmerte. Ich griff schnell nach meinem 12-Dollar-Tascheninhalator, gut für 3000 Puster, und inhalierte kräftig. Binnen zehn Minuten waren meine Bronchien wieder klar. Ein kleines Wunder. Vor vierzig Jahren hätte mich dieser Anfall eine schlaflose, elende Nacht gekostet. Außerdem hätte ich das Squash-Spiel aufgeben müssen, das ich so sehr liebe. Denn gerade beim Sport wird es mit dem Asthma, wenn ich den Inhalator nicht dabei habe, besonders schlimm.

Oder nehmen wir als anderes Beispiel den Diabetes. Wer vor hundert Jahren ein Kind mit dieser Krankheit hatte, mußte tatenlos zusehen, wie das Kind blind wurde und vorzeitig starb. Jetzt helfen Injektionen oder gar Tabletten, und das Kind lebt fast ebenso lang und lebensfroh wie andere Kinder.

Oder Brillen. Vor ein paar Jahrhunderten, in einer Umwelt ohne Brillen, mußte man mit 40 oder 50 Jahren, wenn die Sicht verschwamm, das Lesen aufgeben. Jetzt kann man sich gleich um die Ecke für 9 Dollar eine Brille kaufen. Man bekommt sogar Kontaktlinsen, die das Problem des Sehens und das der Eitelkeit gleichzeitig lösen. In welcher Familie gäbe es nicht irgendeine Sache, die in früheren Zeiten ein Dauerelend oder eine Tragödie bedeutet hätte, die unser vermehrtes Wissen heute aber zu einer Bagatelle gemacht hat?

Bevölkerungswachstum

Seit einer Untersuchung des Nobelpreisträgers Simon Kuznets im Jahre 1967 haben Dutzende statistischer Studien bestätigt, daß es keinen statistisch nachweisbaren negativen Zusammenhang zwischen Wirtschafts- und Bevölkerungswachstum gibt. Vielmehr spricht manches dafür, daß auf lange Sicht mehr Menschen sich positiv auswirken.[8]

Das Bevölkerungswachstum senkt den Lebensstandard nicht. Das ist die übereinstimmende Erkenntnis. Sie stützt zudem die Annahme, daß Bevölkerungswachstum auf lange Sicht das Wirtschaftswachstum steigert.

Es waren übrigens ebendiese statistischen Untersuchungsergebnisse, die mich 1968 von meinem Engagement für Bevölkerungskontrolle abbrachten und zu meiner heutigen Sicht bekehrten. Mit Sicherheit haben politische, religiöse oder ideologische Gründe keine Rolle für diesen Standortwechsel gespielt.

Die grundlegende Untersuchungsmethode zur Klärung der Frage, ob Bevölkerungswachstum das Wirtschaftswachstum beeinträchtigt oder fördert, besteht darin, Daten zu sammeln, und zwar für jedes Land getrennt, sowohl über die Bevölkerungszunahme wie über das Wirtschaftswachstum; und dann - mit dem Gesamt der Datensammlung vor Augen - zu prüfen, ob Länder mit hohen Bevölkerungszuwachsraten unterdurchschnittliche Wirtschaftswachstumsraten aufweisen, und ob Länder mit geringen Bevölkerungszuwachsraten überdurchschnittliche Wirtschaftswachstumsraten zeigen. Alle Studien stimmen in dem Ergebnis überein, daß das nicht der Fall ist. Es gibt keine mittelfristige Korrelation zwischen Wirtschaftswachstum und Bevölkerungswachstum.

Selbstverständlich kann man einzelne Länder anführen, die Ausnahmefälle sind. Aber das ist ja der springende Punkt an statistischen Ergebnissen, daß sie aus einer Vielzahl von Daten aus einem Spektrum weitgespannten Einzelverhaltens gültige Verallgemeinerungen ableiten. Offenbare Ausnahmen können hilfreich sein, um weitere Untersuchungen zu veranlassen, aber die bloße Tatsache, daß es sich um Ausnahmen zu handeln scheint, ist unerheblich für die Gültigkeit und Nützlichkeit der Verallgemeinerung.

[8] Simon KUZNETS, *Population and Economic Growth*, in: Proceedings of the American Philosophical Society 11, 1967, 170-193.

Wer mit solchen Forschungen vertraut ist, mag sich fragen, ob nicht die Bevölkerungsdichte eine aufschlußreichere Variable ist als das Bevölkerungswachstum. Tatsächlich sind auch dazu Studien gemacht worden. Und wiederum widersprechen die statistischen Ergebnisse den geläufigen Annahmen des gesunden Menschenverstandes.

Wenn sie in ein Koordinatensystem auf der horizontalen Achse die Bevölkerungsdichte und auf der vertikalen Achse entweder das Einkommensniveau oder die Änderungsrate der Einkommen auftragen, zeigt sich, daß höhere Bevölkerungsdichte eher mit höherem als mit niedrigerem wirtschaftlichen Erfolg zusammengeht.

Davon kann jedermann sich selbst überzeugen, der über Hongkong fliegt. Vor wenigen Jahrzehnten war das ein Ort, dem man keine Zukunftschancen gegeben hätte wegen seiner unlösbaren Ressourcenprobleme. Jetzt staunt man über den regelrechten Wald moderner Wohntürme und Büro-Wolkenkratzer. Und wer sich ein oder zwei Stunden Zeit für eine Autofahrt über die hervorragenden sanft fließenden Autobahnen nimmt, wird feststellen, daß eine hohe Konzentration von Menschen keineswegs eine angenehme Existenz und ein aufregendes Wirtschaftswachstum vereitelt, solange jedenfalls nicht, wie das Wirtschaftssystem den einzelnen die Freiheit läßt, ihr Talent zu nutzen und gegebene Chancen wahrzunehmen. Das Experiment Singapore zeigt sodann, daß Hongkong kein Einzelfall ist. Aber natürlich machen auch zwei Beispiele noch keine Regel. Allerdings sollen sie ja auch nur zur lebensnahen Illustration von Ergebnissen des statistischen Ländervergleichs dienen. Und insofern trügen sie eben nicht.

Für mich ist Hongkong insofern ein besonders spannender Fall, als ich die Stadt anläßlich des Landgangs von einem Zerstörer der U.S.- Navy erstmals 1955 kennenlernte. Ich erinnere mich, daß ich damals tiefes Mitleid empfand mit den Tausenden, die jede Nacht auf Gehsteigen oder auf Dschunken verbrachten. Es schien mir damals außerhalb jeden Zweifels - und so muß es wohl jedem Besucher ergangen sein -, daß Hongkong mit seinen Problemen kaum jemals fertigwerden würde: unendliche Massen verarmter Gestalten ohne Arbeit, völliger Mangel an nutzbaren natürlichen Ressourcen, ständig wachsender Flüchtlingsstrom von jenseits der Grenze. Als ich 1983 wieder hinkam, tauchte ich ein in ein wogendes Meer geschäftiger, gesunder und beweglicher Menschen voller Hoffnung und Energie. Keinerlei Anlaß diesmal zu Mitleid.

Hauptvorteil einer großen und wachsenden Bevölkerung ist die Zunahme des Bestands an brauchbarem Wissen. Wirtschaftlich gesehen ist der menschliche Geist noch wichtiger als Hände und Münder. Eine Fortschrittsbarriere ist der Mangel an ausgebildeten Arbeitskräften. Je mehr Menschen, sei es durch Geburt oder Zuwanderung, Teil unserer Bevölkerung werden, um so schneller schreitet unsere Zivilisation materiell und kulturell voran.

Um nicht mißverstanden zu werden: Ich sage weder, daß die Welt in Ordnung ist, noch sage ich eine rosige Zukunft voraus. Es gibt hungernde und kranke Kinder, viele Menschen leben physisch und geistig in erbärmlicher Armut, auch Chancenarmut. Ein Krieg odereine Umweltkatastrophe kann uns allen den Garaus machen. Was ich aber - nach hinreichender Prüfung - sage, ist folgendes: In Sachen, die wirtschaftlich von Belang sind, zeigen die Gesamttrends in Richtung *besser,* nicht schlechter.

Eine bessere Zukunft stellt sich auch nicht automatisch ein, sondern nur, wenn Frauen und Männer sich unter Einsatz von Muskeln und Hirn an der Lösung von Problemen versuchen. Und sie werden es vermutlich - ebenso wie in der Vergangenheit - immer schaffen, sofern ihnen die soziale und wirtschaftliche Rahmenordnung die Chancen dazu gibt.

Zur Erläuterung der überraschenden Trends

Spätestens hier meldet sich nun der Bedarf nach einer Theorie, die zu erklären vermag, daß wirtschaftlicher Wohlstand Hand in Hand mit der Bevölkerung wachsen kann und die Menschheit aufgrund des Bevölkerungswachstums nicht zu Elend und Armut verurteilt ist.

Malthus' Theorie zunehmender Verknappung, in deren Kielwasser die heutigen Unheilspropheten segeln, geht von unveränderlichen Ressourcen aus und rennt direkt gegen alle menschengeschichtlichen Erfahrungen an. Es lohnt sich wohl, nach einer anderen Theorie Ausschau zu halten. Mit den Fakten sehr gut vereinbar ist folgende: Mehr Menschen und höheres Einkommen führen kurzfristig zu Problemen. Kurzfristige Verknappungen bedeuten steigende Preise. Diese sind Anreiz und Chance, neue Lösungen zu finden, und setzen die Suche in Gang. In einer freien Gesellschaft werden am ehesten solche Lösungen gefunden. Langfristig stehen wir mit den neuen Entwicklungen besser da, als wären die Probleme nie aufgetaucht.

Zwar bedeuten kurzfristig mehr Konsumenten weniger verfügbare Güter, die ja unter mehr Leute aufgeteilt werden müssen. Ebenso bedeuten mehr Arbeitskräfte bei gleichbleibendem Kapital geringere Leistung pro Arbeitskraft. Dieses "Gesetz abnehmenden Nutzens" ist der Kern der ursprünglichen Theorie von Malthus.

Sind die Ressourcen, mit denen die Menschen arbeiten, im Verlauf des Beobachtungszeitraums aber nicht festgelegt, trifft auch Malthus' Gesetz des abnehmenden Nutzens nicht mehr zu. Und die schlichte Tatsache ist eben die, daß bei hinreichend Zeit zur Neuerschließung bislang knapper Ressourcen diese nicht festgelegt bleiben: die Menschen erschließen neue Ressourcen aller Art.

Die Langzeitbetrachtung enthüllt ein anderes, erheblich komplexeres Bild als der kurzfristige Blick auf mehr Leute mit geringerem Einkommen. Man muß nur einen hinreichend langen Zeitraum zugestehen, um mit an Sicherheit grenzender Wahrscheinlichkeit sagen zu können, daß mehr Menschen sich mehr Ressourcen verfügbar machen und für jeden einzelnen ein höheres Einkommen sichern.

Jedermann wird diesen Gedanken vor dem Hintergrund eigenen Wissens und eigener Erfahrung plausibel finden: Wer nimmt schon an, daß sein eigener Lebensstandard so hoch wäre wie er jetzt ist, wenn die Weltbevölkerung von vier Millionen vor vielleicht zehntausend Jahren nie gewachsen wäre? Ich bezweifle sehr, daß wir jetzt elektrisches Licht, Gasheizung, Autos und Penizillin hätten, zum Mond geflogen wären oder eine Lebenserwartung bei Geburt von über siebzig Jahren hätten, wie es in den reichen Ländern der Fall ist, im Gegensatz zu den 20-25 Jahren in früheren Epochen. Voraussetzung dafür war das Wachstum der Bevölkerung auf die heutigen Größenordnungen.

Ein Beispiel, wie die Menschen mit der steigenden Erschließung von Ressourcen die These von der Verknappung Lügen gestraft haben: In England läuteten um 1600 die Alarmglocken wegen des unmittelbar bevorstehenden Energiemangels aufgrund der Abholzungen. Man fürchtete den Brennstoffmangel sowohl für den Hausbrand wie für die Eisenindustrie. Der drohende Mangel setzte die Entwicklung des Kohlebergbaus in Gang.

Um die Mitte des 19. Jahrhunderts begannen sich die Engländer dann zu sorgen über eine bevorstehende Kohle-Krise. Der große englische Volkswirt Jevons rechnete aus, daß der Kohlemangel die englische Industrie um 1900 zum Stillstand bringen werde. Erdöl konnte nach seiner sorgfältigen Schätzung keine entscheidende Wende bringen. Vom bevorstehenden Kohlemangel aufgeweckt, entwickelten pfiffige, an Profit denkende Leute Erdöl zu einem weit höher geschätzten Brennstoff als es Kohle jemals war. Und siehe da: 1995 exportiert England Kohle und Erdöl.

Dazu die Vorgeschichte: Gewachsene Bevölkerung, höhere Einkommen, steigende Nachfrage - um 1840 explodiert der Preis des für Öllampen verwendeten Walfischtrans. Der amerikanische Bürgerkrieg treibt den Preis noch weiter nach oben: allgemeine "Walölkrise"!

Startschuß für Unternehmergestalten, sich an die Entwicklung von Ersatzprodukten zu machen. Zuerst Versuche mit Rapsöl, Olivenöl, Leinöl und einer Art Terpentinöl aus Tannen, dann finden Leute heraus, wie man Kohleöl aus Kohle herausholt. Andere erfinderische Leute gewinnen Kerosin aus einer Art Öl, das aus Gesteinsoberflächen heraustritt. Das Produkt ist so gefragt, daß der Preis von 75 Cents auf 2 Dollar steigt. Der hohe Preis regt Unternehmer an, sich auf die Gewinnung von Erdöl zu konzentrieren, und schließlich bohrt Edwin L. Drake sein berühmtes Bohrloch in Titusville/Pennsylvania. Bis man lernt, das Erdöl zu raffinieren, dauert es eine Zeitlang. Aber in wenigen Jahren gibt es in den USA Hunderte kleiner Raffineure und der Markt für Walfischtran fällt ins Bodenlose. Die Spitzenpreise von 2.50 Dollar und mehr um das Jahr 1866 stürzten auf deutlich unter einen Dollar. Auch dieser Geschichte verdankt Großbritannien, daß es 1995 Kohle und Öl exportiert.

Natürlich hat nicht die englische Regierung die Kohle- oder Erdölförderung entwickelt. Regierungen sind nicht sehr tüchtig, was die Entwicklung neuer Technologien anlangt. Es waren vielmehr einzelne Unternehmergestalten. Sie spürten die Notlage, sahen die Chance, sammelten alle Informationen und Ideen, deren sie habhaft werden konnten, machten haufenweise mißlingende Versuche. Manchem von ihnen kamen sie teuer zu stehen, was die anderen aber nicht berührte. Weil aber genügend Leute unabhängig voneinander hinter der Sache her waren, wuchs die Chance, daß wenigstens einige zum Ziel kommen würden. So läuft das in einem unternehmerischen Wettbewerbssystem, das darauf aus ist zu produzieren, was die Allgemeinheit braucht. Und die ganze Geschichte der Auswege aus drohenden Mangelsituationen durch nicht vorhergesehene Lösungen hat uns bessergestellt als wir dastünden, wenn niemals Mangel gedroht hätte.

Die Rolle der wirtschaftlichen Freiheit

Nun bleibt noch ein weiterer Gesichtspunkt, der für die Ressourcen- und Bevölkerungsökonomie von entscheidender Bedeutung ist und daher unbedingt angesprochen werden muß: bis zu welchem Grad nämlich das jeweilige politisch-soziale System den Menschen Freiheit von staatlichem Zwang und Dirigismus gewährt. Fachkräfte benötigen einen angemessenen sozialen und wirtschaftlichen Rahmen, der Anreize zu hohem Einsatz und zur Risikofreude liefert und diese Menschen zur Entfaltung ihrer Talente einlädt. Leistung muß sich lohnen. Die Schlüsselelemente eines solchen Rahmenwerks sind wirtschaftliche Freiheit, Achtung des Eigentums, faire und fein abgestimmte, für alle gleich geltende Wettbewerbsregeln am Markt.

Das Weltproblem Nummer eins sind nicht zu viele Menschen, sondern vielmehr der Mangel an politischer und wirtschaftlicher Freiheit. Einen eindeutigeren Beweis dafür kann es gar nicht geben als den, den jenes einmalige geschichtliche Experiment geliefert hat, das in den 40er Jahren seinen Anfang nahm. Drei Länderpaare mit je gleicher Kultur und Geschichte und nahezu identischem Lebensstandard sind nach dem Zweiten Weltkrieg durch Teilung entstanden: DDR und Bundesrepublik Deutschland, Nord- und Südkorea, China und Taiwan. In allen drei Fällen begann der zentralwirtschaftliche kommunistische Zwilling mit geringerem "Bevölkerungsdruck", wenn man hierfür die Bevölkerung je km^2 zum Maßstab nimmt, als der marktwirtschaftlich orientierte Nachbar. In allen drei Fällen startete im übrigen der kommunistische Teil mit der gleichen Geburtenrate wie der nichtkommunistische.

Die Marktwirtschaften haben ihre Hausaufgaben wesentlich besser gemacht als die zentralen Planwirtschaften. Dominierende Kraft für die Ergebnisunterschiede der drei Länderpaare war eindeutig jeweils das wirtschaftspolitische System. Ein so überwältigender Beweis in Sachen wirtschaftliche Entwicklung gräbt der eilfertigen Erklärung, nationale wirtschaftliche Entwicklungsdynamik hänge mit dem Bevölkerungswachstum zusammen, das Wasser ab.

Die verblüffende Wende im Konsens der Gelehrten

Soweit die Fakten. Heute ist aber etwas Neues und Wichtiges hinzugekommen, das vor zwanzig Jahren fehlte. Die "scientific community"(wissenschaftliche Gemeinschaft), die sich mit Bevölkerungsökonomie befaßt, stimmt mittlerweile nahezu allem bisher Gesagten zu. Meine bisherigen Ausführungen sind keine Wortmeldungen einer einsamen Stimme mehr, sondern Ausdruck des geltenden wissenschaftlichen Konsenses.

Über das, was ich über Landwirtschaft, Ressourcen und demographische Trends gesagt habe, herrschte immer schon Konsens unter den Experten auf diesen Gebieten. Nunmehr bewegt sich auch der Konsens der Bevölkerungsökonomen in greifbare Nähe meiner Ausführungen.

1986 veröffentlichten der Nationale Forschungsrat (National Research Council) und die Nationale Wissenschaftsakademie (National Academy of Sciences) der Vereinigten Staaten ein Buch über Bevölkerungswachstum und wirtschaftliche Entwicklung aus der Feder einer angesehenen Gruppe von Wissenschaftlern.[9] Dieser "offizielle Bericht" stellte die erschreckenden Schlußfolgerungen des 1971er Berichts der Nationalen Wissenschaftsakademie buchstäblich vom Kopf auf die Füße. Ich zitiere den neuen Bericht: "Bevölkerungswachstum ist ein allenfalls geringfügiger Einflußfaktor ...". "Die Knappheit erschöpfbarer Ressourcen ist höchstens als unerhebliche Bremse des Wirtschaftswachstums anzusehen". Im Bericht ist, abgesehen von Kosten, auch vom Nutzen zusätzlicher Menschen die Rede.

Eine Fülle von Zeitschriftenbeiträgen hochkarätiger Wirtschaftsdemographen haben in den letzten zehn Jahren bestätigt, daß diese "revisionistische" Position mit den wissenschaftlichen Ergebnissen durchaus vereinbar ist, wenn auch längst nicht alle Autoren so weit gehen würden wie ich, wenn es um die positiven Langzeiteffekte des Bevölkerungswachstums geht. Der Konsens der "scientific community" begnügt sich da eher mit einer gewissen "Enthaltsamkeit" im Urteilen. Das ist gleichwohl eine gewaltige Wende weg vom Konsens noch der 70er Jahre, nach dem Bevölkerungswachstum wirtschaftlich zerstörend wirke. Heute muß, wer immer aufrichtig sagt, Bevölkerungswachstum schade der Wirtschaft, den wissenschaftlichen Ergebnissen gegenüber einen blinden Fleck im Auge haben.

[9] S. Anm. 1.

Kurzfristig betrachtet, sind alle Ressourcen endlich, so auch der mir hier eingeräumte Platz. Bei Langzeitbetrachtung aber verhält es sich anders. Seit Beginn der bezeugten Menschheitsgeschichte ist mit der Zunahme der Weltbevölkerung der Lebensstandard gestiegen. Es gibt keinen überzeugenden wirtschaftlichen Grund, warum sich dieser Trend zum besseren Leben nicht endlos fortsetzen sollte.

Der theoretische Schlüssel hierzu ist folgender: Bevölkerungswachstum und Einkommenszuwachs sorgen für vermeintliche und tatsächliche Verknappungen, dementsprechend für Preissteigerungen. Eine Preissteigerung bedeutet eine Chance für gewinnwitternde Unternehmer, neue Wege zur Befriedigung der Nachfrage nach Mangelgütern zu suchen. Einige versagen - auf eigene Kosten. Einige wenige sind erfolgreich, mit dem Ergebnis, daß wir alle besser dastehen als wenn es das Mangelproblem nie gegeben hätte. Mit anderen Worten: Wir brauchen unsere Probleme. Das besagt aber nicht, daß wir absichtlich auf Probleme aus sein sollten.

Auch wenn mich natürlich jede Zustimmung zu der Zuversicht freut, daß die Langzeitperspektive auf zukünftig materiell günstigere Lebensverhältnisse weist und nicht auf zunehmenden Mangel - und dies sowohl in den Vereinigten Staaten wie sonstwo auf der Welt -, kommt ein solcher Fortschritt selbstverständlich nicht automatisch. Insofern ist meine Botschaft nicht populär. Denn in einem Punkt stimme ich mit den Unheilspropheten überein. Darin nämlich, daß unsere Welt die höchsten Anstrengungen der ganzen Menschheit benötigt, um unser Schicksal zum Besseren zu wenden.

Wenn sie aber sagen, alles führe zu einem bösen Ende trotz all unserer Anstrengungen, kündige ich Ihnen meine Gefolgschaft. Dagegen steht meine Erwartung, daß die Menschheitsgeschichte sich fortsetzt als eine Geschichte erfolgreicher Bemühungen. Zudem halte ich diese ihre Botschaft für eine "self-fulfilling message", für eine solche, die ihre eigene Erfüllung herbeiredet. Wer das Scheitern seiner Bemühungen an unerbittlichen natürlichen Grenzen schon erwartet, neigt zur Resignation. Und er wird auch resignieren. Wer aber die Möglichkeit - und das heißt hier die Wahrscheinlichkeit - des Erfolgs wahrnimmt, der kann noch echte Reserven an Energie und Begeisterung mobilisieren.

Mehr Menschen, das bedeutet in der Tat mehr Probleme. Aber es bedarf gerade auch dieser größeren Zahl von Menschen, um diese Probleme zu lösen. Der wichtigste Treibstoff, um den Fortschritt der Welt zu beschleunigen, ist unser Wissensbestand. Bremsen sind erstens unsere Einfallslosigkeit, zweitens ungesunde Regulierungen unserer Tatkraft und Leistungsbereitschaft. Die letzte Ressource sind die Menschen, insbesondere ausgebildete, motivierte, hoffnungsvolle junge Menschen mit Liebe zur Freiheit, die ihren Willen und ihre Phantasie zum eigenen Vorteil einsetzen und dabei ganz unvermeidlich nicht nur sich selbst dienen, sondern uns anderen allen auch.

Aussprache (Birg/Simon)

Leitung: Hans Thomas

Simon: Heftige Diskussionen über problematisierte Zukunftsfragen erlebe ich inzwischen seit fast drei Jahrzehnten. Daß viele der früheren Streitfragen inzwischen gegenstandslos sind, bestärkt mich in meiner Perspektive. Das Grundmuster dieser Auseinandersetzungen findet sich schon bei Malthus: Zuerst schreibt er seinen Essay (1798), dann geht er hinaus, um die Fakten zu sehen. Die zweite Ausgabe (1803) wird fünfmal so dick und verändert die erste tiefgreifend. Angesichts des Materials, das er in der zweiten vorlegt, haben manche Leute von Täuschung gesprochen. Da Malthus in vielerlei Hinsicht den Eindruck eines Ehrenmannes macht, möchte ich ihm das nicht unterstellen. Was die Daten angeht, sind seine Irrtümer allerdings schon außergewöhnlich. Besonders interessant finde ich aber, daß heute manche Neo-Malthusianer mit Berufung auf Malthus dem Malthus der zweiten Ausgabe widersprechen. Er hatte immerhin gelernt, daß im Gegensatz zu Tieren die Menschen zur Voraussicht fähig und in der Lage sind, in Notsituationen selbst ein Fruchtbarkeitsniveau zu wählen, das mit den zugänglichen Ressourcen vereinbar ist.

Auch das argumentative Grundmuster verändert sich kaum: Mag sein, heißt es etwa, daß wir keine Probleme mit dem Kupfer haben, aber wir haben ökologische Probleme. Als eines davon wurde die Ausrottung der Arten genannt, die immer schneller vor sich gehe. Diese Sorge ist weit verbreitet. Deshalb bin ich der Sache einmal nachgegangen, um genauer zu erfahren, was man darüber eigentlich wirklich weiß. Ausgangspunkt aller Befürchtungen ist ein Buch von Norman Myers von 1979.[1] Das Buch verweist für die Zeit von 1600 bis 1900 auf wissenschaftliche Belege für das Verschwinden von 75 Arten - meist Wirbeltiere. Das entspricht dem Verlust von einer Art alle vier Jahre. Zwischen 1900 und 1980 ist ein Durchschnitt von einer Art pro Jahr wissenschaftlich belegt. Das ist alles. Selbstverständlich verschwinden auch nicht erfaßte Arten, und erfaßte Arten können unbemerkt verloren gehen. Aber wissenschaftlich belegt war bis 1980 der Verlust von einer Art pro Jahr - gegenüber jährlich 30-40.000, von deren unmittelbar drohender Vernichtung die Zeitungen berichteten.

Der *Global 2000 Report to the President* warnte 1980, daß die Ausrottung von Arten dramatisch ansteigen werde, bis zum Ende des Jahrhunderts auf vielleicht gar zwanzig Prozent der 3-10 Millionen Arten auf der Erde. Anhaltspunkte dafür, wie die Zahlen zustande gekommen sind, finden sich bei Myers. 1974 wurden die Teilnehmer an einer Biologenkonferenz nach ihren persönlichen Erfahrungen, Schätzungen, Vermutungen und Intuitionen in Sachen Artenverlust befragt. Ergebnis des Ratespiels war, daß aufgrund persönlicher Eindrücke bei Feldbeobachtungen draußen eine Vernichtung von 100 Arten jährlich plausibel sein könnte. Nach diesem Treffen veranstalteten andere Wissenschaftler eine ähnliche Schätzung. Und sie kamen auf 40.000 pro Jahr. Diese Zahl ging durch die Weltpresse. Eine wissenschaftliche Grundlage für die Zahl gab es nicht.

Eine Zeitlang schien das Thema kaum jemanden zu interessieren. Dann fesselte es die Aufmerksamkeit der Ökologen, die nun der Sache nachgehen und wirkliche Daten beschaffen wollten. Sie beantragten Milliarden Dollar, um ein Heer von Biologen auf das Thema anzusetzen. Die IUCN (International Union for the Conservation of Nature) nahm sich der Untersuchungen an. Sie war sich sicher, die Zweifel ausräumen zu können und beauftragte eine Gruppe namhafter Ökologen. Die Ergebnisse teilen sie in einem Buch mit, das 1992 bei der World Conser-

[1] Norman MYERS, *The Sinking Ark*, New York 1979 (Pergamon).

vation League erschien, herausgegeben von Whitmore and Sayer.[2] Im Saldo schreiben alle Autoren mehr oder minder das Gleiche: Wir haben gehofft, wissenschaftliche Belege für eine beschleunigte Ausrottung von Arten zu finden, haben sie aber nicht gefunden.

Das ist nur ein Beispiel unter vielen für die Klagelieder, Schreckensmeldungen und Horrorvisionen, von denen man ständig hört und demnächst wohl noch mehr hören wird, nach dem Motto: Eine furchtbare Sache, für die wir zwar keinen wissenschaftlichen Nachweis bringen können, das aber nur, weil wir noch nicht genau wissen, um was es sich handelt. Aber es ist ein Paradebeispiel dafür, wie man öffentliche Ängste schüren kann - ohne jeden wissenschaftlichen Hintergrund. Zehn Minuten Pressekonferenz genügen, und Presse und Fernsehen stürzen sich auf irgendeine neue entsetzliche Bedrohung, die zu entkräften dann fünf Jahre wissenschaftliche Arbeit kostet.

Immer wieder neu ist auch die bange Frage: Bis heute ist zwar alles gutgegangen, aber was wird morgen sein, und was erst, wenn zwölf Milliarden Menschen da sind? Lester Brown, einer der Hauptbedenkenträger der Vereinigten Staaten, sorgt sich nun seit dreißig Jahren um die Getreideproduktion. Jahr für Jahr ließ er sich vernehmen: Nun ja, bis jetzt ist es gutgegangen, aber das heißt doch nicht, daß es so weitergeht. Besser rechnen wir damit, daß es schiefgeht. Neuerdings sagt er: Die Getreideproduktion ist auf derart hochgezüchtete Werte gestiegen, daß sie mit Sicherheit wieder fällt. Und jedes Jahr zeigt er neue Kurven. So geht das nun von Jahrzehnt zu Jahrzehnt.

Bei der Fischerei ist es nicht anders. Von der Überfischung der Weltmeere ist seit 1975 die Rede. Als 1980 der *Global Report 2000*[3] erschien - mit einer Millionenauflage in ich weiß nicht wievielen Sprachen -, sahen sich die Leute die Daten an und meinten: Die Weltfischfangtonnage ist noch einmal gestiegen.

[2] T.C. WHITMORE / J. A. SAYER (Hrsg.), *Tropical Deforestation and Species Extinction,* New York 1992 (Chapman and Hall)

[3] *Global Report 2000 to the President,* Council on Environmental Quality, 1981.

Aber jetzt ist sie beim Limit. Weiter geht es nicht. Kaum war der Bericht erschienen, ging die Fangrate wieder nach oben. Und so ist es bis heute.

Welches Thema man auch herauspickt, es ist immer dasselbe. Bis jetzt hat es geklappt, aber morgen ...

Birg: Die Kurvenakrobatik, die Sie kritisieren, kritisiere ich ja auch. Nur tun Sie genau das, was Sie kritisieren. Die einen verlängern die Kurve nach unten, und Sie verlängern sie nach oben. Halten wir uns an Fakten. Die nicht mehr in Deutschland vorhandenen Singvogelarten beziffert die Bundesregierung in ihrem Umweltbericht auf - glaube ich - fünfundzwanzig. Singvögel, die Jahrtausende hier gelebt haben, sind auf dem Territorium Deutschlands nicht mehr auffindbar. Vielleicht sind sie nicht ausgestorben, vielleicht findet man sie in Österreich. Das festzustellen, gehört zur Kritik. Nur darf man aus der Vergangenheit keine Kurve einfach in die Zukunft verlängern, ohne inhaltliche Gründe anzugeben und sie als Hypothesen auszuweisen. Eine Brücke hat jahrzehnte-, jahrhundertelang gehalten, jeden Tag immer mehr Menschen, Tiere und Fahrzeuge getragen. Das besagt doch nicht, daß sie auf Ewigkeit hält und jede zusätzliche Belastung auch noch trägt. Die Chaostheorie erklärt, daß Prozesse lange gutgehen und dann plötzlich zusammenbrechen - oft ohne Vorwarnung. Was unsere Kollegen von der Naturwissenschaft dazu sagen, sollten wir ernst nehmen.

Die Änderung des Weltklimas ist eine Tatsache. Der Meeresspiegel ist seit 1900 um 15 cm gestiegen. Gewiß gibt es auch die Schule von Klimatologen, die sagt, das sei auf natürliche Klimaänderung zurückzuführen und nicht anthropogen bedingt. Das ist vielleicht richtig. Aber es ist vernünftig, davon auszugehen, daß der Mensch durch seine nachweisbaren Schadstoffemissionen Wirkungen entfaltet, und es ist vernünftig, davon auszugehen, daß das möglicherweise negative Konsequenzen hat, und es ist nicht vernünftig, einfach davon auszugehen, weil bisher alles gut ging, müsse es auch morgen gutgehen.

Im übrigen gibt es durchaus Kurven, die nach unten gehen, zum Beispiel die der Lebenserwartung der Menschen in Osteuropa. Heute können wir beweisen, was wir vermutet haben: die Lebenserwartung sank im gesamten Ostblock und sie sinkt weiter, nicht zuletzt wegen bereits irreversibler ökologischer Schädigung, zum Beispiel des Grundwassers.

Simon: Sie wenden sich gegen jede Extrapolation bisheriger Trends in die Zukunft. Alles, was wir überhaupt wissen von dieser Welt, wissen wir aufgrund unserer Erfahrungen in dieser Welt. Wenn die Erfahrungen, die wir in der Vergangenheit gemacht haben, so bedeutungslos wären, dann hätte uns allerdings auch die Wissenschaft nichts zu sagen. Denn die gesamte Wissenschaft ist nichts anderes als eine Sammlung von Informationen über die Vergangenheit, die zugleich die Basis abgeben, von der aus sich auch etwas über die Zukunft sagen läßt. Allerdings ist es so, daß man über Zukunftsvoraussagen aufgrund von Vergangenheitserfahrungen tatsächlich verschiedener Meinung sein kann. Mein Bemühen besteht darin, nur sehr lange Zeiträume der Vergangenheit als ziemlich verläßliche Grundlage für eine Voraussicht herzunehmen. Viele Fehler kamen daher, daß man aufgrund relativ kurzer Beobachtungszeiten in die Zukunft extrapoliert hat.

Natürlich wissen wir nicht, was sich in Zukunft ereignet. Wir können uns aber jede einzelne Entwicklung vornehmen, die Sorgen bereitet, und den bisherigen Langzeittrend anschauen. Das ist das, was ich immer tue, wenn jemand sagt, daß jetzt schlimme Dinge ins Haus stehen. Wenn wir dann so weit sind, daß man das konkrete Problem auch niedriger hängen kann, ernte ich oft ein verlegenes Schweigen. Aber ich wüßte nicht, wie man der Sache anders zu Leibe rücken könnte.

Dann noch zu unseren Kollegen von der Naturwissenschaft, die wir ernst nehmen sollen. Bleiben wir konkret. Als unsere Vorfahren noch Jäger waren, benötigten sie vier Quadratkilometer, um eine Person zu ernähren. Schon vor 25 Jahren lag der theoretisch mögliche Flächenertrag millionenfach höher.[4] Die

[4] Colin CLARK, *Population Growth and Land use*, New York 1967 (St. Martin´s). C. Clark / M. Haswell, *The Economics of Subsistence Agriculture*, New York 1967 (St. Martin´s).

heutigen landwirtschaftlichen Spitzenstandards erreichen fast das Fünffache der damaligen Berechnungen. Und nun sagen uns die Kollegen von der Naturwissenschaft, es sei kein Problem, Anbau auch auf mehreren Etagen zu betreiben, also etwa ein Gebäude mit hundert Etagen zu errichten mit künstlichem Licht usw., womit der Flächenertrag noch einmal hundertfach gesteigert würde.

Dr. Barbara Schellenberger: Was würde Ihrer Meinung nach geschehen, Herr Birg, wenn die armen Länder reicher werden? Das wäre doch möglich. Wäre dann Freiheit, also verantwortliche Elternschaft, die beste Devise für die Zukunft der Menschheit?

Birg: Das wäre mir am liebsten, ist aber nicht problemlos. Was bedeutet verantwortliche Elternschaft konkret? Was bedeutet das Karma in Indien konkret? Wenn ein gläubiger Hindu darunter versteht, daß, um sicher mindestens einen Sohn zu haben, vier Söhne besser sind, also acht Kinder verantwortliche Elternschaft bedeuten, wird es interessant. Man muß sich zuerst interkulturell über den Begriff verständigen. Was wir in der westlichen Welt darüber denken, fällt noch am wenigsten ins Gewicht. Die ganze westliche Welt, das sind jetzt gut eine von 5,7 Milliarden Menschen, und wir werden einmal, vorausgesetzt, daß wir nicht so schnell schrumpfen, wie es jetzt aussieht, eine von 10 oder 12, vielleicht sogar 15 Milliarden Menschen auf der Welt sein. Da ist es relativ unerheblich, was diese Minderheit denkt. Wir sagen WIR, aber das Wort ändert mit dem Zeitablauf seine Bedeutung. So wird es auch nicht mehr ausschlaggebend sein, was die Deutschen über Einwanderungsfragen denken, wenn sie in Deutschland erst in der Minderheit sind.

Verantwortliche Elternschaft ist ein kulturabhängiger, kein rein ökonomischer oder rein sozialer Begriff. Dahinter stehen philosophische Fragen. Deshalb liegt die Lösung wahrscheinlich nur in der Schaffung - wie es auch vorgeschlagen worden ist - einer Weltethik, der alle Kulturen zustimmen können.

Dazu müßten wir zuerst die religiösen Autoritäten überzeugen und versuchen, sie zu einem Konsens zu bringen. Dann gilt es, die vielen Millionen Menschen zu einem individuellen ethisch-generativen Verhalten zu bewegen, das die Probleme nicht mehr anwachsen läßt.

Schellenberger: Wenn man von Ethik spricht, muß man - und zwar noch vorher - von Anthropologie sprechen. Wir können uns auf keine "Weltethik" einigen, wenn wir uns nicht über den Menschen einig sind, darüber etwa, was eine Person ist. Insofern könnte der Gebäudeplan, den Sie entworfen haben, sich auch als reine Theorie erweisen. Was spricht für, was gegen die Entwicklung, die Sie angezeigt haben? Nehmen wir einmal an, die armen Länder werden reich. Das ist doch nicht ausgeschlossen. Was passiert denn dann?

Birg: Es gibt Kulturen, in denen wachsender Wohlstand zu mehr Kindern je Frau führt. In bestimmten afrikanischen Kulturen ist das Zählen von Kindern verboten, weil Kinder ein so hoher Wert sind, daß sie zu zählen geächtet ist. Dort hat ein Mann auch mehr als eine Frau, nicht zuletzt, um möglichst viele Kinder zu haben. Ist wohl jemand kühn genug zu fordern, daß diese Kulturen in Afrika und auch in Indien geändert werden, um die demographisch relevanten Verhaltensweisen zu ändern? Verantwortliche Elternschaft heißt, makrodemographisch weltweit gesehen, gut zwei Kinder pro Frau. Wenn es mehr sind, wächst die Weltbevölkerung, solange es mehr sind. Sie wächst dann auch auf wesentlich mehr als 10, 15, auch auf 80 und 100 Milliarden.

Thomas: Damit das Zählverbot nicht dahingehend mißverstanden wird, als zählten afrikanische Eltern ihre Kinder nicht: In einem Dorf bei Enugu/Nigeria fragte ich bei einem Begrüßungstreffen mit den Dorfältesten und einigen anderen, die dort etwas zu sagen hatten, wieviele Leute denn zum Dorf gehörten. Es entstand eine Pause, während der mir mein Begleiter leise eine Zahl zuflüsterte. Dann machte der Dorfälteste eine bedauernde Geste und sagte: "Mein Herr, Menschen zählt man nicht." Ich muß sagen, das hat mich tief beeindruckt. Ich werde diese Lektion über den Unterschied von Personen und Sachen nie vergessen.

Jürgen Liminski: Manches in Ihren Ausführungen, Herr Birg, kommt mir etwas zu statisch gedacht vor. Sie rechnen nicht mit der Dynamik des Lebens als etwas Positivem. Zu vieles bewegt sich in einem hypothetischen Raum. Sie erwähnen noch - natürlich rein theoretisch - eine Zahl von 80-100 Milliarden, obwohl die Diskussion weltweit ja allenfalls darum geht, ob die Weltbevölkerung sich schließlich bei 12-15 Milliarden einspielt, oder ob sie sogar unter das heutige Niveau sinkt, je nachdem, welcher UN-Projektion man zuneigt. Indien wie die afrikanischen Länder sind im demographischen Übergang. Damit wird auch das Nachdenken über die acht Kinder des indischen Vaters und die unbegrenzt erwünschte Kinderzahl des afrikanischen Vaters reichlich spekulativ. Mir kommt das lebensfern vor. Es fehlt die Zuversicht, die Hoffnung, das Prinzip Hoffnung meinetwegen. Das gilt auch für den meines Erachtens etwas neutralistischen, ja fatalistischen Ethikansatz, der sich mit biologischem Überleben und einem gewissen Wohlstand für alle zu begnügen scheint. Muß denn eine solch demographie-orientierte Ethik auf alle metaphysischen und anthropologischen Grundwerte verzichten? Läuft sie nicht auf die normierte Zweikind-Familie hinaus?

Ihnen, Herr Simon, würde ich die Frage einfach andersherum stellen. Sie wollen, daß wir uns dem Leben stellen, ohne immer erst auf die totale Sicherheit zu warten. Man kann nicht alle Optionen probieren. Man kann auch nicht allen Optionen fernstehen. Sie verbreiten auch eine glückliche Zuversicht und führen dafür die Erfahrungen des Lebens und der Geschichte an. Aber Sie sagen eigentlich nicht, warum Sie für mehr Wachstum, für mehr Wohlstand, überhaupt vor allem für Mehr sind.

Vielleicht sollte ich, um meine Fragestellung zu begründen, hier ein kleines persönliches Bekenntnis ablegen: Als Journalist erlebe ich ständig ein Maß an deutscher Skepsis, das mich längst vermuten läßt, daß sich dahinter eigentlich Pessimismus und Angst verbergen. Auch die gängigsten Wahlkampfparolen befassen sich alle mit Sicherheit. Das grenzt an einen regelrechten deutschen Sicherheitswahn, der glatt Gefahr läuft, einen total normierten Staat herbeizusehnen.

Birg: Daß ich einen total normierten Staat ablehne, nicht für die normierte Zweikind-Familie plädiere und auch nicht totaler Sicherheit das Wort rede, dürfen Sie mir glauben. Ich teile nicht die Meinung von Hans Jonas, wir sollten uns als Menschheit so wichtig nehmen, daß es die Menschheit aus kategorialen Gründen geben muß. Wohl aber bin ich überzeugt, daß einem Menschen das Nachdenken über Jonas' Position eine Fortpflanzungspflicht gebieten kann. Bei einem anderen ist das vielleicht keineswegs so. Im Buddhismus kann ich eine Pflicht zur Fortpflanzung nicht erkennen. Und ich muß sagen, daß mich in meinem heutigen Lebensstadium der Buddhismus mehr fasziniert als das Christentum. Auf die Gründe, die unterschiedlichen Lebensentwürfe und Ethiksysteme des Buddhismus und des Christentums einzugehen, würde jetzt aber zu weit führen.

Kluth: Ich frage mich, wo es für eine so tiefgreifende Transformation der Verantwortung realistische Instrumente bzw. Instanzen gäbe? Wir gehen vom Völkerrecht, vom Selbstbestimmungsrecht der Völker aus, wir gehen von Menschenrechten, vom Selbstbestimmungsrecht des einzelnen aus. In die Grundrechtscharta der Europäischen Union wird neuerdings auch das Recht auf Mutterschaft und Vaterschaft eingeführt. Ich denke, daß gerade die Tradition des Völkerrechts in der Moderne, auf die die westliche Welt besonderen Wert legt, einem solch weltweiten Plan oder einer weltweiten Verordnung von Begrenzung gerade entgegensteht. Und je mehr Wert auf die Praxis gelegt wird, um so nachdrücklicher stellt sich die Frage nach dem Recht, das ja zur Praxis gehört. Aber wo wären Möglichkeiten, so etwas dann auch institutionell umzusetzen?

Birg: Was die Praxis, die Transformation in Rechtssysteme usw., betrifft, bin ich ein strikter Anhänger der Idee der Menschenrechte und sage auch da, wo man es nicht gerne hört, daß ich die Idee für eine ganz große Errungenschaft der Zivilisation halte. Und sie ist nun einmal im Abendland entstanden und nicht im Orient. Mit unterschiedlichen Grundrechtssystemen dürfte man auf einem Planeten kaum friedlich zusammenleben können. Die Idee der Menschenrechte halte ich für hochgradig exportfähig und exportpflichtig. Ich kann nicht einsehen, daß die Inderin andere Menschenrechte hat als eine Deutsche oder eine Italienerin. Also bin ich hier für striktes Ernstmachen mit der Universalisierbarkeit ethischer Handlungsmaximen.

Prof. Dr. Max Wingen: Zwei kurze Hinweise. Erstens: Unser westliches Lebensniveau ist wohl nicht globalisierungsfähig, erst recht nicht angesichts der im Grunde programmierten milliardenschweren Zunahmen der Weltbevölkerung. Daher muß man sich über die Konsequenzen eines weltweiten Ausgleichs des Lebensniveaus Gedanken machen. Wenn wir die anderen nicht alle auf das Niveau von Nordamerika und Europa anheben können, bleibt eigentlich nur, daß wir unser eigenes deutlich absenken. Und das läuft auf einen weltweiten Einkommensausgleich hinaus.

Solche Gedanken gehören zu den Überlegungen, die die Verantwortung für die Zukunft gebietet. Ich finde es sehr dankenswert, daß Sie, Herr Birg, die Zusammenhänge von Ethik und Demographie so deutlich ansprechen und dabei auf Hans Jonas zurückgreifen. Hans Jonas spricht von der Verpflichtung zur Nachkommenschaft, zwar nicht für jeden einzelnen, wohl aber für die Menschheit als Kollektiv. Das ethische Gebot, daß es permanent menschliches Leben auf der Erde gebe, kann man auch regional verstehen. Dann bedarf es der Auseinandersetzung über die Frage, inwieweit eine Verpflichtung besteht, politisch dafür zu sorgen, daß regional abgegrenzte Einheiten der Menschheit überdauern, oder ob auch massive Verschiebungen ethisch vertretbar sind. Daß es solche de facto gibt, ist unbestritten. Daß sich solche in größerem Maßstab abzeichnen, wissen wir aus den Vorausrechnungen, die die völlig unterschiedlichen Trends in den Entwicklungsländern und in den entwickelten Industriegesellschaften zum Gegenstand haben.

Zweitens: Zur Umsetzung der Ethik in die Praxis: In der Vergangenheit gab es bei uns Institutionen, etwa die kirchliche Ehemoral, die überindividuell die Menschen auch gesellschaftlich orientiert haben. Diese Institutionen haben an Verbindlichkeit und Breitenwirksamkeit verloren. Jetzt muß der einzelne sehr viel mehr aus eigener Verantwortung diese Umsetzung leisten. Welche Maßstäbe hat er dafür? Wie können hier individuelle Glücksansprüche und berechtigte gesamtgesellschaftliche Belange in Einklang gebracht werden?

Zu einer Antwort auf diese Frage kann ich jetzt nur die Überzeugung beitragen, daß demographische Information und Bildung an Bedeutung zunimmt, ja ungemein wichtig werden wird.[1] Im angelsächsischen Raum spricht man von "population education". Eine solche demographische Information und Bildung, die in den Entwicklungsländern entwickelt worden ist in der Absicht, das Bevölkerungswachstum zu dämpfen, sollte bei uns - angesichts stärkerer Bevölkerungsimplosionen - auch die umgekehrte Funktion haben können und zu einem besseren Gleichgewicht zwischen individuellen und gesellschaftlichen Interessen und Betrachtungsweisen beitragen. Gesellschaftspolitische Maßnahmen, über die wir nachdenken, werden nur bei korrespondierender Änderung von Bewußtseinshaltungen wirksam. Die Betroffenen, für die etwas geschehen soll, müssen zustimmen. Die demographisch-ethischen Aspekte müssen im Bewußtsein der Menschen verankert werden. Mit rechtlichen Rahmenbedingungen ist nichts gewonnen, wenn ihr Zweck nicht das Bewußtsein der einzelnen erreicht.

[1] Weitere Ausführungen dazu in: Max WINGEN, *Zur Theorie und Praxis der Familienpolitik,* Frankfurt 1994 (Verlag Deutscher Verein für öffentliche und private Fürsorge) 386-410. Siehe dort auch die Ausführungen zur Familienpolitik als Rahmensteuerung der Bevölkerungs- und Geburtenentwicklung: 365-385. [Anm. d. Hrsg.].

Für praxistaugliches Handeln nach ethischen Vorgaben ist das Wissen, wie man das Empfohlene auch zustande bringen kann, unbedingt nötig. Der gute Wille allein genügt nicht. Das Gegenteil von gut ist nicht selten "gut gemeint". Deshalb muß auch der Dialog von Wissenschaft und Ethik weitergeführt werden.

Simon: Ich möchte noch einmal präzisieren, daß ich nie gesagt habe, wir würden weniger Probleme haben. In der Zukunft werden wir sogar eher mehr als weniger haben. Aber vom rein Materiellen her sind die Probleme kurzlebiger geworden. Wir werden besser mit ihnen fertig. Blicken wir zurück, ist es in der Geschichte immer mehr Menschen immer besser gegangen. Die materiellen Hindernisse für mehr Menschen nehmen ab. Die Energie-, Nahrungsmittel- und Raumprobleme werden zunehmend leichter lösbar - erstaunlicherweise. Wir leben heute in größeren Wohnungen als unsere Eltern und Großeltern. So gesehen spricht sogar alles für ein dauerndes Bevölkerungswachstum und dauerndes Wohlstandswachstum.

Birg: Man kann nicht unentwegt sagen, immer mehr Menschen werden satt, immer mehr Menschen haben immer größere Wohnungen und immer mehr Menschen haben immer mehr von allem. Das kostet ja auch alles etwas, unter anderem Kriegstote. Jede Bilanz hat zwei Seiten, Kosten und Nutzen. Ich bin überzeugt, daß, wenn die Völker, die sich als zukünftige Weltmächte ansehen, Indien zum Beispiel, nicht sehr rasch in den Genuß der angestrebten Güter kommen, sie dann mit Waffengewalt versuchen werden, dazu zu kommen. Manche Leute sagen das ja auch ganz offen, so wie Hitler in "Mein Kampf" auch gesagt hat, was ihm vorschwebt. Wenn es uns gelingt, Neid zu vermeiden auf der Welt, vollbringen wir schon eine große ethische Leistung.

Simon: Daß es bei mehr Menschen auch mehr Kriege gibt, liegt, würde der gesunde Menschenverstand sagen, in der Natur der Sache. Geht man einer Korrelation zwischen Kriegsereignissen und Bevölkerungswachstum oder Bevölkerungsdichte genauer nach, findet man aber nichts, was für eine solche Beziehung spricht. Hinter Hitlers Kriegsgrund "Lebensraum" stand die malthusianische Vorstellung von einer festen Menge an Ressourcen, die er nur durch Krieg erweitern zu können meinte oder vorgab. Hitlers Annahme konnte auch dem gesunden Menschenverstand einleuchten. Ihr widerspricht aber direkt, was wir nach dem Krieg erlebt haben, daß nämlich landwirtschaftlicher Grund und Boden gegenüber allen anderen Nutzflächen immer billiger wurde, das heißt: weniger knapp. Fallende Bodenpreise in der Landwirtschaft machen einen Teil der relativen Preissenkung für Nahrungsmittel aus. Mit anderen Worten: Ackerland wird nicht wirtschaftlich wichtiger, sondern von Jahr zu Jahr gesamtwirtschaftlich unbedeutender.

Trotzdem hat die Ukraine jetzt den Fehler noch einmal gemacht. Man glaubte, mit mehr Bodenressourcen reicher zu werden. Wenn wir von Rußland unabhängig sind, dachte man, haben wir die guten Ackerböden alle für uns. Jetzt stehen sie vor der Erkenntnis, daß Ackerland eine unerhebliche Ressource ist. In den USA machen die landwirtschaftlichen Flächen weniger als zwei Prozent des nationalen Vermögens aus. Das paßt auch genau zu der Tatsache, daß nur rund zwei Prozent der Menschen von der Landwirtschaft leben. Die wissenschaftliche Erkenntnis stellt auch hier die Erwartungen des gesunden Menschenverstandes auf den Kopf.

Birg: Der allgemeine Fortschrittsglaube, nach dem sich diese Welt auch bei einem Doppelten und Dreifachen der Menschenzahl in einen Blumengarten verwandeln kann, in dem nicht nur alle satt werden, sondern auch wunderbar und friedlich zusammenleben, hat auch auf mich seine Anziehungskraft. Aber daß man friedlich zusammenleben kann, heißt noch nicht, daß man es auch tut. Süßmilch hat in seinem Buch 1741 auch geweissagt: Jetzt beginnt der Weltfrieden auf Erden, denn die Schießwaffe ist erfunden worden. Der Krieg ist jetzt so schrecklich geworden dadurch, daß wir Feuerwaffen haben, daß die Völker sich alle in einem Weltfrieden vereinigen werden. Und er hat ernsthaft geglaubt, daß das passiert. Er hätte ja auch Recht haben können. Wenn es gutgehen kann, muß es nicht gutgehen.

Martin Reufels: Sie haben eine universale Verantwortungsethik herausgestellt, Herr Birg. Aber bin ich für die Menschheit insgesamt verantwortlich oder konkret für meine Familie, meine Freunde, meine Bekannten? Wie mache ich also einem Ehepaar klar, daß sie das Schicksal der Menschheit im Kopf haben sollen und erst in zweiter Linie ihre Kinder, die sie im Alter finanzieren und sichern werden? Ist diese universale Verantwortungsethik nicht sogar gefährlich, weil sie sich zwangsläufig vor allem auf das Kollektiv ausrichtet, um dann am Ende gar Praktiken der Geburtenkontrolle, wie sie in China üblich sind, zu rechtfertigen? Kann eine solche universale Verantwortungsethik, um pointiert zu fragen, nicht sogar als Gewand für einen handfesten kulturellen Imperialismus dienen?

Birg: Jede universale Verantwortungsethik kann man für alles mißbrauchen, auch als Deckmantel für Imperialismus. Das darf natürlich nicht sein. Deshalb würde ich einem Afrikaner auch niemals empfehlen, nur zwei Kinder zu haben. Unter seinen Lebensbedingungen muß er mindestens vier Kinder haben. Das ist die ethische Empfehlung. Daß er sich unter seinen Bedingungen viele Kinder wünscht, ist ja nicht etwa irrational, sondern völlig rational. Das Problem besteht darin, daß die Summe aller individuell-rationalen Handlungsweisen in die Katastrophe führt. Deshalb ist das Problem schwieriger als man glaubt. So war in der Weltwirtschaftskrise der 30er Jahre die Summe der an sich ethisch sehr zu befürwortenden Verhaltensweisen der einzelnen Konsumenten, nämlich zu sparen und Konsumverzicht zu leisten, am Ende eine der Hauptursachen für den Zweiten Weltkrieg, weil das Sparen die ökonomische Krise verschlimmert und zur Massenarbeitslosigkeit geführt hat. Als Deutschland 5 Millionen Arbeitslose hatte, glaubte die Brüningsche Finanzpolitik, durch die Empfehlung, mehr zu sparen und Verzicht zu leisten, die Konjunktur wieder ankurbeln zu können. Genau das war falsch. Wenn alle Familien sich in ihrem persönlichen Verantwortungsbereich ethisch vorbildlich verhalten, kann eben dadurch auf übergeordneter Ebene durchaus auch das Gegenteil eines sozialethisch angestrebten Ergebnisses auftreten.

Thomas: Wenn schon von der sogenannten "Rationalitätenfalle" die Rede ist, müßte man vielleicht auch erwähnen, daß die kollektiven sozialen Sicherungssysteme, die wir in Deutschland geschaffen haben, damit nicht jeder viele Kinder haben muß, um im Alter versorgt zu sein, dazu geführt haben, daß es bei uns jetzt individuell rational ist, gar keine Kinder zu haben. Das aber bringt dann die kollektiven Sicherungssysteme zum Einsturz.

Simon: Wir denken aber eben viel mehr an Empfehlungen, die wir den Afrikanern geben, als wir bereit sind anzuhören, was sie uns zu sagen hätten. Vermutlich haben sie uns genau so viel anzubieten wie wir ihnen, was ohnehin herzlich wenig ist. In diesen Zusammenhang gehören auch oft gehörte Redewendungen von der Art: Und wie wollen wir diese zusätzlichen fünf Milliarden ernähren? Wieso sollen *wir die* ernähren? Die werden sich selbst ernähren, wie Menschen dies immer getan haben. Sie werden auch selbst für ihre Erziehung und Bildung sorgen. Oder genauer: sie werden sich selbst und auch uns ernähren, und wir werden uns und sie ernähren. So auch mit der Bildung. Alle Menschen produzieren und konsumieren und tauschen sich aus. Auf alle unsere ökonomischen Einsichten, auf alles, was wir von wirtschaftlicher Entwicklung wissen, trifft exakt zu, was Mahatma Gandhi jene Mikro-Gedanken genannt hat, von denen Herr Gireesan spricht.[5]

Martin Reufels: Ihre Ausführungen, Herr Simon, haben mich überrascht, weil ich noch nie so viel Gutes über unsere Welt auf einmal gehört habe. Allerdings sind wir endliche, an Raum und Zeit gebundene Wesen, und ich vermisse in Ihrem Konzept die Grenzen dieser Endlichkeit. Gibt es solche nicht oder, wenn doch, wo ist der Punkt, an dem alles zusammenbricht?

Simon: Warum sollte zu einem bestimmten Zeitpunkt *alles* zusammenbrechen? Es mag dieses oder jenes zusammenbrechen, wie das auch in der Vergangenheit immer wieder passiert

[5] s. S. 125.

ist. Warum sollte das dann nicht auch wieder in Ordnung gebracht werden können und uns danach sogar reifer und gefestigter machen? Woher diese ständige Ausschau nach einer Art Apokalypse?

Gerade für die Begrenzung von Raum und Zeit gilt, daß die spontanen Erwartungen sich bei systematischer Reflexion nicht bestätigen. In Wirklichkeit ist doch der Lebensraum der einzelnen Person ständig größer geworden. Es ist doch nicht nur das Wohnen in zunehmend größeren Häusern mit immer mehr Bequemlichkeiten. Denken Sie einmal an den Radius, in dem sich heute Ferienreisen bewegen. Eine Mittelstand-Familie kann heute die Ferien weiter weg von zu Hause verbringen als vor dreihundert Jahren der reichste Fürstensohn in Europa. Mit der Überwindung von Zeithindernissen durch große Geschwindigkeiten haben wir den Radius unseres Lebens immer mehr ausgedehnt, uns immer mehr Raum erobert.

THOMAS

Hans Thomas

Angst oder Zuversicht? Ein Nachwort

Am Ende dieses Buches bleiben manche der Zweifel, mit denen es eröffnet wurde. Über die Fakten herrscht merkwürdig wenig Streit. Konflikte brechen bei der Bewertung aus. Hier aber, wie mich die Erfahrung in den letzten zwei Jahren gelehrt hat, nicht selten mit einer Vehemenz, gegen die nicht einmal Fakten etwas ausrichten.

Der erste Einwand, den dieser Band auf sich ziehen dürfte, lautet, in ihm seien die Optimisten überrepräsentiert. Das ist nicht unbeabsichtigt. Es schafft einen Ausgleich. Zuversicht in Sachen Weltbevölkerung hat in Deutschland keine Plattform. Das ist anders in den USA, dem Ursprungsort der veröffentlichten deutschen Meinung zum Bevölkerungsproblem, anders erst recht in Frankreich, das sich in demographischen Fragen eine eigene Meinung erlaubt - dank eigener Erfahrung.

Im Machako-Distrikt in Kenia haben Tiffen, Mortimore und Gichuki anhand von Fotos aus der Zeit um 1930 und solchen von 1990 eine Verbesserung der Umwelt festgestellt. In diesem Zeitraum hat sich die dortige Bevölkerung verfünffacht, die landwirtschaftliche Produktion pro Kopf verdreifacht, absolut also verfünfzehnfacht.[1]

Manche der Optimisten, die auch derlei Feststellungen für wegweisend halten, sind im übrigen durchaus Pessimisten - was die demographische Entwicklung in Deutschland und Europa anlangt.

[1] M. TIFFEN, M. MORTIMORE, F. GICHUKI, *More People, Less Erosion*, Chichester 1994 (Wiley & Sons).

In einem Ostberliner Stadtrandbezirk erfaßten von November 1963 bis Oktober 1964 die dort ansässige gynäkologische Poliklinik und die örtliche Schwangerenberatungsstelle 812 Schwangere. Jede von ihnen wurde beiläufig gefragt, ob die Schwangerschaft "erwünscht", "unerwünscht" oder "jetzt nicht erwünscht" sei. "Erwünscht" antworteten 31,5 Prozent der Schwangeren.[2] Damals lag die Fruchtbarkeit in der DDR bei 2,47 Kindern je Frau. 1994, fünf Jahre nach der Wende, betrug sie 0,77 Kinder je Frau - der tiefste Stand geschichtlich und weltweit. Setzte er sich fort, würde er die Neuen Bundesländer binnen zwei Generationen in eine unerhörte Katastrophe stürzen. 0,77 von 2,47: das sind 31,2 Prozent. Wie soll man das interpretieren? Viele Gründe kommen in Frage, vor allem der reine Zufall und die Anpassungsnöte und Verunsicherungen der Menschen in den Neuen Bundesländern. Dann wird die Fruchtbarkeitsziffer bald wieder steigen. In Frage kommt auch die heute ebenso geläufige wie folgenschwere Verwechslung einer "unerwünschten" Schwangerschaft mit der Ablehnung des geborenen Kindes. Hierauf hat schon Pierre Chaunu aufmerksam gemacht. Unter den Bedingungen flächendeckend zugänglicher technisch perfektionierter Verhütung, sagt Chaunu weiter, bekämen in den heutigen Industrieländern viele Frauen tatsächlich weniger Kinder, als sie sich wünschen. Das liege daran, daß die Antwort auf die Frage, wieviele Kinder eine Frau sich wünsche, immer zurücktrete gegenüber der Frage, ob sie eines davon *jetzt* bekommen wolle. "Jetzt" sei aber fast immer der falsche Zeitpunkt.[3]

Die einzigen Gründe, die in den neuen Bundesländern mit Sicherheit nicht in Frage kommen, sind der einer Verschlechterung der Umwelt und der einer negativen wirtschaftlichen Entwicklung. Letzteres gilt weltweit. "Es ist klar", sagte der Weltbankpräsident Barber Conable 1989, "daß ein Wirtschaftswachstum, das das Bevölkerungswachstum übertrifft, sowohl in

[2] Eberhard BÄẞLER, *Ein statistischer Beitrag zur Frage der Kinderfreudigkeit in der heutigen Familie,* in: Das Deutsche Gesundheitswesen, Heft 14, 1966, 639-642.

[3] Pierre CHAUNU, *Die verhütete Zukunft,* Stuttgart 1981 (Seewald), 204 f.

entwickelten wie in unterentwickelten Ländern erreicht und gehalten werden kann."[4] Und was die Ressourcenfrage angeht, erklärt 1994 die Weltbank in ihrem *Bericht zu den Grenzen des Wachstums:* "Wir wissen nicht, in welchem Maße des Näheren die Erde Ressourcen birgt und wieviel aus ihr gewonnen werden kann. Wir werden das auch in den nächsten zwei Jahren nicht wissen. Auch in den nächsten zehn Jahren nicht. Der Grund dafür, warum wir die Grenzen der Ressourcen nicht kennen, ist einfach und ruft nach keinerlei Argumentation mit technologischen Wunderleistungen. Wir wissen es nicht, weil es bislang niemand für nötig befunden hat, es zu wissen, und deshalb eine sorgfältige Bestandsaufnahme in Angriff genommen hat."[5]

Dieses Buch erfüllt seine Funktion, wenn es Nachdenklichkeit weckt. Die heute unterschiedlichen Standpunkte zum Beziehungsdreieck "Bevölkerung, Entwicklung, Umwelt" lassen vier Gegensätze erkennen:

Erstens: Gegen die Überzeugung, Zuversicht in der Bevölkerungsfrage sei gemeingefährlich, steht die Feststellung, Angst sei eine schlechte Voraussetzung, um die Herausforderungen der Zukunft zu bestehen.

Zweitens: Dem weltanschaulichen Szientismus mit seiner Vorstellung von einer universalen Verantwortung des Menschen für das Weltganze, die uns unabhängig davon aufgegeben ist, ob dieses Weltganze unserer Voraussagbarkeit zugänglich ist oder ob es sich unserer Planbarkeit entzieht, steht das (naive?) Vertrauen auf eine innere Stimmigkeit der Welt gegenüber, welches behauptet, daß dem Weltganzen am besten gedient ist, wenn jeder seine konkrete Verantwortung wahrnimmt, die für jeden bis dorthin reicht, wo sich ihm die Dinge entziehen.

Drittens: Alle berufen sich auf die Sorge um die Menschen. Für die einen steht die Sorge um die Menschheit an erster Stelle, für die anderen die Sorge um konkrete Menschen.

[4] Ansprache vor der Mitgliederversammlung der IPPF in Ottawa im November 1989, zit. n. Dermot Grenham: The Effects of Changing Population Profiles, London 1995, 29.

[5] *World Economic and Social Survey,* Weltbank 1994, hier zit. n. Grenham s. Anm. 4, 35.

Viertens: Alle berufen sich auf ein globales Gemeinwohl. Für die einen stehen die Interessen der Entwicklungsländer im Vordergrund, für die anderen die Interessen der Industrieländer.

Gefährliche Zuversicht

Die Argumentation ist klar: Die Erde ist ein endliches System. Dieses hat Grenzen gezeigt, ökonomische und ökologische, vor allem ökologische. Zwei Milliarden Inder und Chinesen mit unserem Lebensstandard - das bedeutet 500 Millionen Autos mehr. Drei Milliarden Inder und Chinesen bedeuten 750 Millionen Autos mehr. In den Chefetagen der Automobilindustrie mögen die Augen noch so leuchten, das geht nicht gut. Man muß warnen. Und man muß etwas tun: an den Autos, an uns selbst, und an den Indern und Chinesen.

Aber wer ist "man"? Die so fragen, kommen zu dem Schluß, die Entwicklungsländer sollen sich entwickeln wie die Industrieländer, in denen die Bevölkerungen nicht mehr wachsen. Und die Industrieländer sollen ihre Hausaufgaben machen und umweltverträgliche Produkte und Technologien entwickeln. Je schneller beides, um so besser. Im übrigen möge man nicht übertreiben.

Das gehe zu langsam, meinen die anderen. Oder sie glauben überhaupt nicht an einen demographischen Übergang in der Dritten Welt. Also auch nicht an deren Entwicklung - die Autos ausgenommen. Zu allererst habe man dafür zu sorgen, sagen sie, daß aus den zwei nicht drei Milliarden Inder und Chinesen werden. Das Aktionsprogramm der Weltbevölkerungskonferenz von Kairo ist im Grunde ein globales Umerziehungsprogramm. Die Menschen in den Entwicklungsländern sollen so schnell wie möglich umerzogen werden zu dem "vernünftigen" Reproduktionsverhalten der Industrieländer. Nur: wie "vernünftig" ist das Reproduktionsverhalten in den Industrieländern?

Man muß nicht den beispiellosen Absturz der Fruchtbarkeit in den Neuen Bundesländern in die Zukunft projizieren, um die Zukunftsprobleme anhaltender Unterfruchtbarkeit als Gefahr für eine Gesellschaft zu entdecken. Dazu genügen die historischen

Darstellungen von Pierre Chaunu[6] und die aktuelle Studie für Deutschland "Das Ende des Individualismus. Die Kultur des Westens zerstört sich selbst"[7] von Miegel und Wahl im Auftrag des Bundesministers für Forschung und Technologie. Allerdings sorgen sich diese Autoren um den Norden, nicht um den Süden.

Gleichwohl: Ein planerischer Optimismus, menschliche Fruchtbarkeit lasse sich je nach Wunsch, Bedarf oder Plan nach oben wie nach unten steuern, wäre vermutlich als mindestens ebenso gefährlich zu veranschlagen wie Julian Simons Zuversicht, mehr Menschen würden die Probleme von mehr Menschen schon meistern.

Universale vs. konkrete Verantwortung

Der umwerfende Siegeszug der Naturwissenschaft und Technik in der Moderne hat die Vorstellung von der Planbarkeit des Lebens und der Welt geweckt. Der weltanschauliche Szientismus befand Gott als für die Welterklärung überflüssig und für die Weltbeherrschung durch den Menschen hinderlich. Der wissenschaftlich-technische Erfolg hat uns ungeahnte Standards unseres täglichen Lebens beschert, uns manche Last der Arbeit abgenommen. Sie wurde allerdings ersetzt durch den Streß einer universalen Verantwortung für das Weltganze, die der nunmehr selbstbestimmte Mensch sich auferlegt. Zur optimistischen Vorstellung von der Beherrschbarkeit der Welt durch menschliche Kreativität und Leistung gehört auch die Idee der Weltbevölkerungsplanung.

Nicht nur durch den Mißerfolg der sozialutopischen Großentwürfe, zuletzt des real existierenden Sozialismus, ist inzwischen der szientistische Fortschrittsglaube tief erschüttert worden, sondern auch durch den Zwang zur Einsicht in die

[6] s. Anm. 3, 55-60.

[7] Meinhard MIEGEL / Stefanie WAHL, *Das Ende des Individualismus - Die Kultur des Westens zerstört sich selbst*, Landsberg/Lech, Verlag Bonn Aktuell 1993, 142.

ökologischen Grenzen und durch ein wachsendes Unbehagen daran, daß der Mensch selbst, der Veranstalter aller Wissenschaft und Technik, zunehmend zum Objekt seiner Veranstaltung wird. Die öffentliche Diskussion um Intensivmedizin, Organtransplantation und Hirntod, die öffentliche Empörung um die europäische Bioethikkonvention mit ihrer fragwürdigen Option für medizinische Versuche am Menschen, allerhand Ängste vor biotechnischer Manipulierbarkeit des Menschen in der Reproduktionsmedizin, oder vor psychosozialer Beherrschung durch Medienmacht sind jüngste Beispiele allgemeinen Unbehagens. Auch eine internationale Bevölkerungspolitik kann Gefahr laufen, die Entwicklung nicht mehr den Menschen, sondern die Menschen der Entwicklung unterzuordnen - als Objekte einer Art globaler Bevölkerungsbewirtschaftung.

In den Auseinandersetzungen um die Bevölkerungsfragen ist eine verwirrende Lage entstanden:

Diejenigen, die sich als liberale Erben der Aufklärung und progressive Verwalter des naturwissenschaftlich-technischen Weltbilds verstehen, treten radikal-konservativ für eine Festschreibung des status quo der Weltbevölkerung ein und setzen auf zentrale Planung, national wie international.

Diejenigen hingegen, die wegen ihrer Distanz zum atheistischen Szientismus als konservativ gelten, erscheinen in der Bevölkerungsfrage unbekümmert zukunftsoffen, setzen auf Wissenschaft und Technik und vertrauen auf die Kreativität von freien Menschen.

Der (naive?) Wissenschaftsglaube scheint aus der Euphorie in die Depression gefallen zu sein, und Naturwissenschaft und Technik scheinen Zuflucht zu nehmen beim Glauben an eine Vorsehung, deren Wirken sich allerdings des Geschöpfes Mensch bedient. Den Verantwortlichen für das Weltganze bereitet die Identifizierung immer neuer Schadstoffe Angst, sei es grundsätzliche Angst vor all den möglichen, noch unbekannten Gefahren, sei es konkrete Angst davor, daß für das eine oder andere schon bekannte Problem keine Lösung gefunden wird; während für die Vorsehungsgläubigen die Identifizierung immer neuer Schadstoffe gerade als Zeichen der Problemerfassung gilt, die die

Voraussetzung für die Problemlösung ist: immer genauere Messungen, herabgesetzte Grenzwerte - der Mechanismus gebe Grund zur Hoffnung.

Alle leben, was die Zukunft angeht, von der Hoffnung, sei es von der Tugend, sei es vom Prinzip. Die Vorstellung, daß diese Welt auch untergehen kann, ist nicht neu. Neu ist der Gedanke, daß dies geschehen soll, weil Menschen Menschen leben lassen wollen. Die Plausibilität dieses Gedankens, möchte man denken, diskreditiere die Wissenschaft als Glaubensmacht, wie es in der Rede von der "Legitimationskrise der Wissenschaft" zum Ausdruck kommt, und die Perversität des Gedankens festige das Bündnis des Schöpfungsglaubens mit Wissenschaft und Technik.

Nicht minder verwirrend erscheint die Ethikdiskussion. Zwei Opponenten, Herwig Birg und Julian Simon, berufen sich beide auf den Utilitarismus, Birg auf David Humes Grundlegung aller Ethik in der Nützlichkeit, weil dies eine metaphysikfreie Normenbegründung erlaube und daher eine universalisierbare Ethik ermögliche (S.276f.), Simon auf Jeremy Benthams utilitaristische Philosophie, weil sie unser rechtliches, soziales und wirtschaftliches Denken präge und die universalen Werte der jüdisch-christlichen Tradition stütze (S.280). Das gleiche utilitaristische Grundgesetz, nach dem gut ist, was in der Welt die Summe des Glücks vermehrt und die Summe des Leids vermindert, läßt den einen für weniger, den anderen für mehr Menschen plädieren. Die eigentliche Differenz muß offenbar woanders liegen. Hat der eine mehr das Leid, der andere mehr das Glück in dieser Welt vor Augen, oder der eine eher global die Menschheit, der andere eher konkrete Menschen?

Sorge um die Menschheit vs. Sorge um konkrete Menschen

Eine Politik der Geburtenkontrolle unter den Ärmsten der Welt oder - wie schon 1976 der erste Jahresbericht über die internationale Bevölkerungspolitik der USA zu sagen empfiehlt, um die Erinnerung an staatliche Repression zu tilgen und die Bevölkerungspolitik als Maßnahmen im Dienste der Gesundheit von Mutter und Kind und zum Wohle der Familie auszuweisen[8] - eine Politik der Familienplanung oder der verantwortlichen Elternschaft kann von Angst diktiert sein, sei es vor der Überstrapazierung des Planeten, sei es vor einer demographischen Überrumpelung der Industrie- durch die Entwicklungsländer. Sie kann auch von der guten Absicht geleitet sein, die Armen von dem Druck zu entlasten, für viele Kinder sorgen zu müssen.

Jahrelang wurde die Vorstellung verbreitet, das Bevölkerungswachstum in den Entwicklungsländern sei der Grund für deren Armut. In den letzten Jahren wurde vielfach umgekehrt argumentiert: Armut sei die Ursache für viele Kinder. Die letzteres sagen, warnen gleichwohl vor dem Bevölkerungswachstum, weil es zu Armut führe.

Auch in Europa, darüber sieht man heute leicht hinweg, war der demographische Übergang kein idyllischer Prozeß. Der Bevölkerungsdruck, der zu Malthus' Zeiten und später die Industrialisierung Englands erzwang und schließlich Wohlstand für eine vielfache Zahl von Menschen bescherte, führte die Menschen zunächst einmal in die entsetzlichen Anpassungsnöte der Frühindustrialisierung.

Wofür England zweihundert Jahre brauchte, das lief in Japan in hundert, in Korea in fünfzig Jahren ab. Mit noch größerer Härte vermutlich, aber mit geringerer Dauer. Wenn dem Phänomen "demographischer Übergang" der Rang eines demographischen Gesetzes zukommt, dann deshalb, weil wachsender Bevölkerungsdruck mit einer wachsenden Zahl produktiver Hände und Köpfe einhergeht, was wiederum die Voraussetzung ist für mittel- bis langfristig innovative Entwicklungen. Der innere Anstoß treibt den Prozeß voran. Entwicklungshilfe kann in der Dritten Welt den Prozeß fördern und beschleunigen. Fehlt jedoch der innere Antrieb, richtet sie nichts aus.

Eine isolierte Politik und Propaganda zugunsten der Klein- und Kleinstfamilie könnte also durchaus bei den konkreten

[8] *U.S. International Population Policy, First Annual Report,* prepared by the Interagency Task Force on Population Policy, Mai 1976, Abschn. II E, S. 7.

Menschen - sozusagen am eigenen kulturellen Selbstverständnis vorbei - ein ihnen fremdes gesellschaftliches Wohlverhalten erreichen, ohne zur entscheidenden Entwicklung, nämlich zu der der Menschen selbst, beizutragen. Dann würde die wirkliche Entwicklung dieser Länder eher verzögert.

Daß man die Dollar-Milliarden, die Kairo für globale Familienplanungsaktionen mobilisieren will, besser für eine beschleunigte Entwicklung mit einem beschleunigten demographischen Übergang verwenden sollte, haben nicht wenige Autoren damit begründet, daß die Eltern in Entwicklungsländern in der Regel nicht mehr Kinder haben als sie wünschen, sondern mehr, als wir wünschen. Lawrence Summers, Staatssekretär für Auswärtiges im US-Schatzamt, und der Weltbank-Ökonom Lant Pritchett verfaßten im Frühjahr 1994 einen Beitrag für eine bekannte Fachzeitschrift[9], in dem sie feststellen, größere Kinderzahl bedeute in Entwicklungsländern nur selten "unerwünschte Kinder". Der Beitrag bezweifelt die Wirksamkeit politischer Familienplanungsaktionen zur Lösung von Bevölkerungsproblemen. Besonders werden die in Kairo angegebenen Zahlen des sogenannten "ungedeckten Verhütungsbedarfs" als überhöht ausgewiesen. Die Zeitung Terra Viva[10] berichtet, Summers sei von Regierungsvorgesetzten nahegelegt worden, seinen Namen aus der Veröffentlichung zu entfernen, wenn ihm daran gelegen sei, seine Stellung zu behalten. Pritchett unterschrieb allein.

Interessen der Entwicklungsländer vs. Interessen der Industrieländer?

In Deutschland gibt es ein ebenso erfreuliches wie beachtliches Engagement für die Dritte Welt mit viel aufrichtigem Einsatz für Menschenrechte, soziale Gerechtigkeit und Hilfsaktionen. Es

[9] Population and Development Review, März 1994; referiert auch in The Economist v. 28.5.1994: *Population Misconceptions*, S. 93-94.

[10] Terra Viva, Kairo-Kongreßzeitung des Inter Press Service (IPS) v. 8.9.94, 11.

reicht von der politischen und intellektuellen Mitte bis ganz links. Erstaunlich ist, wie sehr auf den internationalen Parketts und Weltkonferenzen gerade die sozial, grün oder feministisch Engagierten in der Bevölkerungsfrage gleichziehen mit den internationalen Finanzinstitutionen Weltbank und Internationaler Währungsfonds, mit den entwicklungspolitischen Institutionen der USA und mit vielen Organisationen und Stiftungen, die vom US-Großkapital gar nicht zu trennen sind, wie die Ford-Foundation und die Rockefeller-Foundation. Auch mit der International Planned Parenthood Federation (IPPF), die mit dem bevölkerungspolitischen UN- und US-Establishment verwoben ist, und zu der die deutsche Pro Familia gehört.

Diese Gemeinsamkeit über alles sonst Trennende hinweg spricht für eine umfassende Anteilnahme an der Sache der Entwicklungsländer. Dann wäre die Auffassung von Jean-Claude Chesnais, daß letzten Endes das Bevölkerungswachstum den Entwicklungsländern nützen werde[11], eine Außenseitermeinung. Allerdings war es eigentlich diese Überzeugung, welche die Industrieländer nach dem Zweiten Weltkrieg angestoßen hat, sich mit der Weltbevölkerungsfrage zu beschäftigen.

Schon während des Zweiten Weltkrieges wurden Überlegungen über eine künftige Weltfriedensordnung angestellt. Diese Überlegungen führten 1945 zur Gründung der UNO, der auch bald eine Zuständigkeit für Bevölkerungsfragen eingeräumt wurde. König Georg VI. setzte am 3. März 1944 eine Royal Commission on Population ein. Anlaß war eigentlich die Sorge um den Rückgang des Bevölkerungswachstums in England. Die Kommission machte sich Gedanken darüber, daß vor allem das Bevölkerungswachstum in Europa im 18. und 19. Jahrhundert "die Ausdehnung europäischer Herrschaft über bewohnte tropische und subtropische Länder und deren Entwicklung zu Nahrungs- und Rohstofflieferanten ermöglicht hat"[12], und daß es nun

[11] Jean-Claude CHESNAIS, *La revanche du Tiers Monde*, Paris 1987 (Laffont).

[12] Royal Commission on Population, *Report, presented to Parliament by Command of His Majesty*, London, Juni 1949, hier zit. nach: The Control of the People, IPFA Foreign Policy Papers, Working Papers #5, Washington 1994 (Information Project for Africa) 114 f.

umgekehrt sei: in Europa stagnierten die Bevölkerungen, während sie in den Kolonien ihr Wachstum beschleunigten.

1974 erstellte der Nationale Sicherheitsrat der Vereinigten Staaten eine - seinerzeit geheime - Studie mit dem Titel "Auswirkungen des weltweiten Bevölkerungswachstums auf die nationale Sicherheit und die Überseeinteressen der USA", bekannt auch unter dem Kürzel NSSM 200 (National Security Study Memorandum 200).[13] Das Memorandum datiert vom 10. Dezember 1974. Vorausgegangen war die Weltbevölkerungskonferenz 1974 in Bukarest, die erstmals einen Weltbevölkerungs-Aktionsplan debattiert hatte, den verschiedene Entwicklungsländer als eine imperialistische Idee des Westens zurückwiesen. Damals war die Welt in die zwei Blöcke West und Ost geteilt, und der Widerspruch war unschwer als Folge ideologisch-propagandistischer Einflüsse aus dem feindlichen Lager erklärbar. Zumal 1974, als die Fachöffentlichkeit noch unter dem Eindruck unentwegt steigender Bevölkerungswachstumsraten der 60er Jahre stand und reihenweise Veröffentlichungen im Geiste des Berichts "Die Grenzen des Wachstums" erschienen, den der Club of Rome 1972 in Riesenauflagen weltweit verbreitet hatte.

Die 198 Seiten umfassende Studie NSSM 200 beschreibt die nach damaliger Einschätzung negativen Folgen schnellen Bevölkerungswachstums in den Entwicklungsländern, negativ sowohl für deren eigene Entwicklung als auch für die ungestörte Rohstoffgewinnung in diesen Ländern und deren freien Fluß. Da die Nachfrage nach fossilen Brennstoffen und Mineralrohstoffen im wesentlichen eine solche für die industrielle Produktion sei, liege das etwaige Problem nicht im wachsenden Eigenverbrauch einer zunehmenden Zahl von Menschen in Entwicklungsländern, sondern in der zunehmenden Abhängigkeit der Welt von Mineralrohstoffen aus Entwicklungsländern. Die USA stellten zwar nur 6 Prozenz der Weltbevölkerung, benötigten aber 30 Prozent dieser Rohstoffe.

[13] *NSSM 200: Implications of Worldwide Population Growth for U.S. Security and Overseas Interests,* U.S. National Security Council, 10. Dez. 1997.

Wenn schnelles Bevölkerungswachstum die Aussichten von Entwicklungsländern auf wirtschaftliche Entwicklung und sozialen Fortschritt aber lähme, drohe die Gefahr politischer Destabilisierung, die die Rohstoffgewinnung und deren freien Fluß gefährde.

Das Papier erkennt dann einen akuten bevölkerungspolitischen Handlungsbedarf, weshalb der größte Teil der Studie sich mit Empfängnisverhütungstechniken und anderen geburtensenkenden Strategien befaßt, beispielsweise Frauenbildung, wobei aus Kosten/Nutzen-Erwägungen festgestellt werden soll, welche Mindestschulbildung den geburtensenkenden Effekt bringt. Priorität für Initiativen der USA zur Geburtenkontrolle sollen 13 konkret benannte Länder haben, auf die zusammen 47 Prozent des Weltbevölkerungswachstums entfallen, und die auch für die Sicherheitsinteressen der Welt und der USA von wesentlicherer Bedeutung sind: Indien, Bangladesh, Pakistan, Nigeria, Mexiko, Indonesien, Brasilien, Philippinen, Thailand, Ägypten, Türkei, Äthiopien und Kolumbien. Bilateraler Kooperation und der Finanzierung internationaler Geburtenkontrollprogramme, besonders solcher des UN-Bevölkerungsfonds, wird der Vorzug vor Alleingängen der USA gegeben. Großes Gewicht wird auch der Förderung nichtstaatlicher Familienplanungsorganisationen wie der IPPF beigemessen. Auch sollten auf diesem sensiblen Gebiet, so das Papier, unbedingt die Führungseliten der Entwicklungsländer für die Programme gewonnen werden, im Interesse ihrer Länder und ohne daß sie in der Sache die Politik eines Industrielandes sähen, die die Stärke ihrer Länder bremsen oder ihre Ressourcen zur Verwendung in "reichen" Ländern reservieren wolle.

Um einem "ideologisch" geprägten Verdacht entgegenzutreten, hinter der US-Unterstützung einer solchen Bevölkerungspolitik stehe eine imperialistische Motivation, "solle diese immer wieder dargestellt werden als Ausfluß der Sorge a) um das Recht der Paare, über Anzahl und Abstand ihrer Kinder frei und verantwortlich selbst zu bestimmen und hierzu Information, Bildung und die nötigen *Mittel* zu erhalten, und b) um die soziale und wirtschaftliche Entwicklung der armen Länder, deren Massenarmut sowohl Folge des schnellen Bevölkerungswachstums sei als sie es auch mitverursache. Darüber hinaus sollten die USA etwas unternehmen, um die Botschaft zu vermitteln, daß eine Kontrolle des Weltbevölkerungswachstums im gemeinsamen Interesse der Industrie- und Entwicklungsländer liegt."[14]

[14] Ebd. S. 115.

Biographische Notizen

Bauer, Lord Peter T., Mitglied des Britischen Oberhauses, Prof. em. (London School of Economics) Dr. rer. pol. Dr. h. c., geb. 1915 in Budapest. Stud. d. Rechte u. Ökonomie in Budapest und Cambridge (bei Joan Robinson u. John Hicks), dort 1946 Fellow of Gonville and Caius und Prof. der Wirtschaftswiss. Gutachter d. British Colonial Office, mit Unterbrechung zehn Jahre Studien in Asien und Afrika ("Report on a Visit to the Rubber Growing Smallholdings of Malaya, 1948; "West African Trade" 1954, sowie zahlr. Standardpublikationen zur Entwicklungsökonomie). 1984 Aufnahme in die Weltbank-Liste der Pioneers of Development (Gründungsväter der Entwicklungsökonomie). Weitere Standardpublikationen: The Economics of Underdeveloped Countries, (mit Basil S.Yamey), Chicago 1957; Indian Economic Policy and Development, London 1961; Dissent on Development: Studies and Debates in Development Economics, London 1971; Equality, The Third World and Economic Delusion, London 1981; Reality and Rhetoric: Studies in the Economics of Development, London 1984.

Birg, Herwig, Prof. Dr. rer. pol., geb. 1939 in Heufeld/Banat. Stud. Masch./Flugzeugbau u. VWL in Stuttgart, Ulm, Berlin. Prom. 1970 FU, Habil. TU Berlin. 1968-81 Forschungstätigkeit Dtsch. Institut für Wirtschaftsforschung Berlin u. Lehrtätigkeit FU und TU Berlin. Seit 1981 Dir. Inst. für Bevölkerungsforschung und Sozialpolitik sowie Lehrstuhl für Bevölkerungswiss. Univ. Bielefeld. Mitgl. / Vorst. nationaler und internationaler wiss. Gesellschaften. Zahlr. Veröffentlichungen zur Demographie.

Chesnais, Jean-Claude, Prof. Dr. rer.pol., geb. 1948 in Ploubaly b. St. Malo. Stud. d. Wirtschaftswissenschaften und Demographie in Paris und Politische Wissensch. am Institut d'Etudes Politiques (IEP, Paris) von 1967-74. 1971-74 Mitarbeiter von Alfred Sauvy am Centre National de Recherche Scientifique (CNRS). 1974-76 Vizepräsident der Association des Experts Démographes. 1984 Promotion Wirtschaftswiss. 1984 Forschungsdirektor und Lehrbeauftragter i.d. Ecole Polytechnique und Ecole Nationale d'Administration (ENA). Zahlr. Auszeichnungen und Mitgliedschaften nationaler und internationaler wiss. Gesellschaften und politischer Körperschaften. Gastprofessor der School of Advanced International Studies (SAIS), der Johns Hopkins University, Washington, u. d. Univ. Bologna.

Dumont, Gérard-François, Prof. Dr. rer.pol., geb. 1948 in La Souterraine (Creuse). Dir. Institut de Démographie Politique, stellv. Dir. Institut d. d'Urbanisme et d'Aménagement de l'Université de Paris-Sorbonne, Prom. in Wirtschaftswiss., Dipl. d. Institut d'Edudes Politiques de Paris u.d. Institut d'Administration des Entreprises de Poitiers. Mitgl. versch. nation. und intern. wiss. Gremien, zahlr. Auszeichnungen, am 26.6.1995 Aufnahme in den Ordre National du Mérite. Einschlägige Publikationen über Bevölkerungsfragen.

Estanislao Jesus P., Prof. Dr. oec. Dr. h.c., geb. 1939 in Cebú/ Philippinen. Stud. a.d. Univ. San Carlos, Manila, Fordham Univ. (MA) und Harvard Univ. (Promotion), 1964 Lehrauftrag Univ. of the Philippines, Teaching Fellow at Harvard Univ.; 1967 Mitgründer d. Center for Research and Communication in Manila (priv. "think tank"), desses Exec. Director bis 1981. 1981-88 Prof. für Wirtschaftspolitik. 1983-85 Präs. der Associated Bank, 1985-86 Berater der Philippine Commercial and International Bank, 1989 Reg. beauftr. für Wirtschaftsplanung, Gen. Dir. d. National and Economic Development Authority. 1990 Finanzminster im Kabinett Aquino u. Vorsitz des Koord. Ausschusses für das

Philippine Assistance Program. Dzt. Präs. d. AFTA Advisory Commission of the Philippines, Vertreter der Philipp. in der Eminent Persons Group of APEC, Präs. der South East Asian Science Foundation. Seit 1992 Mitgl. der Philippine Legion of Honor.

Geinoz, François, Dipl. Volksw. geb. 1962 in Fribourg/Schweiz. Stud. in Fribourg und Zürich, an beiden Univ. mehrere Jahre Assistent in Operations Research und Künstl. Intelligenz, Lehrauftr. Univ. Zürich u. HTL Brugg. Dzt. Geschf. der (internat.) Limmat-Stiftung in Zürich (Entwicklungs- und Bildungszusammenarbeit), Mitgl. des Schweiz. Instituts für Bevölkerung und Entwicklung. Vorträge und Publikationen zur Demographie.

Gireesan, Sankaranarayana, Dr. rer.nat., geb. 1933 in Villupuram/Südindien, Stud. Naturwiss. Loyola College Madras u. Univ. Bonn (Humboldt-Stip.), hier Prom. Chemie 1967. 1967-71 Doz., 1971-77 Prof. in Madras. Seit 1977 Industrieunternehmer. Dir. d. Exel Educ. Inst. und Leiter des Intern. Instituts of Hindu Studies. Veröfftl. zu Religion und Ikonographie.

Rothenberger, Wolfgang, Dipl. Psych., geb. 1961 in Rheinsheim/Baden, Stud. a.d. Univ. Mannheim. 1990-1995 Wiss. Ang. im Institut für Demoskopie Allensbach, tätig im Bereich Politik- und Sozialforschung. Seit 1995 Studienleiter bei imagin GmbH, Eppstein/Taunus.

Schmid, Josef, Prof. Dr.phil., geb. 1937 in Linz/Donau, Stud. BWL u. VWL in München u. Innsbruck, Dipl. 1965. Stud. Soziol., Philos., Psychol. in München, 1974 Prom., 1980 Habil. und Lehrstuhl für Bevölkerungswiss. Univ. Bamberg. Zahlreiche Veröffentlichungen zur Demographie.

Simon, Julian L., Prof. Dr. rer.pol., geb. 1932, B.A. in experim. Psychol. Harvard 1953, MBA Univ. of Chicago 1959, Ph.D.

in Business Economics Univ. of Chicago 1961. Bis 1963 selbständ. Untern.: Werbeagentur u. Wirtschafts-Berater, 1963-69 Doz. f. Werbetechn. und apl. Prof. für Marketing Univ. of Illinois, 1969-83 Prof. für Wirtsch. u. Business Adm. Univ. Illinois. 1970-71 Gastprof. für Business Adm.u. Demographie Hebr. Univ. Jerusalem, dgl. 1974-75. Seit 1983 Prof. für Business Adm. Univ. of Maryland (u. Visiting Senior Fellow, Heritage Found. Washington D.C.). Seit 1978 zahlr. Veröfftl. über "Population Economics", darunter Monografien "The Ultimate Resource" 1981 (5. Aufl.; erweiterte Neubearb. in Vorb.), "Population Matters: People, Resources, Environment, and Immigration" 1990, Diskuss.-Bd. mit Norman Myers "Scarcity or Abundance?", 1994.

Steinmann, Gunter, Prof. Dr. rer.pol., geb. 1943 in Heidelberg. Stud. VWL Heidelberg u. Kiel 1963-67, Prom. 1968, Habil. 1972 (Bevölkerungswachstum u. Wirtschaftsentwicklung). O. Prof. in Paderborn 1973-92, seit 1992 in Halle.

Tricot, Michel, Dr. rer. nat., geb. 1958 in Rouen, Stud. d. Math. in Genf 1975-79. Lehrauftrag Univ. Genf und TH Lausanne 1980-89 und Stud. demograph. Entwicklungen. Promotion in Statistik 1986 in Grenoble. Seit 1990 Management Industrie und Präs.d. Schweiz. Inst. für Bevölkerung und Entwicklung. Veröfftlichungen zur Demographie.

Thomas, Hans, Dr. med., geb. 1937 in Aachen. Stud. d. Medizin und Philosophie in Bonn, Düsseldorf, Wien. 1966 Prom. (Neuropathologie) a.d. Univ. Bonn. Von 1967 an zunehmend in der Beratung und Förderung privater Bildungs- und Wissenschaftseinrichtungen im In- und Ausland tätig. Gründung des priv. Lindenthal-Instituts in Köln 1973; seitdem Direktor des Instituts. Publik. zum interdisziplinären Dialog.

Das Lindenthal-Institut:

Das Lindenthal-Institut ist ein privates wissenschaftliches Institut. Interdisziplinäre Studien zur Gegenwartskultur bilden den Ausgangs- und Schwerpunkt seiner Tätigkeit. Es verdankt sich der (Bürger-) Initiative eines Freundeskreises von Hochschullehrern und Hochschulangehörigen, die 1973 einen gemeinnützigen, in Köln eingetragenen Verein gleichen Namens ins Leben riefen, um den Mut zu mehr privatunternehmerischer Initiative in der Forschung und im Bildungswesen zu wecken. Das Institut finanziert sich durch Spenden von Freunden und Förderern, ist weder parteilich gebunden, konfessionell festgelegt noch abgestützt durch sogenannte "repräsentative Gruppen der Gesellschaft" oder Interessengruppen.

Das Lindenthal-Institut will motivieren. Jungen "Köpfen" will es eine Möglichkeit bieten, neben den eingefahrenen Bahnen des offiziellen Wissenschafts- und Bildungsbetriebs und jenseits der längst untauglich gewordenen Polit-Kategorien von "links" und "rechts", "progressiv" und "konservativ" miteinander zu denken und zukunftsweisende Antworten auf die drängenden Fragen einer zwar offenen, aber sich unter der Bedrohung durch totale Verwaltung selbst nivellierenden Gesellschaft zu suchen.

Nach Überzeugung der Institutsleitung sind solche Antworten christliche Antworten.

Organe des Instituts:

1. Der Vorstand: Prof. Dr. Gerhard van Kaick, Heidelberg, Präsident; Konrad Kurt Jungmann, Köln, Generalsekretär; Dr. Hans Thomas, Köln, Geschäftsführer; Prof. Dr. Albert Gil, Bonn.
2. Weitere Mitglieder des Lindenthal-Institut e. V.: Prof'res Fernando Inciarte, Münster; Dietmar Stehlik, Berlin; D'res Ruthard v. Frankenberg, Köln; Winfried Kluth, Köln: lic.phil. Martin Rothweiler, Bonn.
3. Direktor des Instituts: Dr. Hans Thomas.

Tätigkeitsfelder des Instituts:

1. Interdisziplinäre Studien zu Kultur, Ethik, Bildung.
2. Förderung wissenschaftlichen Nachwuchses.
3. Förderung internationalen wissenschaftlichen Austauschs zwischen privaten Wissenschafts- und Bildungseinrichtungen.

Anschrift des Instituts

Friedrich-Schmidt-Strasse 20 a, 50935 Köln (Lindenthal)
Tel.: (0221) 40 10 92; Fax: (0221) 406 05 88

Publikationen Lindenthal-Institut

Das zumutbare Kind

Hrsg. v. Hans Thomas/Winfried Kluth; 412 S., 13 Abb., brosch., Verlag Busse Seewald, Herford 1993, DM 34.-
Mit Beiträgen zum BVerfG-Urteil von Karin Graßhof (Karlsruhe), Karl Heinrich Friauf (Köln), Manfred Spieker (Osnabrück), Peter Lerche (München), Udo Steiner (Regensburg); zu den Vorgaben des Grundgesetzes von Winfried Kluth (Köln), Wolfram Höfling (Heidelberg); zum Schwangeren- und Familienhilfegesetz vom 27.7.92 von Herbert Tröndle (Waldshut); zur Stellung und Verantwortung der Ärzte beim Schwangerschaftsabbruch von Adolf Laufs (Heidelberg), Ruth Esser (Köln), Michael Gante (Köln); zu philosophisch-ethischen Grundlagenfragen von G. Elizabeth Anscombe (Cambridge), John M. Finnis (Oxford).
Dieses Buch setzt sich mit dem Urteil des Bundesverfassungsgerichts vom 28. Mai 1993 über das Bonner "Schwangeren- und Familienhilfegesetz" vom Juli 1992 auseinander. Zur Würdigung des Urteils durchleuchten die Beiträge des Buches auch das teilweise aufgehobene Bonner Gesetz selbst sowie das BVerfG-Urteil von 1975 und das nach 1976 in der Bundesrepublik geltende Recht und die mit dem Einigungsvertrag neu entzündete Meinungsschlacht um die Stellung und Selbstbestimmung der Frau. Ergänzend diskutiert das Buch die Eigenverantwortung des Arztes beim Schwangerschaftsabbruch und die Rolle des Staates in den Grenzen der verfassungsrechtlichen Ordnung.

Menschlichkeit der Medizin

Hrsg. v. Hans Thomas; 337 S., 13 Abb., brosch.; Verlag Busse Seewald, Herford, 1993, DM 28.—
Mit Beiträgen von Volker Diehl (Köln), Felix Ermacora (Innsbruck)✝, Luke Gormally (London), Gonzalo Herranz (Pamplona), Bernhard Kerdelhué (Jouy en Josas, Frankreich), Winfried Kluth (Köln), Detlef Bernhard Linke (Bonn), Markus v. Lutterotti (Freiburg), Hassan Nour Eldin (Frankfurt), Jan Helge Solbakk (Oslo), Robert Spaemann (München/Stuttgart), Hans Thomas (Köln).
Die Medizin als Wissenschaft allein kann Menschlichkeit nicht garantieren. Ein nur auf *Empirie* gebauter Wissenschaftsbetrieb ist auf Fragen des Artzethos und der Forschungsethik in der Medizin nicht eingerichtet. Denn niemand hat *Erfahrung* mit seinem Tod oder seiner Geburt.

Wenn wir von Menschenrechten sprechen oder uns auf Freiheitsrechte der Person berufen, fordern wir die Unverletzlichkeit der *leiblichen* Person. Gesamtgesellschaftlich und politisch werden die biomedizinischen Probleme an Brisanz gewinnen. Ob es sich um Euthanasie handelt oder um Grenzfragen der Transplantationschirurgie, um In-vitro-Fertilisation, Embryonenforschung oder Eingriffe ins menschliche Genom, um die Grenzen der Intensivmedizin, um Urteile über "Lebensqualität" oder pharmazeutische Willfährigkeit, hier wird der Mensch, Veranstalter aller Wissenschaft und Technik, selbst zum Gegenstand seiner Veranstaltung. Wenn sich die Ärzte nicht der Fremdbestimmung widersetzen, die ihren Heilberuf entfremdet, droht von ihnen die Gefahr: Das Krankenhaus kann so bedrohlich für die Alten werden, wie es der Mutterleib für die ganz Jungen ist.

Unternehmenskultur - Leitbild der Darstellung oder Abbild der Einstellung

Hrsg. v. Géza Csomós u. Hans Thomas ; 153 S., 6 Abb., brosch.; Verlag Busse-Seewald, Herford 1992, DM 19.80
Mit Beiträgen von Albert Gil (Bonn), Boris Groys (Köln/Moskau), Augustinus Graf Henckel von Donnersmarck (Düsseldorf), Wolfgang Paul (Bonn)✝, Hans Thomas (Köln).
Das Buch geht der Frage nach, an welchen Leitbildern die Menschen im Unternehmen sich orientieren sollen, damit sich im Unternehmensalltag Vertrauen einstellen kann. Das Beziehungsgefüge im Unternehmen steht zwischen den Erfahrungsbereichen der Familie einerseits und des Wettbewerbs und der Demokratie andererseits, zwischen persönlicher Begegnung und Anonymität, Vertrautheit und Innovation, Offenheit und Öffentlichkeit, Erfüllung und Erfolgszwang.

Amerika - Eine Hoffnung, zwei Visionen

Hrsg. v. Hans Thomas; 316 S., 11 Abb., brosch.; Verlag Busse Seewald, Herford 1991, DM 28.-
Mit Beiträgen von Antonio Annino (Florenz), Boris Groys (Moskau/Köln), Georg Kamphausen (Bayreuth), Anthony Pagden (Cambridge), Horst Pietschmann (Hamburg), Josep-Ignasi Saranyana (Pamplona), Walter Schweidler (München), Victor Tau Anzoátegui (Buenos Aires), Hans Thomas (Köln), Hermann Wellenreuther (Göttingen).
Am Freitag, dem 12. Oktober 1492, wird im Logbuch des Christoph Kolumbus die erste Begegnung mit Indianern beschrieben. Im Abstand von 500 Jahren will es uns nicht in den Kopf, daß Europäer ihnen unsere Menschenrechte absprachen, sogar ihr Menschsein in Frage stellten. Wie begegnet uns Amerika, wenn wir verstehen wollen, statt

zu moralisieren? Dieses Buch fragt nach dem Verhältnis von Geschichte und Geschichtsschreibung.

Naturherrschaft - Wie Mensch und Welt sich in der Wissenschaft begegnen

Hrsg. v. Hans Thomas; 336 S., 11 Abb., brosch.; Verlag Busse Seewald, Herford 1991, DM 28.-
Mit Beiträgen von Patrick Bahners (Frankfurt), John S. Bell (Genf)✝, Gottfried Küenzlen (Stuttgart), Reinhard Löw (Hannover)✝, Peter Mittelstaedt (Köln), Günther Pöltner (Wien), Herwig Schopper (Genf), Dietmar Stehlik (Berlin), Antoine Suarez (Zürich), Hans Thomas (Köln), Anton Zeilinger (Innsbruck).
Der Band "Naturherrschaft" dokumentiert einen Dialog zwischen Naturwissenschaftlern und Philosophen über das Verhältnis von Weltverständnis und Weltwirklichkeit, um darüber nachzudenken, wie Natur und Mensch verflochten sind und wie sie doch einander unterschieden gegenüberstehen.

Chancen einer Kultur der Arbeit - Abschied von der Entfremdung

Hrsg. v. Hans Thomas; 208 Seiten, 8 Abb., brosch.; Verlag Busse Seewald, Herford 1990, DM 22.-
Mit Beiträgen von Rafael Alvira (Pamplona), Franz Borgers (Bocholt), Rocco Buttiglione (Rom/Schaan), Boris Groys (Moskau/Köln), Georg Kamphausen (Bayreuth), Josef Stingl (Rheinbrohl), Hans Thomas (Köln).
Eine Gesellschaft, die die Arbeit einseitig ökonomisiert, ökonomisiert auch den Staat; und dieser revanchiert sich, indem der die Arbeit politisiert. Der Offenbarungseid des real existierenden Sozialismus scheint diese These zu bestätigen. Arbeit entfremdet, hatte Marx gemeint. Wir meinen heute: Arbeitslosigkeit entfremdet. Die Würde der menschlichen Arbeit erscheint als eine zutiefst christliche Botschaft, die gerade heute ganz neu auf sich aufmerksam macht. Diese Botschaft stellt das Buch in ein neues, aktuelles Licht.

Die Welt als Medieninszenierung - Wirklichkeit, Information, Simulation

Hrsg. v. Hans Thomas; 198 Seiten, 6 Abb., brosch.; Verlag Busse Seewald, Herford 1989, DM 19.80
Mit Beiträgen von Gianfranco Bettetini (Mailand), Sir John C. Eccles (Contra/Ti), Boris Groys (Moskau/Köln), Fernando Inciarte (Münster), Martin Kriele (Köln), Hans Thomas (Köln).

Über Macht und Mißbrauch klagen? Ehe wir die Moral bemühen, bedürfen wir einer tieferen Einsicht in die kulturelle Eigenart der Medienwelt und ihrer Versuchungen. Opfer sind Produzenten und Konsumenten gleichermaßen. Das Buch untersucht das Verhältnis von Information und Inszenierung, Reproduktion und Kreativität, Wahrhaftigkeit und Authentizität der Darstellung, Wirklichkeit und Simulation, Leben und Kunst...

Ethik der Leistung

Hrsg. v. Hans Thomas; 320 Seiten, 14 Abb., brosch.; Verlag Busse Seewald, Herford 1988, DM 24.-
Mit Beiträgen von Rocco Buttiglione (Rom/Schaan), Boris Groys (Moskau/Köln), Josef Kardinal Höffner (Köln)✝, Peter Koslowski (Witten-Herdecke), Martin Rhonheimer (Zürich), Rolf Langhammer (Kiel), Juan Antonio Perez Lopez (Barcelona), Hans Thomas (Köln), Bernardo M. Villegas (Manila), Peter Zürn (Köln).
Ethik ist die Lehre von der richtigen Entscheidungsfindung. Leistung gilt als Maßstab für die Beurteilung von Menschen. Obwohl: In der Familie wird der Mensch nicht danach bewertet, was er leistet. Er wird gewürdigt, weil er da ist. Das Buch stellt die ethische Gültigkeit des Leistungsprinzips heraus. Aber es zeigt auch Geltungsgrenzen auf. Wo nur das Leistungsprinzip gilt, disqualifiziert es sich moralisch. Die totale Leistungsgesellschaft sägt den Ast ab, auf dem sie sitzt und hebt sich schließlich selbst auf.

Persönliche Verantwortung

Geach, Inciarte, Spaemann
Adamas-Verlag, Köln 1982, DM 16.-
Beiträge: Spaemann, R: Verantwortung; Geach, P.T.: Wille; Inciarte, F.: Freiheit.

Recht auf Gerechtigkeit

Finnis, Gritschneder, Suarez
Adamas-Verlag, Köln 1978, DM 12.80
Beiträge: Suarez, A.: Handlung und Bewußtsein - Zur Psycho-Logik revolutionären Terrors; Finnis, J.M.: Menschenrechte und die letzte Begründung des Rechts; Gritschneder, O.: Die Entrechtung der Ehefrau in den Gesetzen und Gerichtsurteilen der Bundesrepublik Deutschland

Familie - Feindbild und Leitbild

Fontes, Hassenstein, Lobkowicz, Rhonheimer
Adamas-Verlag, Köln [2]1979, DM 12.80

Beiträge: Rhonheimer, M.: Die Entdeckung der Familie; Fontes, J.-M.: Familie - Wege zur Selbsthilfe; Hassenstein, B.: Die Bedeutung der Familie für die Persönlichkeitsentwicklung der Kinder; Lobkowicz, N.: Familie als Bildungsinstanz.

Die Moral des Wohlstandes

De Jonghe, Millán-Puelles, Wertenbruch
Adamas-Verlag, Köln 1977, DM 12.80
Beiträge: Wertenbruch, W.: Person und Recht; De Jonghe, E.: Utopien des totalen Wohlbefindens; Millán-Puelles, A.: Gemeinwohl, Armut, Wohlstand.

Der Mythos von der Überbevölkerung

Colin Clark
Adamas-Verlag, Köln 1975, DM 12.80

Globale Gesellschaft und Zivilisation

Anscombe, Berglar, Clark
Adamas-Verlag, Köln 1975, DM 12.80
Beiträge: Berglar, P.✝: Der Mensch zwischen Natur und Geschichte; Anscombe, E.: Ursprung und Grenzen staatlicher Autorität: Clark, C.: Natur, Bevölkerung und Wirtschaftswachstum.

Altes Ethos - Neues Tabu

Frankl, Pieper, Schoeck
Adamas-Verlag, Köln 1974, DM 12.80
Beiträge: Pieper, J.: Die Aktualität der Kardinaltugenden: Klugheit, Gerechtigkeit, Tapferkeit, Maß; Schoeck, H.: Die verschulte Gesellschaft - Zur Pluralität der Erziehungsinstanzen; Frankl, V. E.: Neurotisierung der Menschheit - oder Rehumanisierung der Psychotherapie?